LÉXICO DE
PEDAGOGIA DO TEATRO

Colaboradores: Adalberto Palma [AP]
Alexandre Mate [AM]
Ana Raquel Fernandes [ARF]
Arão Paranaguá de Santana [APS]
Beatriz A.V. Cabral (Biange Cabral) [BC]
Beatriz Pinto Venancio [BPV]
Berta Teixeira [BT]
Beth Lopes [BL]
Carminda Mendes André [CMA]
Cassiano Sydow Quilici [CSQ]
Christine Greiner [CG]
Conceição Mendes [CM]
Davi de Oliveira Pinto [DOP]
Eduardo Coutinho [EC]
Evelyn Furquim Werneck Lima [EWL]
Expedito Araújo [EA]
Fausto Viana [FV]
Flávio Desgranges [FD]
Francimara Nogueira Teixeira [FNT]
Gabriela Borges [GB]
Igor de Almeida Silva [IAS]
Ingrid Dormien Koudela [IDK]
Isabel Marques [IM]
J. Guinsburg [JG]
Joaquim Gama [JGa]
Jorge Louraço [JL]
José Simões de Almeida Junior [JAJ]

Luís Augusto da Veiga Pessoa Reis [LPR]
Luís Cláudio Machado [LCM]
Marcia Pompeo Nogueira [MPN]
Marco Scarassati [MS]
Maria Lucia Pupo [MLP]
Miguel Falcão [MF]
Nara Kaiserman [NK]
Narciso Telles [NT]
Raul Teixeira [RT]
Regina Machado [RM]
Ricardo Figueiredo [RF]
Rita Gusmão [RG]
Robson Camargo [RC]
Rosangela Patriota [RP]
Rui Pina Coelho [RPC]
Samir Signeu [SS]
Sérgio de Azevedo [SA]
Sérgio Farias [SF]
Silvia Balestri Nunes [SBN]
Silvia Fernandes [SFe]
Sônia Machado de Azevedo [SMA]
Teresa Fradique [TF]
Tiago Porteiro [TP]
Valmor Beltrame [VB]
Vera Achatkin [VA]
Vera Lucia Bertoni dos Santos [VBS]
Verônica Veloso [VV]
Vicente Concílio [VC]

Supervisão editorial:	J. Guinsburg
Preparação de texto:	Thiago Lins
Revisão:	Ieda Lebensztayn
	Marcio Honorio de Godoy
Capa:	Sergio Kon
Produção:	Ricardo W. Neves
	Sergio Kon
	Elen Durando
	Luiz Henrique Soaress

LÉXICO DE
PEDAGOGIA DO TEATRO

organização

INGRID DORMIEN KOUDELA

JOSÉ SIMÕES DE ALMEIDA JUNIOR

CIP-Brasil. Catalogação-na-Fonte
Sindicato Nacional dos Editores de Livros, RJ

L654

Léxico de pedagogia do teatro / organização Ingrid Dormien
Koudela, José Simões de Almeida Júnior. - 1. ed. - São Paulo :
Perspectiva : SP Escola de Teatro, 2015
208 p. ; 26 cm.

Inclui bibliografia
ISBN 978-85-273-0998-1

1. Teatro. 2. Artes cênicas. 3. Teatro na educação. 4. Método de
projeto no ensino. I. Koudela, Ingrid Dormien. II. Almeida Júnior,
José Simões de.

14-18577
CDD: 371.399
CDU: 373.5:792

11/12/2014   11/12/2014

1ª edição
[PPD]

Direitos reservados à
EDITORA PERSPECTIVA LTDA.

Av. Brigadeiro Luís Antônio, 3025
01401-000 São Paulo SP Brasil
Telefax: (11) 3885-8388
www.editoraperspectiva.com.br

2019

ESTE LÉXICO

O *Léxico de Pedagogia do Teatro* forja um instrumento para o estudo e o conhecimento dos temas, das pesquisas e da linguagem que, nas últimas décadas, vêm merecendo crescente atenção de todos aqueles que pretendem ensinar as artes do espetáculo ou se iniciar nelas. Tal desenvolvimento converteu sua didática em uma disciplina praticamente autônoma, incorporada em diferentes sistemas organizacionais e de formação. As remessas aqui arroladas são, pois, subsídios não só para a sua efetiva utilização na sala de aula e nos tablados, como constituem ferramentas potenciais para aumentar a visibilidade e pontuar as discussões nos focos de interesse da arte-educação. Daí o particular valor deste conjunto de verbetes, que é o primeiro a ser selecionado e publicado em nosso meio. Todos eles foram redigidos por autores especializados nos diferentes âmbitos culturais, artísticos e pedagógicos que lhes dizem respeito, particularmente no Brasil e em Portugal. Composto sob esse prisma, trata-se, portanto, de um repertório de sentido singular que representa um esforço de seus organizadores, Ingrid Dormien Koudela e José Simões de Almeida Júnior, e da editora Perspectiva a fim de promover o pensamento e os avanços que delimitam e ampliam esse campo de trabalho teatral.

J. Guinsburg

APRESENTAÇÃO

Durante o ano de 2013, foi realizado na SP Escola de Teatro – Centro de Formação das Artes do Palco uma série de colóquios cujo tema partia de uma provocação: "O Que É Pedagogia do Teatro?"

A partir das perguntas então feitas, Ingrid Dormien Koudela, docente de pós-graduação do Departamento de Artes Cênicas da ECA/USP e curadora dos referidos encontros, decantou várias questões que lhe sugeriram a organização deste *Léxico de Pedagogia do Teatro* e que seriam propostas aos especialistas convidados, para respondê-las. Dentre elas, algumas das principais são:

Quem é o pedagogo de teatro? Podemos identificar no passado artistas que tiveram uma preocupação pedagógica através da arte? Quem são eles? Os atuais processos de formação podem ser descritos como um aprendizado de procedimentos artísticos contemporâneos que levam a uma nova atitude de recepção? A relação entre teatro e pedagogia do teatro pode ser redefinida contemporaneamente? É possível separar essas duas áreas? A pedagogia do teatro remete à prática artística do teatro? Ou, inversamente, a prática artística do teatro pode se constituir em material para a pedagogia do teatro? Os procedimentos estéticos de coletivos teatrais podem ser incorporados no repertório da mediação sociocultural? A leitura da obra de arte pode fornecer o material para a construção de uma pedagogia estética e dialógica? A relação que a arte e o teatro estabelecem com o contexto histórico, sua delimitação no campo social e sua abertura para o campo estético levam a novas abordagens? O teatro contemporâneo abre-se para a realidade social, transformando lugares do cotidiano em palco. Ao trazê-los para a cena, nasceria uma nova qualidade estética? A arte e o teatro contemporâneo fazem desaparecer as fronteiras entre arte e performance?

A presente edição, que contou com a coorganização do professor José Simões de Almeida Júnior, propõe-se a reunir os elementos e traçar o escopo dessa área teórico-prática. Partindo do princípio da constante transformação de tal campo de trabalho e de sua crescente ampliação, podemos distinguir, nesta obra, alguns eixos que se cruzam.

O princípio da interdisciplinaridade já está estabelecido no interior do próprio *Léxico* através do binômio que o caracteriza e cujo debate envolve a situação institucional e política do ensino em teatro. A afirmação do espaço do teatro constitui uma ferramenta precisa para o desenvolvimento de trabalhos educativos que escolas e comunidades queiram empreender e cuja realização depende, necessariamente, de uma sólida formação.

Por meio de verbetes específicos, o eixo epistemológico de cada uma das linguagens artísticas (artes visuais, música, teatro, dança) é mantido, sendo que múltiplas inter-relações podem enriquecer processos de aprendizagem. Uma proposição que surge de forma recorrente é a concepção do professor-artista que promove projetos na perspectiva da construção de formas estéticas para levá-las ao seu fim último, isto é, a cena, qualquer que seja, do teatro.

Ivam Cabral
Diretor da SP Escola de Teatro –
Centro de Formação das Artes do Palco.

Um homem com uma teoria está perdido.
Ele precisa ter diversas, quatro, muitas. Ele as deve
enfiar no bolso como jornais, sempre as mais novas.
Vive-se bem entre elas. Habita-se bem entre as
teorias. É preciso saber que há muitas teorias, para
erguer-se. Também a árvore tem muitas direções,
mas apenas uma delas, por algum tempo.

BERTOLT BRECHT

PEDAGOGIA DO TEATRO

O termo "pedagogia do teatro" é utilizado em diferentes âmbitos. Eugenio Barba faz uso dele (Barba,1995) e Meyerhold traz contribuições inestimáveis para a sua conceituação (Picon-Vallin, 2006). No contexto alemão a *Theaterpädagogik* é a denominação dada ao campo teórico-prático do teatro, com vistas à sua articulação com a pedagogia e a educação. A revista especializada que traz artigos com diferentes vertentes e abordagens denominava-se inicialmente (década de 1970) *Lehrstück... Theater ... Pädagogik* (Peça Didática... Teatro ... Pedagogia). As reticências no título buscavam claramente indagar e deixar em aberto as relações a serem estabelecidas. Evidencia-se que o ponto de partida é brechtiano, embora a tradição do *Lehrstück* (peça didática) possa ser reportada até Lessing e o classicismo alemão. Na década de 1990, a revista assume a denominação *Zeitschrift für Theaterpädagogik* (Revista de Pedagogia do Teatro). Concebido como instrumento de trabalho para orientação e legitimando essa área de pesquisa, o primeiro dicionário de Pedagogia do Teatro de que se tem noticia é o *Wörterbuch der Theaterpädagogik* (Gerd Koch e Marianne Streisand, 2003).

O batismo de Pedagogia do Teatro e Teatro na Educação do GT-Grupo de Trabalho na Abrace (Associação Brasileira de Pesquisa e Pós-Graduação em Artes Cênicas) buscou incorporar desde o seu primeiro congresso (1998) as novas dimensões da pesquisa que vem sendo realizada, tendo em vista evitar a camisa de força gerada por uma visão estreita dos conceitos de pedagogia, didática e metodologia, sedimentando a epistemologia dessa área de conhecimento no teatro.

O intuito de incorporar reflexões e indagações sobre a pedagogia do teatro visou não apenas ampliar o espectro da pesquisa, trazendo para a discussão os mestres de teatro – dramaturgos, teóricos e encenadores – como também fundamentar os processos de trabalho em teatro, inserindo-os na história da cultura. Acreditamos que essa dimensão nos permite escapar do risco de reducionismos e de camisas de força didáticas, entendendo o ensino do teatro na sua complexidade.

Ao argumentar a partir dessa perspectiva, estamos buscando ampliar o leque de nossas indagações de prática e pesquisa, embora o esforço também seja dirigido no sentido de buscar uma delimitação para a nossa tarefa. Essa argumentação não tem por objetivo ser normativa, nem fechar posições. Acredita-se que a relação entre o teatro e a pedagogia tem um largo potencial, podendo ser desenvolvida em diferentes contextos, através das mais diversas abordagens e com objetivos específicos.

Proporcionando uma perspectiva da multiplicidade de abordagens, procedimentos, suas formulações teóricas e históricas, o *Léxico de Pedagogia do Teatro* incorpora temáticas que alcançaram projeção significativa no discurso nacional e internacional e que pertencem aos conhecimentos reunidos na área.

Na presente publicação há verbetes de autores brasileiros e portugueses oriundos de várias disciplinas, o que condiz com o objeto da pedagogia do teatro, na prática e na teoria, apontando para o seu caráter interdisciplinar e sua caracteristica como disciplina de integração entre os polos teatro e pedagogia, bem como de disciplinas limítrofes. Nesse sentido, ele traz o desafio de constituir-se como um programa de pesquisa em pedagogia do teatro.

É possível identificar no pensamento pedagógico contemporâneo alguns eixos de discussão recorrentes na área de Arte. Do ponto de vista epistemológico, o conhecimento artístico deve articular o método entre o fazer artístico, a apreciação da obra de arte e o processo de contextualização histórica e social. Através do ensino da história, da estética e do exercício critico da leitura da obra de arte, o processo expressivo é ampliado e inserido na história da cultura.

O presente *Léxico de Pedagogia do Teatro* pretende contribuir para a pesquisa sobre o teatro no seu ponto mais nevrálgico, constituído pela interseção entre a estética e a pedagogia. A relação entre a arte teatral e a pedagogia do teatro deve ser redefinida contemporaneamente. Torna-se cada vez mais difícil separar essas duas áreas quando o estético passa a ser elemento constitutivo do processo de aprendizagem. A pedagogia do teatro remete hoje à prática artística do teatro.

Os procedimentos estéticos de coletivos teatrais estão sendo incorporados no repertório da *mediação** realizados por pedagogos teatrais, principalmente através do ensinamento de alguns de seus protagonistas em instituições de formação com foco na teoria e encenação teatral e/ou cursos de licenciatura.

Diferenças como o grupo-alvo e a qualificação profissional dos participantes, os procedimentos e métodos de trabalho frente a uma práxis puramente pedagógica foram abandonados. Em seu lugar, nasce uma nova compreensão de aprendizagem. No entanto, não se trata de uma desestetização do teatro ou de uma negação de seus termos pedagógicos, e sim de uma nova conceituação da arte e da pedagogia como ação e reflexão estética.

A relação que o teatro estabelece com o contexto histórico, sua delimitação no campo social e sua abertura para o campo estético levam assim a uma nova abordagem na qual a leitura da obra de arte fornece o material para a construção de uma pedagogia dialógica (Freire, 2010).

No presente *Léxico*, os verbetes escritos por especialistas nas diferentes zonas de convergência, tematizam aspectos e campos teóricos e práticos, históricos e atuais cuja heterogeneidade implica a multiplicidade e vivacidade da pedagogia do teatro. Ao mesmo tempo, chama a atenção um estreito entrelaçamento entre as perspectivas que assim se abrem, estabelecendo uma rede de relações que se torna visível na sua leitura.

A discussão sobre a prática teatral performática e reflexiva pode ser encontrada na maioria dos verbetes através de propostas de aprendizagem com acentos diferenciados. Quando arte e pedagogia atuam em conjunto, fazem nascer novas qualidades estéticas e socioculturais que transformam o próprio conceito e a prática teatral.

As razões para a proeminência desses procedimentos na pedagogia do teatro são múltiplas. O teatro contemporâneo que se abre para a realidade social e a traz para a cena ou transforma lugares do cotidiano em palco faz desaparecer não apenas as fronteiras entre teatro e performance como entre aquilo que é teatro e o que deixa de sê-lo. Também as fronteiras que durante tanto tempo eram consideradas intransponíveis entre a alta cultura do teatro profissional e a sociocultura do trabalho do pedagogo teatral desaparecem. Isso torna os procedimentos de criação da práxis teatral contemporânea especialmente atrativos do ponto de vista da Pedagogia do Teatro.

A práxis da pedagogia do teatro e a do teatro contemporâneo podem ser descritas como *tradução*. O trabalho poético da tradução é a primeira condição de todo aprendizado (Ranciere, 2010). Em oposição à *interpretação*, a *tradução* se caracteriza por gerar um terceiro, um intermediário entre mestre e aprendiz. Esse processo dialógico pode ser estabelecido na *mediação** com a obra de arte a qual se caracteriza pela sua materialidade especifica. É através desse objeto estranho, ao qual mestre e aprendiz podem se reportar, que é criada distância entre eles. O processo dialógico torna-se assim uma busca por *traduções*, na superação daquilo que já se sabe e aquilo que ainda não se conhece. No caso do teatro contemporâneo não se trata mais de ensinamentos a um *público** através de um autor ou diretor quando se entende por ensinamento a transmissão de ideias e/ou pontos de vista. Os aprendizes ensinam a si mesmos. Eles aprendem por meio da conscientização de suas experiências. A encenação contemporânea é em si mesma um processo de aprendizagem.

A *tradução* se inicia com o estudo profundo dos procedimentos estéticos, a materialidade específica da obra, e de sua inserção em determinado contexto social. A intencionalidade dos artistas e/ou leigos participantes do processo de encenação leva muitas vezes à utilização de procedimentos como espaço (ou novos *lugares teatrais**), texto (ou *fragmentos**), projeções ou *protocolos** inseridos na própria encenação. O processo de formação assim estimulado pode ser descrito como um aprendizado de procedimentos artísticos contemporâneos que levam a uma nova atitude de recepção.

Por outro lado, as estratégias de encenação desvelam realidades sociais. O teatro possui um *gesto** que pode ser oculto ou escancarado. Quando o teatro se declara como tal, nasce uma premissa que é a explicitação da representação. O teatro contemporâneo brinca constantemente com esse princípio, tornando-o visível. Essa condição aponta para a formação política através do teatro que não mais repousa sobre o anúncio de determinados conteúdos e mensagens veiculados pelo palco. Ao contrário, nasce de uma atitude processual que poderia ser descrita como curiosidade frente àquilo que não pode ser previsto – como entrar em um jogo que traz consigo surpresas e riscos.

A epígrafe acima foi escrita por Brecht, em seu *Livro de Anotações* (Brecht, 1920-1926). A estética teatral não possui categorias valorativas perenes, sendo antes um caleidoscópio de alternativas. Ela se transforma no campo tensionado entre passado, presente e futuro da arte teatral. A verdade estética no teatro está sempre em processo de peregrinação e a ousadia do farejador de pistas necessita do diálogo e da *experiência** com a linguagem e a estética da tradição. O passado, o presente e o futuro se reúnem e formam o campo virulento sobre o qual homens como Stanislávski, Meierhold, Barba, Brecht e tantos outros desenvolveram suas poéticas, sistematizando a sua prática do teatro.

Voltando ao pedagogo de teatro. Se ele quiser ser um farejador de pistas, precisa em primeiro lugar conhecer muito bem a comunidade com a qual está trabalhando e seus parceiros de trabalho, sejam eles crianças, jovens ou adultos. Mas também necessita conhecer a pedreira teórica que aí está à sua disposição, seja ela dramática ou pós. Ao farejar as pistas, será um homem que tem diversas teorias, quatro, muitas, sempre as mais novas, que vive bem entre elas e aí habita confortavelmente.

Aquele que ousar entrar na pedreira necessita introduzir buscas muito precisas, como em um sistema de computador, para encontrar os tesouros. Não deve apenas utilizar um sistema eletrônico altamente sensível como também um poderoso martelo de compressão para retirar daquelas teorias, talvez já muito petrificadas, aquilo que necessita. Ao mesmo tempo aquele que ousar entrar na pedreira precisa saber para quem determinados teoremas foram elaborados. O pedagogo de teatro que entrar na pedreira precisa partir em pequenos pedaços, a partir do bloco de granito, o seu pequeno mosaico pessoal.

As teorias do teatro e também as teorias da psicologia humanística, cujos métodos não diretivos constituem o fundamento do processo pedagógico contemporâneo, podem ser enfiadas no bolso simultaneamente! E como é bom habitar entre as teorias! Assim, o pedagogo de teatro vai encontrar o atuante ali onde ele se encontra e ser um parceiro de jogo, como é exigido pelas leis da pedagogia.

Pedagogos de teatro podem agir a partir da premissa de que ter um sistema ou não ter nenhum é igualmente mortal para o espírito. Teremos que entender como aliar um e outro. Esperamos com estas sugestões privar a pedagogia do teatro de transformar-se em credos e encorajar a árvore a erguer-se a partir das pistas na pedreira dadas pelas teorias. Como a árvore que cresce em muitas direções, mas segue apenas uma delas, por algum tempo, conforme alerta Brecht.

A todos os pesquisadores envolvidos na publicação que prontamente responderam ao desafio da escrita; a Jacó Guinsburg, por estar ao nosso lado, incentivando e acreditando na proposta, a Maria Regina Nothen, pela colaboração e dedicação ímpar na administração das informações do *Léxico*.

[*Os organizadores*]

Barba, 1995; Brecht, 1964; Freire, 2010; Koch & Streinsand (orgs.), 2003; Picon-Vallin, 2006; Rancière, 2010; Vassen & Koch, 2012.

LISTA DE VERBETES

Ação Cultural
Adereços
Ator-Compositor
Ator-Narrador
Brincadeira
Brincante
Bufão
Cenografia
Clown
Coletivo (Processo)
Contador de Histórias
Coro
Corporeidade
Criatividade
Crítica Teatral
Cultura Popular
Dança Dramática
Dança Educativa
Dança-Teatro
Demonstração Técnica
Desempenho de Papéis
Didática
Direção de Cena
Drama na Educação
Dramaturgista
Dramaturgo
Educação Estética
Educação Pelo Movimento
Encenação
Ensemble das Artes
Escola Nova
Espaço Teatral na Escola

Estranhamento
Experiência
Experimento Cênico
Faz de Conta
Festival de Teatro
Figurinos
Folclore
Formação de Público
Formação do Professor de Teatro
Fragmento
Galharufa
Gestão Cultural
Gesto (Linguagem do)
Gestus
Grupos de Teatro
Ida ao Teatro
Iluminação
Improvisação Teatral
Iniciação ao Teatro
Interativo (Teatro)
Intertextualidade
Intervenção Urbana
Jogo Dramático
Jogo Simbólico
Jogo Teatral
Leitura de Imagens no Teatro
Leitura Dramática
Ler o Teatro
Linguagem Cênica
Linguagem Corporal
Lugar Teatral
Mediação

LISTA DE VERBETES

Memória
Metodologia de Ensino
Modelo de Ação
Montagem
Oficina
Oralidade
Paisagem Sonora
Palco (Tipologia)
Pantomima
Parâmetros Curriculares Nacionais (PCN)
Peça Didática
Pós-Dramático
Prazer no Teatro Brechtiano
Processo e Produto
Produção Teatral
Protocolo
Psicodrama
Público no Teatro
Ritual
Rubrica
Site- Specific
Sociodrama

Sonoplastia
Teatralidade
Teatro Amador
Teatro de Agitação e Propaganda
Teatro de Figuras Alegóricas
Teatro de Formas Animadas
Teatro de Rua
Teatro de Sombras
Teatro do Oprimido
Teatro-Educação
Teatro-Esporte
Teatro-Fórum
Teatro Infantil
Teatro Legislativo
Teatro na Comunidade
Teatro na Escola
Teatro na Prisão
Teatro na Rua
Teatro na Terceira Idade
Teatro Popular
Teatro Vocacional
Texto e Cena
Viewpoints

AÇÃO CULTURAL

Conceituar o termo ação cultural não é tarefa para poucas palavras, dada a amplitude e complexidade do tema. Ao mesmo tempo, esse se torna ainda mais rico quando nossa óptica perpassa a *pedagogia do teatro* – território movediço e inquietante. Entendemos, dessa forma, que ação cultural é um "conjunto de procedimentos, envolvendo recursos humanos e materiais, que visam pôr em prática os objetivos de determinada política cultural" (COELHO, 1997: 31). Política cultural essa que questiona o poder dominante e massificador da sociedade, que critica o consumo exacerbado e o individualismo, em prol de espaços de comunhão simbólica. Assim, "a ação cultural tem sua fonte, seu campo e seus instrumentos na produção simbólica de um grupo" (COELHO, 2006: 33).

A partir de então, compreendemos que a ação cultural é composta de quatro fases, a saber: *produção*: fase em que são criadas condições que permitam a elaboração de obras culturais e/ou artísticas; *distribuição*: propõe-se a colocar a obra em circulação, dando acesso a circuitos de exibição públicos, possibilitando, desse modo, espaços dinâmicos de circulação do bem; *troca*: visa promover o acesso físico ao colocar a obra em contato com seu espectador real; *consumo/uso*: procura desenvolver o acesso simbólico do espectador perante a obra, recorrendo, assim, a variadas formas de organização de material: palestras, debates, catálogos, ações de des*montagem* do espetáculo etc.

Para a realização efetiva de uma ação cultural, essas fases precisam estar concatenadas, pois, isoladas, não se configuram como um processo de ação cultural. Quando o processo de ação cultural está voltado para o teatro, notamos que as duas primeiras fases têm sido muito bem realizadas, dado o grande número de espetáculos que temos em cena e de qualidades diversificadas. Acontece que as fases de troca e consumo têm uma defasagem, se compararmos com as anteriores. Ter êxito nessas duas fases não é tarefa fácil nos dias de hoje, pois o teatro não faz parte do cotidiano das pessoas e menos ainda do circuito cultural das cidades; dessa forma, ir ao teatro torna-se um evento fora do cotidiano para a maior parte da população. Se a fase de troca é considerada como essencial para a realização do encontro espectador-obra, a fase consumo/uso ainda é mais delicada, dada a proximidade necessária entre espectador-obra para que a real apropriação da *linguagem cênica** seja, de fato, concretizada. Destacamos no campo da pedagogia do espectador aspectos significativos dessa discussão, pois há a necessidade de buscar formas diversas de abordar o espectador e fazer com que ele obtenha um acesso simbólico da obra, numa profundidade significativa.

O teatro é um mecanismo cultural privilegiado da ação cultural, pois reúne seus elementos vitais, já que, além de possibilitar as quatro fases descritas acima, tem um potencial amplo como modo de expressão e intelecção do mundo. O espectador no teatro muitas vezes é convidado a participar de mais de uma das fases de execução da obra, não se atendo, portanto, apenas à fruição do trabalho. Porém, falta criar condições para o cidadão chegar à criação propriamente dita, o que é um aspecto determinante para o entendimento de ação cultural.

Teixeira Coelho (2006: 10) mostra que o Estado ou a iniciativa privada "abrem seus teatros ao povo, mas quase nunca pensam em criar as condições para esse povo chegar à criação, mas apenas em cultivar novos espectadores e admiradores, quer dizer, novos públicos, novos consumidores". Diretamente ligada a esse fator, faz parte do pensamento do cidadão que desconhece os modos de elaboração dos meios teatrais a *ideologia do dom*, ou seja, o evento teatral na maioria das vezes faz com que a plateia se afaste dos meios de elaboração da obra, uma vez que reforça o sentido de que quem está na cena é *dotado* de uma capacidade natural, herdada biológica ou divinamente, para ocupar aquela posição no evento cênico. Para muitos leigos, *artista vem de berço* e a ele (espectador leigo) resta apenas o lugar da contemplação, já que não foi dotado de uma capacidade artística. Há, portanto, um reforço da ideologia do dom entre os iniciados ao teatro, que dele se utilizam para expressar, emitir um discurso, enquanto ao leigo é delegado o lugar de plateia. Mas onde entra a ação cultural nesse aspecto? Basta constatar essa condição entre quem se expressa e quem não se expressa através do teatro?

A partir de então, começemos pensando sobre a quantidade de ações teatrais recorrentes em cada cidade brasileira. Ações essas que vão desde as aulas de teatro na escola regular, até oficinas realizadas em espaços não escolares (grupos teatrais, ONG's, igrejas, presídios, abrigos de longa permanência etc.). O aspecto em comum entre todas essas ações é que posicionam o aprendiz no cerne da criação teatral, possibilitando a ele expressar-se através da linguagem teatral.

Entenderíamos, então, que oportunizar ao cidadão a expressão em teatro é ação cultural em si? Se os agentes culturais da área de pedagogia do teatro criam condições para o sujeito fazer teatro, seja dentro do currículo ou em espaços não escolares, participando de processos criativos e educacionais, dando ênfase ao processo, podemos dizer que se desenvolve ação cultural. Ou seja, a ação cultural tem suas formas iniciais definidas, mas sem um fim estabelecido e sem etapas fechadas a serem cumpridas – o que difere da *fabricação cultural*. E "o objeto [resultante da ação cultural] pode até resultar de todo o processo, mas não se pensou nele quando se deu início ao processo" (COELHO, 2006: 12).

Novamente Teixeira Coelho (1997: 32) nos alerta que pela ação cultural acontece um "processo de criação ou organização das condições necessárias para que as pessoas e grupos inventem seus próprios fins no universo da cultura". Assim, compreendemos que a ação cultural está no teatro, mas o teatro em si não é ação cultural, pois a mesma encontra no fenômeno teatral um campo frutífero para alcançar seus objetivos, porque promove a consciência do eu, do coletivo e do entorno.

Outro aspecto relevante da ação cultural em teatro é que os envolvidos no processo são partícipes de toda a gestação do trabalho, tecendo diálogo nas variadas funções teatrais, não estando, portanto, alheios às fases do trabalho. A ação do coletivo é um fator decisivo para a ação cultural e mais uma vez o teatro revela seu potencial, pois não há teatro sem cooperação mútua entre os envolvidos, contaminações diversas e aprendizagens de diversas ordens. [RF]

 Teixeira Coelho, 1997 e 2006.

Pedagogia do Teatro, Processo e Produto, Linguagem Cênica, Criação Teatral, Gestão Cultural

ADEREÇOS

Os adereços são elementos da cenografia usados para complementar a elaboração da cena e da composição cenográfica. São normalmente, na vida cotidiana teatral, divididos em duas categorias: da cena e do ator. O responsável pelos adereços de cena é o contrarregra e o encarregado dos adereços do ator é o camareiro.

Essa divisão, inicialmente, não faz sentido. O ator também está em cena e é parte determinante dela: todos seriam, portanto, adereços cênicos. Assim, nova proposta poderia ser feita, levando-se em conta o corpo do *performer*/atuador: adereços corporais (fixos e removíveis) e extracorporais do ator.

"Adereços corporais (do ator)" são todos aqueles que o ator usa no contexto da cena, em uma encenação, espetáculo ou performance, diretamente sobre seu corpo. Podem ser acessórios cênicos do figurino ou uma decoração significativa sobre ele. Medalhas aplicadas de forma fixa sobre o uniforme de um general, por exemplo, são adereços, tanto quanto uma coroa de flores, que pode ser removida, na cabeça de Titânia, de *Sonho de uma Noite de Verão*. Outros exemplos de adereços fixos incluem bordados, pedrarias, flores costuradas, metais e acabamentos em geral. Exemplos de adereços removíveis são o lenço de Ofélia e a espada de Hamlet.

Destas versões simples, fáceis de visualizar, derivam composições mais complexas, como no caso da *Mãe Coragem*, de Bertolt Brecht, encenado pelo próprio dramaturgo no Berliner Ensemble em 1949, com Helene Weigel no papel-título. Weigel propõe para a sua personagem um figurino em que uma colher fica pendurada no casaco, do lado externo, o tempo todo. Causa estranha inquietação a tal colher, que não tem a menor ligação aparente com o traje. No entanto, é um símbolo cunhado pela atriz para aquela mulher que tem urgência em se alimentar, que tem fome durante a guerra: a colher precisa estar facilmente acessível para quando uma chance de alimentação surgir. O requinte do trabalho e o conhecimento do seu ofício são tão grandes que Brecht lhe dedicou um poema, chamado *Os Apetrechos da Weigel*.

Constantin Stanislávski tratava alguns adereços como objetos externos necessários para a composição da personagem, constituindo-se não apenas uma ferramenta de elaboração para o ator, mas também um elo com o público. O teatro oriental tem claramente definidos objetos que são adereços fundamentais: na Ópera de Pequim, o ator traz nas costas várias bandeiras que representam uma certa quantidade de homens de um exército. Quando em cena a personagem perde uma batalha, uma bandeira é retirada, simbolizando que um número de soldados foi abatido. As máscaras, chapéus e diversos componentes do figurino também são adereços.

Na categoria "adereços extracorporais", ou da cena, como se trata no teatro corrente, estão os outros objetos que se relacionam ao todo da cena, mas não necessariamente com o ator. A louça colocada sobre uma mesa; uma carta que deve estar em posição; um balde; um poste indicando um determinado local; uma bandeira pendurada nesse poste; enfim, qualquer objeto que complemente a cena por suas características próprias.

No caso do espetáculo *Os Efêmeros*, do Théâtre du Soleil, a criação das cenas exigia que os atores encontrassem centenas de pequenos objetos que compunham a vida cotidiana daquelas personagens. O conceito da criação da personagem passou por esse nível de detalhamento. Os atores garimparam as peças nos mercados de pulga, nas vendas de garagem nos bairros de Paris e em todos os lugares possíveis até que essa demanda fosse suprida e tivesse significado expandido.

Quando um objeto de uso cotidiano dos espectadores é retirado do seu ambiente comum e colocado no palco, seu significado se potencializa. Uma faca, por exemplo, gera tensão na cena. Se não for esse o objetivo, e o uso do adereço em cena for questionável do ponto de vista utilitário, ele deve ser retirado imediatamente.

Em última instância, um adereço é um objeto que está em cena e que vai ser utilizado, tendo suporte ou apoio no ator/*performer* durante a encenação e que deve ter utilidade como ferramenta expressiva no todo do espetáculo. [FV]

 Cena, Encenação, Cenografia

ATOR-COMPOSITOR

A composição, no âmbito do trabalho do ator, pode ser compreendida como a própria estruturação de seu trabalho performativo, no que diz respeito às ações físicas, corporais e vocais, destacadas aqui por se tratar de manifestações que demandam esforços diferenciados de realização – assim como se configuram em canais diferenciados na comunicação com o espectador.

Interessa-nos discutir algumas das noções aí implicadas, buscando uma abordagem em que não se estreite o campo para as diferentes linguagens que o teatro admite hoje. As duas questões principais são: quais os elementos de que o ator dispõe para compor; e como se processa sua composição, se por imitação ou improvisação, em outras palavras, quem é o autor da composição que o ator executa?

Numa primeira abordagem, pode-se tomar emprestadas da música as noções de intérprete e de compositor nas suas acepções mais simples, em que o primeiro é aquele que executa, mais ou menos livremente, a seu modo, a peça que outro compôs. A discussão que se impõe é exatamente esta: interpretação *versus* composição. Quando e em que medida pode o ator (intérprete por tradição) se tornar compositor? Quando se fala em ator compositor afirma-se que este é o autor da sua atuação?

O ator organiza sua atuação (performance) em frases corporais (de fala e de movimento, sendo que esse se manifesta através de gestos, atitudes e ações), cuja sequencialização pode ser denominada de partitura – expressão emprestada da música que pressupõe, no entanto, condições de enquadramentos impositores, em diferentes medidas, tanto de criação quanto de interpretação. Embora de fácil associação, a relação com aspectos da composição musical não enriquece a discussão. Se por tantas vezes lastimamos a falta de uma notação atorial, por exemplo, essa impossibilidade vem frisar a criação identitária do ato cênico. A organização sequencializada pode ser vista como uma ordenação mais ou menos determinada, e de sentidos mais ou menos expostos, de intencionalidades projetadas, que se concretizam no tempo-espaço da ação. Projetar não é o verbo totalmente adequado, por suportar dois momentos de realização.

Considera-se aqui o ator em cujo trabalho intenção e projeção ocorrem simultaneamente e é por isso, e apenas desse modo, que a intencionalidade pode existir como ato cênico performático – e isso independe de autoria. O ator pode absorver, metabolizar, apropriar-se legitimamente de uma intenção determinada pelo autor do texto ou pelo autor do espetáculo. Na balança atorial de interpretação *versus* composição, há, nesse caso, um peso maior na primeira.

O espaço compreendido entre os procedimentos e modos de criação do realismo psicológico e de outras tradições teatrais, mais identificadas com o modo interpretativo, e a cena que tem a improvisação como princípio de partida e de chegada, em que o ator se inscreve no campo da autoria, abarca todo o teatro praticado atualmente. Tomando o texto dramatúrgico como referência, sendo ele o ponto de partida, as informações aí contidas oferecem material delimitado para todos os criadores da encenação; se houver um texto tratado como roteiro, que oferece pistas para a construção da cena, alarga-se o universo do ator, que poderá então atravessá-la com suas contribuições associadas ao material de origem; se

o ponto de partida é um tema, ainda mais espaçamento se estabelece; e se o ponto de partida é o próprio encontro entre os atores e o diretor (caso haja alguém designado para essa função, em qualquer instância em que ela ocorra), o universo inteiro pode ser abarcado. O intérprete passa a compositor.

Unidade mínima da composição

No binômio intencionalidade/projeção, a unidade mínima não é a ação física espacializada e sim o pré-movimento, uma organização interna que precede a sua consecução no espaço, apontando para a possibilidade de se pensar a kinesfera não apenas como o espaço externo, mas como representante de tudo aquilo que existe (na extensão). A diferença é que o espaço externo é de partilhamento, enquanto que o espaço interno, em que se configura o pré-movimento (mas já é um movimento), é pessoal, impartilhável fisicamente (apenas metafórica ou afetivamente). Salva-nos a noção explorada pelo pensador português José Gil, que define *espaço-do-corpo* como aquele que o bailarino (e certamente o ator) preenche quando a pele se dilacera e faz explodir a sua constituição e configuração limítrofe entre as diversas realidades dimensionais.

A organização dessa unidade mínima de ação, em que interfere decididamente o esquema postural do ator que fundamenta sua identidade de movimento, e está associada à sua inserção intelectiva, afetiva e sensorial nos universos/circunstâncias tratadas, determina em grande parte as qualidades da ação plasmada no tempo-espaço. Dessa forma, o intérprete é sempre um cocompositor. A outra "grande parte" está vinculada a fatores relativos ao processo de criação e aos procedimentos teatrais em jogo.

Elementos de composição

Os elementos de que o ator dispõe para a consecução da tarefa de dar a ver estão fundados na sua própria *corporeidade** e presença, lembrando que tornar visível o invisível tem sido apontado como uma das funções mais nobres do ator e é relativa a uma necessidade (nem sempre fundamental) de construção de significados. Rudolf Laban parece ter sido quem melhor formulou respostas para isso, e estas, para o assunto em questão, podem ser resumidas nas noções de espaço, tempo, peso e fluxo, fatores do movimento através dos quais, com diferentes combinações e ênfases, todos os sentimentos/sensações humanos podem ser fisicalizados.

Autoria

Com que critérios o ator, usando os fatores do movimento e considerando o que quer significar, pode elaborar um sentido para a cena? Em outras palavras, quais os parâmetros para a seleção das qualidades dos fatores do movimento, de modo a compor uma partitura de ações que ofereça ao público a possibilidade de ver o invisível, ou de compreender o inominável, ou de fruir de uma experiência artístico-vivencial efetiva? Quem seleciona os movimentos da composição? Parece impossível responder sem considerar os diversos teatros, não só na sua historiografia, como também os que convivem na contemporaneidade. *Grosso modo*, pode-se dizer que a tríade funcional permanece: autor, encenador, ator. De acordo com escolhas que transitam pelas opções de linguagem da cena, por acordos e princípios éticos e de economia de produção, as autoridades – as autorias – pesam diferentemente em cada parte do tripé fundamental, mesmo quando essas funções são exercidas por um coletivo ou por indivíduos mais ou menos isolados. No caso do ator, o fato de o ato cênico passar necessariamente por seu corpo faz dele, no mínimo e sempre, um coautor.

Quando é o autor da sua atuação, o compositor da sua partitura, no caso principalmente do teatro improvisacional, as questões aí suscitadas são de tal natureza que superam ou alargam o estritamente teatral. Varias ciências e outras áreas do conhecimento têm vindo colaborar no esforço de compreensão dos processos de criação artística, não só do ator. A evolução da tecnologia disponibilizada para a neurociência, por exemplo, tem revelado importantes informações sobre o funcionamento do cérebro e comprovado dados que os atores já haviam vivenciado, sem jamais terem questionado a sua realidade. Por outro lado, as filosofias orientais, com suas práticas, são cada vez mais corriqueiramente utilizadas na formação e preparação do ator. Os atores têm acumulado um número maior de competências, exercitando-se nas técnicas do circo, da dança, do canto. De tal modo que, quando o ator se põe a improvisar como método de criação autoral, ou mesmo quando lhe compete seguir as instruções mais ou menos determinadas do diretor, o repertório que está em jogo à sua disposição é cada vez mais amplo. Pode confiar nas suas habilidades técnicas tanto quanto na sua intuição, pode contar com a elaboração mental, que ocorre simultaneamente à consciência corporal, ciente de que esta inunda o pensamento com o próprio movimento, de tal modo que sensibilidade e pensamento se tornam uma coisa só. Mercê de sua história pessoal impressa nos padrões de movimento reconhecidos, é capaz de superá-los com a sabedoria do corpo para a composição autoral de sua partitura de movimentos. [NK]

 Bonfitto, 2013; Laban, 1978.

 Encenação, Gesto (Linguagem do), Linguagem Cênica, Linguagem Corporal, Texto e Cena

ATOR-NARRADOR

Todo ator é um narrador. A especificidade deste, a quem se tem chamado de "narrador", está vinculada ao texto que enuncia, cujas características mais evidentes são o fato de não se constituir totalmente em diálogo – o que vai promover a fusão e/ou fricção entre os dois mundos, o épico e o dramático – e o de ter no espectador um ouvinte assumido. Na encenação narrativa, ou rapsódica, está implícita a presença de elementos de distanciamento, *teatralidade** e anti-ilusionismo, o que implica, para o ator, um tipo determinado de atuação.

Assumir-se como um narrador cênico ou performático (não como um *contador de histórias**) presume a apropriação de uma instância narratológica que permite a manipulação de todos os recursos postos em disponibilidade para a constituição do ato ou evento, em que há uma ampliação, um alargamento da cena em vários sentidos e direções, sendo a textualidade literária o mais evidente deles.

No jogo de *intertextualidade** dos modos épico e dramático, e ainda com a possibilidade de utilização do lírico ou do ensaístico, pode-se conceber, no teatro narrativo, a utilização de qualquer tipo de texto. A consequência, para o ator, é que a personagem dramática deixa de ser o suporte único para sua criação, dando lugar a outros tipos de figurações possíveis.

ATOR-NARRADOR

Grosso modo, pode-se considerar que o ator-narrador fala, age e se movimenta: 1. em seu próprio nome – e a discussão aí é a denominação desta figura: personagem? *persona*? –, evidenciando uma atitude crítica de um ponto de vista pessoal; 2. em nome do autor do texto – quando, por exemplo, verbaliza as rubricas, ou os pensamentos das demais personagens, ou tece comentários desse ponto de vista, ou ainda antecipa a ação, narrando eventos futuros ou mesmo informando eventos do passado; 3. em nome de uma personagem que participa da ação – o que determina que suas interferências narrativas se deem sob esse ponto de vista e que não há relatos a respeito de eventos que essa personagem não possa conhecer.

Tal modo atuativo traz, para o ator, questões não necessariamente problematizadas quando sua função é a composição de uma personagem dramática, envolvendo noções como representação, interpretação, apresentação e ainda presentação. Em qualquer dessas instâncias do trabalho atorial, o ato narrativo aciona outra gama de habilidades de atuação para o estabelecimento de uma via comunicacional efetiva do ator-narrador com a cena e com o espectador. No entanto, há duas bases principais sobre as quais a narração se assenta: a *fé cênica*, para usar a terminologia de Stanislávski, e o trabalho imagético a ser produzido com ou a partir do texto, tanto verbal quanto gestual.

A atuação rapsódica se constitui como uma especialização no trabalho do ator, já que o ator-narrador é aquele que é capaz de contar uma história em seu próprio nome e/ou no de um personagem; de gestualizar os pensamentos e opiniões da personagem que fala ou sobre quem fala ou ainda sobre outro, que não pertence ao universo que está sendo narrado; o ator-narrador constrói, enfatiza, sublinha, sugere ou alude, com fala e movimento, em realização simultânea ou não, o universo que lhe apraz. O ator-narrador é um mímico, um encantador de serpentes. [NK]

 Benjamin, 1987b.; Rosenfeld, 1985.

 Narrador, Estranhamento, Contador de Histórias, Teatralidade, Intertextualidade

B

BRINCADEIRA

No âmbito da educação infantil e da pedagogia do teatro, a brincadeira é associada, frequentemente, ao "jogo" e ao "brinquedo", sendo esses três termos, por vezes, empregados de maneira indistinta. Segundo Huizinga e Caillois, o jogo é uma atividade livre e regrada, com fim em si mesmo, que cria ordem e é – ele mesmo – ordem, abrindo fendas na vida cotidiana que permitem a introdução do lúdico, da metáfora e da ficção. Para Kishimoto, o jogo pode ser entendido sob três aspectos: "1. o resultado de um sistema linguístico que funciona dentro de um contexto social; 2. um sistema de regras; e 3. um objeto" (2011: 18).

No primeiro caso, o jogo ganha função e sentido dentro de um contexto linguístico, social e cultural específico, podendo adquirir outras significações em diferentes contextos. No segundo, pode-se identificar em qualquer jogo, independente de sua procedência, uma estrutura sequencial que determina sua modalidade e permite sua diferenciação de outros jogos. É um sistema fixo de regras, que não varia substancialmente por meio da intervenção dos jogadores. No terceiro caso, o jogo aproxima-se do brinquedo, sem, entretanto, confundir-se com ele. É o material concreto que permite o desenvolvimento do jogo, como o tabuleiro de xadrez ou o pião, por exemplo.

Diferente do jogo, o brinquedo pressupõe uma relação íntima, subjetiva com a criança e uma indeterminação em seu uso. No jogo, há a regra que organiza o seu emprego. Já no brinquedo, sobretudo entre os dois e os três anos da criança, período em que se dá a formação do símbolo (época da brincadeira de *faz de conta** ou *jogo simbólico**), o brinquedo adquire funções e sentidos variáveis a cada nova brincadeira. O brinquedo leva à representação e, por isso, permite o contato entre realidade e fantasia, cuja interconexão é ação e produto do próprio ato de brincar da criança. Um pedaço de madeira pode assumir representações diferentes para uma menina, por exemplo, desde uma colher para alimentar a boneca até o pente que irá desembaraçar os cabelos da mesma boneca, tal como ela deve ter presenciado com outras crianças ou sentido consigo própria ao ser alimentada e penteada pela mãe. Dessa forma, "o brinquedo metamorfoseia e fotografa a realidade" (KISHIMOTO [org.], 2011: 21), não reproduzindo apenas objetos, mas toda uma realidade social. No entanto, essa mimese do real pela criança não pressupõe necessariamente a cópia, mas, sobretudo, a criação.

O brinquedo contém em si uma referência à infância. Ele distingue-se da pluralidade de sentidos que o termo "jogo" pode ter, justamente por remeter de forma direta à criança. E enquanto objeto é sempre suporte de brincadeira, para o lúdico, estimulando a imaginação infantil, diferentemente do jogo enquanto objeto. E a brincadeira é o próprio lúdico em ação. Sendo assim, "brinquedo e brincadeira relacionam-se diretamente com a criança e não se confundem com o jogo" (KISHIMOTO [org.], 2011: 24).

A partir daí, pode-se entender o brinquedo e a brincadeira na dialética da repetição e da criação. Como diz Walter Benjamin, a repetição encontra-se na essência de toda brincadeira. Para o filósofo alemão, a grande lei que rege todas as brincadeiras é a da repetição, pois nada torna uma criança mais feliz do que o "mais uma vez": "toda e qualquer experiência mais profunda deseja insaciavelmente, até o fim de todas as coisas, repetição e retorno, restabelecimento da situação primordial da qual ela tomou o impulso inicial" (BENJAMIN, 2002: 101). O prazer da criança reside tanto no assenhorear-se de situações e experiências terríveis quanto no saborear uma vez mais, continuamente, os triunfos e as vitórias. Por isso, "A essência do brincar não é um 'fazer como se', mas um 'fazer sempre de novo', transformação da experiência mais comovente em hábito" (2002: 102). Dessa forma, o hábito é introduzido na vida cotidiana como brincadeira.

Por intermédio do elemento lúdico, pode-se pensar também o brinquedo e a brincadeira enquanto criação. Sobre esse aspecto, Lev S. Vigótski oferece novos ajustes e acréscimos acerca da especificidade da brincadeira no contexto infantil. Para o psicólogo russo, a brincadeira é o lugar de incorporação dos papéis sociais. No entanto, ela não se restringe à imitação e absorção de uma realidade social, pois também pressupõe o desenvolvimento da imaginação ou da criação infantil: "As brincadeiras infantis, frequentemente, são apenas um eco do que a criança viu e ouviu dos adultos. No entanto, esses elementos da experiência anterior nunca se reproduzem, na brincadeira, exatamente como ocorreram na realidade. A brincadeira da criança não é uma simples recordação do que vivenciou, mas uma elaboração criativa de impressões vivenciadas" (VIGOTSKI, 2009: 17). É combinando e baseando-se nessas impressões da vida cotidiana que a criança consegue construir uma realidade nova, respondendo assim às suas aspirações e anseios. A brincadeira é o espaço-tempo próprio para o exercício da imaginação.

Dessa maneira, as bases da brincadeira e da criação infantil (e também dos processos criativos de um modo geral) fincam-se na memória e na experiência: "a atividade criadora da imaginação depende diretamente da riqueza e da diversidade da *experiência** anterior da pessoa, porque essa *experiência** constitui o material com que se criam as construções da fantasia. Quanto mais rica a experiência do indivíduo, mais material está disponível para a imaginação dela" (VIGOTSKI, 2009: 23).

O teórico russo relaciona diretamente a brincadeira infantil à forma dramática: "Dada a raiz de toda criação infantil, o drama está diretamente relacionado à brincadeira" (2009: 99). Por essa razão, para ele, a arte teatral constitui-se uma atividade própria da infância, pois, assim como a brincadeira, o teatro proporciona maneiras diferentes de apropriação de papéis sociais pela criança e da recriação destes, produzindo novos significados, sem que haja um tensionamento excessivo de sua psique.

A brincadeira insere-se também no universo da cultura popular e do folclore. Nesse âmbito, ela não se aplica apenas às esferas da infância e da educação, mas também ao da interpretação teatral, mais especificamente à arte do *brincante** dos espetáculos populares (como nomeia Hermilo Borba Filho) ou das *danças dramáticas** (segundo acepção de Mário de Andrade), em que esses espetáculos são reconhecidos pelos seus integrantes como brincadeira ou brinquedo.

Enquanto espetáculo popular, a brincadeira é apresentada por um grupo de brincantes, ordenados hierarquicamente, sob a regência de um mestre. Organizam-se a partir de estruturas tradicionais, porém com inúmeras variações a depender do local, da época e das circunstâncias das apresentações. A brincadeira possui ainda três características essenciais: 1. Ela faz parte da vida. Ou seja, suas atividades estão integradas ao cotidiano das comunidades onde surge, seja nos ciclos agrícolas, seja no calendário festivo-religioso. Nesse sentido, trata-se de espetáculo cujos protagonistas são originalmente os integrantes das comunidades. Por isso que não se dá nesse folguedo uma separação clara entre atores e público; 2. É um espetáculo total por reunir o teatro, a dança, a música e as artes plásticas; 3. Distancia-se de uma linguagem naturalista.

Frequentemente, seus espetáculos constituem-se de uma série de quadros autônomos, com urdidura dramática tênue, apoiada em personagens arquetípicos, cujos traços são, paradoxalmente, míticos e jocosos. Ocupando espaços a céu aberto (praças, terreiros ou pontas de rua), a brincadeira prolonga-se por horas. Os espectadores acomodam-se em torno da representação, formando uma roda. Embora longos, os espetáculos dividem-se em pequenas partes, recebendo diferentes denominações conforme a natureza do folguedo, tais quais: autos, jornadas, bailes, batalhas, embaixadas e entremezes.

Por fazer parte de uma tradição oral, o texto cênico é baseado em um roteiro pré-fixado, aberto às variações que as circunstâncias da representação podem impor. Tal como na *Commedia dell'Arte* com seus personagens fixos, o brincante não improvisa de maneira completamente livre, ao sabor do momento. Ele dispõe de um amplo leque de gestos, palavras, movimentos, máscaras, frases melódicas, herdados pela tradição. Seus personagens são tipos humanos, animais, seres híbridos e fantásticos, com uma caracterização esquemática. Em verdade, são personagens sintéticos, compactados em seus traços básicos. Na transmissão oral, de geração em geração, os detalhes desapareceram, restando apenas seus traços definidores.

A brincadeira tradicional também preserva o seu caráter infantil. Nesse sentido, há logicamente a infantil que incorpora a mentalidade popular no ato de brincar da criança. Como pertencente a toda cultura popular, essa brincadeira é, ao mesmo tempo, preservacionista e mutável, visto que ela, por um lado, conserva hábitos e o imaginário infantil e, por outro, é suscetível à variação e à transformação por pertencer à cultura oral. [IAS]

 Benjamin, 2002; Kishimoto (org.), 2011; Vigotski, 2009.

 Corporeidade, Cultura Popular, Folclore

BRINCANTE

Brincante é o participante de espetáculos populares que na antropologia teatral possui qualidades cênicas próximas às do ator performático. Esses espetáculos também são denominados por seus integrantes de *brincadeira** ou "brinquedo". Etimologicamente, brincante é aquele que brinca. Por isso, mais do que apresentar ou representar, o brincante literalmente *brinca*, no sentido de divertir-se livremente, ele e seu público, ambos fazendo parte da brincadeira.

No espetáculo a ação ganha primeiro plano e, portanto, vive-se a própria ação. Mesmo que existam personagens fixas nos folguedos (num sistema de distribuição e regulação de papéis semelhante à *Commedia dell'Arte*), o brincante coloca a si mesmo em cena. Tem uma forma pessoal e única de se colocar, de interagir com o público e interpretar a personagem que, como diz a tradição, foi "retirada dele", "nasceu com ele", pois "o brincante só faz o que sabe fazer, o que é dele, o que ele sabe fazer melhor que ninguém, ou seja, ser ele mesmo, um pedaço de seu ser, uma dimensão particular do seu modo de ser, que permanece mais ou menos oculta em seu cotidiano" (BARROSO, 2005: 85).

A iniciação do brincante ocorre sempre numa coletividade, seja no seio da família, seja na comunidade, isto é, entre aqueles que detêm o saber do folguedo. Ao lado do brincante, a figura central do brinquedo popular é o mestre. Ele é uma espécie de *meneur de jeu* que concilia as funções de administrador e diretor de cena, além de participar da brincadeira. Porém, sua maior importância é a de ser a memória viva dos espetáculos populares, garantindo sua sobrevivência e possibilitando a formação de novos brincantes.

Toda a família de um mestre se envolve na manutenção da brincadeira. E os filhos dos mestres sentem-se na obrigação de sucedê-los para manter viva a tradição. Ao mestre, cabe a função de identificar um futuro aprendiz, aquele "que nasceu para a cena". Identificado o aprendiz, "o mestre passa a ajudá-lo a tirar o brincante de dentro de si, como o escultor que tira sua forma de dentro do material que utiliza" (BARROSO, 2005: 74). Isso ocorre por meio de duas técnicas tradicionais de aprendizado: a imitação e o contato com o corpo do mestre. A primeira se dá pela observação e na segunda – apenas nos casos em que se precisa de uma aprendizagem mais rápida – o corpo do aprendiz é manipulado pelo mestre como uma marionete.

O brincante possui uma forma de atuação alterada que, apesar de extraída dele, não se confunde nem com sua performance cotidiana, nem com um estilo de interpretação naturalista. Além disso, no decorrer de sua vida, ele enriquece o acervo de gestos, falas e procedimentos de sua personagem, tornanda-o mais rica e complexa. Essa acumulação de recursos é que distingue a qualidade do brincante ao fazer sua personagem. Para brincar, ele "possui um alfabeto de gestos e um léxico corporal, herdados da tradição, desenvolvidos no correr dos anos e guardados na memória corporal" (BARROSO, 2005: 85).

A arte do ator brincante atrai cada vez mais artistas e pesquisadores interessados em renovar os métodos de formação e criação cênica do ator. Esse interesse por técnicas de atuação e formas teatrais tradicionais remonta aos primórdios do teatro moderno, desde Vsévolod Meierhold, Antonin Artaud, Bertolt Brecht, Jerzy Grotowski, até chegar a Eugenio Barba, Peter Brook e Ariane Mnouchkine, entre outros. No Brasil, um dos pioneiros é o dramaturgo e encenador Hermilo Borba Filho que, nos anos de 1960, ambiciona reteatralizar o teatro do Nordeste a partir dos espetáculos populares: "cheguei à conclusão de que se pode tentar uma nova maneira de produzir o espetáculo nordestino, não somente pelos processos dramáticos, mas por uma maneira peculiar de interpretar. Enfim, a criação de um estilo específico de interpretação nordestina" (BORBA FILHO, 2005: 147). Pois, para Borba Filho, o ator brincante traz em sua arte toda a história do teatro. É ao mesmo tempo particular e universal: "Dentro de uma arbitrariedade consciente e poética, amparados pela música e pela dança desenvolvem o seu espetáculo: improvisam como na comédia italiana, usam travestis como no teatro elisabetano, usam máscaras como no teatro grego, dançam como no teatro oriental, fazem acrobacias como no teatro chinês, cantam como nas óperas, dão pancadas como nas velhas farsas medievais" (BORBA FILHO, 2005: 148).

Essa inspiração na arte do brincante para a renovação dos processos cênicos do ator é retomada nos anos de 1980 com o trabalho de Luís Otávio Burnier e a criação do Lume – Núcleo Interdisciplinar de Pesquisas Teatrais da Unicamp. Dentre outros artistas brasileiros que se inspiram nos espetáculos populares em suas performances cênicas, Antonio Carlos Nóbrega é um dos mais emblemáticos. A partir de sua experiência como integrante do Quinteto Armorial, e sob a paternidade estética e ideológica de Ariano Suassuna e seu Movimento Armorial, Nóbrega desenvolve sua carreira realizando espetáculos como *A Bandeira do Divino* (1976), *A Arte da Cantoria* (1981), *Maracatu Misterioso* (1982), *Mateus Presepeiro* (1985), *O Reino do Meio-Dia* (1989), *Figural* (1990), *Brincante* (1992) e *Segundas Histórias* (1994), entre outros. Em *Figural*, o *performer* cria a sua personagem mais famosa: Tonheta. Já esboçada em criações anteriores de Nóbrega, aqui ganha forma e ritmo, fincando-se como personagem-máscara em seus espetáculos posteriores. Tal como na tradição dos brinquedos populares, Tonheta foi "retirado dele", "nasceu com ele", auxiliando Nóbrega a exibir suas exímias habilidades de cantor, ator, bailarino, mímico, instrumentista, bonequeiro e malabarista, ou seja, um artista múltiplo, assim como os brincantes dos espetáculos populares. [IAS]

 Barroso, 2005; Borba Filho, 2005.

 Brincadeira, Ritual, Contador de Histórias, Cultura Popular, Teatro Popular

BUFÃO

É o nome dado a uma personagem de uma linguagem específica, cuja imagem e atuação exagerada são instrumentos para o exercício do absurdo, do fantástico e do grotesco. Bufão, truão, bobo, histrião, momo, charlatão, fanfarrão são os nomes que designam o ator a quem, antigamente, se destinavam papéis de comicidade grosseira.

A dimensão antropológica

Como manifestação de diferentes culturas, os "reis bufões" aparecem em representações desde os tempos pré-históricos na África, no Egito, na Pérsia, na Grécia, circunscritos em distintos espaços, como no meio rural, na praça pública, ou no interior das casas. Nos rituais primitivos, onde se celebravam a vida, a morte e o renascimento, era possível ver essas representações associadas a danças e imitações burlescas. A paródia, o travestimento e a inversão do *status* superior produzidos em certos rituais geravam uma espécie de riso que exorcizava "por baixo" o medo do divino.

Na história dos bufões contada por A. Gazeau, os *bufões domésticos* seriam presenças incontestáveis nas festas e banquetes, sempre ao lado de soberanos. Todo soberano, desde os tempos primitivos, teria um *louco* ou um *parasitos* – o farsante convidado e produtor de risos – em sua mesa. Um dos bufões mais conhecidos foi Esopo, o fabulista, que viveu como um escravo na Grécia clássica e é descrito como o louco sábio, de feiura e deformidades repugnantes. Acreditava-se, desde a Antiguidade, que os loucos fossem uma espécie de oráculo infalível e os deformados físicos, de aparência monstruosa, eram mantidos ao lado de muitos soberanos como talismãs que traziam sorte e prosperidade. Essa crença parece ter atravessado os tempos, pois conta-se que, em um banquete em Roma, Isabella d'Este possuía cerca de 35 anões quase todos deformados, e Pedro, o grande na Rússia, também se mantinha cercado de anões. Por trás da aparência grotesca, entretanto, o bufão era temido por ser capaz de revelar as grandes verdades. Nos momentos em que aparece como uma espécie de sombra do rei, confidente e conselheiro, tornava-se uma espécie de testemunha dos conflitos do seu tempo.

Na Idade Média, época de profundas contradições, as tensões eram exorcizadas nas representações licenciosas e blasfemas permitidas em alguns dias nas festas cristãs. Nas festas do tipo carnavalesco a principal função era celebrar a abundância, como na festa dos *Bobos* ou dos *Loucos*, que se confundia com a do *Asno*, seguindo a tradição das *Saturnais* e dos *Mimos* antigos. Essas festas se mantiveram durante muitos séculos após o período medieval e se davam, a princípio, nas igrejas onde se elegia um bispo, um papa ou um abade dos loucos, e cuja consagração se celebrava com muitas bufonarias. Na solenidade coroavam publicamente um "falso rei", enquanto um clérigo licencioso cantava canções obscenas, comia salsichão, se despojava inteiramente das roupas, correndo e saltando pelas ruas, atirando excrementos no povo. A loucura dessas comemorações, que punham a vida e a sua inversão ritualizada a equilibrar-se numa corda bamba, criava um modo novo de relações humanas. Toda essa catarse cômica provocadora do riso liberador constitui o território do bufão.

Muitos bufões ficaram famosos nas cortes reais, do Oriente ao Ocidente, entre reinados bárbaros e cortes mais civilizadas, sendo um título de ofício que nunca ficava vago. Triboulet ficou conhecido como um louco de gênio cáustico; Brusquet, por suas saídas cheias de imaginação e audácia e por possuir suplentes em caso de sua falta; Thonin Lorris, Sibilot, Maturnina e Chicot tiveram seus sucessores, Guillermo, Angoulevent, Marais, Juan Doucet e Angely. Podemos citar ainda, na Inglaterra, Will Summers; na Alemanha, Perkeo; na Itália, o Scocola de Borso D'este.

A presença das variadas formas de bufões culminaria no Renascimento. Marcados pela liberação aparecem os *bufões populares* em suas múltiplas formas: mimos, ventríloquos, equilibristas, malabaristas, titeriteiros, saltimbancos, menestréis.

Conhecidos também como *jongleurs* – artistas profissionais que possuíam qualidades múltiplas –, eram capazes de improvisar versos, imitar, cantar, tocar, atuar, dançar, recitar, fazer mágicas e acrobacias. A arte dos bufões que surgia das festas populares se estendia pelas casas, palácios e teatros. Mas o movimento doutrinatário da cristianização empreendido pela Contrarreforma, responsável pela domesticação do riso, implicou a morte das manifestações cômicas populares.

A dimensão estética e teatral

O corpo deformado do Bufão confirma a relação que se faz dele com o mundo da imagem. O prazer da blasfêmia serviria de motivação não só para o teatro, mas também para a pintura de Bosch, de Brueguel, de Velásquez e de Goya. Na música, ele reapareceria como uma personagem central da ópera *Rigoletto* de Verdi, e na literatura na obra de François Rabelais. O corpo *deformado* e *deformante* que o designa não se limita à personagem específica e pode ser o nome genérico das múltiplas manifestações dessa categoria que aparecem desde os confins da humanidade. Sua aparição pode ser solitária como a do *bobo da corte* ou pertencente a um *bando* como dos atores da *Commedia dell'Arte*, também conhecida como comédia bufonesca.

O humor picante do truão implica risos de ordem bastante variada, envolvendo o burlesco, o escárnio, a blasfêmia. O uso deliberado do grotesco na bufonaria se aproxima mais pelo lado trágico que pelo cômico. O número mais popular dos bufões pertence ao território da paródia, mas o seu jogo envolve um vasto campo de atuação que vai da farsa à tragédia. Shakespeare, o mais famoso dramaturgo da Renascença, tornaria eterno o tema dos bufões. Os grandes personagens de suas obras apareceriam de maneiras variadas, como sábios, mágicos, excêntricos, grotescos, selvagens, endiabrados, sombrios, falsos, bajuladores e oportunistas. Vsévolod Meierhold, o encenador russo que resgatou o grotesco do teatro popular em suas experimentações cênicas, definiu essa linguagem como "bufonaria trágica". Como um espelho retorcido do homem e dos acontecimentos sociopolíticos de seu tempo e das diferentes culturas: "o grotesco permite o cotidiano em um plano inédito, o aprofunda a tal ponto que o cotidiano deixa de parecer natural" (MEYERHOLD,

1986: 61). Nas mãos de Bertolt Brecht, o bufão reapareceria com os recursos do circo e do *Cabaret* alemão, e serviria para restituir a principal função do teatro – a diversão – que, trazida com os valores do teatro popular para a cena, tinha o objetivo de revelar as contradições sociais e políticas. A noção de alteridade inerente ao jogo do bufão, na alternância da representação e da realidade, tem o objetivo de arrancar as máscaras sociais e despojar a percepção do espectador para dimensões mais profundas.

A dimensão pedagógica

Dentro do campo da pedagogia teatral o bufão ressurge, por volta dos anos de 1970, como uma dimensão da *linguagem dos gestos**, na escola do mestre francês Jacques Lecoq. Desde então, a prática do bufão tem sido divulgada por artistas que passaram pela escola; só para mencionar alguns nomes reconhecidos: Phillipe Gaulier, Philippe Avron, Ariane Mnouchkine, Steven Berkoff, Mummenschantz e Théâtre de la Complicité.

Integrado no amplo projeto pedagógico de Lecoq, com ênfase nas técnicas corpóreas do ator e nas diferentes abordagens da máscara, o procedimento do bufão busca as ações e movimentos que podem ser realizados com "outros corpos". Diferente das outras técnicas, jogar com a do bufão requer uma máscara de corpo inteiro. A bufonaria se fortalece com a forma exagerada e descomunal do figurino, por isso se pede para o ator experimentar diferentes corpos, com barrigas, nádegas, peitos, corcundas, cabeças e falos enormes a fim de buscar, com essa reinvenção corporal, aquela que dê maior liberdade ao jogo. Com esses corpos descomunais, na pedagogia lecoquiana o bufão diz textos de grandes poetas: "Quem, melhor do que um bufão, pode dizer um texto de Antonin Artaud?" (LECOQ, 1997: 130).

Na pedagogia pelo riso de Gaulier, mestre francês da bufonaria, a linguagem pressupõe uma subversão dos códigos teatrais convencionais, e, para ele, o bufão nem sempre é agradável para o espectador que vai ao teatro em busca de diversão. Se a figura do bufão de Gaulier provoca estranheza e riso, quando se põe em ação e começa falar, é, sem dúvida, do lado da tragédia a dimensão que ele tange e, paradoxalmente, nos impõe a lucidez. [BL]

 Gazeau, 1995; Lecoq, 1997; Meyerhold, 1986.

 Ritual, Cultura Popular, Clown, Pantomima

C

CENOGRAFIA

A maneira mais simples de se entender o que é cenografia é trazer de volta a definição da palavra grega: "grafia" (ou pintura) "da cena".

No espaço cênico (onde acontece a cena) do teatro grego essa cenografia podia ser um telão pintado: um navio desenhado nele apontava ao espectador uma cena marítima, garantindo total liberdade imaginativa de qual local junto ao mar seria este. Mais tarde, o espaço teatral grego (ou edifício onde acontece o evento teatral) passa a ter na sua estrutura uma cenografia pertencente ao edifício: são as portas de acesso ao palco. No palco do edifício grego, já em pedra do século V, houve três portas em determinada altura. A entrada em cena pela porta da esquerda poderia significar que a personagem chegou do interior do país; pelo meio, do interior da casa ou palácio; pela porta da direita, de terras estrangeiras. A cenografia, inserida na estrutura do edifício teatral, tem códigos locais nas manifestações cênicas de cada país.

Aquele telão pintado, mero indicador da ação, foi sendo usado ao longo de séculos. Muitas vezes se tornou um elemento decorativo da cena, empregado como mero adereço, redutor de possibilidades expressivas da mesma. Adolphe Appia aponta em *A Encenação do Drama Wagneriano* (1895) que a cenografia exigia uma renovação. Destaca que os telões pintados, bidimensionais e completamente fora de propósito com as pesquisas cênicas de então, eram incompatíveis com o volume tridimensional do corpo do ator, da verdade cênica e da liberdade imaginativa que o espectador deveria ter. Edward Gordon Craig, seu contemporâneo, trabalha na mesma linha de pensamento: a expressividade da cenografia deve estar ligada ao todo da *encenação**, que envolve não só o ator mas tudo que se relaciona com ele no palco, ampliando o significado da obra de arte total de Wagner.

Craig e Appia lançam as bases do que seria a cenografia do futuro, empregando recursos tecnológicos de ponta. Tecnologia avançada sempre foi presença constante na cenografia teatral: a própria estrutura do *palco** à italiana, por exemplo, vem dos avanços feitos na indústria náutica, no período das grandes navegações de conquista.

Os dois também empregam a luz elétrica, novidade total para os teatros de então, e plantam as bases do teatro contemporâneo ao empregarem a luz como instrumento de revelação de estados emocionais. Não era mais apenas luz em cena, como promoveram durante séculos as lâmpadas de óleo e as velas.

Era o início da fusão e integração das artes e ciências: dança, escultura, pintura, arquitetura, psicologia, física... A classificação da cenografia gerou diversos nichos: realista, naturalista, simbolista, construtivista, formalista... Todos apoiados de forma geral no teatro dramático, que, de acordo com Hans-Thies Lehmann (2007: 25), está subordinado ao primado do texto, e cuja montagem consistia na declamação e ilustração do drama escrito.

A cenografia contemporânea é muito variada e apresenta inúmeras possibilidades diante das manifestações das artes cênicas. O espectro fica ainda mais amplo quando se combinam o perfil artístico do cenógrafo e a tecnologia empregada nos espetáculos. Um exemplo da complexidade que a cenografia pode atingir está em algumas apresentações do Cirque du Soleil. Um tema tradicional – o circo – recebe um tratamento em que a cenografia (e os figurinos incluídos nela) é uma atração à parte.

Mais que nunca, os termos preconizados por Appia e Craig são revelados em cena: hoje se lida com a hipermídia, com as artes plásticas, com o conceito de instalação, com as inquirições sobre o espaço vazio e seus significantes... O espaço vazio é potencializado pela presença do ator que pode, por palavras ou gestos, construir uma cenografia que vai utilizar simplesmente a imaginação do espectador.

A cenografia tradicional continua e continuará existindo. O que não se pode perder de vista é que a cenografia é um elemento sólido do espetáculo e da concretização da cena. E que qualquer elemento, seja ele uma cadeira simples ou uma casa de madeira, muda de dimensão quando no espaço cênico, ganhando um significado diferente do que carrega no dia a dia. [FV]

 Howard, 2002; Lehman, 2007.

CLOWN

A designação "clown" deriva, do ponto de vista etimológico, do termo inglês *clod*, que denomina um homem rural. No âmbito das artes do espetáculo, o termo surge na Inglaterra, durante o século XV, designando um artista que apresenta um comportamento de contornos campestres, sobretudo pantomineiro e com uma linguagem verbal rudimentar.

Desde a sua origem, muitas foram as contaminações operadas (farsa, *Comedia dell'Arte*, cavaleiros e acrobatas...), o que contribuiu para que as características psicológicas, corporais e de aparência dessa *persona* sofressem, ao longo do tempo, inúmeras mutações.

Ligado inicialmente ao espaço da rua e da feira, o clown, contudo, se popularizou no universo do circo. Nesse contexto, depois do parodiante equestre inicial que, ao cair do cavalo, inventa formas de disfarçar o acidente, aparece pouco a pouco um clown com maior sofisticação, que contorna as ressrições impostas pela falta de acesso à palavra. Talvez devido ao sentido dessa mutação, que implicou um desinvestimento na dimensão acrobática, vemos surgirem duas personagens tipificadas, diametralmente opostas, tanto em aparência como em comportamento: por um lado o *rico*, o *branco*, aristocrata, autoritário e sério, e por outro o *pobre*, o *augusto*, popular, livre e alegre. Dessa relação nasce uma estrutura dramática com regras específicas e assim, progressivamente, a comédia clownesca define o seu repertório.

No decorrer do século XX, emerge um clown solista, com novas linguagens e estilos de jogo, e abrem-se outros territórios de atuação; como, por exemplo, o cinema burlesco e o music hall.

A diversidade acentua-se até os dias de hoje. Pouco a pouco, dilui-se um imaginário coletivo ainda muito colado ao nariz vermelho e a certa aparência – a maquiagem que amplia os olhos e a boca, o figurino largo e desajustado.

Perante a diversidade, será possível encontrar traços de caráter capazes de identificar o clown?

A sua atitude perceptiva pode ser comparada à do ser humano no momento do nascimento: sem passado nem futuro e vivendo no instante presente, o clown surpreende-se sempre com tudo o que se passa à sua volta e mantém-se permanentemente curioso. Em termos comportamentais, o seu conflito nasce da impossibilidade de definir o seu lugar e a sua própria identidade. Estamos diante de um ser que vive em constante desequilíbrio, pois perante si e perante as normas e as regras sociais que lhe impõem, ele não sabe senão falhar. No jogo clownesco, esse desajustamento efetiva-se no ato de ampliar os bloqueios e as facetas ridículas e menos expostas da natureza humana. Transgredindo, violando os interditos e explorando os tabus, o clown, através do riso, oferece-nos a nós humanos a possibilidade de sublimar a nossa condição: falível, solitária, insignificante e trágica.

No campo do conhecimento pedagógico, descobrir e desenvolver o clown que vive em cada um tornou-se hoje a metodologia mais difundida. Para potencializar e acompanhar a emergência dessa experiência pessoal – um processo de autorrevelação –, o artista-pedagogo recorre a exercícios de desinibição e atenção, momentos de improvisação e composição. Pouco a pouco, e em contato com uma audiência, criam-se e se aperfeiçoam uma silhueta, uma personagem, um número ou um espectáculo.

Saliente-se que cada um de nós pode encontrar a sua natureza clownesca, mas nem todos podem fazer disso uma profissão. Uma vez que a técnica do clown potencializa o desenvolvimento de competências psicossociais do indivíduo, hoje, para além do campo exclusivamente artístico, a mesma, com objetivos e estratégias específicas, passou a ser muito utilizada em domínios como a formação geral do ator, a animação, a terapia, o desenvolvimento pessoal e a intervenção social. Tem sido, em grande parte, a partir destes outros campos de ação que a linguagem do clown tem se renovado. [TP]

 Viveiros de Castro, 2005; Moura Pinheiro & Brilhante, 2010.

 Teatro popular, Bufão, Cultura Popular

COLETIVO (PROCESSO)

Do *Dicionário Houaiss da Língua Portuguesa*, a definição de coletivo "compreende ou abrange muitas pessoas ou coisas", "pertence a um povo, a uma classe, a um grupo". Do latim, *collectivus* significa aquilo "que agrupa, ajunta". A palavra "coletivo" é apresentada como antônimo de individual.

No contexto teatral, a palavra "coletivo" vem sendo usada para definir agrupamentos de artistas. Alguns pesquisadores entendem o termo como uma denominação atual para *grupo de teatro**. Encontra-se, também, o mesmo sendo aplicado para definir conjunto de grupos teatrais ou a comunidade na qual alguns grupos estão inseridos.

É comum encontrar o termo "coletivo" associado a agrupamentos teatrais recentes, ou seja, constituídos por jovens artistas, e a conjuntos de artistas provenientes de diversas áreas do conhecimento. Já nas artes plásticas e no cinema, é utilizado para definir um agrupamento de artistas que ocupam o mesmo espaço, ateliê ou produtora. É certo que os coletivos teatrais atuais beberam dessa fonte. Embora não haja um estudo que unifique o entendimento de todos para a utilização do termo, o que aqui se apresenta é uma leitura desse contexto.

Há quem defina coletivo como um grupo que trabalha com rotatividade de funções, sem diretor ou dramaturgo fixo. Tal revezamento ajuda a arejar as criações artísticas. Além disso, a palavra está comumente relacionada a processos de criação coletiva, nos quais as funções não estão claramente definidas. Como é o caso, por exemplo, da Tribo de Atuadores Ói Nóis Aqui Traveiz, que não atribui a direção de suas encenações a uma pessoa específica, mas ao grupo de "atuadores" envolvidos na criação.

Silvia Fernandes, ao se referir aos agrupamentos teatrais das décadas de 1960 e 1970, afirmou que "a diferença entre grupo e companhia era que, no caso desta, a associação ainda preservava papéis definidos no processo de criação" (FERNANDES, 2000b: 23). Nota-se que, ao optarem por se autointitular "grupo", esses agrupamentos já vislumbravam a possibilidade de revezamento nas funções.

O que parece significativo constatar é que a preocupação com a atribuição do nome que melhor define a atividade praticada – bem como as relações de trabalho estabelecidas – sempre esteve presente nos agrupamentos de artistas. Na cidade de São Paulo, encontramos: *Grupo* Tapa, *Cia* São Jorge de Variedades, *Núcleo* Bartolomeu de Depoimentos, *Teatro* da Vertigem, *Teatro Cia.* Balagan (uma nomenclatura híbrida), Engenho *Teatral*, Os Fofos *Encenam*, IVO 60 e Argonautas, para citar alguns. Aos dois últimos não se atribuem nomes específicos.

A ideia de "Coletivo", portanto, corresponde a uma alternativa na organização do grupo teatral, próxima dos coletivos de artistas das artes visuais, que associam pessoas de diversas áreas. São agrupamentos de artistas avulsos, responsáveis e comprometidos pela criação de uma obra artística, cujo modo de formatação é por meio de empreitadas. Assim sendo, escolhe-se um ponto de partida, algo que interesse a todos os artistas envolvidos – um local para ocupar, um tema ou uma obra artística a ser estudada e que sirva de parâmetro para a criação – e, em um tempo preestabelecido, desenvolve-se o trabalho. A cada nova empreitada o coletivo pode ser reorganizado e reestruturado, de modo que a empreitada define os artistas envolvidos. [VV]

 Fernandes, 2000b.

 Experimento Cênico, Demonstração de Técnica, Grupos de Teatro

CONTADOR DE HISTÓRIAS

Assim como nos dias de hoje urnas cheias de mel foram encontradas por arqueólogos em tumbas egípcias de muitos mil anos atrás, assim como o mel estava intacto para ser degustado por pessoas do nosso tempo, o mesmo pode ser dito sobre a arte milenar da narração. Os relatos tradicionais são como o mel cuja substância se conservou pelos tempos afora, transmitida oralmente pelos mais diversos tipos de narradores.

No prefácio de *Fábulas Italianas*, Italo Calvino falou da infinita variedade e infinita repetição dos contos tradicionais. Essa mesma dupla qualidade pode ser observada com relação à função social do contador de histórias, cuja presença em todas as culturas tradicionais atesta a situação narrativa como fato social significativo do encontro entre pessoas por meio do relato oral. Tal situação é um dos modos instituídos que as culturas têm de compartilhar, preservar e difundir conhecimentos configurados simbolicamente em estruturas narrativas. Assim como o pote tem a função de guardar o mel, o contador de histórias também é o guardião do relato ancestral. O mel se transforma através dos tempos pelo contato com o tipo de pote que o contém, assim como cada contador de histórias também atualiza, a seu modo, a substância narrativa.

Por isso, a infinita variedade de funções do contador de histórias manifesta-se em diversos estilos e tipos de atuação. O contador de histórias nem sempre teve esse nome. Sua função social pode ser tão informal quanto a das escravas amas de leite que contavam histórias para os filhos dos seus senhores no Brasil colonial. E, no outro extremo, pode ser tão especializada quanto a de narradores japoneses, que, no século XX, ainda apresentavam epopeias em casas de chá, seguindo rigorosamente técnicas milenares aprendidas durante anos ao longo de sua vida. Em algumas culturas de tradição oral do oeste africano, por exemplo, os *djelis*, denominados *griots* pelos ocidentais, constituem uma casta cuja função social é a de guardar na memória e transmitir por meio da palavra oral as genealogias das famílias, os fatos históricos e os contos de ensinamento, além de serem eles os responsáveis pelas festas da comunidade. Os *djelis* são artistas completos.

No Brasil agrário havia contadores de histórias itinerantes, que viajavam com seus causos e contos populares, tendo muitas vezes figurado como personagens encantadores em obras de alguns de nossos romancistas. O Alexandre de Graciliano Ramos, a velha Totonha de José Lins do Rego, a Joana Xaviel e o velho Camilo de Guimarães Rosa são exemplos marcantes da presença de contadores de histórias tradicionais na literatura brasileira.

Desse modo, desde o começo do mundo, a função narrativa do relato oral pode ser exercida pelos mais variados tipos de contadores de histórias: bobos da corte, xamãs, bardos, viajantes, tecelãs, jograis, mestres, guerreiros, avós, professoras, marinheiros, pastores, os "mais velhos" do grupo social, bem como contadores "artistas da palavra", tendo seu saber reconhecido como tal pela comunidade.

Ao mesmo tempo a situação narrativa é exercida numa diversidade de espaços condizente com a variedade de narradores e estilos de narração: praças, casas de chá, *caravanserais*, bibliotecas, escolas, hospitais, teatros, fogueiras, templos ou sob as árvores de palavras.

Até o advento da sociedade ocidental moderna, o contador de histórias sempre teve um lugar e uma importância reconhecidos pela sua comunidade. Por meio da presença de sua memória, de sua voz e técnicas expressivas, os conteúdos simbólicos – encadeados na sequência narrativa dos contos, mitos, lendas e epopeias – eram vividos pelos ouvintes como uma experiência de aprendizagem de si mesmos, de suas relações com os outros, com os mundos internos e externos que organizam e conferem sentido à existência humana.

Walter Benjamin tem um ensaio primoroso sobre a figura do narrador. Para Benjamin, o novo tipo de comunicação, fruto do modo industrial de produção, que fez surgir a imprensa e o romance, desencadeou outros tipos de relações sociais, nas quais o narrador tradicional perderia suas feições. No entanto, contrariando a hipótese sociológica de Benjamin, durante a década de 70 do século XX, em vários países ocidentais, iniciou-se simultaneamente, sem que as pessoas tivessem conhecimento das pequisas umas das outras, um ressurgimento da arte de contar histórias abrangendo tanto a revalorização do contador tradicional como o surgimento de novas formas urbanas de narração oral. Desde então o número de contadores vem crescendo muito nas últimas décadas. Se hoje a indústria do entretenimento comanda o mundo barulhento da quantidade de informações e estímulos sensoriais – que tende a dificultar o encontro, a comunicação viva e a qualidade de desafios perceptivos que os relatos tradicionais oferecem às pessoas no silêncio de sua escuta –, os contadores de histórias atuais querem se reinventar como novos potes de variadas formas, que possam continuar guardando a substância do mel, na sua infinita variedade e infinita repetição. [RM]

 Benjamin, 1987a; Machado, 2004a e 2004b.

 Ator-Narrador, Ritual, Faz de Conta, Teatralidade, Oralidade

CORO

Personagem coletiva, composta por um conjunto de atores (coreutas) que cantavam ou declamavam um fragmento lírico comentando a ação. Esse *fragmento** pontuava a ação no teatro clássico grego. Também havia a dança unida ao canto. Esse conjunto de pessoas que a executavam representavam um segmento da sociedade, e tinham caráter e função pedagógica, no sentido de educar e orientar o público.

No século VI a. C., anterior ao florescimento e surgimento da tragédia, na Grécia já existia o coro de cantores – sátiros – com máscaras de bode, que participavam dos ritos de fertilidade e que foram transferidos para o culto a Dionísio; mais tarde seriam levados para a tragédia e o teatro.

O coro, que é um corpo, uma estrutura, um organismo, tinha no seu corifeu o centro de gravidade e sua função era de ordenar o espaço e o tempo da tragédia. Nesse sentido, o coro é uma das mais expressivas organizações teatrais. O coro era, enquanto personagem, ideal, pois estava sempre de acordo consigo mesmo. Ele antecipava, comunicava, previa, refletia as ações do herói e do desenvolvimento da tragédia; além de lamentar e chorar as desgraças ocorridas. O coro participava em uníssono e as suas entradas e saídas sempre continham uma carga de informações importantes; informações que deveriam ser desenvolvidas e concluídas pela personagem que entrava em cena. Quando a tragédia finalizava, o coro era o último a deixar a cena e, então, era substituído pela noite. Pode-se dizer que a tragédia grega nasceu do coro, que surgiu poética e espiritualmente dele.

No teatro romano, o coro manterá um tom moral elevado e contribuirá sempre para o propósito da peça. Já no período medieval, o coro não participava da ação e apenas ouvia as falas.

Na sua reflexão sobre o uso do coro, no prólogo da sua tragédia *A Noiva de Messina*, Friedrich Schiller diz que "O coro aparecerá na economia da tragédia como um elemento externo, como um corpo estranho, e como uma pausa que interrompe o andamento da ação, que atrapalha a ilusão, que esfria o espectador". Schiller vê nessa quebra da ilusão proporcionada pelo coro algo altamente recomendável, como um elemento forte na guerra contra o naturalismo na arte. O coro trabalha com dois elementos da poesia: o ideal e o sensível. E assim como o coro traz vida à linguagem, traz tranquilidade à ação. Para ele o coro nos devolvia a liberdade que poderia perder-se no turbilhão dos afetos, pois o coro age com ponderação, prudência e fala com dignidade; transmite lições de sabedoria; purifica. É nesse sentido que Schiller quis reintroduzir o coro antigo na cena trágica.

August Wilhelm Schlegel caracteriza o coro como "o espectador ideal", vendo aí a função distanciadora do coro; enquanto Alessandro Manzoni diz que o coro seria como uma personificação dos pensamentos morais inspirados pela ação.

F. W. J. Schelling pensava o coro como um instrumento para "elevar o espectador diretamente à esfera superior da verdadeira arte e representação simbólica"; para ele o coro da tragédia grega incluía múltiplos efeitos, porém o mais excelente era o de suprimir o caráter fortuito dos circunstantes. Via também como função do coro antecipar a comoção, a simpatia, a reflexão, com o intuito de prender o espectador completamente. Pois, segundo o autor, o coro é em grande parte a reflexão objetivada e representada que acompanha a ação da peça, com o objetivo de unir o estado de ânimo dos espectadores. O coro, em certo sentido, é a reflexão objetivada dos próprios espectadores. Seria, como o espectador, o confidente. Se, no entanto, toma partido, sempre se põe do lado do direito e da equidade, porque ele é imparcial. Aconselha em favor da paz, tenta amenizar, lamenta a injustiça e apoia o oprimido, ou dá a conhecer sua compaixão com a infelicidade mediante suave comoção.

Friedrich Nietzsche, ao estabelecer a distinção entre o apolíneo e o dionisíaco em *A Origem da Tragédia* (1871), nos fala, também, sobre o coro e o herói. Diz que "o coro ditirâmbico já é um coro de seres metamorfoseados, que esqueceram completamente o seu passado de cidadão e a sua posição social, se tornaram nos servidores intemporais do seu deus". Assinala, ainda, que no ditirambo nos defrontamos com uma comunidade de atores inconscientes, que são mutuamente testemunhas das suas próprias metamorfoses. Para ele a tragédia grega não era "outra coisa senão o coro dionisíaco a carregar-se incessantemente de imagens num mundo apolíneo constantemente renovado". E que, de certa maneira, as partes corais entrelaçadas na tragédia seriam a matriz de tudo o que se chama diálogo, a matriz do drama propriamente dito. O coro era visto por ele como o símbolo de toda a multidão presa da emoção dionisíaca. E prossegue dizendo que o coro trágico dos gregos podia ser mais antigo, mais originário, mais importante que a ação propriamente dita. Então, para ele, a tragédia, na sua origem, era apenas "coro", e não "drama".

O papel do coro, importantíssimo nos começos da tragédia grega, foi aos poucos enfraquecendo e perdendo o seu espaço nas dramaturgias e encenações que se seguiram, na medida em que crescia o papel dos atores. Mas de formas diferenciadas ele pode ser observado em diferentes dramaturgos, como Bertolt Brecht, principalmente nas *peças didáticas**, ou Nelson Rodrigues, em personagens como as tias; ou em encenações, como as de Julian Beck do Living Theatre, as de Pina Bausch com o seu Teatro de Dança de Wuppertal ou nas de Antunes Filho com o Grupo Macunaíma.

Jacques Lecoq, homem de teatro interessado pelo movimento, também via o coro como um organismo, e é dessa forma que ele trabalhará a geometria do coro –sua estrutura –, ao preparar aquilo que anunciará ao público. O coro participa em ressonância; com diferentes dinâmicas que preenchem o espaço teatral.

Já Philippe Gaulier ressalta o papel do corifeu no teatro, afirmando que, se ele não é o rei, é a alma do país.

A partir dos anos de 1980, com o lançamento do livro de Jean-Pierre Sarrazac *Futuro do Drama*, em 1981, uma noção relacionada ao coro vem, pouco a pouco, se apresentando como um instrumento indispensável não só para a análise de textos dramáticos, mas também de certas encenações contemporâneas – coralidade. Coralidade seria uma disposição especial de vozes que não substitui nem o diálogo, nem o monólogo, mas que permite apontar uma maneira, que varia segundo cada autor, de preencher as lacunas do diálogo. Nesse sentido, a coralidade é o inverso do coro, pois postula a discordância. [ss]

 Berthold, 2011; Carlson, 1997; Sarrazac, 2002.

 Teatralidade, Texto e Cena, Oralidade

CORPOREIDADE

Como um pesquisador que enfrenta tormentas, mares gelados, avalanches, esse ator contemporâneo, pesquisador de si mesmo, toca, em sua máxima exploração, a textura antiga das próprias mãos, reconhece-se nela, faz mover impulsiva ou controladamente o ar dentro de si mesmo, aprende a se utilizar de seus ressonadores corpóreos e, no silêncio desses estares, junto às verdades mais simples e físicas, ele aprende a conseguir repouso no colo de si mesmo, nesse colo antigo de estar-se cada um em sua própria casa desde sempre, aceitando-se, assumindo-se em contornos e conteúdos. E então, a partir desse lugar encontrado, consegue estender a mão e tocar o outro.

Examinaremos a corporeidade em três diferentes momentos: no cotidiano, na educação e na arte – tanto nos processos de criação quanto nas produções artísticas. Trata-se de pensar o corpo em suas qualidades de corpo que se move, mais que isso, de ser somático que se quer inteiro, visto de um lugar onde o que é físico engloba também impulsos, sentimentos e pensamentos. É necessário que se pense como se move esse ser em relação ao espaço, por que se move e como se coloca frente aos desafios do mundo em que vive e aos outros seres em geral.

O eu físico tem um tamanho, ocupa seu lugar no espaço no mundo dos objetos, tem um peso determinado, tem qualidades próprias e intransferíveis. O reconhecimento dessa corporeidade é nosso primeiro aprendizado desde o nascimento: utilizamos nossos músculos nos arrastando, engatinhando, sentando e finalmente aprendendo a ficar de pé; descobrimos as possibilidades de articulação desse corpo, ao mesmo tempo que nos descobrimos pessoa; percebemos nosso corpo e suas manobras possíveis na tentativa de realizar as mais diversas ações, exploramos as habilidades

CORPOREIDADE

de seguir em determinadas direções, de pegar e jogar objetos cada vez mais longe, ao passo em que vamos desenvolvendo habilidosas locomoções, mudanças de direção, atitudes corporais e posturas.

Aprendemos a vencer a força da gravidade e a ceder a essa mesma força. Acompanha esse crescimento e desenvolvimento físicos uma percepção crescente desse lugar, ocupado por aquele que pesquisa, curioso, a própria movimentação, como um pesquisador de si mesmo, num longo e repetitivo estudo prático. Nesse desenvolvimento e ganho de novas habilidades motoras também a percepção se desenvolve de modo ininterrupto, enquanto percepção do mundo, como ambiente acolhedor ou perigoso; o ser que cresce o faz num mundo onde há outros seres semelhantes a ele. Ao lado do crescimento físico e também do desenvolvimento sensório-motor, de forma estreita e relacionada a essa aprendizagem, o pensamento se desenvolve em busca de toda a sua plenitude e da possibilidade cada vez maior do exercício de escolhas. A corporeidade é manifestação cotidiana que se nos apresenta nos movimentos naturais e mais simples, naqueles primeiros modos de se estar no mundo que integram o sentir, pensar e o agir. Essas primeiras descobertas do eu que se move, e passa a se relacionar com o mundo, encaminham processos de percepção e autoconhecimento através dos jogos corporais inventados ou apreendidos que, pela repetição e refinamento na execução, vão se tornando pensamento/movimento. E é dessa maneira que a imagem corporal se estabelece mais ou menos exata, mais ou menos adequada e verdadeira, como se pode ver pelos desenhos da figura humana que vão sendo aperfeiçoados, à medida que se cresce. A maioria das pessoas consegue, com maior ou menor facilidade, descrever a forma do seu corpo, reproduzir sua imagem graficamente ou descrever suas expressões faciais, podendo também ser capaz de desenhar uma figura humana reconhecível. Quando alguém é colocado numa situação de descobrir como fazer algo, logo percebe que tem de resolver um problema que envolve o corpo e a mente; ou seja, percebe que o que pensa é tão importante quanto o que faz.

Muitas são as técnicas de reeducação corporal que estão ao nosso alcance e foram desenvolvidas em diferentes épocas, por diferentes pesquisadores; tais técnicas visam ao autoconhecimento e à autoconsciência e todas são terapias que têm o corpo como base. Esse aprendizado também nos capacita a ler o corpo do outro, as qualidades que nos são apresentadas por esse outro corpo, sendo a base da *linguagem corporal** que todos desenvolvemos, tanto na emissão de sinais, quanto em sua recepção e decodificação.

Para pensar o corpo e o domínio que esse corpo pode ter de seus movimentos e que significado podem ter nossas ações enquanto se dão a conhecer – ou, dito de outra forma, como exteriorizamos nossos pensamentos, intenções e emoções, dizendo aos outros e a nós mesmos sobre quem somos, e o que desejamos nas diversas situações das nossas vidas –, é preciso listar alguns nomes de pesquisadores importantes.

François Delsarte realizou sua observação a partir de posturas, *gestos** de cabeça e de mãos e as codificou, mostrando, de maneira inequívoca e clara, a integração profunda entre o corpo e a expressão das emoções. Ator e cantor, Delsarte dedicou-se a observar e classificar as leis que regem o uso do corpo humano, pensando nesse corpo como instrumento de expressão. Dalcroze, músico e pedagogo, dedicou-se a buscar a harmonia e a integração que seriam naturais no ser humano, perdidas através de processos educacionais mais ou menos repressivos; de suas observações e estudos nasce a Rítmica, que propõe a integração da melodia com a expressão corporal.

Para Laban, que criou e codificou um intenso método de trabalho corporal, a que chamou de pensamento/movimento, tudo ocorre na relação estabelecida entre esforço e forma, sendo que o esforço interior é o fluxo de energia que predispõe ao surgimento das formas exteriores, visíveis em direcionamento, volume, ritmo e fluência. Tanto na vida cotidiana quanto no mundo da arte, pode-se partir dos desafios propostos pelo método do pensamento/movimento criado e desenvolvido por Laban. São os impulsos interiores que se tornam visibilidade e, portanto, toda ação física tem em si a ação interior correlata e irmã. O intérprete, quando em treinamento, trabalhará com partituras corporais nas quais tudo irá se amalgamando: o exterior e o interior, as motivações transformando-se em ações, as intenções em gestos mais ou menos claros, o esforço invisível em forma materializada. Os analistas do E/F analisam o fluir do movimento: forte ou leve, súbito ou lento, direto ou indireto e, como Laban propôs, podem anotar uma sequência de movimentos da mesma maneira que se pode registrar uma frase musical. A esse sistema chamou-se Labanotation.

O método criado por Laban é empregado no treinamento de dançarinos e atores, nas terapias, na reabilitação física, nas áreas da educação e em estudos de desenvolvimento infantil, na pesquisa psicoterápica e em outros estudos multidisciplinares em diversos países, tendo contribuído para estruturar de modo bastante didático a pesquisa do movimento cotidiano, terapêutico e artístico, tanto no teatro quanto na dança.

A educação, em seus vários segmentos, utiliza-se dos jogos motores, jogos com regras, jogos corporais, *jogos dramáticos** e *jogos teatrais**; todos tendo o corpo como base. Viola Spolin, em seu livro dedicado aos professores, indica uma série muito rica de jogos que envolvem o movimento rítmico, caminhadas no espaço, jogos sensoriais, jogos de espelho e muitos outros que contribuem para o desenvolvimento dos alunos. A maioria desses jogos tem como ponto de partida a descoberta do corpo, em suas relações com o mundo exterior e com os demais membros do grupo.

Os intérpretes das artes da presença, aquelas que dependem da presença física do intérprete, em tempo e espaço reais, necessitam de um corpo atuante treinado para isso, ou seja, um corpo/ser em cena, que acaba por descobrir-se também objeto da arte, perceptível e significante. Seu treinamento é, ao mesmo tempo, um reconhecimento da própria corporeidade e a busca dessa outra corporeidade cênica e presencial. Esse corpo/intérprete/atuante tem um trabalho específico: o de se reconhecer imagem para o outro, significância para o outro, rede de intenções e interpenetrações de intenções e sentidos com um ou múltiplos significados.

Esse treino básico deve desenvolver a capacidade expressiva do intérprete, capacidade esta diretamente ligada ao seu corpo e aos sinais, intencionais ou não, que ele continuamente emite. O trabalho volta-se simultaneamente para dois eixos paradoxais: corpo-realidade do eu e corpo ficção do intérprete, visando a autoconhecimento, transformação, concretude poética e cênica crescentes. Essa corporeidade então se volta para a criação e para a metamorfose que a arte exige, mesmo que o intérprete seja um *performer*, ou seja, queira representar-se a si mesmo. O corpo do intérprete é como um eu em si mesmo continuamente caminhando em fluxo para um corpo propriamente arte.

Nas artes presenciais contemporâneas, nas quais a presença do intérprete faz-se imprescindível ao vivo e em tempo real – não importando mais que nomes tenham essas manifestações: teatro, dança, *dança-teatro** e outros eventos que se assentam na corporeidade dos artistas –, é que o papel e a intensidade da presença do corpo tornam-se essenciais para um diálogo entre o que realiza e o que recebe a obra. E é nessa troca estabelecida que o papel do intérprete, com seu corpo vivo, no aqui agora da cena, transmite algo para muito além do que pensa transmitir.

O fenômeno da recepção estética dessa corporeidade apresentada envolve uma multiplicidade de sinais, cuja percepção e leitura são do domínio de cada indivíduo que assiste/participa da cena, e é recebido em diversas camadas de sua sensibilidade. Sendo assim, a leitura da corporeidade pode ser considerada um fenômeno imprevisível e que se desdobra em sucessivos e concomitantes tecidos. [SMA]

 Azevedo, 2002; Laban, 1978; Spolin, 2008.

 Jogo Teatral, Educação estética, Dança Dramática, Dança Educativa

CRIATIVIDADE

A criatividade é frequentemente referenciada como a capacidade de imaginação, de invenção e de criação. A imaginação, faculdade de produção de imagens, enquanto disposição criadora constitui-se, ao mesmo tempo, no conjunto das imagens que forma. A imaginação acontece inevitavelmente na construção do saber, sendo ainda capaz de subverter todas as hierarquias e de se alienar às outras faculdades do espírito. Damásio (2004: 361), entendendo por imagem ou padrão (mental) uma estrutura construída pelas modalidades sensoriais, visual, auditiva, olfativa, gustativa e somatossensorial, ensina-nos que as imagens se tornam nossas pela sua consciência e que a "capacidade de transformar e combinar imagens de ações é fonte de toda a criatividade".

As abordagens da criatividade podem ser individualistas (*e.g.* psicologia da personalidade; psicologia cognitiva; biologia; abordagem computacional) e contextualistas (*e.g.* sociologia; antropologia; estudos culturais e históricos). A criatividade, entendida pela psicologia cognitiva, envolve processos cognitivos cotidianos; resulta de uma combinação complexa de outras capacidades mentais básicas; emerge no seguimento de relativamente longos processos de trabalho cujas inspirações se organizam e combinam pela mente consciente do criador; tem sempre um domínio específico, isto é, não existe criatividade sem que sejam interiorizados símbolos, convenções e abordagens (até da própria criatividade) (SAWYER, 2006: 74). A sociologia ensina-nos que os produtos criativos são fundamentalmente colaborativos (BECKER, 1982), os estudos culturais enfatizam a cultura e as entre culturas nas quais a criatividade ocorre distinguindo, tanto quanto possível, as suas concepções de artistas e de trabalhos artísticos, bem como as noções e as práticas artísticas (SAWYER, 2006:153); a história, por seu turno, sistematiza no tempo e no espaço tais materializações ou apenas tendências. O pensamento criativo, presente nos seres humanos, é observável em quase todas as atividades mentais. A par de uma dificuldade em uniformizar as explicações sobre a criatividade, corre uma ideologia global da criatividade que alimenta mitos e correspondentes práticas. Nunca houve uma definição historicamente contínua, nem universal, de criatividade. As suas concepções dinâmicas não são aleatórias, resultam, outrossim, de características particulares de cada sociedade-civilização, bem como dos seus conceitos de *Arte-Craft* resultantes dos estilos e técnicas específicos, da organização social do trabalho e da própria função que a *Arte-Craft* ocupa num determinado contexto sociocultural (SAWYER, 2006: 11, 32). A criatividade como competência de produzir obra nova, porque original e inesperada, bem como apropriada, porque útil e adaptável aos constrangimentos de uma dada tarefa, surge como uma competência com importância individual, social e econômica.

A criatividade, abrangentemente entendida, pode ser a emergência de algo novo e/ou apropriado a determinado organismo, pessoa e sociedade, sendo que o novo possa resultar de uma combinação sem precedentes, mais ou menos sublime. [BT]

 Becker, 1982; Damásio, 2004; Sawyer, 2006.

 Experiência

CRÍTICA TEATRAL

O *dramaturgo** irlandês Brendan Behan, referindo-se aos críticos de teatro, afirmou: "Os críticos são como eunucos num harém; sabem como se faz, já viram muitas vezes como se faz, mas são simplesmente incapazes de o fazer". A ironia dessa declaração denota bem alguma da desconfiança e do desconforto com que a crítica de teatro foi sendo, desde cedo, "presenteada". Com efeito, há na história do teatro um extenso anedotário envolvendo críticos de teatro e criadores. Já o isabelino Thomas Dekker declarava, provocadoramente, em *News from Hell* (1608): "Cuidado com os críticos: são como os peixes, mordem tudo, especialmente os livros". Irving Wardle, reputado escritor e crítico de teatro britânico, afirma mesmo que estes são muitas vezes encarados como uma espécie de raça à parte, tais como os numismáticos, os taxinomistas ou os carrascos. Com efeito, ainda hoje, no discurso corrente, encontramos sem dificuldade a mesma desconfiança, sendo os críticos muitas vezes encarados como meros parasitas da arte alheia e frequentemente acusados de mostrarem presunções de superioridade intelectual.

Contudo, se o diálogo da crítica com o presente é muitas vezes difícil e pleno de equívocos, é também certo que muitas das datas memoráveis da história do teatro foram conseguidas em grande parte graças a uma crítica atenta, muitas vezes ditando contra as opiniões estabelecidas. A acrescer a essa importância sincrônica, a crítica de teatro reveste-se de uma inegável importância na preservação da *memória**, sendo instrumento privilegiado para a história do teatro e para a reconstituição da *experiência** teatral, revestindo-se assim de uma responsabilidade histórica acrescida.

De raiz etimológica complexa, a palavra "crítica" contempla o grego *krinein*, que significa "quebrar" e, simultaneamente "colocar em crise", mas também *kritos*, que implica um julgamento. E, com efeito, é esta última acepção que historicamente predominou – a da emissão de um julgamento avisado sobre uma obra de arte. Contudo, tal como a conhecemos hoje, está intimamente ligada ao aparecimento da imprensa escrita no século XVIII e à consequente cobertura jornalística da atividade teatral. O modelo inicial seria o do panfleto, uma forma sem apuro literário excessivo, concebido principalmente para a exposição superlativa dos argumentos do seu autor. Nos jornais, a

CRÍTICA TEATRAL

crítica de teatro sumariava os enredos das peças levadas à cena, polvilhando tudo com boatos e intrigas de bastidores. Sendo a criação, por essa altura, extremamente subordinada à adequação e cumprimento de regras e cânones, o trabalho do crítico equivalia ao de um policial atento e vigilante a qualquer não observância das leis da arte dramática. A essa circunstância somam-se a crescente comercialização da arte e a exponencial importância do estatuto comercial dos objetos artísticos. Com o público e o mercado a entrar na equação, o crítico ganha uma importância acrescida como mediador e consultor artístico junto dos – então – consumidores.

Com o advento do sistema de primeiras figuras e o seu domínio sobre todos os aspectos da atividade teatral, a crítica ganha o hábito de comparar espetáculos e interpretações, percebendo rapidamente que os clássicos não são um conjunto de regras e valores imutáveis, mas forças dinâmicas e abertas. E nisso, os atores serão as variáveis mais vivas. Assim, um crítico como William Hazlitt, paradigma dessa crítica impressionista, afirmou entusiasmado, em "On Actors and Acting" (1817): "Os atores são as 'crônicas breves e abstratas do nosso tempo'; os representantes burlescos da natureza humana. São os únicos hipócritas honestos. A sua vida é um sonho voluntário, uma loucura estudada. A sua ambição é estar fora de si próprios. Hoje reis, amanhã mendigos, só são nada quando são eles próprios" (WARD, 1945: 101). E, Hazlitt, defendendo a singularidade dos seus comentários, expunha: "As minhas opiniões têm sido algumas vezes classificadas como singulares: mas são só sinceras. Digo o que penso; e penso o que sinto" (apud McDONALD, 2007: 66). A mudança de paradigma de "Será que isso obedece às regras?" para "O que é que eu sinto?" abriu caminho para alguma excentricidade e subjetividade no exercício da crítica e permitiu que entre aqueles que constituem o fazer teatral se instalasse um (por vezes bem fundamentado) desamor pela crítica.

A jornada da crítica teatral pelo século XX é a da experimentação de instrumentos para a análise dos espetáculos. E aqui, a crítica de teatro vai ganhar diversas funções e modulações. Ora entendendo-se como vigia do bom gosto (leia-se do gosto dominante), como cúmplice da criação, como vertente do trabalho dramatúrgico, como tradutor do novo ou como conselheiro ao consumo do bilhete, a crítica de teatro tem experimentado os instrumentos

do formalismo, do estruturalismo, da psicanálise, da semiótica, da fenomenologia, da desconstrução, entre outros, navegando entre a estética, a filosofia, a história, a literatura ou o jornalismo. E, mesmo assim, não fugiu àquilo que tem vindo a ser uma lenta e sufocante agonia. Resistindo ao desinteresse geral e apanhada na encruzilhada de uma caleidoscópica realidade teatral em permanente mutação, a crítica hoje enfrenta novos desafios e responde a novas necessidades.

O crítico brasileiro Sérgio Salvia Coelho, para ilustrar a desadequação de alguma crítica a um teatro em permanente mutação, cria a estupenda imagem de um alfandegário num mundo sem fronteiras ou a de um "comentarista de futebol em um jogo de rugby" (COELHO, 2010: 187, 188). Esse crítico alerta também para a perigosa confusão da crítica com o jornalismo cultural, que "por sua vez pressionado pela decadência do mercado da mídia impressa tem pouca energia para ir contra a maré do marketing. Primeiro, vem a publicidade paga, depois, a divulgação do que está vendendo bem e, por fim, se sobrar espaço, o pensamento crítico" (COELHO, 2010: 196).

A situação atual da crítica de teatro é precária na medida em que depende, por tradição, de um suporte que está também ele em profundas convulsões. A imprensa generalista enfrenta cada vez mais dificuldades e reestruturações, em busca de uma identidade num mundo cada vez mais dominado pelos novos *media*. Contudo, apesar da histórica má reputação da crítica de teatro e da crescente pulverização da opinião pública, em especial com o advento da blogosfera, o papel de um crítico profissional, experiente e hábil – com competência e autoridade suficientemente reconhecidas e com direito de publicação num meio de comunicação generalista –, pode propiciar a descoberta de trabalhos ou propostas que, de outro modo, permaneceriam desconhecidos.

É certo que a imprensa e as revistas especializadas cumprem também um papel extraordinariamente importante, na medida em que possibilitam um diálogo mais demorado, mais extenso e mais exigente com os leitores, mas, nessa especialização, perdem em alcance e abrangência, o que dificulta a função primordial da crítica de teatro em inscrever um espetáculo na discussão pública. A internet e os blogues, em particular, desempenham igualmente um papel fundamental na sobrevivência e renovação da crítica de teatro.

Com o advento e a democratização da opinião na blogosfera, a crítica de teatro ganha um novo suporte, mais acessível e ágil, que permite textos com maior grau de especialização, mas também, em potência, mais direcionado a nichos de interesses, correndo o risco de criar círculos restritos de discussões herméticas que, por sua vez, também não promovem a discussão pública geral.

Dado o atual estado de coisas, mais do que antecipar ou decretar a morte da crítica, importa reinventar o seu exercício, inovando suportes, métodos de formação e capacidade de intervenção pública. A sua importância histórica no desenvolver das artes – e do teatro em particular – não deve ser descurada nem ignorada, mas a sua verdadeira missão e vocação é a promoção do diálogo síncrono com as artes performativas, suas contemporâneas. [RPC]

 Coelho, 2010; McDonald, 2007; Ward, 1945.

 Dramaturgo, Emsemble das Artes, Linguagem Cênica, Texto e Cena

CULTURA POPULAR

Para uma definição de cultura popular, deve-se recorrer *a priori* a uma abordagem dos dois vocábulos integrantes do termo em questão: "cultura" e "popular". Ambos originam definições as mais variadas, sob diferentes enfoques teóricos. De maneira geral, pode-se identificar a "cultura" a partir de um de seus aspectos mais importantes, que é a significação. Em outras palavras: cultura é '"um sistema de significados, atitudes e valores partilhados e as formas simbólicas (apresentações, objetos artesanais) em que eles são expressos ou encarnados'. A cultura nessa acepção faz parte de todo um modo de vida, mas não é idêntica a ele" (BURKE, 2010: 11). Quanto à noção de "popular", relativo ou pertencente ao povo (em uma de suas acepções), é bastante difícil de apreender, pois "o povo" pode sugerir a homogeneidade da massa, assim como o seu contrário, ou seja, sua diversidade, visto que a cultura popular não é monolítica, nem homogênea.

Quando se pensa na cultura popular, leva-se imediatamente em consideração sua(s) oposição(ões), isto é, cultura erudita e cultura de massa, cultura de elite e cultura do povo, cultura dominante e cultura dominada, cultura hegemônica e cultura de resistência, centro e margem, e a noção de cultura de classes. Peter Burke diz que em certas sociedades "existiam duas tradições culturais, a 'grande tradição' da minoria culta e a 'pequena tradição' dos demais" (2010: 51). A grande tradição é cultivada nas escolas, nas universidades e nos templos, enquanto a pequena tradição mantém-se por si própria na vida dos iletrados, em suas comunidades, sendo as duas tradições interdependentes, embora isso não impeça que uma minoria culta (a elite) possa participar da pequena tradição. O inverso, porém, não ocorre. Ainda que não seja suficiente, essa definição dá uma mostra dos limites e da mobilidade da cultura.

Na Europa, no final do século XVIII e no início do século XIX, momento este em que, com as transformações dos modos de produção e consumo na sociedade, a cultura popular tradicional começa a desaparecer, "o povo" converte-se em tema de interesse e relevância para intelectuais europeus. Nesse período, o quadro geopolítico europeu começa a mudar consideravelmente, surgindo novos Estados nacionais. No plano das ideias e da arte, é o advento do romantismo (que chega ao Brasil no decorrer do século XIX). Entre seus diversos aspectos, o romantismo expressa a procura de uma identidade nacional, seja por meio da história de um povo, seja por intermédio do resgate de culturas tradicionais, distinguindo uma nação através do que sua cultura tem de exótico e original. Esse processo ocorre tanto na Europa quanto no Brasil. Daí a valorização da cultura popular.

Particularmente no Brasil, a cultura popular volta a ser tema de debates intelectuais e matéria-prima para a criação artística a partir da segunda década do século XX. Dois são os movimentos que lhe dão sustentação: o modernismo paulista e o regionalismo freyriano. O primeiro retoma a cultura popular sob uma perspectiva crítica, sem a presença de um nacionalismo ufanista, embora ainda almejando a formação de uma identidade nacional (particularmente na obra de Mário de Andrade); o segundo tenta conciliar tradição, região e, ao seu modo, modernidade, com o objetivo de criar uma identidade cultural a partir das especificidades de cada região. Com a decadência da cultura patriarcal no Nordeste, vários intelectuais debruçam-se sobre esse passado moribundo, como se em uma tentativa de reavivar, ou mesmo

CULTURA POPULAR

constituir uma tradição. Como diz Walter Benjamin, "A reminiscência funda a cadeia da tradição, que transforma os acontecimentos de geração em geração" (1987a: 211). Dentro desse *Zeitgeist* surgem tanto a trilogia de Gilberto Freyre sobre as origens e a decadência da sociedade patriarcal quanto o movimento regionalista de 1926.

Nos anos de 1940, como um desdobramento tardio do Regionalismo freyriano, um grupo de dramaturgos do Recife, sob a influência de Hermilo Borba Filho, escrevem peças calcadas nas tradições e na cultura popular do Nordeste, em bases modernas. Somando-se à ideia de serem "tão bons quanto" no sul do país, esses artistas e intelectuais buscam também a originalidade, por meio de sua cultura. Entre outros, Hermilo Borba Filho, Ariano Suassuna, Aristóteles Soares, José Carlos Cavalcanti Borges, José de Moraes Pinho, Luiz Marinho, Aldomar Conrado e Osman Lins. Esses dramaturgos são designados por Paschoal Carlos Magno sob a alcunha de Teatro do Nordeste. Apesar do movimento ter se destacado basicamente pelo texto, ele impulsionou o surgimento de dois grupos teatrais: o Teatro do Estudante de Pernambuco e o Teatro Popular do Nordeste. Além disso, Hermilo Borba Filho, em seus escritos e espetáculos, ambicionava uma cena inspirada nas técnicas e formas do *brincante** e de seus espetáculos populares.

Em um viés politizante, no início dos anos de 1960, pré-Golpe de 1964, a cultura popular move a cena de dois grupos teatrais ligados a partidos políticos de esquerda: o Teatro de Cultura Popular do MCP (TCP), no Recife, e o Centro Popular de Cultura da UNE (CPC), no Rio de Janeiro. Criado para dar sustentação ao projeto cultural e educacional do governo de Miguel Arraes, o TCP empreende uma abordagem da cultura popular cujo objetivo é promover a conscientização do povo de sua situação de opressão por meio do aumento de seu nível cultural. No caso, a cultura popular é o instrumento de aproximação e de comunicação com o "povo" (as classes operárias e campesinas de Pernambuco), além de possibilitar a conscientização de sua própria identidade cultural. De certa forma, mesmo respondendo a motivações ideológicas claras, as matrizes culturais do Nordeste viabilizam ao TCP o ensaio de um *teatro popular**. A atuação do MCP inspira o CPC da UNE no Rio de Janeiro. Contudo, seus projetos políticos e culturais advêm de concepções

diversas de cultura popular e de politização das classes operárias. O CPC vale-se da cultura exclusivamente como veículo para a difusão de sua mensagem política, buscando claramente a politização do operariado. Ou seja, eles se apropriavam das formas populares e as preenchiam de conteúdo ideológico, sacrificando o "artístico" em função de sua "pedagogia".

Sob outro viés, ainda nos anos de 1960, menos marcado por posicionamentos ideológicos no uso da cultura popular em cena, tomando-a muito mais como transcriação dinâmica das suas raízes, começam a surgir espetáculos, grupos teatrais e encenadores que aproveitam elementos da cultura popular em suas montagens, ou recriam-na completamente, sobretudo a partir dos influxos do tropicalismo na cultura brasileira. Em 1967, estreia *O Rei da Vela*, com direção de José Celso Martinez Corrêa, pelo Teatro Oficina. De forte visualidade, o espetáculo utiliza-se da tradição popular do teatro, como a revista musical e a comédia de costumes, valorizando a paródia, a sátira, o grotesco e o farsesco, expressões próprias da cultura popular. Em 1974, estreia no Rio de Janeiro *Viva o Cordão Encarnado*, de Luiz Marinho, direção de Luiz Mendonça. A trama dessa peça é basicamente estruturada em torno de uma noite de festa em um pastoril profano, na cidade de Timbaúba, no interior de Pernambuco. Na encenação de Mendonça, estabelece-se uma relação análoga entre esse espetáculo popular nordestino e a revista musical carioca, na qual as pastoras vestem-se de maiô, acentuando o aspecto carnavalizante do texto. Também em Manaus, no estado do Amazonas, o dramaturgo Márcio Souza, em 1976, encena sua peça *As Folias do Látex*, que trata do ciclo econômico da borracha. Nela, apresenta a luta de classes, por meio de uma peça-espetáculo, súmula da visão carnavalizante da sua região, especialmente a *belle époque* amazonense que é retratada criticamente como sendo um "teatro-festa", destacando-se a paródia ao vaudevile francês, com acentuada presença do circo, alegoria maior da realidade amazônica, em um processo de atualização estética e em diálogo com *O Rei da Vela*.

Influenciado pelo Teatro Popular do Nordeste, é fundado em 1975, em Olinda, Pernambuco, o Mamulengo Só-Riso. Como o seu próprio nome sugere, o grupo direciona inicialmente o seu trabalho para a criação de um teatro com

CULTURA POPULAR

mamulengos – o teatro de bonecos do Nordeste. Seus objetivos consistem em promover espetáculos que recriem o universo popular da cultura nordestina a partir do mamulengo. Seus principais espetáculos na década de 1970 são *Festança no Reino da Mata Verde* e *Carnaval da Alegria*. Em 1978, estreia *Macunaíma*, de Antunes Filho, espetáculo emblemático que também apreende alguns elementos da cultura popular, particularmente em suas coreografias, que se inspiram nas danças indígenas rituais, no candomblé, nos blocos carnavalescos e no bumba meu boi. No ano seguinte, *O Auto das Sete Luas de Barro* revela ao Sudeste o autor e encenador Vital Santos, e o Grupo Feira de Teatro, de Caruaru, Pernambuco. O espetáculo nasce como homenagem ao ceramista Mestre Vitalino e aborda a cultura popular (em especial a nordestina) ao mesmo tempo como tema e forma. Escrita em versos, a peça denuncia a exploração do artista popular pela sociedade capitalista, pondo em cena seus atores vestidos como bonecos de barro, representando o cotidiano do nordestino tal qual Mestre Vitalino fazia em suas pequenas esculturas.

O barroco mineiro é colocado em cena por meio do trabalho do encenador Gabriel Villela e do Grupo Galpão, e atinge alto grau de excelência artística quando juntos realizam os espetáculos *Romeu e Julieta* (1992) e *A Rua da Amargura* (1995), que, além de apresentarem uma *teatralidade barroca**, conciliam as estéticas do *teatro de rua** e do circo. Na década de 1990, destaca-se também o espetáculo *Vau da Sarapalha*, baseado no conto "Sarapalha", de Guimarães Rosa, direção de Luiz Carlos Vasconcelos, com os atores do Grupo Piollin, de João Pessoa. O diretor constrói uma partitura (física, vocal e rítmica) para os atores através da ritualização de cantos e danças, fazendo uma ponte entre o erudito e o popular tal qual fizeram, na literatura, Mário de Andrade e Guimarães Rosa.

Como uma vertente no teatro do Movimento Armorial de Ariano Suassuna, pode-se ressaltar também o trabalho do *performer* Antonio Carlos Nóbrega, que, a partir do espetáculo *Figural* (1990) e da personagem Tonheta, notabiliza-se no teatro brasileiro por criar uma cena que sintetiza o universo da *Commedia dell'Arte*, de Charles Chaplin, do cinema de Jacques Tati, mais o *brincante** dos espetáculos populares nordestinos. O Movimento Armorial surge em 1970 como uma contraposição ao tropicalismo de 1968, liderado por Caetano Veloso e Gilberto Gil. Seu ideário baseia-se na defesa de uma identidade cultural monolítica, calcada nas raízes populares do Brasil e, particularmente, do Nordeste, almejando criar uma Arte brasileira erudita e, ao mesmo tempo, mostrando uma "imagem positiva" da cultura brasileira, diferente da "imagem negativa" difundida pelo tropicalismo, conforme Suassuna. De certo modo, o Movimento Armorial é outra expressão da ideologia do nacional e popular na cultura brasileira, mas em uma perspectiva conservadora e oligárquica.

A inserção da cultura popular na educação formal, ou não formal, é um tema e uma prática efetivamente pouco estudada ou aplicada de modo sistemático no país. Uma experiência pioneira no âmbito das políticas públicas é a empreendida por Mário de Andrade, quando este assume o Departamento de Cultura da Prefeitura Municipal de São Paulo (1935-1938), promovendo a criação dos Parques Infantis, destinados a crianças de três a doze anos, filhos de pais e mães operários. Nesses espaços, as crianças tomam contato com as tradições populares, jogos tradicionais infantis, além de terem acesso ao conhecimento de diversas manifestações artísticas, produzindo sua própria cultura infantil e aprendendo a conviver com a diversidade da cultura brasileira. De certa maneira, os Parques Infantis refletem e concretizam, em parte, as proposições de Mário de Andrade em relação à identidade nacional, já que a cultura popular, para o escritor e pesquisador, tem papel importante na formação dessa identidade. [IAS]

 Arte em Revista, 1980; Benjamin, 1987a; Burke, 2010.

 Oralidade, Contador de Histórias, Folclore, Brincante

D

DANÇA DRAMÁTICA

No artigo publicado em 1935 no VI *Boletim Latino-Americano de Música*, Mário de Andrade estabelece a denominação – dança dramática – com base na coleta de material folclórico que empreendera na década anterior, sobretudo, pelo Norte e Nordeste do país. Esse estudo resulta, em 1959, na introdução da obra *Danças Dramáticas do Brasil*, organizada por Oneyda Alvarenga. De acordo com a autora, era desejo do escritor publicar o estudo etnográfico numa coletânea que se intitularia *Na Pancada do Ganzá*.

Danças Dramáticas do Brasil na organização póstuma empreendida por Oneyda Alvarenga resultou em três tomos, o primeiro contendo, além da Introdução de 1935, os estudos sobre a "Chegança de Mouros", a "Chegança de Marujos", incluídos "Peças Soltas de Fandangos", bem como um "Pastoril", além de "Peças Soltas de Pastoris". O tomo II foi dedicado aos "Congos", ao "Maracatu" e aos "Caboclinhos"; no Tomo III temos o "Bumba meu Boi" em suas várias disseminações pelo Norte, Nordeste e Rio de Janeiro, além de "Congadas" e "Moçambiques" de São Paulo e três peças antigas de "Congos do Alto do São Francisco".

Mário de Andrade (1982) também designou como dança dramática os "Cordões de Bichos amazonenses", o "Quilombo de Alagoas", as "Taieiras" sem especificar o lugar onde se dão, "Caiapós" de São Paulo, um "Auto do Pagé" e uma "Cana Verde" ambos do Ceará e os "Caboclos" da ilha de Itaparica, Bahia, além das não mais existentes "Dança dos Velhos", outrora encontrada em Franca, São Paulo, assim como "Cucumbis" cariocas e uma "Dança dos Meninos Índios" que remontam ao século XVIII.

Aponta nos vilhancicos galego-portugueses as bases técnicas das mesmas, segundo o turista aprendiz, afins às datas católicas da Espanha e de Portugal desde tempos muito antigos até fins do século XVI, "uma festa eclesiástica, porém ao mesmo tempo uma festa popular" (ANDRADE, 1982, I: 29). Suas fontes europeias alcançam ainda os autos empregados pelos jesuítas no século XIV nos trabalhos de catequese, em sua desinência brasileira, "dramas religiosos, mesclados de canto e dança, em que tomavam parte irmãos e índios já submissos" (ANDRADE, 1982, I: 29). Paralelamente aos autos, não esquece das loas, faladas, poesias de louvor dirigidas a Deus, Nossa Senhora ou a algum santo, uma reminiscência do século XVI português, "hoje parte desengonçada de várias danças dramáticas" (1982, I: 30).

Dessa forma, sob influências técnicas europeias materializa-se um desenho dramático de construção rapsódica na definição de Mário de Andrade, "justaposição de romances, canções e cenas à cena nuclear, com que estão construídas algumas das danças dramáticas mais diretamente populares e antigas, tenham elas conservado o processo medieval de concepção da montagem" (1982, I: 82). Sua dinâmica cênica se caracteriza por uma liturgia de partes fixas, as *embaixadas*, constituídas por episódios ou *jornadas* na terminologia teatral popular e exigindo arena fixa, sala, tablado, pátio, frente de casa ou igreja. As partes móveis são compreendidas como *cortejos* ou *cantigas* e nelas se introduzem as peças desejadas, incluídas ou não, mudadas ou não, ao léu dos incidentes do caminho ou do gosto do Mestre, além das *louvações* (*loas*). Finalmente, as *despedidas*, de caráter religioso, para salvaguardar a efeméride católica e, dependendo da dádiva oferecida pelo dono da casa ao cortejo, esse epílogo será de elogio ou de escárnio, encerrando de alguma forma o bailado.

Na primeira nota do artigo de 1935, Mário de Andrade expõe o motivo que o levou a buscar um vocábulo que melhor definisse essa "colcha de retalhos", em sua alteridade, dissociado da tradição formal do bailado clássico europeu: "nunca houve um nome genérico designando englobadamente todas as nossas 'danças dramáticas'. Foi por isso que me utilizei dessa expressão, sem recusar a palavra 'bailado', mas a evitando como nome geral, para as nossas danças dramáticas populares, por causa dos confusionismos que ela poderia acarretar, dados os conceitos técnicos e eruditos que a fixaram já" (1982, I: 33). Ao mesmo tempo, alinha-se aos postulados que o dançarino e coreógrafo Rudolf von Laban processava na Alemanha de então, um ineditismo conceitual configurado contemporaneamente na *dança-teatro** e na performance.

Em sua escrita etnográfica, os interstícios culturais protagonizados por indígenas e negros nas danças dramáticas não se desvencilham da cena europeia, ora cá ora lá as definindo como bailado, drama (isoladamente), drama popular, auto, teatro (isoladamente), teatro folclórico, teatro nacional, *teatro popular**, brinquedo, rancho, xácara, criações populares teatrais, processões coreográficas, coreografia historiada e mesmo revista de números vários. Salienta seu aspecto contemporâneo, sua narrativa não se desenvolve ao sabor de uma ideia única ou mesmo de um só tema, seu tamanho e seu significado ideológico indepedem do seu assunto, ensejando "um episódio só, rápido, dramaticamente conciso. E esse núcleo básico é então recheado de temas apostos a ele; romances e outras quaisquer peças tradicionais e mesmo de uso anual se grudam nele; textos e mesmo outros núcleos de outras danças se ajuntam a ele" (1982, I: 54).

Como assunto nuclear, a parte dramática do bailado popular brasileiro expõe sempre uma luta de um bem contra um mal, "insiste entre nós no princípio mágico, mais primitivo que as religiões propriamente ditas e adotado por muitas delas, de 'morte e ressurreição' de um bem da coletividade, em principal o reverdecimento da vida, do alimento, tanto da carne do bicho como do vegetal, depois do inverno ou da seca. Nas danças dramáticas mais variadas se multiplica invariavelmente, como princípio ideativo, esse complexo de morte e ressurreição do bicho, tanto na maioria dos reisados tradicionais, como nos Cordões de Bichos da Amazônia, e culminando no Bumb a meu Boi. O mesmo princípio se repete, já mais sutilmente, nos Congos, com o príncipe conguês que vai morrer em holocausto à sua tribo, dominada pelos guerreiros da rainha ginga. E mesmo nas Cheganças de origem ibérica, o complexo pode ser rastreado, principalmente na jornada do piloto ferido e moribundo" (1982, I: 58).

Para além desse estofo narrativo, processões católicas, profanações cristãs de corporações proletárias e outras, tradições pagãs como Janeiras e Maias vão entranhar-se por sua vez aos cortejos reais trazidos pelos negros, apontamentos históricos de Mário de Andrade que levam à seguinte observação de Oneyda Alvarenga: "embora influenciadíssimas pelos costumes e técnicas teatrais europeias, as nossas danças dramáticas derivam de princípios conservados na vida brasileira pelas culturas mais primitivas, ameríndias e africanas" (1982, I: 58). Nesse sentido, Mário de Andrade lembra que tanto os índios como os escravos negros foram permitidos pelos jesuítas nas processões católicas, influindo na caracterização da indumentária e na institucionalização do cortejo que logo se destacou daquelas formando brinquedos profanos que se tornaram obrigatórios nas festividades sociais da Colônia: "perambula pelas ruas, cantando e dançandinho, em busca do local onde vai dançar a parte propriamente dramática do brinquedo" (1982, I: 31). Dessa forma, o nome genérico dado por Mário de Andrade a tais manifestações consubstancia costumes ameríndios e africanos que têm na dança parte significativa de sua expressão: "não só os bailados que desenvolvem uma ação dramática propriamente dita, como também todos os bailados coletivos que, junto com obedecerem a um tema dado tradicional e caracterizador, respeitam o princípio formal da Suíte, isto é, obra musical constituída pela seriação de várias peças coreográficas" (1982, I: 71).

Assim, se atento às danças e ao teatro a elas inerente, o interesse de Mário de Andrade não se afasta do fato musical que as mesmas representam em sua pesquisa, entendimento que se descortina nas primeiras palavras da Introdução de sua obra: "uma das manifestações mais características da música popular brasileira são as nossas danças dramáticas" (1982, I: 23). O conceito musicalmente se desdobra ainda em deambulações posteriores, presentes nos artigos que publica na imprensa paulistana nos anos de 1930 e de 1940, ora discorrendo sobre as mesmas, como teatro cantado e música dramática. [AP]

Andrade, 1982 e 1998.

Cultura Popular, Folclore, Dança-Teatro, Teatro Popular, Corporeidade, Ensino de Dança

DANÇA EDUCATIVA

A origem do termo "dança educacional/educativa moderna" provavelmente deriva da forma como Rudolf Laban, coreógrafo austro-húngaro precursor da dança moderna na Alemanha, nomeou seu trabalho cênico profissional. Laban, ao chegar à Inglaterra em 1938, trazia de Paris a denominação "dança central europeia" ou "dança livre" para qualificar suas propostas artísticas. Provavelmente com o intuito de utilizar a língua oficial do país que o acolhia, a Inglaterra, Laban passa a empregar a expressão "dança moderna" (*modern dance*) para designar suas propostas de dança. No entanto, ao modificar para "dança moderna" a nomeação de suas propostas, Laban (1985) é cuidadoso ao afirmar que havia outra "dança moderna" se desenvolvendo na "América", diferenciando, assim, sua concepção de dança das norte-americanas (MARQUES, 2010).

Em sua trajetória artística e teórica, Laban assume que a dança nas escolas e/ou em situação educacional deveria ser "diferente" da dança cênica produzida social e profissionalmente. Provavelmente por essa razão, acrescenta à sua "dança moderna" a palavra "educacional" (*educational*): funda-se então a "dança *educacional* moderna", publicada em livro de título homônimo em 1948. O livro *Modern Educational Dance* teve a intenção de apresentar a pais e professores suas concepções e ideias sobre o valor da dança na educação do ser humano e, principalmente, na educação de crianças e jovens em situação escolar. A expressão "educational dance" [dança educacional] passa então a ser amplamente usada na Inglaterra e, posteriormente, em muitos países europeus para designar uma forma diferenciada de dança.

No Brasil, em 1991, o título desse livro foi livremente traduzido por *Dança Educativa Moderna*, disseminando o termo "dança educativa" no lugar de "dança educacional" conforme versão original de Laban (MARQUES, 2010).

Nos Estados Unidos, Margaret H'Doubler difundia propostas semelhantes às de Laban no campo da educação, defendendo principalmente o ideal de uma dança "criativa" para crianças e jovens – nasce daí o termo "dança criativa", usado amplamente pela literatura norte-americana como similar à "dança educacional/educativa". No Brasil, na década de 1960, o termo mais usado para designar uma "dança educacional/criativa" foi "expressão corporal", que ampliou e ao mesmo tempo substituiu a denominação "dança" ensinada em algumas escolas, academias e/ou integradas a outras propostas artísticas.

Os discursos e desenvolvimentos da "dança educacional/educativa", da "dança criativa", ou ainda da "expressão corporal" revelam em comum uma busca pela harmonia, pelo autoconhecimento, pela autonomia, pela integração e desenvolvimento do potencial criativo do ser humano. Todas elas tentam se libertar de códigos preestabelecidos para a dança, dos passos e das sequências tradicionalmente conhecidas e hegemonicamente denominadas "dança".

Laban propunha a criação de uma "dança livre", de uma "técnica de dança livre" (LABAN, 1985) que deveria diferenciar-se das danças tecnicamente codificadas – na época o balé clássico, as danças de salão e as danças folclóricas. Lisa Ullmann afirma que essa técnica, "uma técnica de dança 'livre': é aquela liberada de um estilo idealizado segundo normas específicas" (apud MARQUES, 2010: 83).

A dança educacional/educativa proposta por Laban consistia em liberar os dançantes de uma série repetida de movimentos técnicos (PRESTON-DUNLOP, 2002), sem, contudo, propor uma dança que fosse "caoticamente livre" (ULLMANN, in LABAN, 1985). Laban (1985) afirma que a "técnica de dança livre" está diretamente ligada ao domínio do movimento individual, ao conhecimento dos impulsos, dos fluxos de tempos e espaços do e no corpo que dança. Para ele, esse enfoque levava o dançante a adquirir outro tipo de "habilidade": uma habilidade que abre portas e diferencia as pessoas; uma "habilidade" que permite a expressão e a comunicação pessoal e intransferível de cada um.

Laban afirmava que sua proposta usava o "fluxo de movimento penetrando todas as articulações do corpo" (1985: 10). Assim, seria possível dominar as combinações dos esforços e realçar a sensibilidade, enriquecer respostas, estimular *experiências** corporais e aprender a se comunicar (ULLMANN, in LABAN, 1985) – ou seja, seria possível ao ser humano educar-se ao dançar.

Aquilo a que Laban chamou "dança livre", ou "dança educacional/educativa" – e que H'Doubler (1925, 1977) denominou "dança criativa" –, se propunha trabalhar as atitudes internas dos dançarinos por meio de um denominador comum: o movimento que está presente em todas as danças e em todos os momentos de vida cotidiana. Essa era, para Laban, a base para qualquer processo de ensino e aprendizagem de dança. A "nova técnica de dança", dizia, "oferece a possibilidade de ensinar sistematicamente as formas de movimento propondo, ao mesmo tempo, seu domínio consciente" (1985: 11).

Laban (1985) ressalta que o uso dessa "nova técnica de dança" era múltiplo: primeiro, tornar os alunos conscientes de suas próprias faculdades espontâneas de expressão; segundo, preservar a espontaneidade do movimento; terceiro, fomentar a expressão artística por meio da arte do movimento; quarto, despertar os alunos para uma consciência da humanidade por meio da observação de movimento. Sua proposta de dança pretendia "dar acesso a um vasto e versátil vocabulário que poderia ser trazido para a criação de uma dança, cada indivíduo contribuindo como um artista genuíno" (HODGSON e PRESTON-DUNLOP, 1990: 36 apud MARQUES, 2010: 84).

Tanto Laban quanto H'Doubler, em seus respectivos contextos históricos e socioculturais, enfatizaram propostas de dança centradas nos alunos (MARQUES, 1999), sem, contudo, deixar de explicitar a importância e a necessidade do ensino e aprendizagem de conceitos que permitissem a expressão e a criatividade das crianças e jovens desenvolverem-se (MARQUES, 2003).

Laban propõe o estudo da Coreologia (coreo = dança; logia = lógica) como fundamento de sua proposta de dança. Em 1926, a Coreologia é introduzida em seu primeiro Instituto na Alemanha, compreendendo o ensino e aprendizado das estruturas que formam a dança: as dinâmicas corporais (qualidades entrelaçadas dos fatores de movimento, tempo, espaço, peso e fluência), o espaço (níveis, planos, tensões, projeções, forma) e o corpo que dança (articulações, superfícies, tronco e membros).

A Coreologia proposta por Laban, após sua morte em 1958, foi fragmentada em áreas distintas de estudo: a Labanotation, a Etnocoreologia, a Arqueocoreologia e os Estudos Coreológicos. Os Estudos Coreológicos, mais diretamente ligados ao contexto educacional, acrescentam às propostas de estudo de movimento de Laban o estudo do intérprete da dança, do espaço cênico e das sonoridades que compõem a arte da dança (PRESTON-DUNLOP, 2002 apud MARQUES, 2010: 101).

Para que conceitos pudessem ser incorporados, tanto Laban quanto H'Doubler sugeriram propostas de exploração e improvisação de movimentos que partissem dos universos de movimento dos alunos. Por essa razão, até os dias de hoje confunde-se a proposta de Laban para a dança com "método de ensino" e/ou "técnica de improvisação". Marques (2010) propõe que Laban não desenhou métodos de ensino ou técnicas de improvisação, e sim sistematizou os elementos da linguagem da dança que podem ser conhecidos e incorporados tanto pelos processos de improvisação quanto de composição ou interpretação de danças.

Atualmente, os termos "dança educacional/educativa", "dança criativa", "expressão corporal" estão caindo em desuso por causa da argumentação de que a dança que se ensina nas escolas, academias ou projetos sociais não precisa necessariamente ser adjetivada para que cumpra seu papel educacional, educativo e/ou pedagógico.

Marques (2010) argumenta que a expressão, a criatividade, a autonomia e o conhecimento das estruturas da dança propostos por Laban e H´Doubler no início do século XX são possíveis não por meio de ensino de uma dança "diferente" ou "diferenciada", mas sim por meio de propostas metodológicas que enfatizem as possibilidades criativas do ser humano, quer em situação de improvisação, composição, interpretação ou apreciação de danças codificadas ou não. [IM]

 H'Doubler, 1925 e 1977; Laban, 1985; Marques, 1999, 2003 e 2010; Preston-Dunlop, 2002.

DANÇA-TEATRO

A fonte do termo "dança-teatro" ou "teatro-dança", como também tem sido amplamente usado, é a Alemanha dos anos de 1920 e 1930. Rudolf von Laban chamava de dança-teatro às experiências que buscavam uma *corporeidade** inédita capaz de responder às transformacões da vida moderna. Para tanto, testou conexões entre dança, palavra (sobretudo poemas) e ações cotidianas. É um dos primeiros a diagnosticar o desaparecimento de uma experiência corpórea em que tradições privadas e coletivas se relacionavam com as memórias voluntárias e involuntárias, os cultos e os ritos, para dar lugar ao que Walter Benjamin chamava de experiência defunta; ou seja, uma experiência que sacrificava os recursos naturais e físicos da rememoração, como um verdadeiro inventário de eventos vividos que, paradoxalmente, se tornavam estrangeiros. A pesquisa acerca de uma *"corporeidade*"* viva será continuada por Kurt Jooss, que relacionará princípios labanianos com a sistematização de movimento proposta pelo balé clássico, aliada a uma investigação de novas possibilidades de exploração da ação dramática de grupo, sobretudo a partir da temática sociopolítica, como evidenciava a sua obra-prima *A Mesa Verde*.

Quase quarenta anos depois, a sua discípula Pina Bausch retomará algumas ideias do mestre, recontextualizando-as à luz de novas questões. Entre o final dos anos de 1960 e o começo da década de 1970, Bausch, Johann Kresnik e Gerhard Bohner estrearam espetáculos independentes e, ao mesmo tempo, conectados à emergência de um novo modo de conceber o corpo em cena. Alguns dos princípios elaborados por estes artistas relacionavam-se à tentativa de transformar sentimentos em conhecimento, rompendo a dualidade entre razão e emoção; romper a ilusão da reversibilidade do tempo buscando caminhos possíveis a partir de uma linguagem metafórica que se referia a algo que provavelmente todos sabiam, mas sob um ângulo ainda não considerado. As peças não eram apenas fantasias, mas partiam da experiência tornada consciente. Não ambicionavam transformar o mundo, mas apenas tornar possíveis as transformações. Definições pré-dadas de todo tipo eram consideradas mortais para o movimento. O objetivo era explorar a existência com todos os sentidos com procedimentos tragicômicos, como parecia inerente à organização da vida.

Especialmente após os anos de 1980, muitos experimentos artísticos aparentados surgiram em outros países com uma diversidade de procedimentos sugerindo estratégias diferentes para contaminar a dança e o teatro. Não há fórmulas prontas nem modelos a serem seguidos.

No Brasil, foi durante a própria década de 1970, que começaram as experimentações cênicas de dança-teatro. Célia Gouvêa, recém-chegada da Escola Mudra de Maurice Béjart (onde havia estudado com Juliana Carneiro da Cunha e os coreógrafos franceses Maguy Marin e Dominique Bagouet, entre outros) começará a mostrar suas criações no Teatro de Dança do Teatro Ruth Escobar (1975). Em *Caminhada* (1974) e *Pulsações* (1975), o cruzamento de domínios começa a ser evidenciado, não apenas a partir da interdisciplinaridade proposta pela formação de Béjart, mas pelas pontes posteriores com a obra de Alwin Nikolais, cujo tema de investigação dizia respeito à dramaturgia do corpo a partir do estudo das imagens. No mesmo período, Marilena Ansaldi dá início a uma investigação bastante particular que buscava novas pontes entre corpo, palavra, dança e teatro, na construção do que seria um "teatro total". Destacam-se, por exemplo, *Isso ou Aquilo?* (1975) *Por Dentro, Por Fora* (1976), *Escuta Zé!* (1977, esta obra trazia uma discussão cênica das teorias reichianas) e *Sopro de Vida* (1979). Em 1979, *Corpo 1*, de Takao Kusuno marca ainda outra possibilidade de exploração da dança-teatro a partir do butô japonês e que, de fato, instaurava uma nova frente, aproximando-se da performance. Em 1980, *As Galinhas*, do próprio Kusuno, com Renée Gumiel, Ismael Ivo e Dorothy Lerner, dá continuidade à pesquisa e inaugura novas *corporeidades**. Mas muitas outras experiências construíram espécies de eixos temporais simultâneos. Em 1973, Francisco Medeiros dirige *Scapus* reunindo atores e bailarinos, alunos e não alunos, em um espetáculo "não coreografado" por Ruth Rachou. Eram algumas das primeiras *experiências** laboratoriais do corpo em que se testavam a interiorização de personagens e a improvisação de movimentos. Intérpretes-criadores como Mara Borba, Sonia Motta, Clarice Abujamra, J.C. Violla, Lala Deheinzelin, Denilto Gomes, Carmen Paternostro e Val Folly fizeram incursões pela dança-teatro durante as décadas de 1970 e de 1980. Como parte dos chamados Inventores da Dança (1987), Vera Sala, Dagmar Dornelles e Fernando

Lee buscavam novas dramaturgias do corpo, assim como outros criadores independentes como Mariana Muniz (*Paidiá*, 1989) e Umberto da Silva (*O Homem Que Não Botava Ovo*, 1988). Nos anos de 1990 destacam-se as investigações de Sandro Borelli, de Renata Mello (*Bonita Lampeão*, 1994), cuja parceria com o dramaturgo e diretor José Rubens Siqueira é marcante na cena brasileira; e reminiscentes da extinta companhia Terceira Dança como Lara Pinheiro, que chegou a fazer cursos na Folkwang Schule, onde tudo começou, e Miriam Druwe. Antecipando o que parece se insinuar como um novo rumo para a dança-teatro no Brasil, a obra de Marta Soares é inaugural, aliando em sua formação princípios importantes a partir da conexão Laban-Bartenieff e o butô japonês com uma pesquisa consistente acerca da bibliografia surrealista francesa, assim como os seus desdobramentos nas artes plásticas. [CG]

 Fernandes, 2000a; Katz, 1994; Servos, 2001.

 Corporeidade, Dança Dramática, Ensino de Dança

DEMONSTRAÇÃO TÉCNICA

O termo "demonstração técnica" tem sido empregado quando determinados artistas e grupos têm a intenção explícita ou não de apresentar seus procedimentos de criação e práticas de treinamento. No campo educacional, a demonstração *didática** é uma técnica de ensino utilizada nas disciplinas tecnológicas e de artes, que, em um primeiro momento, tinha por objetivo capacitar o aluno para o trabalho puramente mecânico. Ele observava a demonstração do professor para em seguida repetir os procedimentos. Com o advento da prática pedagógica mais crítica e reflexiva, essa visão puramente mecanicista vai perdendo força e a demonstração didática ganha novos contornos.

A respeito da demonstração didática, Ilma Veiga (1991: 139) relacionou uma série de objetivos, dos quais destacamos os seguintes: aprofundar e consolidar conhecimentos; ilustrar o que foi exposto, discutido ou lido; estimular a "criticidade" e a criatividade; propor alternativas para resolver problemas.

A organização da demonstração também exige do professor um planejamento de forma a explicitar com clareza todos os objetivos, apresentar um roteiro da demonstração para que o aluno tenha a compreensão de todas as etapas do processo de trabalho. A demonstração deve acontecer num ritmo que possibilite o acompanhamento dos alunos, fornecendo as explicações necessárias sobre o que está fazendo e quais os procedimentos acionados, clareando seus conceitos e princípios de trabalho.

Uma pura demonstração de procedimentos que garantem um resultado adequado passa a constituir mais um elemento metodológico que, vinculado a outros, proporciona ao aluno construir sua própria percepção do mundo a partir da *experiência**, articulando trabalho intelectual com trabalho prático. Ao observar como o artista-docente maneja seu instrumento de trabalho, o aluno pode perceber com mais clareza as possibilidades de desenvolvimento de seu trabalho em cada atividade proposta.

A observação de uma demonstração vai muito além de uma simples cópia do que é observado. O processo de aquisição de conhecimento teatral, no caso do ensino de interpretação no Ocidente, passa pelo indivíduo aluno e por suas informações corpóreo-sensoriais. Era perceptível que, no encontro posterior, a demonstração de vários dos participantes da oficina ampliava a percepção e a compreensão das atividades propostas, o que possibilitava maior dinâmica no processo de trabalho.

Contextualizar o conhecimento permite ao aluno: uma maior compreensão de toda a experiência vivida pelo artista-docente, de suas tensões e enfrentamentos diante desse elemento técnico, e reconfigura uma relação que não estará baseada na estrutura autoritária de poder, que muitas vezes garante ao professor uma incomunicabilidade com seus alunos e o estabelecimento não de uma troca, mas de uma ordem no processo de ensino-aprendizagem.

O "contar a fonte" significa explicitar aos participantes que o conhecimento trabalhado se insere no trajeto de aprendizado do próprio artista-docente. Esse modo de ensinar explicitando as fontes possibilita ao aluno perceber que seu professor também se encontra num processo de formação contínua, sendo "um aprendiz com experiência".

Dentro do projeto de pesquisa que se realiza com estudantes do Curso de Teatro (bacharelado e licenciatura) da UFU, desde 2007, uma das frentes de investigação está centrada em procedimentos artísticos-pedagógicos para nossa ação em espaços formais e não formais de educação. Nesse contexto foram organizadas demonstrações de trabalho – denominadas *De Onde Viemos Para Onde Estamos Indo* – realizadas pelo Coletivo Teatro da Margem com os *viewpoints** (*vps*).

A demonstração se organiza como "fala dançante" ou "movimentos com palavras", nas quais os artistas-pesquisadores vão apresentando todos os *viewpoints** na prática e no processo do fazer--dizer com o corpo, demonstrando o modo como é acionado esse material. Um segundo momento da demonstração é a passagem dos *vps** para as cenas, ou seja, a organização de todo o material improvisacional surgido nos encontros de trabalho em cena. Nesse momento são apresentados os aspectos da composição e dizemos-fazemos que foram acionados para tal. Por fim apresentam-se as narrativas explicitando cenicamente o modo de trabalhar com os *viewpoints**.

A perspectiva de ação artístico-pedagógica que a demonstração *De Onde Viemos Para Onde Estamos Indo* tem proporcionado ao dizer-fazer uma investigação sobre a pedagogia do teatro que não cria hierarquias entre criação e ensino/aprendizagem, promove a produção do conhecimento em artes de forma coletiva e dialógica entre os diversos participantes envolvidos (atores e assistência). [NT]

 Demonstração de Trabalho, 2010; Telles, 2008; Veiga, 1991.

 Formação do professor de Teatro, Experimentos Cênicos, *Viewpoint* (*vps*)

DESEMPENHO DE PAPÉIS

"Desempenho de papéis" (*role-playing*) refere-se à mudança de comportamento que ocorre quando alguém assume um papel como se fosse outra pessoa. Essa mudança pode ocorrer de forma não consciente, quando se tenta corresponder a um determinado papel social, ou conscientemente, quando se representa para adotar um papel. Originalmente o termo vem das ciências sociais, e indica a mudança de comportamento para preencher um papel social. Hoje, é usado livremente em três sentidos: jogo de papéis, no campo de teatro e/ou da educação, usado como experimentação ou simulação; jogos de computador, mesa ou cartas, conhecidos como RPG, família de jogos nos quais os participantes assumem papéis ou controlam um ou mais avatares em um contexto de ficção; desempenho de papéis, no campo das ciências sociais, especificamente em *psicodrama** e *sociodrama**.

No início dos anos de 1960 o *role-playing* passou a ser adotado no campo da pedagogia do teatro para designar o que acontece quando alunos se engajam no mundo imaginário do drama. Em seu sentido estrito, estar *in-role* não significa o mesmo que interpretar. *Role* (papel), em drama, pode ser descrito como uma forma de usar a imaginação para experimentar o que seria estar na pele de outra pessoa, sem as complicações de uma caracterização plena. Assim, os alunos, juntos e *in-role*, podem espontaneamente improvisar as versões fictícias de dilemas sociais, de forma a acentuar as questões neles envolvidas, sem incorporar as psicologias daqueles retratados.

Ao contrário da interpretação teatral, o *role--play game* não requer treinamento ou experiência anterior. Qualquer adulto, em algum momento de sua vida, recorreu ao desempenho de papéis consciente ou inconscientemente. A ideia de que ele possa ser usado para ajudar a desenvolver habilidades pessoais e a explorar encontros sociais de vários tipos é amplamente aceita. Trata-se de um recurso comum em treinamentos empresariais e em cursos que incluem desenvolvimento de confiança, relaxamento de estresse ou autoafirmação.

A ênfase na interação social e na colaboração, presente no *role-playing* nas áreas dos jogos eletrônicos, os difere dos demais tipos de jogos, que enfatizam a competição. Difere também das narrativas cinematográficas ou literárias, na medida em que no *role-play game* não há uma história prévia, ou uma definitiva, que se sustente após o jogo. Em geral, é visto como uma forma de contar história, interativa e colaborativa.

Formas simples de *role-playing* caracterizam os jogos tradicionais infantis, tais como "polícia e ladrão", "caubóis e índios", onde os jogadores criam tipos específicos em um processo aberto (enredo contínuo). Quanto mais específicas as regras estabelecidas pelo grupo, e mais realista o espaço do jogo, mais credibilidade e engajamento ocorrem.

No campo do ensino do teatro, o uso do texto como pré-texto e as formas de enquadramento dos participantes ampliam o desempenho de papéis na construção da narrativa dramática: 1. o texto como referência amplia o repertório do aluno e a percepção de hábitos e costumes distintos;

2. sua perspectiva cultural remete à noção do "drama como metáfora da maneira que vivemos", permitindo explorar a transição entre a tradição e o novo. Aqui é acentuada a influência teórica de Victor Turner (1982), com a noção de *rituais** que marcam a transição entre dois estados de acomodação em uma atividade cultural, e acentuam a imagem do fazer teatral como localizado na fronteira, à margem daquilo que as formas mais tradicionais consideram como "o estabelecido"; 3. um texto como pré-texto funciona como "material esperando significação", como objeto de um jogo. Como tal, afirma Cecily O'Neill (1995), oferece não apenas um ponto de partida, mas também uma delimitação para ações pedagógicas: conceitos e situações a serem investigados cenicamente, *fragmentos** de texto a serem improvisados, aproximação com o contexto atual dos participantes através de seu cruzamento com memórias, histórias locais, e mesmo outros textos.

Erving Goffman, em *Frame Analysis* (1974), ao abordar questões tais como autoapresentação e interação social, focaliza a dimensão performática do comportamento cotidiano e as formas como os indivíduos adotam e representam papéis distintos para negociar situações interpessoais. Seu conceito de "frame" (moldura, enquadramento) descreve o mecanismo perceptual pelo qual as ações são reconhecidas além de seu sentido funcional ou literal e indica a natureza de um comportamento, e como ele deve ser interpretado. O enquadramento oferece, portanto, uma ferramenta para a compreensão do acordo implícito, entre o ator e o público, e do *status* simbólico e ficcional do espetáculo e da atividade dramática. [BC]

 Goffman, 1974; O'neill, 1995; Turner, 1982.

 Texto e Cena, Jogo Teatral, Improvisação teatral, Corporeidade

DIDÁTICA

Originário do grego (*didaskein*), o termo adjetivo "didática" (ou "didático") é utilizado desde a Antiguidade numa acepção similar à que se usa atualmente, qual seja, para designar objeto ou ação qualificada referente a ensino. Nesse sentido, a história da educação é pródiga em registros acerca de procedimentos ditos didáticos – relativos à *arte, ou à técnica, de ensinar*, ou *de orientar a aprendizagem* – adotados na vida familiar ou no meio escolar, que constituem objeto de estudo e discussão de teóricos representantes de diversos momentos da construção do ideário pedagógico e vinculados a diferentes campos do conhecimento e movimentos que o integram.

Numa retrospectiva da "trajetória histórica da didática" (CASTRO, 1991: 15) tem-se um tempo remoto no qual se processa a chamada "didática difusa", que compreende um período duradouro anterior ao estabelecimento de referenciais precisos e à sistematização dos conteúdos e domínios específicos da didática. Nessa época, as ações com vistas ao ensino são praticadas intuitivamente, com base nos costumes vigentes, ou se refletem, implicitamente, no discurso pedagógico de pensadores como Sócrates, Platão e Aristóteles.

Já na modernidade, na Europa Central, realizam-se os primeiros investimentos objetivos no sentido da circunscrição do campo de estudo da didática e da sua delimitação como disciplina específica e autônoma, a partir das concepções filosóficas e dos ideais políticos e religiosos de Comenius e seus colaboradores. Na sua *Didática Magna*, ou *Tratado da Arte Universal de Ensinar Tudo a Todos* (1621), estabelecem-se as bases de um projeto educativo de viés antropológico e social, fundado na ideia de universalização da educação, que surge em contraposição a costumes impostos por tradição e a práticas sustentadas por interesses então dominantes. Em linhas gerais, a doutrina de COMENIUS concebe o desenvolvimento do homem solidário à natureza; articula elementos técnicos da pedagogia a reflexões sobre a ética, a religião e a formação humana; defende a necessidade de formação educacional escolarizada desde a primeira infância; e apresenta métodos para o ensino e a aprendizagem de conhecimentos (de línguas, ciências e artes), de sentimentos (como a devoção, ou a piedade) e de formas de conduta (como as próprias condutas de ensinar e de aprender). Considerado o "primeiro verdadeiro sistematizador do discurso pedagógico" (CAMBI, 1999: 287), Comenius é responsável por uma renovação sem precedentes na história da educação. E apesar das aparentes contradições e aspectos obscuros dos seus escritos de Comenius, bem como da insuficiência da sua concepção genética em psicologia do desenvolvimento, em relação à magnitude das suas pretensões, é possível reconhecer a atualidade de alguns princípios depreendidos do seu sistema, tais como: as bases psicológicas e desenvolvimentistas dos métodos didáticos; as relações entre as esferas da escola e da sociedade; a necessidade de organização e regulamentação de programas educacionais de âmbito pedagógico e administrativo; e, especialmente, o modelo educacional "pansófico", precursor da ideia de colaboração internacional, que professa a *educação para todos*, independentemente de nacionalidade, condição socioeconômica, raça ou crença religiosa (PIAGET, 1957).

Uma segunda renovação no terreno da didática tem por base o ideário romântico do genebrino Rousseau, que, embora concebido em seguimento aos princípios de ensino intuitivo dos didatas tradicionais, promove uma ruptura determinante no curso da história da educação moderna. Ao posicionar a criança no centro da educação, o modelo pedagógico rousseauniano opera uma "revolução copernicana em pedagogia" (CAMBI, 1999: 343). Sua teoria divisa, portanto, outra perspectiva de compreensão das relações entre o ensino e a aprendizagem, a ser adotada futuramente pelos pedagogos da *Escola Nova**. Dentre os aspectos relevantes da contribuição de Rousseau à área da didática, destacam-se: uma proposta de educação na qual a política e a pedagogia complementam-se em favor da recuperação da condição natural do homem e em respeito às diferentes etapas do desenvolvimento ontogenético; a ampliação do conceito de infância, a partir da teorização acerca da criança como um ser diferenciado do adulto; o estreitamento de vínculos entre motivação e aprendizagem; a atenção às relações entre o ensino e a experiência concreta de quem aprende; e a ênfase no caráter dialético e paradoxal da educação (que confronta liberdade e autoridade). E se a explicitação do ambicioso intento de Rousseau, de reformulação pedagógica com vistas à remodelação da sociedade, deixa à mostra os princípios morais e políticos questionáveis que caldeiam a sua obra, muitos são os motivos a apontá-lo como "o pai da pedagogia contemporânea" (CAMBI, 1999: 342).

No interstício entre as inovações filosóficas de Rousseau e os pedagogos escolanovistas, dele tributários, alguns teóricos detêm-se no aspecto metodológico da didática, como é o caso do alemão Herbart. Seu modelo formalista, de inspiração kantiana e assumidamente antirromântico, tem em vista superar fragilidades conceituais identificadas em diversas correntes pedagógicas da modernidade. Nessa intenção, ele articula disciplinas como a matemática, a mecânica, a psicologia, a pedagogia, a ética e a estética, evidenciando os primórdios de uma pesquisa de cunho epistemológico acerca da pedagogia. Um aspecto particularmente interessante da didática herbartiana para a área de artes é a chamada "educação estética" (CAMBI, 1999: 435), que tem por propósito aguçar a fantasia do aluno através do belo (evocado por uma obra de arte, um texto clássico ou uma música).

Mais recentemente, ainda no rescaldo das contribuições de Rousseau, tem-se um movimento ideológico de vanguarda que representa uma guinada na história da didática. Propagada em países da Europa Ocidental e da América, entre o final do século XIX e meados do século XX, a chamada *Escola Nova** (Escola Ativa, ou Renovada) surge do descontentamento frente à insuficiência da didática da escola tradicional e vincula-se às ciências humanas, em especial à psicologia genética e à sociologia. A pedagogia ativista fundamenta-se nas ideias do norte-americano Dewey, do francês Freinet, e de outros mestres, responsáveis por um sólido arcabouço conceitual que implica novas formas de articulação do sistema de educação em todos os seus níveis e domínios. Nessa teorização figuram: o princípio de "aprender fazendo"; a descoberta de conexões entre a atividade lúdica e o desenvolvimento da infância; e a perspectiva de valorização do papel da "ação criadora" na relação do sujeito com o meio. Desse movimento participam diversos teóricos da educação, tais como Froebel, Montessori e Claparède, que elaboram conceitos primordiais à constituição do pensamento pedagógico relacionado às disciplinas artísticas. No que tange à pedagogia relacionada ao teatro, a Escola Nova é representada pelas correntes metodológicas anglo-saxônicas do *creative drama*, de Ward, e do *child drama*, de Slade, que significam avanços importantes ao movimento de oposição à hegemonia dos métodos diretivos de ensino de teatro praticados no ambiente escolar. Mas ao questionar o caráter meramente utilitarista, ou decorativo, do *teatro na escola**, em favor da valorização da prática teatral pelos seus benefícios psicológicos e sociais, essas metodologias favorecem a disseminação de abordagens espontaneístas, justificadas por objetivos abrangentes de aprendizagem, em detrimento do ensino dos saberes específicos que a disciplina de teatro envolve.

No decorrer da segunda metade do século XX, novos modelos alicerçados na sociologia da educação (Durkheim), na psicanálise (Freud) ou na epistemologia genética (Piaget) modificam radicalmente o universo da pedagogia e da didática. "Da pedagogia passou-se à ciência da educação; de um saber unitário e 'fechado', passou-se a um saber plural e aberto; do primado da filosofa passou-se ao das ciências" (CAMBI, 1999: 595). Nesse sentido, a teoria construtivista interacionista e histórico-crítica que se desenvolve a partir das pesquisas observacionais e experimentais de Piaget representa um marco no pensamento educacional contemporâneo. Ao conceber o conhecimento como construção originária da interação entre sujeito e objeto, a perspectiva piagetiana amplia os rumos investigativos dos teóricos da *Gestalt* e faz frente à onda comportamentalista das pesquisas de Skinner. Piaget não é um pedagogo, e dedica apenas uma pequena parte da sua obra à pedagogia; entretanto, suas reflexões epistemológicas, e de seus colaboradores, são constantemente acompanhadas de reflexões pedagógicas alusivas a diferentes disciplinas do conhecimento. Na chamada "didática psicológica" (AEBLI, 1973), os princípios piagetianos são transpostos à didática através da ressignificação do conceito de "atividade" (preconizado pela Escola Nova) do sujeito do conhecimento numa perspectiva processual, operatória e cooperativa. No âmbito da pedagogia teatral, a superação conceitual e metodológica significada pela teoria piagetiana reflete-se nas análises de Furth e nos estudos de Koudela (2010, 2011) acerca dos *jogos teatrais** de Spolin e da *peça didática** de Brecht, que compreendem o teatro como experiência coletiva de construção de conhecimento.

Os paradigmas em conflito no início do século XXI refletem-se em diferentes formas de compreender o fenômeno *ensino*, impondo desafios à teorização sobre a didática como disciplina independentemente do conteúdo das múltiplas tendências teóricas e vertentes doutrinárias ou filosóficas que se articulam num mesmo curso, numa mesma obra. Essa dificuldade crescente de distinção entre o que é específico da didática e a pluralidade de discursos e práticas que o seu território agrega gera uma confusão que parece estar na origem do desprestígio em relação à didática (e diante da insatisfação provocada pelos fracassos de uma "má didática", inspirada em modelos teóricos aleatórios ou questionáveis, responsabiliza-se "a Didática"). No sentido de preservar a disciplina de didática de interpretações restritas a critérios técnicos, ou de enquadramentos conforme um ou outro paradigma ou modismo pedagógico, os estudos contemporâneos (CASTRO, 1991: 23) compreendem a "dupla feição" (da teoria e da prática) da didática e as múltiplas relações constituídas historicamente no seu campo. Nessa perspectiva, a afirmação da identidade da didática como disciplina autônoma e como campo a ser explorado pela comunidade educacional solicita o reconhecimento da natureza interdisciplinar de um território potencial de permeáveis fronteiras. [VBS]

 Aebli, 1973; Cambi, 1999; Castro, 1991; Koudela, 2010 e 2011; Piaget, 1957.

 Educação Estética, Formação do Professor de Teatro, Metodologia de Ensino

DIREÇÃO DE CENA

É evidente que a história do teatro ocidental e oriental é ampla tanto no nível cronológico quanto em sua diversidade temática e artística. Diante disso, torna-se quase impossível depreender formulações únicas, na medida em que as maneiras de se fazer teatro, ao longo dos milênios de sua existência oficial, propiciaram o surgimento, bem como a extinção, de diferentes feições dessa função.

Nesse sentido, encontrar uma definição constante e universal para "direção de cena" é algo que efetivamente se torna impossível, pelo menos, até agora, de se concretizar. No entanto, e para começar no início do que se chama propriamente de teatro, recordemos que, no anfiteatro grego, a palavra "drama" significa "ação" e, sob esse prisma, a direção de cena era atribuída ao autor da tragédia e/ou comédia, pois cabia a ele conduzir a cena por meio da palavra.

A identidade entre "escrita do texto" e "apresentação pública", concentrada na figura do *dramaturgo**, esteve presente por mais de mil anos e em distintas experiências históricas do teatro no Ocidente, haja vista que autores como Lope de Vega, Corneille, Racine, Molière, William Shakespeare, entre tantos outros, mantiveram estreita relação com as apresentações de suas peças, em particular os dois últimos, que foram também os diretores de suas companhias.

Apreende-se, pois, que a materialidade de uma representação teatral devia-se ao trabalho de profissionais que se articulavam não através da especialização, mas dos esforços conjuntos para a realização do espetáculo. Sendo assim, é nesses termos que podemos reconhecer a figura de um diretor de cena, isto é, daquele profissional que, sob esta ou aquela designação, se tornou responsável pela funcionalidade do palco, desde a marcação do ator até os grandes painéis (telões) e/ou engenhos e demais dispositivos que compõem o ambiente cênico. Dito de outra maneira: a direção de cena se faz presente como uma necessidade prática, no sentido de enformar e dar inteligibilidade tanto ao que está sendo dito como ao que está sendo representado.

Entretanto, à medida que as relações sociais foram se transformando, em particular aquelas que envolveram os homens e a natureza, as formas de organização também se modificaram. Por exemplo, no âmbito do trabalho, pouco a pouco, começou a se consolidar a sua *divisão social* que, em diferentes moldes, atingiu todas as esferas da vida material e cultural.

No campo teatral, a especialização aflorou particularmente com o surgimento do *dramaturgo**, na acepção que, até hoje, atribuímos ao vocábulo e à atividade, a saber: dramaturgo é o autor responsável por escrever peças teatrais, isto é, textos literários, majoritariamente dialógicos, que têm por finalidade serem encenados.

Provavelmente, em decorrência dessas mudanças, que delegaram ao dramaturgo um lugar específico nas atividades teatrais, emerge, com maior precisão, o diretor de cena, um integrante do elenco e da casa de espetáculos que exerceu uma atividade mais técnica que artística, no sentido de ensaiar os atores, definir marcações a partir do lugar designado *ponto* e garantir a efetiva materialidade da cena. No Brasil, esse profissional ficou conhecido como "ensaiador".

Embora muitos pesquisadores reconheçam que a companhia dos Meinenger não tenha sido a criadora da direção cênica, por sua vez, ninguém ignora que esses realizadores foram responsáveis pela explicitação, no palco, de uma unidade esteticamente coerente com a proposta histórica e epocal do texto.

Através desses procedimentos, e com o advento de recursos técnicos, como a invenção da eletricidade, a preocupação com a narrativa cênica ganhou novas dimensões e contornos. Em fins do século XIX e início do XX, o diretor de cena começa a se metamorfosear em encenador e, consumada essa síntese, passou a existir um trabalho de composição para que o espaço cenográfico estivesse em sintonia com a iluminação, com o figurino, com a música e com a interpretação. Mais do que se preocupar com elementos individuais, o encenador passou a buscar uma linha e uma assinatura autoral, interpretativa da representação.

Com Antoine, o primeiro a assumir deliberadamente essa função, e mais ainda Stanislávski, o palco adquiriu dimensões naturalistas, a fim de dar visualidade/materialidade mimético-artística ao que fora concebido pelo dramaturgo. Todavia, não se pode ignorar que nesse processo ocorreram inúmeras divergências entre encenadores e escritores, a exemplo daquelas que envolveram Stanislávski e Tchékhov.

Mesmo com as inúmeras restrições às "verdades/realidades" naturalistas no palco, o texto continuou a ser elemento privilegiado no âmbito da criação simbolista, embora, para diretores como Appia e Gordon Craig, o espaço cênico não devesse almejar a mera "cópia factícia do real" e sim invocar como realidades, pelas sínteses simbólicas, temas cujas conotações narrativas ampliassem, pela utilização de jogos poéticos de luzes e sons quase musicalmente, os limites espirituais da cena. Dito em outros termos: todos os actantes teatrais seriam convocados a dar transcendência à arquitetura do espetáculo; portanto, todos os seus elementos deveriam estar a serviço dessa projeção do real para o ideal, em uma recusa ao mimetismo naturalista na atuação e nos componentes cênicos de seu contexto efetivo.

Já o teatro expressionista alemão, por sua ênfase na subjetividade do sujeito, na sua busca de libertação psíquica e na sua revolta diante da estática social, foi vincado pela explosão libertária do artista plástico na elaboração de cenários e indumentárias que, diferentemente do verismo naturalista e do jogo de correspondências oníricas e transcendentais do simbolismo, ao acentuar a dissonância das formas, produziu uma cena carregada de significações, inclusive com jogos cênicos propiciados pela potencialização dramática da iluminação, de luz e sombras, de sons harmônicos e inarmônicos.

Com as inovações técnicas e artísticas, associadas às inquietações das épocas vivenciadas por esses realizadores, chefes de companhia, a direção de cena integrou-se ao trabalho do Diretor, amiúde empresário, e propiciou o aparecimento do homem de teatro que foi denominado *metteur en scène*. Assim, o encarregado de providenciar aprestos e posicionar elementos de composição do palco assumiu a condição de maestro, *regisseur* – na nomeação russa da função –, tornando-se o responsável artístico pela condução e pelo andamento do labor do *ensemble* para levá-lo ao resultado final – o de sua leitura da obra. Aliás, foi o reconhecimento dessa proposição de trabalho e dos frutos auferidos que, no Brasil, a direção de Ziembinski para a representação do texto de Nelson Rodrigues, *Vestido de Noiva*, assinalou, para inúmeros historiadores do teatro, a efetivação da modernidade cênica no país, com a figura do encenador e não apenas a do ensaiador.

É claro que, nas últimas décadas do século XX e na primeira do XXI, o teatro tem sido plasmado, cada vez mais, pelo papel do encenador, seja nas iniciativas do Teatro Nacional Popular, na França, de Jean Vilar, e do Piccolo Teatro de Milão, encabeçado por Giorgio Strehler, seja com os exercícios e com os rituais de Grotowski e de Eugênio Barba, seja ainda na capacidade de compor cenas minimalistas, tendo como base os *scripts* do teatro dadaísta e do absurdo, ou na exacerbação das fronteiras do racional com o teatro da crueldade de Artaud. Nesse quadro, tampouco se pode ignorar a produção de realizadores como Bob Wilson, Peter Brook, Ariane Mouchkhine, Antunes Filho, Gerald Thomas, José Celso Martinez Corrêa, dentre inúmeros outros, que, em nosso tempo, avançaram com seu estro inovador pela senda estética e funcional aberta por aqueles antecessores seus que dimensionaram, em sua contemporaneidade, os referenciais do início do século XX.

Em meio a essas conquistas, os encenadores que voltaram suas atenções para a prática de um teatro engajado, de uma filiação ou outra, estabeleceram em suas montagens as dimensões pedagógicas e catequizantes do teatro político. Com esse intuito, recordemos as contribuições de Meierhold, Erwin Piscator e Brecht, sendo que para o primeiro o diálogo artístico e formativo com Stanislávski se traduziu, em contrapelo, nas *experiências** com a biomecânica e com o construtivismo, no sentido de atribuir outras potencialidades ao palco, em um jogo cênico de composição geométrica e robótica, mas carregada de *teatralidade**. Por sua vez, Piscator buscou um teatro total, um palco capaz de narrar sob todos os ângulos, mas sem perder o caráter lecionante. Aliás, esse dado foi, para ele, essencial, porque, mais que entretenimento, a finalidade última da arte teatral, na sua visão, seria a de promover a consciência histórica e educar politicamente as massas.

Nesse diapasão, Bertolt Brecht também afinou a sua corda dramático-cênica. Tanto mais quanto se sabe que, ao lado da sua experiência artística com o *cabaret*, participou igualmente da equipe de *dramaturgistas** de Piscator. Mesmo em diálogo com o expressionismo, elaborou um conjunto de peças e de espetáculos com explícita preocupação didático-ideológica e política. Todavia, à medida que o seu potencial de teatralizador foi sendo aperfeiçoado, os seus espetáculos enveredaram para a dimensão épica, desenvolvida pelo recurso narrativo da fábula.

Nesse sentido, o teatro, que assumiu uma postura ética, política e moral, acentuou a perspectiva educacional, com que sempre compareceu em seu tablado, desde Aristóteles e de sua *Poética*. A cena não poderia ser apenas lúdica e cabia-lhe, sim, atuar para modificar o seu espectador através de ações pedagógicas, deliberadamente orientadoras de suas opções e de sua conduta como ser social. Inegavelmente, essa premissa esteve presente também na obra de Augusto Boal e do *teatro do oprimido**, em que a consciência ideológico-política se faz exercício educativo desenvolvido em jogo com o público, tendo em vista promover, sob diferentes máscaras, a prática libertadora.

Por fim, mas não menos importante, é a contribuição da Viola Spolin nas suas investigações sobre o binômio teatro/educação. Indiscutivelmente, ela tem propiciado, aos que se voltam para os seus ensinamentos, quer na direção quer na interpretação, a construção de jogos e de possibilidades inventivas do trabalho teatral como emissão e recepção estética e pedagógica. [JG/RP]

 Pavis, 2010; Spolin, 2010; Koudela, 2011.

 Texto e Cena, Dramaturgo, Encenação, Montagem, Linguagem Cênica

DRAMA NA EDUCAÇÃO

"Drama na Educação", "Drama-Processo" ou simplesmente "Drama" são denominações de uma modalidade de teatro que se caracteriza como um processo de investigação cênica, em contexto ficcional, a partir de um problema ou situação de tensão. O processo se desenvolve através de episódios, cada qual identificado a partir de questionamentos ou inquietações observados no episódio anterior. As variações metodológicas partem de uma maior ênfase do professor na construção da narrativa (o professor como dramaturgo), na atuação (o professor como *performer* ou como personagem), ou na concepção cênica (o professor-encenador).

O ponto de partida, em geral, inclui a delimitação de um contexto de ficção, a indicação de um papel para os alunos (moradores, soldados, forasteiros, cientistas...), a atuação do professor como *performer* (*teacher-in-role*) e a introdução de um problema ou situação criada por uma imposição deliberada de limitações (de tempo, de meios, de relacionamento).

O contexto ficcional atua na capacidade do aluno de desempenhar papéis, projetando-se imaginária e fisicamente na situação a ser explorada. A forma de enquadrar essa situação vai requerer papéis e funções distintas por parte dos participantes, que usarão linguagem e atitudes de acordo com sua função e *status*. A atuação do professor na ativação da tensão dramática e das formas de resolução de conflitos foi a base da prática e de reflexões pedagógicas de Dorothy Heathcote (1980: 18-28), para quem a tensão é o pivô crítico que gera a energia do drama; sem ela, ele não *acontece*. Segundo Gavin Bolton, enquanto a estrutura denota a relação entre os componentes da cena, a tensão indica a experiência dessa estrutura. Nos jogos o relacionamento estrutural que implica tensão está geralmente explícito: a indefinição entre recompensa e punição, a necessidade de tomar uma decisão que envolva risco, a espera, as barreiras, os enigmas, os dilemas. A experiência dramática é bem-sucedida, afirma Bolton, quando o grupo intuitivamente reconhece que a intensidade de uma situação reside na dificuldade de tomar uma decisão que poderá ser-lhe favorável ou não. A tensão antecede o conflito, e em drama, sobrepõe-se a ele, dado o seu caráter de experiência existencial, que prioriza a dinâmica interna da uma situação em detrimento de uma possível sequência de ações (BOLTON, 1984: 76-104).

As oposições "tensão" *versus* "conflito", "dinâmica interna" *versus* "sequência de ações" estão na origem das dicotomias que despontaram na história do "drama na educação" desde o seu aparecimento, oficialmente em 1948, durante a conferência de Bonnington, quando Peter Slade irrompeu em cena e declarou ser o drama infantil (*child drama*) diferente do teatro. Para Slade, afirma Bolton, "'drama' era a palavra que melhor descrevia a 'Arte de Viver' [...], representava qualquer atividade espontânea gerada pela própria criança em busca do 'fazer'" (BOLTON, 1998, 121).

Brian Way, discípulo de Slade, acentuou a dicotomia, afirmando que "... há duas atividades que não podem ser confundidas – uma é teatro, a outra é drama [...] teatro está voltado à comunicação entre atores e plateia; drama se concentra na *experiência** dos participantes, independentemente de qualquer comunicação para espectadores". Sua teoria de "desenvolvimento pessoal através do drama", segundo Bolton, levou a uma concepção de treinamento através de exercícios para desenvolvimento de "habilidades tais como concentração, imaginação, intuição, linguagem e movimento" (Bolton, 1998:121).

Em 1960, o relato de um inspetor de drama, na Universidade de Durham, apresenta aspectos da prática de ensino de Dorothy Heathcote que introduzem um diferencial ao "drama como *experiência**": "alguns professores distinguem *improvisação* de *criação teatral improvisada*. Esta leva a uma atuação onde a forma de questionamento do professor introduz um sentido de relevância e uma nova dimensão a cenas aparentemente soltas: 'OK, vocês estão em uma ilha', diz o professor, 'como vocês chegaram lá? Quem são vocês? Estão sós ou com mais alguém?'" (BOLTON, 1998:173).

O entendimento de que a natureza da ação dramática está subordinada à sua significação é a essência da abordagem de Heathcote.

As fronteiras entre pedagogia e arte acompanham desde então a história do drama na educação. Um amplo relatório sobre sua natureza e seu uso em sala de aula, realizado em 1970, ressalta que o drama está baseado em um processo ativo e social que atua na capacidade de o aluno desempenhar papéis, projetando-se imaginariamente em personagens e situações, como uma forma de explorar e expressar ideias através do corpo e da voz (MCGREGOR, TATE & ROBINSON, 1977). A apresentação de um produto final não foi considerada. Quer como eixo curricular ou fora do âmbito escolar, a ênfase no processo implica uma concepção filosófica do drama como experiência, e vincula-se à ideia de *experiência** como conhecimento. Nesse sentido, o drama na educação se distanciou da prática teatral – interpretação, dramaturgia e história do teatro foram substituídos no léxico pedagógico por *improvisação teatral**, *jogos dramáticos**, *desempenho de papéis** (role-playing).

Peter Abbs, em *The Symbolic Order* (1989: 6), ressalta como um dos problemas do drama na educação nas décadas anteriores foi a busca de uma espontaneidade de expressão que negou as delimitações das possibilidades formais da cultura teatral. Os anos de 1990 iniciaram, assim, com professores e teóricos divididos em torno do confronto drama na educação *versus* educação em drama. *Educação em Drama*, título de publicação de David Hornbrook (1991), advoga que um currículo centrado na prática teatral oferecerá ao professor o acesso ao contexto de uma disciplina cujos parâmetros são as questões relacionadas com a qualidade do produto dramático; uma indução sensível à cultura teatral, com suas convenções, campo de conhecimento e habilidades, irá supostamente estimular e não inibir a autonomia criativa. O conhecimento da forma segue paralelo à habilidade de expressar conteúdo, e a forma somente é aprendida através da experiência com opções variadas. Para Hornbrook, o drama, para se legitimar dentro do campo da educação precisa ser teorizado na perspectiva da cultura e da história, como uma forma de estimular a experiência central às artes na educação – aquela do reconhecimento estético, o qual é adquirido em decorrência do impacto de uma experiência vívida e indutiva. Esse impacto ocorre, segundo o autor, quando somos surpreendidos por uma profunda sensação (*experiência**) de reconhecimento, quando elementos de uma sensibilidade internalizada subitamente coincidem com suas representações na própria cultura. Em termos pedagógicos, essas representações não seriam meramente reflexos de uma sensibilidade preexistente apresentada analogicamente; elas seriam agentes positivos na criação e manutenção de tal sensibilidade. Hornbrook reconhece essas habilidades em Dorothy Heathcote, mas questiona a possibilidade de sua reprodução no campo escolar.

A partir desses questionamentos o relacionamento entre teatro e drama na educação tem sido constantemente revisto. Nas últimas duas décadas, três nomes se destacaram como autores e professores, com habilidades reconhecidamente distintas: John O'Toole, como professor-ator; Jonathan Neelands, como professor-encenador; Cecily O'Neill, como professora *dramaturgista**. Os três estão presentes anualmente em conferências e encontros de pesquisa. O'Toole atua na Austrália e é editor da revista *Applied Theatre Research*; Neelands e O'Neill atuam em Londres (O'Neill divide seu tempo entre Londres e Ohio), e estão presentes anualmente nos encontros da National Drama, associação nacional também com publicações bianuais. A publicação de pesquisa com maior inserção é RIDE – *Research in Drama Education*, que tem como editores Helen Nicholson (University of London) e Joe Winston (University of Warwick).

A expansão dessa área hoje, nos países de língua inglesa, nos países nórdicos e orientais, é crescente devido ao grande número de estudantes que fazem doutorado na Inglaterra, América do Norte, Austrália e Canadá. No Brasil a confluência entre o Drama e uma tradição centrada nos *jogos teatrais**, e nas *peças didáticas** de Bertold Brecht começa a se expandir a partir de estudos e experimentos realizados em parcerias estimuladas pelos encontros da Abrace e pelas trocas de experiências através das defesas de mestrado e doutorado. [BC]

 Abbs, 1989; Bolton, 1984 e 1998; Cabral, 2006 e 2012; Heathcote, 1980; Hornbrook, 1991; McGregor, Tate & Robinson, 1977; Neelands, 1990; O'Neill, 1995; O'Toole, 1992; Slade, 1978.

Jogo Teatral, Formação do Professor de Teatro, Metodologia de Ensino, Teatro Educação

DRAMATURGISTA

Entre 1767 e 1769, deu-se a pré-história da profissão, quando Gotthold Ephraim Lessing redigiu suas reflexões sobre a teoria dramática (*Dramaturgia de Hamburgo*). Desde Lessing, a palavra alemã *dramaturg* se emprega com o sentido de diretor artístico, acepção que começou a ser utilizada quando a profissão de diretor ainda não estava plenamente estabelecida (fato que ocorreu no fim do século XIX). É no sentido alemão de *dramaturg* que o ofício se difundiu na última metade do século XX. Em português, adotou-se a palavra inventada pelos espanhóis, "dramaturgista", e que tem certa aceitabilidade. O vocábulo não está registrado em nenhum dicionário da Língua Portuguesa; nem o tão abrangente Houaiss acolhe o termo. Nos últimos anos, a tradição alemã do *dramaturg* (ou assessor literário de uma Companhia Teatral) se difundiu por todo o mundo. Para alguns, o papel dessa nova figura é imprescindível; para outros, simplesmente realiza o trabalho que antes faziam os diretores, atores ou escritores. Hoje, quarenta universidades norte-americanas oferecem títulos de dramaturgista, ainda que, segundo Brown, "não seja necessário ter o título para atuar como tal; basta o de crítico teatral ou o de dramaturgo". Em 1996, a *Literary Managers and Dramaturgs of the Americas* (LMDA) publicou um livro de quinhentas páginas chamado *Dramaturgy in American* Theatre: *A Source Book* (DATAB). Trata-se de um compêndio do trabalho dos dramaturgistas recopilado com o objetivo de apresentar à sociedade uma profissão que tem pouco mais de três décadas de existência nos Estados Unidos, algo como sessenta anos na Inglaterra e na Alemanha, e que está se implantando rapidamente em todo o mundo. Segundo John Lutterbie, os dramaturgistas "facilitam" o sucesso da encenação ou da escritura de uma nova obra. A maioria desses profissionais, chamados a descrever seu ofício, trabalhou com numerosos diretores que parecem não se dar conta dos problemas que enfrentam quando decidem dirigir uma peça; por sorte, disse Lutterbie, o dramaturgista está ali para salvá-los do abismo.

É interessante recorrer a algumas referências dos próprios dramaturgistas a seu trabalho: "A função mais valiosa do dramaturgista é ajudar a criar novo material em colaboração com outros (escritores, diretores, atores...)" (Charles Marowitz, DATAB). "O principal trabalho do dramaturgista é perguntar por que. Por que estamos fazendo esta peça? Por que nesta temporada? Por que nosso teatro existe? Por que existimos?" (Peter Hay, DATAB) "Usamos muitas ajudas que outras pessoas de teatro não consideram necessárias, como leituras, estudos literários, trabalhos científicos, análises políticas, filmes, pinturas etc.; na realidade, coisas bastante comuns, mas a diferença é que nós fazemos uma investigação relativamente extensa e rigorosa" (Jack Zipes, DATAB).

Os expertos distinguem duas classes de dramaturgistas. O de produção, responsável pela preparação do texto para a cena, o que pode supor realizar uma adaptação de um texto que originalmente não foi escrito para o palco, ou de um clássico, do qual deverá selecionar ou realizar uma versão ou uma tradução. Está dentro de seus papéis assistir o diretor e realizar investigações históricas sobre o momento de escritura da obra ou sobre o tempo em que se desenvolve a ficção, além de investigações filológicas. É o intérprete da obra, capaz de responder a perguntas do diretor ou dos atores e fazer a assessoria na realização dos cartazes, do programa e dos comunicados à imprensa. Nos ensaios, observa para que o trabalho não se desvie do objetivo proposto, e pode servir de intermediário entre a equipe de produção e o escritor, para efetuar mudanças no texto que sirvam aos objetivos originais. O dramaturgista institucional, normalmente assalariado de um teatro, seleciona textos, orienta temas de programação e realiza tarefas docentes e de extensão, um trabalho similar ao de conselheiro literário de uma editora. Ambos os tipos podem atuar como mediadores em discussões com o público. Como se pode ver, nenhum desses trabalhos do dramaturgista é novo. A análise dramatúrgica sempre esteve imersa no trabalho da equipe criativa. Ésquilo, para citar um caso, quando decidiu escrever *Prometeu Acorrentado*, realizou, ele mesmo, a investigação necessária do mito que utilizou como base para a criação. Os dramaturgistas afirmam ser "advogados do escritor". Um deles diz que sua função é "perguntar"; outro, que consiste na "destruição de conhecimento ilusório"; um terceiro, que o que faz é "projetar cargas de profundidade à psique". Ou seja, ele representa uma "consciência artística e crítica do teatro". [LCM]

 Lessing, 2005; Dort et al., 1993; Pavis, 2003.

 Texto e Cena, Dramaturgo, Leitura Dramática, Teatralidade

DRAMATURGO

Inicialmente, é importante partir da acepção convencional, que define o dramaturgo como uma das funções do fazer teatral, qual seja, a de escrever peças teatrais, ou, mais precisamente, produzir textos dramáticos, os quais, supostamente, serão tomados, num momento posterior, como pontos de partida para a criação de espetáculos teatrais. Essa compreensão do termo "dramaturgo" perdurou, com maior ou menor ênfase e clareza, no âmbito do teatro ocidental, desde o teatro grego da Antiguidade, ao longo dos séculos, até o limiar do delineamento mais nítido de outra função, a do diretor ou encenador, no final do século XIX. Desde esse momento histórico específico, e ao longo dos séculos XX e XXI, o dramaturgo não deixa de ampliar o alcance de sua função, não se restringindo a produzir textos dramáticos, mas abarcando a função de organizar dramaturgicamente o material produzido por atores e diretores (entre outros criadores da cena) e devolver a estes, retrabalhadas, as suas respectivas proposições. Nesta perspectiva mais alargada, o dramaturgo se aproxima do que na Alemanha se chamou *dramaturgista**, função cujo precursor foi Lessing, no século XVIII, e que foi exercida, por exemplo, pelo jovem Brecht, nos anos de 1920. Este não deixou de assumi-la, também, ao lado da função de encenador, cada vez que compunha a equipe de criação de um espetáculo (principalmente enquanto esteve à frente do Berliner Ensemble). No contexto do teatro épico brechtiano – uma das possibilidades de se pensar a função do dramaturgo a partir do campo da pedagogia do teatro –, a marca do coletivo já se coloca com mais força no processo de escrita dramática, expandindo a noção de autoria do texto dramático e caminhando para tomar esse texto como *modelo de ação**, sobre o qual se deveria imprimir um movimento de recriação, perspectiva que ficou mais explicitamente colocada com as *peças didáticas**.

A partir de meados do século XX, retomando experiências vanguardistas do início do século, e sob a influência dos experimentos brechtianos ou inspirados em propostas de Artaud, entre outros grandes pensadores do teatro ocidental (com marcada influência de aspectos da arte teatral oriental), houve uma série de diretores que se relacionaram com o texto dramático de modo mais independente, chegando em alguns casos à sua completa negação.

No decorrer da segunda metade do século XX, as transformações nos modos de se fazer e pensar teatro levaram a uma nova produção de textos dramáticos, os quais se afastaram progressivamente do modelo dramático, que pressupunha elementos estruturantes tais como ação dramática (carregando implícita a noção de conflito) e

personagem, levando, posteriormente, a novas denominações, entre elas, a de *pós-dramático**, proposta por Hans Thies-Lehmann.

No campo da pedagogia do teatro, pensar a função do dramaturgo leva a formular diversas questões. Sem a pretensão de esgotar perguntas ou respostas possíveis, podemos começar refletindo sobre a importância de se exercer essa função em processos de ensino/aprendizagem teatral. Aprender teatro não tem receita pronta, pode-se aprender ou "entrar" no universo teatral por meio de variadas formas e diversas funções, entre elas, a dramatúrgica.

No caso do dramaturgo, o que se trabalha, principalmente, ainda que não exclusivamente, é a relação entre o que se cria em termos de cena e o que se pode fixar em termos de organização textual escrita. Essa fixação inclui tanto diálogos em formatos mais convencionais quanto uma montagem de cenas curtas independentes ou uma colagem onde se alinham textos não dramáticos (tais como poemas, trechos de romances e mesmo de outra natureza, como jornalísticos ou teóricos, entre outros). Pode-se pensar, até mesmo, num texto dramático constituído apenas de indicações cênicas (rubricas), sem diálogos nem previsão de emissão de texto pelos atores. Em certa medida, mesmo quando o aprendiz não fixa na forma escrita a cena que está criando, permanecendo no plano da *oralidade** a estruturação dramatúrgica, a partir de improvisações em que se retoma a cena até uma certa estabilização de ações e falas, já se estão utilizando conceitos e procedimentos pertinentes à função do dramaturgo. No entanto, ao se materializar por escrito, é possível que se conquiste uma clareza maior quanto à organização do material produzido inicialmente no nível sensório-corporal e imagético.

Com relação a quem deve assumir essa função em processos de ensino/aprendizagem, no evolver da transformação histórica das relações pedagógicas no que tange ao ensino de arte, observam-se possibilidades diversificadas: partindo de uma relação mais estanque entre mestre e aprendiz, onde o primeiro adquiria o relevo e se colocava como modelo único para o segundo – nesse caso, o professor muitas vezes lançava mão de textos dramáticos prontos ou os escrevia ele mesmo, tomando para si a função de dramaturgo (e diretor); passando para uma ênfase decidida no aluno, junto ao qual o professor se posicionava

DRAMATURGO

como uma espécie de "coadjuvante" do processo de construção do conhecimento – nesse caso diminuindo sua influência, sendo a função dramatúrgica assumida inteiramente pelo aluno ou grupo de alunos; chegando a um modelo pedagógico em que ambos os sujeitos, sem perderem sua identidade, cambiam com mais flexibilidade os polos do aprender e do ensinar, podendo-se pensar, inclusive, numa escrita a muitas mãos, da qual a coautoria seria a perspectiva dramatúrgica predominante. O processo dramatúrgico não se esgotaria, necessariamente, com a apresentação da cena que teria como um de seus elementos o texto escrito em regime de coautoria.

Não há um receituário definitivo quanto ao modo de assumir a função de dramaturgo no contexto de um processo de criação que estabeleça fins pedagógicos como norteadores de sua realização. Há situações em que é necessário que o professor assuma a função com mais centralidade, há momentos em que o aluno pode, por assim dizer, "tomar as rédeas" e escrever os textos das cenas criadas, e há ocasiões em que ambos dividem partes ou mesmo a totalidade do estabelecimento dramatúrgico concernente a um dado percurso de criação teatral.

Quando pensamos na escola, nos diversos níveis da Educação Básica, é evidente que não se pode conceber da mesma forma o exercício da função dramatúrgica. A criança da Educação Infantil tem características em seu desenvolvimento cognitivo que demandam uma condução mais centralizada pelo professor, na construção de narrativas cênicas, onde a palavra entra, muitas vezes, pelo viés da contação de histórias, narração de fábulas, sem que essa diretividade implique a anulação da proposição criativa do aluno, de seu desenvolvimento como criador.

O uso da imagem aqui pode enriquecer o processo de compreensão da organização dramatúrgica na expressão cênica. À medida que a criança se desenvolve, apropriando-se paulatinamente da língua tanto no plano da fala quanto da leitura e escrita, o processo de verter em palavras a cena vai se colocando mais e mais acessível, atingindo seu auge na adolescência.

Quando se pensa na formação inicial de professores, diretores ou atores de teatro, a importância da dramaturgia como conteúdo formativo evidencia-se como um dos conhecimentos fundamentais de que cada um desses profissionais lançará mão, do ponto de vista de sua inserção no teatro, o que não exclui – mas salienta – sua dimensão pedagógica.

O professor de teatro, de modo particular, necessita dispor de um repertório de conhecimentos de dramaturgia e textos dramáticos (incluindo, com a devida ênfase, a produção brasileira), a fim de que possa orientar processos criativos que se deem sob sua responsabilidade. Por isso, o conhecimento teórico e a experimentação prática, o exercício da função dramatúrgica, tornam-se, ou deveriam tornar-se, prioridades curriculares nesse nível de ensino. Em contextos de ensino/ aprendizagem teatral que se dão fora da escola, em contextos de educação não formal (tal como na *ação cultural**, entre outros), os processos de criação dramatúrgica adquirem um relevo marcante, pelo fato de poderem tornar-se modo de expressão fundamental do universo dos participantes, sem se perder de vista a possibilidade de sua problematização propulsora de reflexão e ação, para além da formação artística e estética.

Se se pensar na história da dramaturgia, se constatará um fato importante para pensar a função do dramaturgo: muitas vezes, o dramaturgo exerce também a função de diretor ou encenador. São funções muito próximas, podendo-se dizer que se, por um lado, o dramaturgo é o criador do texto dramático, por outro, o diretor ou encenador é o criador do texto espetacular, e com razoável frequência o mesmo sujeito empírico é, efetivamente, o criador, ou o coordenador da criação, de ambos os textos. Daí que, no campo da pedagogia do teatro, também ambas as funções possam variar e muitas vezes coexistir nos mesmos sujeitos criadores, acrescentando-se a elas a função do ator, a do cenógrafo, a do figurinista etc. Pode-se mesmo pensar que haja uma dramaturgia específica para cada elemento da cena teatral, e não somente para o texto falado ou escrito. Resta ao professor de teatro discernir qual o melhor modo de pensar a função dramatúrgica, tendo em vista as características de seu projeto de ensino e do público com o qual trabalha, sem deixar de lado os imprevistos inerentes a todo trabalho artístico e pedagógico. O *jogo teatral**, conquanto não seja a única via para o ensino/aprendizagem de teatro, certamente é uma direção metodológica que não se pode desconsiderar quando se pensa na função dramatúrgica a partir do ponto de vista da pedagogia do teatro. Aqui, diversos pontos poderiam ser levantados e discutidos, entre eles texto e jogo situados como elementos de processos de criação textual e cênica. A possibilidade de jogar a partir de um texto dramático (ou de outra natureza), ou "jogar" um texto, já configura, por si mesma, uma recolocação da ordem dos fatores de um processo de criação teatral.

Os caminhos do texto ao jogo e do jogo ao texto se completam e permitem que se definam outros pontos de partida e chegada para estabelecer dramaturgia. Na proposição de Maria Lúcia de Souza Barros Pupo, "o texto passa a ser, em nosso caso, um parceiro de jogo. Na prática que propomos, ele é visto como uma fonte de significação a ser ludicamente elaborada pelos jogadores" (PUPO, 2005: 139).

Por fim, outra discussão que se poderia incluir na pauta que interroga a função do dramaturgo no campo da pedagogia do teatro é a questão de como relacionar recepção e produção dramatúrgica de aprendizes de teatro às formas teatrais e artísticas contemporâneas. O que se constata, na formação inicial de professores de teatro, é que, quando estes vão para o estágio e devem conduzir processos de ensino/aprendizagem de teatro, muitas vezes levam consigo propostas alinhadas com conceitos e procedimentos ligados ao teatro *pós-dramático** (ou, conforme outra abordagem, teatro performativo, não sendo aqui essa dissensão terminológica o foco das atenções), à perfomance, à instalação visual e à *intervenção urbana**, entre outras possibilidades, e se deparam com alunos e professores que sequer conhecem o teatro dramático mais convencional, ou que conhecem apenas os rudimentos dessa forma dramatúrgica. Não se defendendo aqui uma cronologia normativa que implique iniciar todo ensino de teatro a partir da forma dramática, mas a ponderação do escasso repertório artístico e cultural de alunos (e professores) da educação formal e não formal e a necessidade de se partir exatamente desse lugar, sem desconsiderá-lo ou mesmo negá-lo, em direção a desdobramentos que ampliem paulatinamente o horizonte teatral dos sujeitos participantes. Trata-se, nesse caso, de um esforço para sintonizar professores e alunos, com suas simetrias e assimetrias, e, na sequência, estabelecer um processo vivo de trocas que resultem no desenvolvimento de todos os envolvidos, no decorrer de investigações acerca de possibilidades várias de se experimentar a função dramatúrgica e de se refletir sobre a dimensão formativa desse exercício criativo. [DOP]

 Koudela, 2010; Pupo, 2005a; Ryngaert, 1996.

 Ação Cultural, Texto e Cena, Dramaturgismo, Formação do Professor de Teatro

E

EDUCAÇÃO ESTÉTICA

A expressão "educação estética" pode nos conduzir a reflexões importantes sobre pedagogias artísticas e teatrais voltadas tanto à formação profissional como à atuação em contextos culturais diversos. A palavra "estética" vem do grego *aesthésis*, que designa a sensibilidade e a percepção dos fenômenos pelos sentidos. Trata-se assim de um termo que extrapola a atividade artística *strictu sensu*, designando aspectos implicados nas formas de nos relacionarmos e conhecermos a realidade. A arte pode ser vista como um campo em que essa potencialidade é desenvolvida, exercitada, desdobrada. Pensar uma educação estética exige o questionamento dos modos como os sentidos e a sensibilidade são estimulados, seduzidos, ignorados, condicionados pela nossa experiência social e cultural. Como eles se articulam com outros níveis de apreensão da realidade? No caso do teatro, como as atividades cênicas podem se relacionar crítica e criativamente com a multiplicidade de meios que a sociedade contemporânea possui de formar nossas sensibilidades, nossas maneiras de perceber, sentir, imaginar e desejar, nossas formas de pensar e atuar?

A tradição filosófica ocidental nos lega uma extensa reflexão sobre as relações entre o conhecimento sensível e outras formas de cognição e de relação com a realidade. De maneira genérica, pode-se dizer que a Antiguidade pensou a educação da sensibilidade como uma via para uma experiência do "Belo", que possibilitaria uma singular forma de gozo e fruição do real, não identificada apenas com sua "aparência". Platão e Aristóteles, entre outros, enfatizam o perigo de um envolvimento meramente sensorial e passional com os fenômenos, esforçando-se em articular a educação estética com questões éticas, políticas, cognitivas e espirituais. Nesse sentido, a atividade artística deveria ter uma espécie de função, estando subordinada a uma perspectiva mais ampla de educação e formação do homem (*Paideia*). O conceito aristotélico de *kathársis* exemplifica bem essa perspectiva, na medida em que pensa a forma ideal da tragédia a partir da função que ela deve exercer na *pólis*.

No início da modernidade, o campo da estética adquire uma relativa autonomia em relação a outras esferas da vida. Na reflexão filosófica, Kant desvincula nitidamente a arte das questões práticas, morais e conceituais. A arte é o lugar em que o homem exercita uma "contemplação desinteressada", não subordinada a finalidades práticas. Ela requer a faculdade da imaginação que promoveria uma espécie de jogo harmonioso entre as percepções sensoriais e as formas conceituais de entendimento, afirmando assim uma espécie de liberdade fundamental do espírito humano e o valor intrínseco da criação das "aparências" (questão esta retomada e radicalizada posteriormente por Nietzsche).

A noção de "jogo" é fundamental para entendermos a transformação das pedagogias teatrais no século xx, e os tipos de educação estética que elas propõem. O jogo parece mobilizar uma série de capacidades que as concepções estritamente racionalistas de educação excluem. No jogo há certamente a afirmação de aspectos físicos e sensoriais da experiência, que são mobilizados e canalizados por regras compactuadas e articulados com outras funções complexas da consciência, como a imaginação, a prontidão, a capacidade improvisacional, o humor etc. A criação de um universo "à parte", característica da experiência lúdica, pode servir também como espaço em que se constroem contrapontos críticos da realidade cotidiana, estimulando a reflexão e o desejo de transformação da realidade (como em Bertold Brecht e Augusto Boal, por exemplo).

Ao mesmo tempo, alguns artistas e tendências radicais (Antonin Artaud, Jerzy Grotowski, Tadeuz Kantor, arte da performance, entre outros), que tiveram uma influência decisiva no teatro contemporâneo, enfatizam a problemática separação entre a atividade artística e a vida, a transformação da experiência lúdica em mera mercadoria. Seguem-se daí novas formas de questionamento das relações entre a experiência estética e sua inserção no cotidiano, suas potencialidades de modificar formas de percepção, criar novas relações sociais e outros modos de subjetivação. Nesse sentido, a educação estética não é pensada como meio exclusivo de formar artistas do palco, mas como uma via para a transformação mais ampla do sujeito, que pode se desdobrar numa multiplicidade de estratégias pedagógicas e ações artísticas. Vários pensadores e filósofos recentes (John Dewey, Felix Guattari, Nicolas Bourriaud entre outros) nos ajudam a pensar essa ampliação da noção do "estético", que se torna uma categoria fundamental para se pensar o homem na contemporaneidade. [csq]

 Nunes, 1989; Fernandes, 2010a; Féral (org.), 2003.

 Formação do Professor de Teatro, Didática, Jogo Teatral, Teatro-Educação

EDUCAÇÃO PELO MOVIMENTO

Parte-se do princípio de que a noção deve aqui ser explicitada mais como visão conceitual ampla e como perspectiva pedagógica geral do que como método delimitado e específico de intervenção.

Assim sendo, circunscrevemo-la em termos de campo disciplinar, no espaço compreendido entre a Educação Física e a Psicomotricidade e, em termos de fundamentação teórica, na intersecção de saberes oriundos de diferentes áreas do conhecimento: da filosofia à fisiologia, da sociologia à psicologia e das neurociências à pedagogia. A combinação de saberes cruza-se no ponto em que o movimento humano passa a ser analisado enquanto expressão identitária de um indivíduo, com uma organização perceptiva, funcional e cognitiva, na sua relação com o mundo.

É a partir dessa premissa que se equacionam os objetivos gerais dessa intervenção que mobiliza e enriquece a pessoa na sua globalidade: desenvolvimento de um repertório gestual organizado e que garanta a expressão de uma singularidade; desenvolvimento das potencialidades próprias, o que implica melhor conhecimento e aceitação de si; desenvolvimento de uma adaptabilidade ao meio social envolvente, o que pressupõe a possibilidade de o indivíduo realizar respostas coerentes, flexíveis e integradas. São as funções psicomotoras de base – entre outras, do relaxamento, do equilíbrio, da coordenação, da estruturação espaçotemporal e dos domínios do esquema corporal e da imagem do corpo – que constituem os conteúdos de tal programa de trabalho.

Não obstante, não queremos associar à noção uma metodologia estandardizada de ensino-aprendizagem. No entanto, alguns pressupostos pedagógicos, tais como: predominância à ação e à qualidade significante da experiência do sujeito; organização de um programa de intervenção em íntima relação com o contexto e com o nível de desenvolvimento dos indivíduos com quem se trabalha; investimento no estabelecimento de uma relação pedagógica cúmplice e positiva. Em termos de estratégias, avancemos também com alguns pressupostos: os exercícios e as tarefas devem ser propostos enquanto jogos. E isso devido ao fato de se considerar que o lúdico é a atitude que melhor proporciona a emergência de uma ação intencional e significante do indivíduo.

A forma ampla como se definiu até aqui a noção implica ainda que não se delimite uma faixa etária específica de intervenção, tal como um território específico de atuação. Quer isso dizer que a educação pelo movimento tanto pode ser desenvolvida no terreno da educação de base, como no campo psicossocial, no domínio das dificuldades de aprendizagem, no âmbito da psicoterapia, tal como no campo das disciplinas expressivas e artísticas. Nesse domínio, o trabalho educativo é suscetível de oferecer alicerces que organizem e estruturem a expressão e a criatividade geral de cada um. Em suma, os parâmetros que até aqui foram equacionados como sendo os que circunscrevem um campo para a noção, não definem uma verdade específica; e, nesses termos, torna-se difícil encontrarmos um marco histórico preciso que defina o seu aparecimento.

Em contraponto e antes de terminar, façamos o exercício contrário, ou seja, associemos à noção uma perspectiva específica de atuação: a metodologia desenvolvida por Le Bouch, nomeadamente aquela que vem expressa no seu livro editado na França em 1980 – *Educação Pelo Movimento, a Psicocinética na Idade Escolar* (editado e traduzido para a língua portuguesa em 1986, no Brasil) –, surge-nos como sendo a que melhor poderia dar corpo à noção. Partindo dessa referência, poderíamos dizer, como conclusão, que hoje a noção caiu em desuso devido ao fato de terem surgido, nas últimas décadas, novos conhecimentos e outras teorias que vieram alterar ou transformar a perspectiva citada. Nomeadamente, existe hoje um debate que coloca a questão sobre o modo de interligar as duas noções – educação e movimento. Considera-se, tanto do ponto de vista epistemológico como do ponto de vista metodológico, que o que devemos equacionar não uma educação *pelo* movimento, mas sim *para* ou *do* movimento. [TP]

Marco, 2004; Sérgio, 1996.

Corporeidade, Dança-Teatro, Formação do Professor de Teatro, Educação Estética, Dança Educativa

ENCENAÇÃO

O termo se origina por volta de 1820, no sentido de adaptação cênica de um romance (DORT, 2010: 83-84), mas sua aceitação não foi imediata. Na transição do século XIX para o XX, o processo da encenação ganhou destaque, a partir da emergência da função do encenador. Ao longo do século XX, segundo Sábato Magaldi, o eixo teatral deslocou-se para ele [o encenador], como portador de uma verdade que salvaria o palco. (MAGALDI, 1998: 51)

Magaldi também nos ilumina com a definição do que seria a atribuição principal do encenador, qualquer que fosse seu feitio: "coordenar os vários elementos do espetáculo, para a concretização da unidade artística. Incumbe-lhe estabelecer a harmonia final da montagem: o desempenho em face do texto, os intérpretes numa mesma linha estilística, a adequação dos cenários e vestimentas à obra e aos atores" (MAGALDI, 1998: 54).

Como decorrência da especialização desse criador, destacado entre os membros de uma equipe de criação teatral, "o advento do encenador provoca no exercício do teatro o aparecimento de uma nova dimensão: a reflexão sobre a obra [cênica]. Entre essa obra e o público, entre um texto 'eterno' e um público que se modifica, submetido a condições históricas e sociais determinadas, existe agora uma *mediação**" (DORT, 2010: 68).

Pode-se pensar, também, na distinção teórica entre os termos "encenação" e "representação". Essa última, segundo Patrice Pavis, poderia ser compreendida como "o objeto concreto, físico, empírico, produzido pelos atores, o encenador e sua equipe de criação", enquanto a primeira seria "um sistema de sentido, controlado por um encenador ou por um coletivo. É uma noção abstrata, teórica, não concreta e empírica" (PAVIS, 2010: 3).

Do ponto de vista da pedagogia do teatro, refletir sobre o conceito de encenação inclui tanto a perspectiva de se pensar o processo de *mediação** que se dá por meio da função do encenador – e aqui se podem focalizar as relações de poder que se estabelecem no bojo de um processo de criação cênica – quanto a busca de esclarecer como a concretude do fato teatral, no "aqui e agora" constitutivo de cada representação, se liga ao projeto de sentido que lhe define os traços principais e faz funcionarem atores, texto dramático (quando há um), cenário, figurino, iluminação etc., uns em relação aos outros.

Essa reflexão pode se ligar, portanto, num primeiro momento, ao questionamento de quem conduz o processo de criação cênica, seja ele realizado com crianças, adolescentes, adultos, idosos, comunidades, grupos de atores, professores, jovens infratores e pessoas com necessidades especiais ou transtorno mental, entre outros públicos possíveis.

Se a noção de encenação traz para o teatro a ideia de uma visão global que organiza os elementos da

ENCENAÇÃO

cena em função de um projeto de sentido, quando se pensa em processos de ensino/aprendizagem teatral, em processos formativos ligados a essa arte, seja na Educação Básica, seja no Ensino Técnico e Superior, abrangendo a educação não formal e a *ação cultural**, há que se colocar em pauta as relações de poder que se instalam quando se delineia uma função centralizadora das decisões estéticas e políticas que devem ser mediadas para que se obtenha um produto cênico. Como não há um único caminho a seguir, mas processos diferenciados, influenciados por diversos fatores, no âmbito dos quais cada caso exige um (re)posicionamento do sujeito, ou sujeitos, na coordenação do processo criativo, a questão que se coloca é justamente como conjugar a necessidade de um olhar que dê conta do conjunto de indivíduos e, ao mesmo tempo, favoreça a emergência das singularidades criativas em jogo no percurso criativo da cena teatral.

Um dos caminhos que favorecem a possibilidade de maior horizontalidade das relações entre os envolvidos com o processo de criação cênica é aquele mediado por diversas possibilidades de jogo. Um exemplo, entre outros, é o conjunto das propostas de Viola Spolin relacionadas à utilização do *jogo teatral** como mediador da emergência de soluções cênicas diversas, nas quais a participação dos jogadores se torna constitutiva do resultado final. Essa autora, considerando que "a necessidade de criar parceria e ao mesmo tempo de assegurar o toque do diretor [encenador] sobre a produção exige uma abordagem não autoritária", afirma, propositivamente, que "a direção não vem de fora, mas das necessidades dos jogadores e das necessidades teatrais do momento" (SPOLIN, 2010: 19).

Ao se colocar como um participante de uma equipe de jogo, o professor-encenador pode encontrar um equilíbrio entre a necessidade de coordenar e a importância de compartilhar. O horizonte descortinado pela multiplicidade de funções voltadas para um objetivo comum reaviva o desejo de se estabelecerem bases mais democráticas de construção de uma coletividade que não anula as individualidades.

Num percurso de encenação, evidenciam-se as diversas funções que se podem assumir ao longo da feitura de um espetáculo teatral ou intervenção cênica. Atuação, dramaturgia, cenário, figurino, iluminação, música, mídias outras, produção, divulgação e processos paralelos de *mediação** teatral, todos esses papéis podem ser assumidos conjunta ou separadamente por subgrupos advindos do coletivo que reúne todos os participantes do processo criativo.

Olhando por esse ângulo, processos de criação cênica realizados de maneiras mais coletivizadas e colaborativas apontam para o fato de que há efetivamente diversas "entradas" para a experiência teatral, o que se afasta da ideia predominante de que somente por meio da atuação é que se pode aprender teatro. O fazer teatral é, *per se*, multiplamente constituído, polifônico por excelência. Dá margem às mais diversas e inusitadas participações. Se tais caminhos diferenciados forem pensados pedagogicamente, delineia-se um "leque" multifacetado de oportunidades de ensinar e aprender teatro. Aqui se pode pensar, também, na relação do teatro com as outras artes, visto ser em momentos de encenação, ou no conjunto processo/produto da criação cênica, que se encontra um terreno particularmente propício para um diálogo rico entre as diferentes linguagens artísticas (artes visuais, audiovisuais, digitais, dança, música, literatura etc.). Sem perder de vista seu eixo epistemológico (o teatro), o professor-encenador, ou coordenador de processos de encenação, pode abranger, artística e pedagogicamente, as interfaces que se colocam entre as artes, inclusive pensando essa interação como estratégia de conquista do aluno de seu universo cultural, muitas vezes onde predominam a televisão e a internet, para um alargamento de possibilidades da experiência artística do discente.

Nesse sentido, uma questão fundamental, quando se pensa a encenação a partir do campo da pedagogia do teatro, é a da necessidade de se fazer dialogar o fenômeno teatral com as outras mídias disponíveis, diante do influxo crescente das novas tecnologias em nosso cotidiano. Afirmar a presença viva do ator, diante do olhar presencial do espectador, sem deixar de considerar os celulares, as máquinas fotográficas e filmadoras digitais, os vídeos postados na internet, enfim, esse conjunto pletórico de imagem e som que circula amplamente pelas chamadas "redes sociais", é incentivar que não se perca de vista a característica primordial do ato cênico, qual seja, o convívio de atores e espectadores mediados pelo discurso poético da cena, em diálogo produtivo com o nosso tempo, com sua incontornável *mediação** digital.

A encenação traz à baila, também, a questão da relação entre *processo e produto** em processos formativos teatrais. Há uma tendência, sobretudo influenciada pela expansão da performance como modalidade de expressão cênica, de se identificarem *processo e produto** numa amálgama que muitas vezes oblitera a possibilidade de se pensar em construir um produto cênico mais estável. Pavis investiga possibilidades teóricas de relação entre as inumeráveis gradações transitando do polo da encenação para o da performance, e vice-versa, considerando que "a inflação da performance em todos dos domínios e como novo paradigma universal não deixa de influir sobre nosso objeto de estudo [a encenação contemporânea] e na maneira de compreendê-lo, em todos os sentidos do termo" (PAVIS, 2010: 54).

O teatro contemporâneo, certamente desdobra-se em vertentes múltiplas, mais ou menos descentradas de uma necessidade de visão globalizante, no entanto, da mesma maneira, a emergência de formas novas não invalida a continuidade dos modelos anteriores de criação cênica. Obviamente nenhum modelo, seja ele oriundo da pré-modernidade, da modernidade ou da pós-modernidade, deve ser seguido cegamente.

O que se deve garantir é o acesso, pelos sujeitos em formação, de possibilidades várias de expressão teatral, para que possam se posicionar frente a elas e fazer sua opção, que não tem que necessariamente ser apenas por uma única forma de manifestação cênica, podendo se configurar como uma interlocução entre concepções distintas do fazer e pensar teatral.

Na realidade conturbada das escolas, especialmente as públicas, onde espaço e tempo são escassos, devido a políticas educacionais nem sempre favoráveis à ampliação da presença da arte no ambiente de ensino, os processos de encenação podem tomar como horizonte a necessidade de serem feitos tomando como base a concretude dos limites e possibilidades que a escola oferece – não como uma aceitação conformista da situação vigente na maioria dos estabelecimentos de ensino, mas como um ato de resistência à tendência de deixar de promover a presença do fato estético teatral em contextos educacionais, mormente os ligados ao ensino formal, onde a arte se presencia rara e precariamente.

A encenação, incluindo a mostra de etapas do processo (registros diversos, ensaios abertos, *fragmentos** de cena, entre outras), do produto (espetáculo teatral ou intervenção cênica) e do pós-produto (registros de cena, debates, oficinas etc.), pode, inclusive, ser utilizada para refletir criativamente sobre a falta de condições para sua realização nesse contexto peculiar e desafiador que é a escola pública brasileira. Nesse sentido, utilizar espaços alternativos ao auditório da escola, ao pátio ou à sala de aula, talvez possa ser um passo para alargar as possibilidades de tornar o teatro um fato cotidiano, sensibilizando estética e artisticamente o ir e vir dos sujeitos que compõem as comunidades escolares. Essa perspectiva pode ser pensada, inclusive, para o Ensino Técnico e Superior, pois, nesses níveis de ensino, as respectivas instituições, em sua maioria, também não estão completamente integradas no sentido de ter, no seu dia a dia, a evidência da arte como possibilidade contínua de expressão e cognição, experiência estética e deslocamento de percepções automatizadas que se cristalizam nos ambientes instituicionais. Desse modo, focalizar a possibilidade de construir um discurso teatral por meio de recursos cênicos diversos é uma perspectiva que não pode ser desconsiderada. Aqui, tal como a leitura de mundo precede a leitura da palavra na proposta pedagógica de Paulo Freire (FREIRE, 1988: 11-21), ler o universo cotidiano dos participantes deve dialogar com a sua criação cênica, não como uma "camisa de força", mas como uma estratégia de relacionar de modo significativo a capacidade de o teatro não somente refletir e refratar realidades palpáveis, mas de transformar e dar forma a realidades oníricas que trazem em seu bojo doses de sonho e utopia, sem o que uma encenação pode se ver reduzida a mero exercício formal. [DOP]

 Dort, 2010; Freire, 1988; Magaldi, 1998; Pavis, 2010; Spolin, 2010.

 Processo e Produto, Texto e Cena, Formação do Professor de Teatro, Educação Estética

ENSEMBLE DAS ARTES

Termo cunhado por Bertolt Brecht para definir o ajuntamento de diversas linguagens artísticas no fazer teatral, onde estas, embora reunidas com o mesmo fim, manteriam sua independência. O nome de seu grupo de teatro, o Berliner Ensemble, criado em 1949, faz referência direta a esse termo. A escolha pelo termo em francês pressupõe um entendimento das artes em inter-relação, mas não em fusão. O teatro, como arte coletiva, necessita de um trabalho organizado entre as diversas linguagens artísticas que se agrupam para dar corpo ao espetáculo. A música, a literatura, a dança, a arquitetura compõem, com suas colaborações específicas, o acontecimento teatral. Há textos curtos, escritos por Brecht entre 1939 e 1942, que tratam da construção cênica no teatro épico.

O pequeno artigo sobre a separação dos elementos é exemplar para a compreensão do termo *ensemble*. Neste trecho Brecht defende o teatro como um espaço de construção, associando as diversas artes em torno de uma missão social, o que amplia o entendimento do teatro e de sua tarefa de mostrar o homem em sociedade: "quando o cenógrafo está de acordo com o diretor de cena, o autor da obra, o músico e o ator no que se refere à missão social da representação, e se apoia em cada um deles e aproveita cada apoio, não por isso dissolve seu trabalho em uma obra de arte total (*Gesamtkunstwerk*), em uma fusão completa de todos os elementos artísticos. De certo modo mantém, em sua associação com as demais artes, em uma separação dos elementos (*Trennung der Elemente*), a individualidade de sua arte, como também mantém as das demais artes." (BRECHT, 1967: 440-441).

O uso do termo *ensemble* no contexto do teatro marca, portanto, uma oposição ao conceito de obra de arte total (*Gesamtkunstwerk*), criado por Richard Wagner, que buscava definir assim uma expressão teatral a partir da harmonia totalizante dos elementos cênicos e de suas linguagens correlatas. Segundo esse princípio, a palavra, a música e o espetáculo deveriam encontrar-se em completa fusão na ópera romântica. O conceito de obra de arte total indicava que "todas as artes deveriam se sacrificar na emergência de um todo coerente" (PEIXOTO, 1985: 31), orientando-se por tornar concreta essa unidade através, por exemplo, da síntese narrativo-musical wagneriana representada pelo que ele chamou de palavra-som-drama (*Worttondrama*). *Ensemble* é um termo também utilizado na Física Estatística. A formulação de *ensemble* feita pelo físico norte-americano Gibbs se refere a uma coleção de grande número de subsistemas em um mesmo estado macroscópico, que são cópias de um determinado número de sistemas, como pode ser encontrado no *Dicionário Houaiss de Física* (RODITI, 2002). Um sistema, nesse contexto, consiste em um conjunto de pontos, em um estado de fase, com um determinado peso. O *ensemble* é definido por esse conjunto de pontos com pesos associados. O uso que Brecht dá ao termo mantém, em certa dimensão, a formulação do termo na Física, se compreendermos o teatro como um sistema e as artes associadas como os subsistemas.

A noção de *ensemble*, no contexto do teatro, traz em si as noções relacionadas de colaboração e contradição, já que a ideia de reunião que configura o *ensemble* é construída na colaboração das partes associadas, sem que desapareça a contradição entre os elementos. [FNT]

 Brecht, 1967b; Peixoto, 1985; Roditi, 2002.

 Peça Didática, Processo e Produto, *Gestus*

ESCOLA NOVA

O movimento educacional o qual se convencionou denominar Escola Nova ou Escola Ativa agrega uma série de propostas filosóficas e práticas educacionais antiautoritárias que valorizavam a descoberta do conhecimento a partir da atividade interessada da criança sobre o ambiente. Esse movimento constituiu-se na Europa e nos Estados Unidos a partir da segunda metade do século XIX e seus princípios foram apropriados por pedagogos brasileiros já na segunda década do século XX. Dessa forma, trata-se de um movimento amplo, porém fruto de diversas ações isoladas que, embora não causem impacto em número de escolas e alunos envolvidos, geraram discussões pedagógicas e foram responsáveis por debates e questionamentos que perduram até hoje no âmbito educacional.

Considerando que o desenvolvimento das cidades e a expansão industrial consolidaram, ao longo do século XIX, o modelo educacional dominante ao qual atribuímos, ainda hoje, o título de "ensino tradicional": aquele centrado na figura do professor, estruturado em currículo e avaliações rigidamente elaborados, apoiada na transmissão verbal e na aquisição memorizada de saberes previamente selecionados, preocupado em produzir o consenso e em gerir a vida escolar em torno da disciplina e da vigilância.

A crítica a esse modelo nasce inspirada no pensamento educacional do iluminista Jean-Jacques Rousseau e na concepção de formação do homem defendida por ele em *Emílio*, obra escrita em 1762, na qual ele propõe uma educação centrada na liberdade e na descoberta dos interesses da criança e em suas experiências junto à natureza, preservando-a do contato com a sociedade corrupta.

Em 1861, o escritor russo Leon Tolstói funda a escola Iásnaia Poliana, voltada à educação dos filhos dos servos de sua propriedade rural homônima. A radicalidade da experiência, com o fundamento de que se pode educar com liberdade para a liberdade, em um ambiente no qual o papel do professor deveria ser o atendimento aos interesses dos alunos e na construção de conhecimento no contato com a natureza e com a arte, acabou levando ao fechamento da escola pela polícia czarista. Como primeira escola livre de que se tem notícia, tal experiência é considerada um dos marcos iniciais da Escola Nova. A experiência do pedagogo alemão Friedrich Froebel também é pioneira. Responsável pela criação dos primeiros jardins de infância, espaços de educação para as crianças que unissem a necessidade de "cuidar" à de "educar", ele foi um dos primeiros pedagogos a estruturar uma proposta que partisse dos interesses dos educandos e valorizasse o brincar, a arte e o contato com a natureza. Influenciado pelas ideias do suíço Johann Pestalozzi, Froebel extraiu de suas ideias o respeito rousseauniano ao tempo de desenvolvimento da criança e da atividade prática como fonte de construção de conhecimento significativo.

De modo geral, os defensores da Escola Nova propunham uma reavaliação do modelo escolar vigente, com ideário embasado pelas descobertas da psicologia infantil e pela crença de que a criança deve ser valorizada por aquilo que ela é, e não tratada como um pequeno adulto em formação. Diante de tal perspectiva, o jogo, a *brincadeira**, o contato com a materialidade das experiências artísticas, científicas e biológicas, a valorização das práticas em grupo em detrimento da visão individualista preconizada pelo modelo da educação tradicional, tudo isso desemboca na característica fundamental do movimento escolanovista: a ideia de que saber é "saber fazer", em clara crítica ao modelo tradicional da educação, voltado para a memorização, para uma relação enciclopédica com o conhecimento e para a doutrinação moral dos educandos.

Como expoentes desse movimento destacam-se:

1. Ovide Decroly (1871-1932), professor belga cujas propostas educacionais nascem de sua formação como médico, enfatizando o desenvolvimento biológico e o contato da criança com o meio, construindo sua teoria do "método globalista", que valoriza os interesses da criança e sua ação sobre o meio ambiente como fonte do conhecimento verdadeiro.

2. Maria Montessori (1870-1952), médica italiana cujo interesse pela educação de crianças excepcionais acaba gerando um método para a educação infantil em geral, baseado na construção de um ambiente apropriado ao tamanho das crianças, ao mesmo tempo que lhes oferece desafios reais que estimulem seu desenvolvimento para a vida prática. Parte da concepção da mente infantil como uma "mente absorvente", portanto o contato dela com o ambiente é essencial para seu amadurecimento.

3. Edouard Claparède (1873-1940) inaugura a Escola de Genebra em 1912. Ligada ao Instituto Jean-Jacques Rousseau, a escola revelou-se um grande centro de pesquisa e formulação de teorias ativistas, inclusive ultrapassando-as, se considerarmos que por ali passaram Henri Wallon e Jean Piaget. Claparède foi um defensor da "escola sob medida", que respeitasse o desenvolvimento e os interesses individuais da criança, oferecendo-lhes atividades diversas que despertassem seus interesses. Nessa escola, Adolphe Ferrière (1879-1961) defende a valorização do jogo e do trabalho como organizador dos centros de interesse dos educandos.

4. Na França, são considerados desdobramentos maduros da Escola Nova as propostas de Roger Cousinet (1882-1973) e Célestin Freinet (1896-1966). O primeiro valoriza o desenvolvimento da curiosidade infantil e a sua socialização, propondo que as crianças atuem juntas em atividades de aprendizagem e de criação, valorizando sua experiência como integrante de grupos de trabalho. Já o segundo desenvolve sua reflexão a partir de princípios do cooperativismo, princípio que sua escola orienta a partir do trabalho (embora este devesse assumir um caráter de jogo). Como exemplo, destaca-se a construção de um jornal elaborado pelos estudantes.

5. John Dewey (1859- 1952) foi um dos maiores pedagogos do século xx e, portanto, o principal nome do movimento Escola Nova. Sua extensa obra analisa as dimensões éticas, filosóficas, epistemológicas, políticas e estéticas envolvidas no processo de ensino-aprendizagem, e valoriza a dimensão do agir na construção do conhecimento

e da imaginação. Por destacar o papel da *experiência** e o impulso questionador dos interesses dos educandos, suas pesquisas realizadas na escola anexa à Universidade de Chicago o associam ao pragmatismo pedagógico. Ao mesmo tempo, sua obra analisa a possibilidade de uma ação educativa que aprofunde os ideais democráticos e valorize a vida da criança no cotidiano escolar.

As ideias de Dewey chegam ao Brasil graças à divulgação sistemática de seus preceitos por Anísio Teixeira, educador responsável por introduzir a filosofia da Escola Nova e analisá-la à luz das necessidades nacionais a partir dos diversos cargos que ocupou na administração educacional durante a década de 30, tendo lançado, em 1932, ao lado de um grupo de intelectuais, o "Manifesto dos Pioneiros da Educação Nova". Em 1946, quando retorna do exílio, provocado pela ditadura de Getúlio Vargas, ele cria as Escolas Parque, em Brasília, Bahia e Rio de Janeiro, e funda o Instituto Nacional de Pesquisas Pedagógicas, com escolas-laboratórios em todo o país, inspiradas na escola de Dewey em Chicago.

A vocação escolanovista para o "aprender fazendo" valoriza a presença da arte no currículo escolar, mas geralmente a arte era vista como um instrumento que fornecia materialidade para o desenvolvimento de conceitos relativos a outras disciplinas. Não havia reflexão sobre a especificidade do ensino das linguagens artísticas, algo que só viria a ser feito a partir da ação do Movimento das Escolinhas de Arte do Brasil, cuja figura norteadora foi Augusto Rodrigues, na década de 1940, quando predominaram as propostas que hoje são consideradas de "livre expressão", por valorizarem a espontaneidade da ação do estudante sobre os materiais e considerando o conceito abstrato de *criatividade** como o principal alvo da ação do ensino de Arte.

No âmbito da pedagogia do teatro, pode-se considerar que a Escola Nova, ao estudar as manifestações próprias do desenvolvimento da criança como fonte para a ação e intervenção do professor, destacou o papel do brincar e do *faz de conta** como espaço de construção da inteligência. Isso promove sérias reflexões acerca do uso educativo do teatro e do tipo de processo que é instaurado para que ele aconteça no contexto escolar, estabelecendo-se um debate dicotômico entre a valorização do processo, dos jogos e de vivências dramáticas em oposição ao destaque dado ao resultado. Na base dessa discussão, a obra de Winifred Ward e seu *Creative Dramatics* e o *Child Drama* de Peter Slade valorizarão o processo e a vivência de papéis, em oposição à descoberta das possibilidades de elaboração da *linguagem cênica** como construção de conhecimento. Esses pioneiros foram fundamentais para questionar o tipo de teatro que acontecia nas escolas (ensaios repetitivos de peças sem sentido para os alunos), mas contemporaneamente seu legado é reavaliado em nome de uma ação que abra espaço para a elaboração de conceitos ligados à criação de um discurso cênico significativo, cujos elementos constituintes sejam apropriados pelos alunos. [VC]

 Cambi, 1999; Courtney, 2010; Singer, 2010.

 Formação do Professor de Teatro, Teatro-Educação, Didática

ESPAÇO TEATRAL NA ESCOLA

Dentre os muitos aspectos que envolvem o espaço e seus desdobramentos na atividade teatral, interessa-nos discuti-lo no âmbito do ambiente escolar. Uma vez que nem todas as escolas têm um teatro ou um auditório para a realização das atividades teatrais.

O conceito de espaço teatral proposto por Ubersfeld é entendido como "o lugar da ação entre os seres humanos na sua relação com outros" (1996: 51), definido como "um conjunto de signos espacializados de uma representação teatral (1996: 50)", e compreendido como a própria atividade teatral. Ubersfeld reconhece o espaço teatral como o lugar da reorganização dos signos do mundo, mais propriamente como uma possibilidade de se ler o mundo, entretanto, tal leitura não é proposta como uma cópia do mundo, ou de um lugar sociológico, mas como um espaço de *mediação**. O lugar da relação do homem com seu espaço sociocultural.

Já o edifício teatral (*lugar teatral**) é a marca concreta e histórica dessa atividade; consequentemente, sua estrutura traz a informação da atividade "teatro" e o vincula à noção de um local específico, relacionando-o à função da atividade artística. É certo que, além do edifício teatral, qualquer espaço poderá vir a ser um lugar teatral. Assim, na contemporaneidade muitos experimentos teatrais e encenações são realizados fora do edifício teatral. Essa é a questão proposta para a discussão do espaço no teatro realizado na escola.

Desse modo, a escolha de um espaço *qualquer* no ambiente escolar para a realização da atividade teatral, definido como "espaço-outro", altera a relação entre a informação e o lugar previamente convencionado. O espaço outro é o espaço distinto do edifício teatral, isto é, daquele cuja edificação foi construída especificamente para as atividades teatrais. São exemplos de espaços-outros: garagens, salas de aula, igrejas, fábricas etc. Cabe destacar que, ainda, são utilizadas as seguintes denominações para caracterizar tais espaços – espaços "não convencionais", "inusitados" ou "alternativos".

A escolha de um espaço qualquer para a atividade teatral subentende uma definição, uma afetação, uma apropriação, uma caracterização, estética e social (BOUCRIS, 1993: 14), de modo que o espaço no teatro corresponde a uma institucionalização da prática teatral, isto é, de um local que será apropriado por essa atividade. Tal apropriação, contudo, não pode ser definida somente pelos objetos materiais colocados no espaço, como se esses objetos trouxessem neles mesmos a sua própria explicação. Daí a necessidade de não confundir espaço teatral com a organização do lugar cênico que se dá pela *cenografia**. A cenografia faz parte do conjunto de espaços em que estão inseridos os signos espacializados que constituem o evento teatral, colaborando para a determinação do lugar e a sua respectiva informação sem, no entanto, defini-lo.

O espaço teatral pode, então, ser compreendido como o espaço de convergência e divergência dos conjuntos de signos espacializados; por fim, todo teatro pode ser compreendido a partir do funcionamento do espaço como um "lugar" (espacial e geométrico) dos signos cênicos. Para Ubersfeld, o espaço teatral é "virtualmente o sinônimo do próprio teatro" (MCAULEY, 1999: 19).

São muitos os fatores que determinam a escolha do lugar na escola para a realização do teatro. Um dos elementos fundamentais para a distinção entre um espaço qualquer e um *lugar teatral** é a intenção de que esse local seja determinado à ação teatral. Assim, a escolha do espaço para uma apresentação teatral não é aleatória, uma vez que tal escolha interfere e interage em todos os níveis da dinâmica teatral, a saber, na construção da personagem, na encenação, na dramaturgia ou na recepção teatral, visto que os processos de comunicação no teatro dependem do tipo de espaço onde se inserem; e fundamentalmente interfere na dialética sociedade/teatro.

Conclui-se, pois, que o espaço teatral deve ser compreendido não como um mero suporte, mas sim como agente do evento teatral. Dessa forma, o estudo da natureza do espaço e a sua produção podem constituir um elemento importante para a compreensão da estrutura teatral, como também uma ferramenta útil para a avaliação de sua importância no processo de apropriação, no caso da escola, pela atividade teatro. [JAJ]

 Boucris, 1993; McAuley, 1999; Ubersfeld, 1996a.

 Lugar Teatral, Cenografia

ESTRANHAMENTO

O termo *Verfremdung* também é traduzido para o português como "distanciamento". A tradução "estranhamento" é preferível porque ela guarda o núcleo *fremd* (estranho, estrangeiro). O termo aparece pela primeira vez em uma publicação alemã no relato *Neues Leben* de Bertholt Auerbach (1842), de acordo com o dicionário *Grimmsches Wörterbuch*. Nesse romance, os pais se sentem estranhados, feridos, por não compreenderem a conversação de seus filhos em francês (BLOCH, 1968: 81-90). O termo não teve uma utilização mais ampla até sua retomada por Brecht, que o aplica tanto na forma substantiva como verbal para caracterizar um determinado procedimento de seu teatro. O conceito entrou para a história do teatro como *V-Effekt* (efeito de estranhamento). Em língua inglesa, se antes era traduzido como *distanciation*, hoje o termo *estrangement* é usado de forma recorrente.

Até 1936, Brecht utiliza, em lugar de *Verfremdung* (estranhamento) e *verfremden* (estranhar), os termos *Entfremdung* (alheamento) e *entfremden* (alhear). Enquanto o conceito de *Entfremdung* (alheação) possui uma longa tradição (do latim *abalienare* – desapropriar-se de alguma coisa, vender), o termo *Verfremdung* é relativamente novo em língua alemã. No período compreendido entre 1936 e 1940, Brecht utiliza paralelamente tanto *Entfremdung* quanto *Verfremdung*. É possível que esse paralelismo indique uma diferença entre os conceitos.

A operação denominada por Brecht como *entfremden* (alhear) propõe que o ator deve

ESTRANHAMENTO

apontar para a figura por ele representada como para algo estranho. Não almeja a transformação do ator na figura representada. A identificação não ocorre; o ator pode ter uma opinião diferente da figura representada e manifestar essa opinião. Em resumo, ele provê aquilo que tem a demonstrar com o gesto claro da demonstração.

Brecht faz inúmeras tentativas para definir o estranhamento, através do discurso poético e teórico. O estranhamento como um procedimento amplo, também utilizado por outros artistas em outras épocas e linguagens (por exemplo, na pintura) é, em grande parte, idêntico àquele descrito pelo formalismo russo (CHKLOVSKI, 1969).

Existem inúmeros procedimentos para atingir o estranhamento. Brecht aponta para as técnicas de estranhamento no teatro oriental. Outras mais familiares poderiam ser buscadas na pintura dadaísta, surrealista e outras.

O conceito de estranhamento específico em Brecht se diferencia pelo fato de chamar a atenção para processos sociais. Em oposição a outras tendências artísticas, ele busca meios que visam a mostrar as relações entre os homens, sendo que justamente aquilo que é cotidiano, usual, deve ser tratado como histórico. Ou seja, representações de acontecimentos passados são tornadas conscientes enquanto tais: eles são temporais e transitórios. Ao serem assim mostrados, apresentam as relações entre os homens como mutáveis e passíveis de serem modificadas. Assim como aquilo que ocorreu no passado pode ser mostrado como transitório, também o presente pode ser historicizado. Isso faz com que o espectador se distancie de seu tempo e o veja com o olhar da geração futura, nos termos de Brecht.

Os *v-Effekte* (efeitos de estranhamento) são procedimentos utilizados por Brecht. Enquanto procedimentos, não são novos nem originais. Brecht herdou todas as tradições. De acordo com Benjamin, a observação das grandes literaturas canônicas, sobretudo a chinesa, mostrou a Brecht que a exigência suprema que ali é feita ao que está escrito é a de ser passível de ser citado. A consciência de que o jogo de cena, assim como o texto falado, é uma citação, acrescenta uma nova dimensão à atuação. Em lugar do simples *desempenho de papéis** que ocorre através da identificação, o ator coloca-se ao lado do papel, apontando para ele.

A transposição para a terceira pessoa é um procedimento recomendado por Brecht para desenvolver o princípio da citação. O atuante experimenta o seu papel ora na primeira, ora na terceira pessoa. Também a transposição para o passado foi desenvolvida por Brecht como um exercício para atores: a ação que se passa no presente deve ser apresentada como se tivesse acontecido no passado, de forma que o ator ganhe distância em relação a ela, aprenda a formar um conceito e a reconheça como transitória e, portanto, como modificável.

Igualmente um exercício para atores, a verbalização de rubricas e comentários visa a mostrar que a palavra é a expressão de uma atitude (que se expressa também corporalmente).

Outro procedimento promovido por Brecht é a fixação do *nicht/sondern* (não/porém), que possui duplo significado: em vista de acontecimentos passados (representados cenicamente), o ator deve tornar claro que aquilo que ocorreu uma vez não é (mais) e foi substituído por uma nova realidade. Trata-se de evidenciar as suas contradições e mostrar que a decisão por uma ação determinada significa também uma decisão tomada em detrimento de outras ações. Através da fixação do "não/porém", Brecht pretende evitar que aquilo que é mostrado como ação ou acontecimento seja apresentado como necessário, sem alternativa. A realidade (e também a poesia) não é aceita como dada – deve ser observada, julgada e, eventualmente, condenada, para que novas possibilidades possam ser criadas. A fixação do "não/porém" acarreta também consequências na linguagem. A palavra poética não é mais absoluta, não se separa da ação, ela se relaciona constantemente com a ação. A alternativa, a possibilidade de outra conduta, é nomeada e, assim, a conduta efetiva é encenada e iluminada de uma nova maneira.

Tradicionalmente os *Lieder* (canções) introduzidos na dramaturgia tradicional só se justificavam (especialmente na tradição romântica) quando ilustravam a ação, pertencendo, portanto, àquilo que era representados. Brecht, ao contrário, exige uma separação dos elementos. Os *songs* brechtianos devem ser apresentadas com uma atitude totalmente diferente da que preside à ação dramática. O *song* resume a ação precedente (ela é repetida como citação), trazendo o comentário das ações. Através do *song* é dada a possibilidade de sair do papel e tomar partido em relação a ele. Um exemplo clássico é *Mãe Coragem*, em que os *songs* resumem e refletem enquanto a figura, ao contrário, age sem atingir a compreensão.

A capacidade de estar ao mesmo tempo dentro e fora do papel e ser, portanto, capaz de apontar para o papel representado é o cerne do conjunto dos meios utilizados por Brecht para atingir o efeito de estranhamento. Na *peça didática** *Die Massnahme* (A Decisão), por exemplo, Brecht exige literalmente que todos os atuantes façam o papel do Jovem Camarada.

Nas indicações que faz para atores, Brecht enfatiza o exercício da observação, sendo que vários procedimentos sublinham a importância da imitação de gestos e atitudes. De acordo com Brecht, o princípio da improvisação, presente em vários itens, constitui para o ator uma forma de exercício que propicia ir além do texto, com o objetivo de voltar a ele, incorporando as novas informações assim conquistadas.

Ao observar os procedimentos utilizados para atingir o estranhamento, verificamos que eles constituem recursos, desenvolvidos para favorecer a aproximação da dramaturgia do *Stückeschreiber* ("*escrevinhador de peças*"), como Brecht gostava de se autodenominar. A forma do processo é privilegiada, sendo o produto resultado dos reconhecimentos alcançados no percurso, através da incorporação da dialética, transformada em método de pensamento.

O estranhamento enquanto instrumento didático, conforme é recomendado por Brecht, precisa ser utilizado com vistas a refazer o processo, o qual será imprevisível em relação aos seus resultados, já que constitui experiência singular cada vez que se desenvolve, para cada indivíiuo e com cada grupo de atuantes. Os meios utilizados devem, portanto, ser adequados, em função de realidades históricas e sociais distintas. [IDK]

 Bloch, 1968; Chklovski, 1969; Koudela, 2010.

 Peça Didática, *Gestus*, Coro, Prazer no Teatro Brechtiano

EXPERIÊNCIA

O termo "experiência", em linguagem comum, possui diversas conotações. Em primeiro lugar, pode significar o ato de provar, de experimentar algo, destacando o efeito desse ato sobre o sujeito que passa por essa situação, produzindo um conhecimento construído pelos sentidos.

"Experiência" também é o nome atribuído, na modernidade, a experimentos científicos de qualquer natureza, com o intuito de comprovar uma hipótese através de demonstrações, tentativas ou ensaios.

Essa palavra também pode significar a posse de uma habilidade adquirida pela prática de determinada atividade. Dessa forma, experiência é um atributo que confere autoridade a quem realiza determinada prática há mais tempo. A propósito deste sentido da experiência, Walter Benjamin escreve, em 1913, "Erfahrung" ("Experiência"), seu primeiro texto a abarcar o tema: travamos nossa luta por responsabilidade contra um ser mascarado. A máscara do adulto chama-se "experiência". Ela é inexpressiva, impenetrável, sempre a mesma. Esse adulto já vivenciou tudo: juventude, ideais, esperanças, mulheres. Foi tudo ilusão. Ficamos, com frequência, intimidados ou amargurados. Talvez ele tenha razão. O que podemos objetar-lhe? Nós ainda não experimentamos nada. (Benjamin, 2002: 21).

Evidencia-se a crítica do autor à atribuição de poder ao portador de experiência e às tentativas deste em impedir que os mais jovens conquistem por si os sentidos desta experiência. Para ele, a experiência não pode ser transmitida. O sujeito a constrói ao vivenciá-la, portanto não pode ser tomada como instrumento de coerção aos impulsos da juventude. Benjamin defende, portanto, a dimensão heterogênea da experiência. Os sentidos que ela constrói possuem significados múltiplos, atribuídos pelos sujeitos que a experimentam.

Em "O Narrador" (1936), o filósofo analisa a dimensão da experiência ante o desenvolvimento técnico das formas de interação humana. Ele sustenta que a arte de narrar estaria na capacidade de transmissão de uma história, porém sem explicá-la em sua totalidade. É o ouvinte quem deve preencher de sentidos essa narração. Por essa razão, Benjamin vai criticar o periodismo, a imprensa ascendente, que transforma a experiência em informação para consumo rápido e cuja prática opinativa constrói o senso comum. Nesse processo, a tradição oral perde território e a construção de experiências significativas fica reduzida, valorizando-se o acúmulo de informações em oposição à construção da *memória** coletiva.

Em texto anterior, "Experiência e Pobreza" (1933), ele discorre sobre a seguinte situação paradoxal: ao mesmo tempo que se desenvolve o acesso à informação, a humanidade se tornaria mais pobre em experiências significativas, duráveis e transformadoras. Estaríamos sujeitos à volatilidade dos fatos e à velocidade dos periódicos.

"Experiência" também é tema central na obra de John Dewey, representante do pragmatismo norte-americano, cujas obras *Experiência e Educação* e *Arte como Experiência* sintetizam suas reflexões sobre a dimensão da prática na construção dos saberes. Para ele, experiência não seriam os atos corriqueiros do cotidiano, mas uma prática concluída e única, marcante e significativa, que carregaria em si o potencial de permanecer e construir sentidos a cada rememoração.

O filósofo americano enxerga nas artes o espaço do mais elevado nível da experiência, proporcionado pela apreciação estética, como campo atribulado de tensões que sintetizam o esforço do artista e do espectador em confronto com a forma. Diante de uma obra expressiva, concluída a fase inicial de "reconhecimento", ou seja, de percepção da forma, o indivíduo estaria pronto para adentrar no território da apreciação, que é ativo e criador de significados, portanto similar ao trabalho da elaboração artística. Ou seja, na apreciação, cria-se também uma experiência, que constrói significados para a obra de arte. Para Dewey, a experiência não é apenas a realização de um ato. É também atribuição de sentido.

Jorge Larrosa (BONDÍA, 2002), em "Notas Sobre a Experiência e o Saber de Experiência", propõe uma reflexão sobre a prática pedagógica em um viés que ele considera mais estético e existencial, a partir da parceria entre "experiência e sentido", e não mais sob um viés tecnicista, com o par "ciência e técnica", ou sob um viés crítico, com o par "teoria e prática". Para isso, ele retoma a noção benjaminiana de experiência, trazendo para a contemporaneidade a reflexão do filósofo alemão sobre a velocidade e o excesso de informações, e conclui que "Nunca se passaram tantas coisas, mas a experiência é cada vez mais rara".

Nessa concepção, a atitude daquele que sofre a experiência é de abertura e exposição e, nesse processo de atribuição de sentido, cada sujeito constrói significados distintos a partir de um mesmo evento, de acordo com seu repertório e referências. A experiência é heterogênea, pessoal e única, ao contrário da utilização desse termo pelas ciências modernas, que denominam "experiência" algo que na verdade é "experimento", pois visa o consenso, à repetição e à comprovação.

A questão da experiência é elemento instigante para a reflexão que se faz da pedagogia do teatro contemporânea, na medida em que ela fornece elementos para a construção de sentido a objetos artísticos nascidos de processos nos quais ação e fruição, que são elementos propulsores de elaboração de sentidos, estão no cerne da relação ensino-aprendizagem em teatro.

Dessa forma, o professor de teatro pode compreender sua prática pedagógica como o espaço de construção de experiências significativas com seus estudantes, na medida em que o engajamento na prática teatral pressupõe envolvimento total do indivíduo nos âmbitos do agir sobre as formas, e na reflexão sobre as formas que ele produz ou assiste, individual e coletivamente. Avaliar sua prática tendo em mente um conceito claro do que é experiência produz um avanço na relação entre prática e aprendizagem, garantindo que atividade e reflexão sejam inseparáveis na aprendizagem promovida pelo teatro. [VC]

 Benjamin, 2002; Bondía, 2002; Dewey, 2010.

 Criatividade, Formação do Professor de Teatro, Teatro-Educação

EXPERIMENTO CÊNICO

Atividade cênica de caráter prático reflexivo e processual intermediária entre o exercício ou jogo de sala de aula, de ensaio ou de laboratório, e a formalização do espetáculo teatral propriamente dito, que tem por finalidade a experimentação de elementos, aspectos ou etapas do processo de aprendizagem cênica ou criação artística.

De modo geral, o experimento cênico caracteriza-se pela pesquisa (prática e reflexiva), exposição (pública ou restrita) e compartilhamento de um momento privilegiado ou fixado, sob qualquer critério, do desenvolvimento do processo de elaboração cênica, com vistas à exploração e ao debate dos seus limites e possibilidades expressivas e estéticas.

Identifica-se aqui o parentesco terminológico óbvio com o chamado *teatro experimental*, que segundo Patrice Pavis (2011: 388) concorre com as designações "*teatro de vanguarda, teatro-laboratório, performance, teatro de pesquisa*, ou, simplesmente, *teatro moderno*", surgidas em oposição ao chamado "teatro tradicional, comercial e *burguês*". Sob esse prisma, o teatro experimental não se vincula a um determinado movimento histórico ou a um gênero teatral em particular, mas sim a uma postura adotada pelo artista "perante a tradição, a instituição e a exploração comercial". Tal postura tende a conduzir o processo de criação teatral ao questionamento das suas bases conceituais, à revisão dos condicionamentos teóricos e práticos do seu próprio trabalho, o que se traduz numa atitude de busca, de pesquisa, de transformação das formas teatrais vigentes, por meio da experimentação.

Na pedagogia do teatro, utiliza-se o termo "experimento cênico" para referir-se a um expediente metodológico passível de proposição e desenvolvimento em diversos níveis e instâncias do ensino e da aprendizagem do teatro (que incluem desde a educação básica, o ensino técnico, a educação informal e a *ação cultural**, até a formação teatral de cunho profissional, acadêmica ou continuada), aplicável a diferentes tipos de processos de criação cênica. Nesse sentido, a eficácia dos seus propósitos, sejam eles didáticos, estéticos ou artísticos, é determinada, acima de quaisquer outros aspectos, pela sua efetiva adaptação aos interesses e desejos dos sujeitos envolvidos no processo; ou seja, a validade (condição prática) do experimento cênico depende fundamentalmente dos sentidos atribuídos (condição reflexiva) às ações em jogo pelos estudantes, professores, atores, encenadores e, de forma indireta, mas não menos decisiva, pelos espectadores, reais ou imaginários, que se busca interpelar. [vbs]

 Pavis, 2011.

 Experiência, Ação Cultural, Teatro-Educação

F

FAZ DE CONTA

O faz de conta é patrimônio imaterial da infância, manifesto nas *brincadeiras** de imitação e de criação de mundos que se apropriam e ultrapassam os limites do cotidiano e oferecem às crianças a possibilidade de serem monstros, princesas, animais ou heróis. Nesse contínuo brincar, ação e imaginação, realidade e fantasia, ficção e experiência vivida se misturam numa espécie de magia poderosa que transcende a objetividade e limitação das coisas em si, tornando concreta a possibilidade de materialização dos mundos imaginados e desejados.

O faz de conta é a *brincadeira** da criança com seu imaginário, no espaço resguardado de seu quintal, de seu quarto, sua casa de bonecas ou seu guarda-roupa, territórios que são compartilhados com seus parceiros de faixa etária, em um processo que atinge seu ápice entre os dois e seis anos de idade. A partir dessa idade, o faz de conta vai sendo introjetado e transformado em jogos mentais, permanecendo ao longo de toda a vida adulta e sinalizando sua existência na capacidade, também adulta, de interação com diversas manifestações do universo ficcional.

Por essa razão, o faz de conta pode ser visto pelo olhar adulto como um universo fascinante no qual tudo é possível, captado de forma não raro poética. Isso pode ser observado no seguinte trecho de *Lili Inventa o Mundo*, livro de poemas no qual o poeta gaúcho Mário Quintana escreve a partir da apropriação da lógica e do universo de brincadeiras de criança:

Mentira?
A Mentira é uma verdade que se esqueceu de acontecer.
Mentiras.
Lili vive no mundo do faz de conta. Faz de conta que isso é um avião. Depois aterrissou em pique e virou trem. Tuc tuc tuc tuc... Entrou pelo túnel chispando. Mas debaixo da mesa havia bandidos. Pum! Pum! Pum! O trem descarrilhou. E o mocinho? Meu Deus! Onde é que está o mocinho? No auge da confusão levaram Lili para a cama. À força. E o trem ficou tristemente derrubado no chão, fazendo de conta que era mesmo uma lata de sardinha.

É possível apreender, a partir do trecho acima, a dimensão do faz de conta como um registro em forma dramática do desenvolvimento da inteligência, que se manifesta continuamente, embora encurralado entre a realidade cotidiana e o desejo de expressão pessoal da criança.

Trata-se do espaço que permite a invenção de ser o que se deseja ser, de produzir realidades que se transformam ao ritmo do prazer do jogo e de compartilhar consigo mesmo, ou com seus parceiros de brincadeira, a dinâmica de um mundo que funciona em pretérito imperfeito. A tradição dos contos de fada e das brincadeiras tradicionais nos remete a esse tempo.

"Era uma vez": o tempo verbal é o pretérito imperfeito, assim denominado porque não está concluído no passado: trata-se de um processo iniciado no passado e que permanece em atividade no momento presente da fala. Por essa razão, o pretérito perfeito, que denota algo que se concluiu no passado, não participa do universo em constante metamorfose do faz de conta. A letra da canção "João e Maria", escrita por Chico Buarque e Sivuca (1977), explora justamente a lógica do tempo verbal da tradição do faz de conta, demonstrando que a ação está em suspensão, em um fluxo de mudanças contínuas.

> Agora eu era o herói
> E o meu cavalo só falava inglês
> A noiva do cowboy
> Era você além das outras três
> Eu enfrentava os batalhões
> Os alemães e seus canhões
> Guardava o meu bodoque
> E ensaiava o rock para as matinês
> Agora eu era o rei
> Era o bedel e era também juiz
> E pela minha lei
> A gente era obrigado a ser feliz...

Assim como no trecho de *Lili Inventa o Mundo*, de Mário Quintana, "João e Maria" procura nos transportar para a dinâmica viva desse processo imaginativo da criança. O faz de conta, como brinquedo performático da elaboração de mundos ficcionais, é uma manifestação delicada da construção da inteligência na criança, do desenvolvimento de seu processo de simbolização e elaboração de estratégias de diálogo com a realidade. Inversamente, poderíamos argumentar que o jogo pode ser considerado uma das práticas adultas de se manter em contato com o universo lúdico do faz de conta. [VC]

 Held, 1980; Rodari, 1992; Santos, 2004.

 Brincadeira, Jogo Teatral

FESTIVAL DE TEATRO

Na Grécia, por volta do século VI a.C., há relatos de festivais dionisíacos, considerados magníficos por envolver suntuosas procissões e sacrifícios de animais ao deus do teatro. Essas festividades incluíam provas ditirâmbicas (que consistiam em competições de *coros**), apresentações de comédias e tragédias e assembleia pública – *ekklesia*, para a distribuição de prêmios. Esses festivais eram extremamente populares e englobavam um público oriundo de diversos segmentos sociais da época, tais como nobres, sacerdotes, negociantes e o povo em geral. Registra-se também que a preparação desses festivais era realizada com extremo cuidado. As comédias ou tragédias eram selecionadas por um profissional do teatro, um funcionário público que tinha a tarefa de realizar a primeira leitura, chamado de *arconte*, que, além de escolher as peças, tinha também como encargo a definição do protagonista. Nessa época, destacam-se festivais como: *Lenianas*, que ocorria no inverno e tinha a duração entre três e quatro dias, *Dionísias Urbanas*, na primavera, com duração de uma semana, e *Dionísias Campestres*, que em geral ocorria nos povoados, de acordo com as tradições de cada localidade rural. Segundo os historiadores, esses festivais serviam para glorificar a coragem dos gregos e exaltar o Estado, bem como para o debate de princípios filosóficos, políticos, humanos e religiosos da cultura grega.

Os festivais fazem parte da origem do teatro ocidental e, atrelado à etimologia da palavra "festival" – *festvs* –, configuram-se como um encontro festivo, de intensidade criativa e comunicativa. No Brasil, os festivais de teatro tiveram grandes desdobramentos artísticos e políticos. Os festivais se configuram como um laboratório de *experiência** e investigação teatral. Assim, possibilitam também aos profissionais do teatro lançar mão de propostas que já tenham sido experimentadas e colocadas à prova do público.

O fato de os festivais abarcarem uma diversidade de produções teatrais faz com que consigam agregar experimentações cênicas que são resultados de uma maior liberdade de ação artística, já que, em geral, essas produções não estão sob a égide das regras do mercado cultural. Nesse sentido, os festivais assumem um papel importante para a difusão de pesquisas cênicas e para o surgimento de novas dramaturgias, permitindo lançar um olhar inovador e mais investigativo sobre a cena.

Tradicionalmente, os festivais brasileiros de teatro são estruturados com base em segmentos que dão nome ao próprio evento. Entre as inúmeras denominações recebidas, podemos registrar as seguintes: Festival de Teatro Amador, voltado para artistas não profissionais; Festival de Teatro Estudantil, em geral circunscrito ao âmbito das instituições de ensino; Festival de Teatro Infantil, dirigido a uma plateia de crianças; ou, simplesmente, Festival de Teatro, no qual artistas de indistintos âmbitos da cultura encontram espaço para apresentarem suas produções. Enquanto o Festival de Teatro Amador congrega indivíduos dos mais variados níveis sociais, o Festival de Teatro Estudantil se caracteriza pela disposição de um grupo de estudantes que elegem o teatro como expressão e comunicação artística. Assim, o Festival de Teatro Estudantil se insere dentro das perspectivas do Festival de Teatro Amador, mas está voltado para estudantes e é vinculado a uma instituição de ensino. Vale insistir que o Festival de Teatro Estudantil não é a mesma coisa que o Festival de Teatro Infantil, no entanto pode ser realizado por crianças.

O Festival de Teatro Estudantil contempla produções realizadas por crianças, mas não é a sua única configuração, nem tampouco se dirige apenas a uma plateia de crianças e/ou estudantil. Por esse viés, tanto o Festival de Teatro Amador como os festivais de Teatro Estudantil trazem possibilidades de lançar um olhar inovador e mais investigativo sobre a cena. Ambos são marcados por uma mesma característica: a busca por novas convenções teatrais.

Os festivais de Teatro Estudantil sempre se mostraram ativos e presentes na cultura brasileira, e isso fica claro nos diversos momentos da história do teatro do país. No século XX, precisamente em 1938, no Rio de Janeiro, surge o Teatro Estudantil do Brasil – TEB –, fundado por Paschoal Carlos Magno. As propostas desse grupo foram iniciadas em 1933, ainda na Casa do Estudante do Brasil. O mesmo se seguiu com outros grupos como: o Teatro Acadêmico (1939), de Mário Brassini, transformado em Teatro Universitário – TU (com o apoio da União Nacional dos Estudantes, UNE); Teatro do Estudante de Pernambuco, TEP (1946); Teatro de Amadores de Pernambuco, TAP; Teatro Popular do Nordeste, TPN, sob o apoio de Hermilo Borba Filho.

Na década de 1950, em São Paulo, temos festivais realizados na Faculdade do Largo São Francisco. Nesse espaço transitaram nomes significativos do teatro nacional, como o dramaturgo e encenador José Celso Martinez Corrêa – Zé Celso, que, hoje, dirige o Teatro Oficina. Em 1955, ocorre a criação do Centro Popular de Cultura da UNE – CPC por todo o Brasil. Nessa época, São Paulo também registra o surgimento do Teatro

Paulista do Estudante (1957), que se funde com o Teatro de Arena. Há ainda o Teatro da Universidade Católica – Tuca, na PUC/SP; o Teatro dos Universitários do Mackenzie – Tema; o Teatro do Sedes Sapientie – Tese (1965); o Teatro dos Universitários de São Paulo – TUSP, ligado ao DCE central da USP (1967). No Rio de Janeiro, em 1965, temos o Teatro Universitário Carioca, Tuca/Rio, dirigido por Amir Haddad.

Vale ainda relacionar diversos grupos que nasceram por outras regiões do Brasil e tiveram participações artísticas de relevância em diversos festivais. Durante o período da ditadura, os festivais de Teatro Estudantil, vindo das universidades, assumiram um papel de resistência política, transformando São Paulo no epicentro do movimento das produções estudantis. A partir dos festivais, essas produções se transformaram num dos mais importantes espaços de discussão política e artística.

Os festivais estudantis foram responsáveis, no Brasil, pela renovação da cena teatral. O animador cultural, produtor, crítico, autor e diretor de teatro Paschoal Carlos Magno estruturou o primeiro Festival de Teatro Estudantil, no Recife, ainda na década de 1940. Seus festivais iam além de uma programação de espetáculos vindos de todo o país; constituíram-se, acima de tudo, em encontros teatrais riquíssimos. Esses festivais promoviam inúmeras discussões, mesas redondas, aulas, palestras e exposições, cumprindo também a função pedagógica e didática na *formação de público**, com a intenção de despertar novos interessados no fazer teatral. Hoje, os festivais de Teatro Estudantil possuem uma demanda de grupos oriundos de escolas de Educação Básica. Com a obrigatoriedade do ensino da Arte e a inclusão do teatro nas atividades extracurriculares, muitos grupos surgiram, tendo como atores crianças e adolescentes.

Nesse sentido, o professor de teatro assume o papel de encenador e passa a ter como perspectiva a montagem de espetáculos. Dentro dessa perspectiva, os festivais estudantis devem primar por uma análise mais precisa dos encaminhamentos pedagógicos empregados pelos grupos, discutindo o impacto desses procedimentos na construção das cenas e nas suas estruturações espetaculares. Não se trata de julgar as encenações a partir dos critérios e valores artísticos oriundos do teatro profissional, mesmo porque nem sempre é possível enquadrar essas produções nos moldes do teatro profissional.

O teatro dito profissional e o Teatro Estudantil devem estar em constante diálogo, mas ambos possuem especificidades que são determinantes para seus resultados teatrais. Assim sendo, parece mais estimulante estabelecer um espaço de diálogo entre os grupos e o possível corpo de jurados que integra as ações do festival. Essa relação dialógica possibilita não só aos jurados maior compreensão do fazer teatral dos grupos, como também aos encenadores e atuantes explorarem a experiência teatral dos jurados. Dessa maneira, mobilizamos os grupos participantes dos festivais à investigação e contribuímos para o afastamento da mera reprodução de uma pretensa convenção estética teatral correta. [JGA]

 Faya, 2005; Fernandes, 2000b; Hirszman, 1980.

 Formação de Público, Educação Estética, Teatro Amador

FIGURINOS

Vestir é uma necessidade humana. Os porquês do vestir têm sido amplamente discutidos em diversos manuais de moda e figurino. Há, no entanto, razões óbvias. Veste-se para proteção do frio, das intempéries e dos fenômenos externos ao corpo. Vestir protege as partes mais sensíveis do corpo. Também é um ato de ornamentação, em benefício próprio ou para atração de outro(s).

A roupa teatral se origina no *ritual** que fomenta o teatro. No caso do teatro ocidental ficou convencionado que este marco inicial seria o teatro grego, que teve seu apogeu em 500 a.C. e que evolui a partir do ritual para Dionísio, deus da fecundidade, da alegria e do verão. Este ritual não é tão elegante quanto sugerem epopeias hollywoodianas. Organizados em semicírculo, os participantes assistiam à oferenda feita no altar pelo sacerdote: um bode preto era uma das opções.

Naturalmente, as roupas usadas pelo sacerdote (intermediador entre matéria e espírito) para este ritual eram especiais. Os bailarinos e cantores vestiriam seus trajes de acordo com o que simbolizavam. O *público** usaria seus trajes cotidianos, ainda bem distantes do conceito de moda como conhecemos hoje, nascido em finais da Idade Média e início do Renascimento (com a expansão do capitalismo mercantil).

Os trajes se renovam e passam a atender necessidades específicas da encenação e do espaço cênico que ocupam. O teatro grego, com capacidade para até 50 mil espectadores, exigiu do traje teatral um formato e codificação próprios, tais como o uso da cintura alta da túnica, permitindo que a figura humana não ficasse achatada pela distância do palco e o olhar do espectador, bem como o uso dos coturnos de vinte ou trinta centímetros de altura, contribuindo para o ajuste de proporção, finalizado pelo uso de um *onkos*, uma espécie de diadema, que podia trazer ou não uma peruca presa a ele.

Renovações significativas no uso dos figurinos teatrais acontecem no final do século XIX. Dois encenadores – o Duque de Saxe-Meinegen na Alemanha e Antoine, no Théâtre Libre de Paris – buscam um figurino naturalista para a cena.

A diretriz mais certeira na definição do que é um bom figurino teatral é a adequação: ao espetáculo, à produção, às capacidades de produção de quem o cria, executa e veste, entre outros. Nada é mais destoante em uma produção do que trajes que saltem aos olhos dos espectadores, mas os atores e outros elementos não. O trabalho contemporâneo nessa área caminha cada vez mais para a perfeita integração entre todas as partes do espetáculo – e o figurino é apenas uma delas.

Não é uma conquista que se faça todo dia, mas um figurino pode ter, no mínimo, seis elementos que vão ampliar o poder simbólico do traje. São eles:

Cor: As cores são parte do inconsciente coletivo, codificadas desde o teatro grego. O vermelho é a cor dos heróis românticos, por exemplo. Alguns gênios subverteram esses códigos, como Artaud, trabalhando com Balthus em *Os Cenci* (1935) e Robert Wilson, em *Quartett* (2009), em que as cores ganharam novas dimensões e significantes.

Forma é a maneira como a peça vai ser cortada – um vestido trapézio, por exemplo, ou a maneira como um pano será usado no corpo do ator.

Volume é o espaço que um traje ou seus detalhes ocupam. No palco, pelo próprio tamanho, nada discreto funciona bem. Até para ser discreto, tem que ser exagerado.

Textura de um tecido em cena, que tem resultados surpreendentes. O efeito é promovido pela interação da luz com a textura da superfície, não necessariamente tecido no sentido convencional. Mas atenção: textura não é estampa, que é normalmente plana. O que interessa nas estampas remete de volta ao item cor.

Movimento aponta para a disponibilidade do traje de acompanhar – ou mesmo restringir, se esse for o interesse – os movimentos e os deslocamentos espaciais do ator/*performer*.

Origem indica dois caminhos: o traço etnológico que acompanha a vestimenta (uma casula eclesiástica, um capote do Alentejo, uma bombacha...) e a origem do material que a compõe. [FV]

 Anderson, 1999; Muniz, 2004; Stanislávski, 1989.

 Cenografia, Encenação, Montagem

FOLCLORE

Em 1995, ao término do VIII Congresso Brasileiro de Folclore, realizado em Salvador, é divulgada uma atualização da *Carta do Folclore Brasileiro*, originalmente promulgada em 1951, durante a primeira edição desse congresso, realizada no Rio de Janeiro. Em sua nova versão, justificada pelas "transformações da sociedade brasileira e pelo progresso das Ciências Humanas e Sociais", esse documento dá especial atenção às relações entre o folclore e o campo do "Ensino e Educação". Tal destaque, ocupando quase metade do conteúdo da Carta, de certo modo, ratifica a dimensão pedagógica inerente à própria ideia de folclore, termo etimologicamente ligado à identificação e à transmissão de saberes populares (*folk*, "povo"; *lore*, "conhecimento" ou, em inglês arcaico, "ensino-aprendizagem").

Em oposição a certa visão, idealizada ou preconceituosa, acostumada a tratar a arte e a cultura do povo como manifestações anônimas e estagnadas, imputando-lhes apenas a missão de salvaguardar alguma noção de identidade nacional, ou regional, o entendimento de folclore que hoje prevalece entre os estudiosos celebra a dinamicidade e a inventividade das criações artísticas e culturais de cada comunidade, esforçando-se por reconhecer as particularidades e as motivações autorais, em expressões caracterizadas primeiramente pela aceitação coletiva, pela tradicionalidade e pela funcionalidade.

A evolução na maneira como a sabedoria popular é estudada desde meados do século XIX, quando o folclore começa, na Europa, a se estabelecer como um campo mais ou menos autônomo de investigação científica, pode encontrar, em certa medida, um paralelo com o desenvolvimento do teatro ocidental nesse mesmo período. Por exemplo, a primordial preocupação com o registro e com a preservação do patrimônio cultural espontaneamente gerado pelo povo, sobretudo aquele de ordem intangível, como a literatura oral, decerto guarda sintonia com o empenho de afirmação nacionalista reconhecível na obra de muitos dramaturgos românticos. No realismo-naturalismo, por sua vez, o falar e o agir das camadas mais populares sobem aos palcos, ainda que reinterpretados, de cima para baixo, em projetos cuja sofisticação intelectual e direcionamento ideológico não raramente dificultam um diálogo genuíno entre o povo e a cena que supostamente o representa. Com os sucessivos movimentos estéticos que desafiam a encenação realista, as formas espetaculares da *cultura popular**, como os circos, os folguedos e as danças ritualísticas, oferecem subsídios para alguns dos mais fecundos criadores e pensadores do chamado teatro moderno. Na segunda metade do século XX, sobretudo depois dos protestos estudantis de 1968, a aproximação entre o teatro e as fontes populares torna-se mais complexa, à medida que ganha importância o compartilhamento, tanto no palco quanto na plateia, do fluxo amplo e integrado de pensamentos, costumes, crenças e valores, constantemente reprocessados e renegociados, agora com aguda *mediação** da comunicação massiva, entre o regional e universal, entre a tradição e a novidade.

No desenvolvimento do teatro brasileiro, o folclore também desempenha um papel dos mais significativos. No período colonial, as representações teatrais encontram-se fortemente associadas às festas populares, o que talvez tenha determinado, no público nacional, certa predisposição à comédia e ao entretenimento. Com a independência, um desenho – inevitavelmente caricato – do nosso povo, com as peculiaridades de seu modo de agir e de pensar, não demora a ocupar os tablados, sobretudo por meio de personagens divertidos, como os de Martins Pena. Décadas mais tarde, figuras "tipicamente brasileiras" replicam no teatro de revista a malícia e o improviso próprios dos artistas populares, *brincantes**, carnavalescos, pregoeiros ou camelôs. Em 1936, dois anos antes de Mário de Andrade percorrer estados do Norte e do Nordeste em sua famosa "Missão de Pesquisa Folclórica", Alfredo Mesquita, um dos principais agentes modernizadores do teatro nacional, encena *Noites Paulistas*, apresentando sambas de escravos e danças de quadrilhas.

Com a fixação de diversos encenadores europeus, e o interesse prioritário pela moderna literatura dramática estrangeira, os temas e as questões ligadas ao folclore brasileiro parecem perder um pouco de espaço na atividade teatral do Rio de Janeiro e de São Paulo durante as décadas de 1940 e de 1950. No restante do país, no entanto, parte expressiva da dramaturgia produzida segue buscando inspiração nas coisas do povo de cada região. Nesse viés, sob influência dos ideais regionalistas difundidos por Gilberto Freyre desde o início da década de 1920, destaca-se o movimento renovador liderado por Hermilo Borba Filho que, a partir do Recife, suscita o surgimento de um prolífico "teatro do Nordeste" – moderno embora calcado nas tradições populares – cuja maior expressão é o extraordinário sucesso do *Auto da Compadecida*, de Ariano Suassuna, em 1957.

Nas últimas décadas do século XX, o folclore reaparece, livre de preconceitos e de preocupações etnográficas, em diversos trabalhos que consolidam o amadurecimento da cena nacional. Serve como sutil matéria poética, por exemplo, para os seminais espetáculos *O Rei da Vela*, de José Celso Martinez Corrêa, em 1967, e *Macunaíma*, de Antunes Filho, em 1978. E assim segue, na contemporaneidade, alimentando a criatividade de diversos grupos, dramaturgos, atores e encenadores, como também de professores de teatro, em diversas partes do país. [LPR]

Almeida, 1975; Carta do Folclore Brasileiro, 1995; Cascudo, 1988.

Cultura Popular, Teatro Popular

FORMAÇÃO DE PÚBLICO

O debate acerca da necessária formação de público para o teatro surge com força no final dos anos de 1960 e início dos 1970, pautado, por um lado, pelo crescente movimento de democratização da arte, visando a oferecer a uma ampla parcela das populações a possibilidade de ver e de fazer arte, e, por outro lado, pelo notável esvaziamento das salas de teatro. Esvaziamento este que se torna marcante nas décadas seguintes e que coloca em questão a própria necessidade que as nossas sociedades contemporâneas têm de teatro, em face dos novos meios de comunicação e de produção de espetáculos.

Anatol Rosenfeld, filósofo alemão refugiado no Brasil, afirma, no início dos anos de 1970, que, em nosso país, se os teatros fossem fechados, não apenas uma percentagem do público não tomaria conhecimento disso durante algumas semanas – como havia dito Grotowski referindo-se ao público europeu –, mas que grande parcela da população brasileira provavelmente nunca se daria conta do ocorrido (Rosenfeld, 1993). Quase trinta anos depois, no final dos anos de 1990, a crise parece manter-se quase inalterada por aqui, ou mesmo se apresenta com certo agravamento. Nesse período, segundo pesquisa então divulgada pelo *Jornal do Brasil*, é crescente o número de poltronas vazias nos teatros das cidades do Rio de Janeiro e de São Paulo, tendo as salas uma média de ocupação de, respectivamente, 21% e 22,7% (Oliveira, 1997).

Como se pode observar pelas declarações de Grotowski acerca do público europeu, faz-se importante ressaltar que a questão não se resume a uma preocupação brasileira, mas trata-se de assunto o qual se pode encontrar reverberação nos tantos países que seguem a tradição do teatro ocidental. No Brasil, contudo, a situação parece tornar-se mais dramática, pois o hábito de participar de eventos teatrais nunca se arraigou de fato na cultura de nosso povo. Podemos considerar, em todo o mundo, as indústrias culturais, sobretudo o cinema e a televisão, como concorrência poderosa ao teatro, especialmente a partir da década de 1970. No Brasil, por sua vez, a situação se torna mais grave, pois não havia um amplo *público** habituado a frequentar teatros antes da expansão desses meios e artes, e, por isso mesmo, capaz de transmitir esse hábito em larga medida às próximas gerações.

A crise financeira das produções teatrais faz com que se atribua, em um primeiro momento, a relevância da formação de público ao fato de que somente assim se podem salvar os empreendimentos teatrais da penúria. Observa-se de imediato a ampliação do público frequentador sob uma perspectiva econômica, como a tábua de salvação para a sobrevivência da própria arte teatral, ameaçada pelas novas mídias de produção e difusão de espetáculos.

O esvaziamento das salas de teatro pode ser observado não somente como causa da crise, mas

FORMAÇÃO DE PÚBLICO

como sintoma dessa. A baixa frequentação ao teatro pode ser pensada, por exemplo, sob a perspectiva dos desafios de uma arte essencialmente coletiva em confronto com a solidão que caracteriza os nossos tempos. O individualismo, marca da modernidade, ganha expressivas tonalidades desde as últimas décadas do século xx, e talvez torne o teatro um acontecimento pouco sedutor, ou mesmo ameaçador, que pode tirar do conforto o indivíduo que preza o isolamento como postura de segurança ante os temores da vivência coletiva.

Outro aspecto vital para justificar a formação de público pode ser pensado a partir da própria atuação do espectador no evento artístico, bem como da participação do público nos rumos do movimento teatral. Isso porque não existe teatro sem plateia e a importância da presença do espectador no teatro precisa ser vista não somente por uma razão econômica, de sustentação financeira das produções. É evidente que o fator econômico é vital e não pode ser esquecido, até porque o preço do ingresso torna o acesso inviável, excluindo das salas uma parcela do público que talvez fosse a mais interessada. Como um livro que só existe quando alguém o abre, o teatro não existe sem a presença desse outro com o qual ele dialoga sobre o mundo e sobre si mesmo. Sem espectadores interessados nesse debate, o teatro perde conexão com a realidade que se propõe a refletir e, sem a referência desse outro, o seu discurso se torna ensimesmado, desencontrado, estéril. Não há evolução ou transformação do teatro que se dê sem a efetiva participação dos espectadores.

A luta por um teatro que responda aos anseios de nosso tempo não pode acontecer sem a efetiva participação do público. Os espectadores, participantes interessados, precisam constituir parte atuante no processo. Assim, a qualidade do trabalho de um artista teatral precisa ser observada a partir do vigor com que, em sua prática, se depara e responde à questão central, aquela que o move: Por que fazer teatro? Por que ir ao público hoje?

O que nos possibilita pensar que a formação de espectadores não é questão somente para pedagogos. O interesse do espectador em participar ativamente do evento teatral está fundamentalmente vinculado à proposição artística que lhe é dirigida, à maneira como o artista o convida ou o desafia a se lançar no diálogo.

A participação do espectador no evento sustenta o próprio jogo do teatro. O desejo de tomar os espectadores como companheiros de jogo, companheiros de criação, anima o movimento de formação de espectadores. Uma pedagogia do espectador pode se justificar pela necessária presença de um outro que exija diálogo, pela fundamental participação criativa desse jogador no evento teatral, participação que se efetiva na sua resposta às proposições cênicas, na sua capacidade de elaborar os signos trazidos à cena e de formular um juízo próprio dos sentidos.

No entanto, como fomentar a atuação do espectador nos rumos do movimento teatral? Como tornar efetiva a sua participação no evento? Como levá-lo à sala de espetáculo? Como despertar o seu interesse para frequentar os acontecimentos teatrais?

O despertar do interesse do espectador não pode acontecer sem a implementação de medidas e procedimentos que tornem viável o seu acesso ao teatro. Na verdade, duplo acesso: o físico e o linguístico. Ou seja, tanto a possibilidade de o indivíduo frequentar os espetáculos quanto a sua aptidão para a leitura das obras teatrais. Primeiramente, é preciso criar condições para o espectador ir ao teatro, o que envolve uma série de medidas para favorecer a frequentação, tais como: divulgação competente dos espetáculos em cartaz, que atinja *públicos** de diversas regiões e classes sociais; promoções e incentivos que viabilizem financeiramente o acesso das diferentes faixas de *público**; condições de segurança; rede de transportes eficiente; e tantas outras atitudes de apoio e incentivo que visem, em última instância, a colocar o espectador diante do espetáculo (ou vice-versa).

O acesso ao teatro, porém, não se resume a possibilitar a ida às salas (ou a levar espetáculos itinerantes a regiões menos favorecidas). Formar espectadores não se restringe a fomentar a frequentação, é preciso estimular o espectador a um rico e intenso diálogo com a obra, criando, assim, o desejo pela experiência artística. Uma pedagogia do espectador precisa ser pensada a partir de procedimentos espetaculares e extraespetaculares adotados para criar o gosto pelo debate estético, para estimular no espectador o desejo de lançar um olhar particular ao objeto artístico; de modo que possa empreender uma pesquisa pessoal na leitura que faz da obra, despertando o seu interesse para uma batalha que se trava nos campos da linguagem.

Formar espectadores, portanto, não quer dizer ensinar alguém a ser espectador, mas criar espaço para uma experiência estética efetiva, constituindo um processo de apropriação da linguagem teatral. Mesmo porque a leitura precisa ser compreendida como um ato pessoal e intransferível; cada indivíduo descobrirá a sua forma de abordar a obra, de estar disponível para o evento artístico e de conceber um processo próprio de relação com a arte teatral. [FD]

 Desgranges, 2003; Oliveira, 1997; Rosenfeld, 1993.

 Texto e Cena, Experiência, Educação Estética

FORMAÇÃO DO PROFESSOR DE TEATRO

O advento do teatro enquanto matéria da educação básica e a expansão das escolas de arte dramática se caracterizam como um fenômeno ocorrido no início do século XX, originado em decorrência de fatores diversos, ressaltando-se a ampliação do setor educacional, a emergência das tendências pedagógicas liberais e, sobretudo, as exigências impostas pela revolução cênica que marcou a virada do século, quando foram concebidas propostas que deram um rumo diferenciado para essa modalidade da arte, instaurando a necessidade da formação profissional.

Coube aos jesuítas a utilização pioneira do teatro enquanto meio educativo, por meio da ação missionária e sua repercussão nas escolas de aprender a ler e contar, onde as efemérides eram marcadas pela dramatização e outras formas cênicas. Entretanto, a criação do Conservatório Dramático de Salvador, em 1857, constituiu-se na primeira iniciativa formal de incentivo à ideia, colaborando para que repercutisse no meio escolar a exigência de boa prosódia e nítida compreensão dos papéis desempenhados, conforme regia a orientação do Colégio Pedro II. Já no entresséculo, foram muitos os personagens ilustres que empreenderam projetos artísticos associados a iniciativas pedagógicas informais, relacionadas inclusive à temática *escola de teatro*.

O legado histórico que traçou caminhos para a criação dos cursos superiores nessa área do conhecimento se reporta à Escola de Arte Dramática de Alfredo Mesquita, à Escola de Teatro da UFBA, ao Curso de Arte Dramática (hoje UFRGS) e ao Curso Prático de Teatro (hoje UNIRIO), que contribuíram cada um a seu modo para a reconceituação das artes cênicas, instituindo os princípios pedagógicos de um teatro moderno que começava a configurar-se no Brasil, por volta dos anos de 1940 a 1950. Por sua vez, o processo de constituição do teatro enquanto disciplina regular da educação básica guarda relações próximas com o aparecimento das Escolinhas de Arte do Brasil de Augusto Rodrigues e Noêmia Varela.

A literatura especializada observa que a preocupação com a preparação de quadros para a atuação na educação básica teve início na década de 1930, num momento em que transformações radicais emergem no tecido social brasileiro, dando gênese a novas configurações políticas e a um pensamento intelectual autônomo, processo que repercutiu profundamente no setor educacional. Nessa conjuntura foram criadas as faculdades de filosofia, ciências e letras que abrigaram os cursos de licenciatura. Entretanto, na área de teatro, a primeira organização do ensino superior se deu somente com a legalização das carreiras profissionais de ator, crítico, diretor, cenógrafo e professor de arte dramática, em 1965, pelo Congresso Nacional.

A história registra a ocorrência de dois tipos de cursos de formação docente nessa área de conhecimento – Professorado em Arte Dramática, criado em 1965 e Licenciatura em Educação Artística com habilitação em Artes Cênicas, criada em 1973 –, sendo que, anos antes, a ação pioneira do Conservatório Brasileiro de Teatro inaugurava a formação profissional em nível superior, através do Curso Prático de Teatro (1939), que funcionou de maneira alternativa e, portanto, sem delegação de competência para expedir diploma aos alunos concludentes.

Para o Professorado em Arte Dramática, o Conselho Federal de Educação adotou o modelo conhecido como 3+1, inaugurado havia décadas e que vigorava nas outras áreas, concedendo o bacharelado em três anos seguido da preparação didática por mais um ano, visando à habilitação ao magistério nas escolas. A Licenciatura em Educação Artística veio em decorrência da lei 5.692/71, prevendo a formação assentada em dois ciclos: o primeiro (licenciatura curta) previa o estudo dos conteúdos rudimentares das artes plásticas, cênicas, desenho e música; o segundo (licenciatura plena) se voltava para a formação de especialistas de uma dessas quatro áreas. Algumas instituições sequer adotaram o princípio da polivalência e o curso de curta duração, ao passo que as demais foram reestruturando aos poucos esse modelo curricular, em resposta a um movimento de docentes e artistas que culminou na restruturação das diretrizes curriculares. Deve ser ressaltado o fato de que nos anos de 1970 não chegavam a vinte os cursos vinculados às linguagens artísticas, notadamente nas regiões Sudeste e Sul, ao tempo em que a expansão do ensino superior foi galopante após a implantação da educação artística, favorecendo a composição do quadro atual que comporta a existência de cerca de cinquenta cursos de teatro distribuídos em todo o território nacional, de bacharelado e licenciatura.

Os estudos sobre formação de professores reconhecem que nos anos de 1970 houve um desabrochar para as questões da educação, processo que foi acentuado na década seguinte quando os educadores passaram a protagonizar uma história rica, incluindo a realização de pesquisas, organização de congressos e a produção de publicações. Essa ação da sociedade civil promoveu uma interferência afirmativa junto ao poder público, ganhando vulto os encontros nacionais organizados por entidades como Ande, Anped, Cedes, SBPC, através dos quais se chegou ao consenso quanto à necessidade de extinção das licenciaturas curtas; integração entre o bacharelado e a licenciatura; indissociabilidade entre pesquisa, extensão e ensino. No cenário de luta que marcou esse período foi criada a Faeb (Federação de Arte-Educadores do Brasil), a primeira entidade civil voltada para a área de conhecimento em arte, antecipando os passos da Anppom, Anpap, Abem, Abrace e outras.

Com o apoio dessas entidades, o movimento nacional em prol da mudança curricular dos cursos superiores repercutiu favoravelmente na formulação da Lei de Diretrizes e Bases da Educação Nacional, inserindo a arte como componente curricular obrigatório e de igual importância que as demais disciplinas que compõem a educação básica (infantil, fundamental e média). A legislação vigente que complementa a referida lei 9394/96 é a seguinte: i. *Parâmetros Curriculares Nacionais* (PCN)* que estabelecem o teatro como uma das linguagens da disciplina arte; ii. Resolução CNE-CES 04/2004 que orienta a composição curricular dos cursos de graduação que formam os especialistas em teatro; iii. Resolução CNE-CES 146/2002 e Resolução CNE-CES 04/2004, que fundamentam a preparação de professores, prevendo a organização de conteúdos e a duração da licenciatura.

As nomenclaturas "pedagogo do teatro" e "professor de teatro" se reportam a conceitos e atuação profissional situados no âmbito da linguagem artística do teatro, e os trabalhos desenvolvidos por esses especialistas são reunidos em grupos de trabalho da Abrace (Associação Brasileira de Pesquisa e Pós-Graduação em Artes Cênicas), congregando estudos sobre o jogo teatral, *ação cultural**, apreciação e análise de espetáculos teatrais, dentre outras temáticas. [APS]

 Santana, 2009.

 Escola Nova, Teatro-Educação, Parâmetros Curriculares Nacionais (PCN)

FRAGMENTO

O fragmento como conceito estético e fato artístico, filosófico e literário é produto direto da primeira fase da revolução romântica na Alemanha. Estabelecida nos cinco últimos anos que finalizam o século XVIII, envolve o momento crítico pós-Revolução Francesa, a restauração napoleônica e o desmontar do edifício clássico que se processava.

Uma leitura desatenta do termo pode levar a que se entenda o conceito de fragmento como uma parte incompleta do todo, e que, portanto, recebe a unidade do todo do qual faz parte. Entretanto, o fragmento, como categoria estética e filosófica proposta pelo primeiro romantismo alemão, aponta para uma direção avessa a qualquer princípio de totalização.

Rodolphe Gasche destaca, em seu prefácio *Ideality in Fragmentation* à obra de Friedrich Schlegel, *Fragmentos Filosóficos* (1991), que o conceito de fragmento que enfatiza a "incompletude, a residualidade, o isolamento, (apenas) a quebra dos moldes clássicos" não vai compreender o fragmento na propositura romântica, pois esses conceitos citados estão todos ligados à relação todo e parte. O fragmento romântico, ao contrário, não é a parte incompleta do todo, que assim recebe a unidade do todo de que faz parte. O fragmento romântico estabelece propositura de outra ordem.

O romantismo advogava a criatividade do artista no aqui agora e a transfiguração do mundo real pelo artista artesão em oposição à imitação da natureza estabelecida na ordem clássica. O artista, nesse entender, cria seu mundo de forma especial, com "mais verdade e, portanto, mais real que a realidade empírica". A arte ou o trabalho criativo estabelece assim uma realidade humana superior, com um significado mais profundo. O trabalho artístico, para os românticos, é a produção de um organismo vivo em ato, não é a projeção externa de um conteúdo outro, de um pensamento ou de mímese, mas algo atado intrinsicamente a seu próprio conteúdo, conteúdo que se estabelece na sua existência. A imaginação e a liberdade artística, nessa propositura, devem rejeitar as normas estéticas estabelecidas pelas regras clássicas do racionalismo e, seguindo os moldes em que se apoiava Immanuel Kant, o artista não deve se submeter às regras, mas sim criá-las em seu trabalho.

No século XVIII, antes do surgimento do movimento romântico, o termo "romântico" significava "estranho", "fantástico", "pitoresco" e, no início do século seguinte, graças à ação do grupo de intelectuais que o fundou, tornar-se-á conhecido como a nova perspectiva literária e artística que desafiava as normas em voga do mundo acabado, estruturado, sólido, estabelecido pelo classicismo, em vigor desde o Renascimento. Assim, ser romântico era ser estranho. A totalidade era clássica, com suas regras. O fragmento, romântico.

Esse romantismo alemão fundador teve entre seus principais membros Georg Philipp Friedrich von Hardenberg ou Novalis e os irmãos Friedrich Schlegel e August Wilhelm von Schlegel, editores do jornal *Athenaeum*. Seu palco inicial foi a cidade universitária de Jena e depois a múltipla Berlim. Entre outros participantes se encontram também o poeta Ludwig Tieck, considerado o mentor do movimento, junto com o filósofo Friedrich Schleiermacher e o escritor Wilhelm Heinrich Wackenroder. O jornal *Athenaeum*, publicado em Jena entre 1798-1800, foi a revista literária do grupo. Nele alguns dos trabalhos românticos em fragmentos foram publicados.

Os filósofos e críticos literários franceses Philippe Lacoue-Labarthe e Jean-Luc Nancy (1940) em sua obra *O Literário Absoluto* (1978) descrevem o fragmento romântico como "uma determinada e deliberada afirmação que assume ou transfigura os aspectos acidentais e involuntários do fragmento". Assim, os fragmentos românticos são um gênero "em si", caracterizado por seu próprio conceituar. O fragmento romântico, uma sucessão de afirmações independentes uma das outras, é um todo de outra ordem, que se estabelece enquanto tal e não objetiva uma continuidade/parte de um todo. Ao contrário, o fragmento é uma captura do momento presente e nele estabelece sua "totalidade". Não procura uma redundante repetição que apoia ou constrói uma lógica com um texto maior. Não é um fractal, forma a que se reduzem todos os fenômenos. É a parte que é todo e não procura ser o todo.

O romantismo objetivava abolir as fronteiras do presente estabelecendo uma sucessão de agoras. Se o classicismo procurava no passado a justificativa para suas normas e no presente as aplicava, o romantismo abolia as normas e evitava o encontro com o passado no presente, pois não seria mais possível recuperá-lo.

Vejamos alguns fragmentos publicados no primeiro número do *Athenaeum*, constituídos somente por uma pequena parte das tentativas de Friedrich Schlegel de capturar seus florescentes pensamentos no momento de sua gênese. Schlegel, durante sua vida, produz aproximadamente 180 cadernos, cada um uma coleção de múltiplos fragmentos. Sentenças aparentemente jogadas, nas quais a única ordem é a numeração. Elas não são escritas no fluxo do acaso, como um rompante surrealista. Elabora-se o fragmento, mas não se estende seu discurso no tempo. Esse fragmentar romântico, ligado ao instante como totalidade, pertence ao fluxo infinito da vida, ao processo histórico e às possibilidades infinitas do ser. No momento, no aqui agora, procura-se conhecer o mundo contraditório da modernidade. O estável edifício clássico não o poderia, pois estava atado às suas regras e ao passado.

O infinito romântico, como pontua Rodolphe Gasche, em sua introdução aqui citada, traz em perspectiva a desilusão ou desmanche da realidade existente, da civilização e do progresso. É um contradiscurso, não há nem se procura obter um todo orgânico. Estamos falando de um movimento intelectual que obedece aos ditames da nova ordem que começa a ser (des)construída e desmembrada no bojo da Revolução Francesa. Não é uma totalidade, é a parte que se estabelece como um todo em devir, que se transmuta, ou um todo em constante vir a ser ou ainda um todo que vive no fluxo do rio de Heráclito, ciente de que o rio e o homem mudam a cada momento. Um todo sem totalidade, em movimento.

FRAGMENTO

O romantismo objetivava a renovação constante de um mundo que, ao contrário da estabilidade das regras clássicas, traz em si um embate permanente, um conflito entre o ideal e real. Não há uma teoria romântica do fragmento, ela nunca foi feita, nem será, pois cada fragmento já traz consigo sua totalidade, em uma reiterada reflexão de cada fragmento conceituado. Uma teoria do fragmento existente, a qual os românticos evitavam, seria a construção de um todo impossível.

Um exemplo prático encontra-se em três fragmentos que aqui se destacam, dos 127 de uma das primeiras obras de Friedrich Schlegel *Fragmentos Críticos,* publicados em *Athenaeum* (1897). Cada fragmento numerado não se relaciona com o predecessor ou sucessor. São aleatórios, feitos no processo, não se relacionam com nenhuma parte da obra, muito menos formam totalidade.

No primeiro aqui selecionado, fragmento 54, Schlegel afirma: "Há escritores que bebem o absoluto como água; e há livros nos quais mesmo os cães se referem ao infinito". No fragmento 80 descreve: "Estou desapontado por não achar na árvore kantiana dos conceitos a categoria 'quase', uma categoria realizada e deteriorada no mundo da literatura e em qualquer outro. Na mente dos céticos naturais ela colore todos os conceitos e intuições". No último fragmento dessa publicação, o 127, ironiza: "É indelicado ficar espantado quando alguém é lindo ou grande; como se ele pudesse ser diferente". Em outra publicação ainda no *Athenaeum,* em mais um conjunto de fragmentos, agora o 206, Friedrich Schegel aponta "Um fragmento tem de ser igual a uma pequena obra de arte, totalmente separado do mundo circundante e perfeito em si mesmo como um porco-espinho".

Há fragmentos mais extensos que os aqui citados, mas inútil seria procurar entre eles uma unidade intencional ou relacional. Cada fragmento romântico apresenta-se como uma totalidade em si, que evita a construção de uma unidade estilística ou filosófica maior, que não procura ser uma parte buscada (escondida) de um todo. O todo romântico é outro todo, é o todo das partes, da natureza em movimento, todo contraditório, em que a escrita e a arte pretendem dialogar com seus instantes, fragmentários. Nesta visão romântica (estranha, fantástica) a totalidade nunca mais poderá ser recuperada, pertence apenas a um passado remoto. Aproxima-se o fragmento mais da fotografia enquanto registro do momento, onde cada foto revelada instantaneamente se comporia de imagens elaboradas no bizarro daquele momento determinado. Uma construção a contrapelo da Cultura. A unidade orgânica das sociedades antigas foi perdida, para sempre. Na cultura ou na barbárie ela não se recupera, inexiste. "Tudo que é sólido se desmancha no ar", afirmou Karl Marx em seu *Manifesto* de 1848.

Novalis afirma que a arte moderna se vê apenas como arte, e que ela não possui nenhuma importância moral ou religiosa como a que existia na arte antiga. A arte moderna apenas produz a *experiência** artística, a experiência de si mesmo. A arte testemunha o momento, a dimensão do ser. O artista é um médico transcendental, afirma Novalis em seus *Fragmentos Líricos* (36). Em sua publicação o *Pólen (Blêhenstaub)*, o título de uma das coletâneas de fragmentos de Novalis, também no primeiro número de *Athenaeum* (1798), não procurava construir um sistema teórico filosófico, mas capturar ou espalhar na natureza sua coleção de fragmentos estético-filosóficos. Pedaços do continuum, sementes literárias.

O fragmento traz uma forma e um estilo, necessário dizer, fragmentado, procura capturar a complexa realidade da natureza em seu momento e considera que esta não pode ser capturada pela estreita racionalidade totalizadora. Novalis acreditava que a razão pode ser obtida deixando-se para trás a ideia da construção de um sistema filosófico. Mas, como afirmara Friedrich Schlegel: se um completo sistema filosófico pode ser uma ilusão, um assistematico sistema filosófico mataria qualquer ambição intelectual.

O fragmento, enquanto forma filosófica, não surge a partir dos românticos, pois já era utilizado na Grécia Antiga. Os escritores franceses Nicolas de Chamfort, La Rochefoucauld também o utilizaram. Johann Gottfried, frequentemente citado por Novalis, ao final de 1760, também explorou o potencial filosófico dos fragmentos. Em seu artigo "Fragmentos Sobre a Recente Literatura Alemã" nota explicativa aos Fragmentos de Herder (1991: 36), Anatol Rosenfeld descreve que, entre os anos de 1760-1780, autores como Johann Georg Hamann, Johann Gottfried von Herder, o jovem Johann Wolfgang von Goethe e todos os adeptos do antirracionalista *Sturm and Drang (Tempestade e Ímpeto)* dirigiram-se contra a elaboração consciente e cuidadosa de textos literários e principalmente políticos. Afirmavam: somente a expressão imediata poderia ser autêntica e verdadeira.

Como forma filosófica o fragmento reflete as condições da modernidade e de sua arte, como pontuará Walter Benjamin. Benjamin foi um dos primeiros a perceber na filosofia romântica uma prefiguração da estética moderna e da vanguarda europeia no século XX, o que trouxe um crescente interesse pelo romantismo alemão. Mas a obra que mais aproxima Benjamin dos fragmentos românticos são seus dezoito fragmentos sobre o conceito de história, escritos de 1940. Em alguns de seus trechos afirma: "nunca houve um monumento de cultura que não fosse também um monumento da barbárie (fragmento 7); ou ainda (fragmento 9): "Há um quadro de Klee que se chama *Angelus Novus*. Representa um anjo que parece querer afastar-se de algo que ele encara fixamente. Seus olhos estão escancarados, sua boca dilatada, suas asas abertas. O anjo da história deve ter este aspecto. Seu rosto está dirigido para o passado. Onde nós vemos uma cadeia de acontecimentos, ele vê uma catástrofe única, que acumula ruína sobre ruína e as dispersa a nossos pés. Ele gostaria de deter-se para acordar os mortos e juntar os fragmentos. Mas uma tempestade sopra do paraíso [...] Essa tempestade é o que chamamos progresso"; no fragmento 14 apresenta: "A história é objeto de uma construção cujo lugar não é o tempo homogêneo e vazio, mas um tempo saturado de agoras" (1985).

Ainda no século XX, mas anos depois, Roland Barthes, em seus ensaios críticos, retoma essa tradição ao afirmar que o fragmento ou a reticência "permite reter o sentido para melhor o deixar fundir-se em direções abertas" (2007: 20). A pós-modernidade tem recolocado em tela os fragmentos, principalmente a decomposição dos objetos em fragmentos, de sua unidade. Essa fragmentação do objeto artístico, que acompanha a fragmentação do sujeito e da composição poética, infere a morte do sujeito clássico e a desintegração da Natureza, que se desfaz. Estabelece assim o romance e o drama fragmentários. Neles o leitor se vê obrigado a reconstruir a sequência da história e a determinar a multiplicidade receptiva, pois cada espectador fará sua própria leitura e construirá sua própria unidade perceptiva (não de conteúdo). O fragmento impõe a morte da totalidade do artista, da obra e do receptor e estabelece a experiência cotidiana como uma experiência em fragmento, uma experiência de cultura e de barbárie. A arte procura assim o discurso que pode retratar o seu tempo.

Dirigem-se ao "fragmento" ainda os trabalhos de Georges Bataille, entre 1970 e 1980, e a "desconstrução", termo difundido por Jacques Derrida na década de 1960. Afirma Derrida que nenhum texto é uma totalidade, mas esses contêm inúmeros e contraditórios significados, assim todo texto tem mais de uma interpretação, sendo todas as interpretações limitadas.

O fragmento como propositura artística entra no século XXI, agora pelas mãos do drama *pós-dramático**. Este reequaciona a questão do tempo dramático e da unidade. Hans-Thiers Lehmann parte do princípio de que "Aristóteles exigia, e depois dele quase toda teoria teatral, que a tragédia devia ser um todo, um *hólon* com início, meio e fim (2009: 391)". Assim, considera Lehmann, se o tempo estilhaçado de nossa atualidade exige uma nova forma de teatro, na pós-modernidade "a percepção simultânea e multifocal substitui a linear sucessiva" (2007: 17). Ingrid Koudela destaca: "o fragmento torna-se produtor de conteúdos [...], age contra clichês pré-fabricados e padrões produzidos pela mídia. O trabalho com o fragmento provoca também a colisão instantânea de tempos heterogêneos" (2009: XIX). O fragmento recuperado aos românticos assim abre novas perspectivas de produção artística e seu entendimento. [RC]

 Guinsburg (org.), 2002; Novalis, 1988; Schlegel, 1997; Barthes, 2003; Lehman, 2007 e 2009.

 Educação Estética, Dramaturgo, *Ensemble* das Artes

G

GALHARUFA

Ninguém sabe ao certo a origem da galharufa. O que se sabe é que ela se tornou popular e tradicional entre os artistas das artes do *palco**. É comum perguntar para um ator ou qualquer outro profissional do teatro se eles têm uma galharufa. Em geral, a pergunta surge pela primeira vez quando alguém está próximo da sua estreia. A título de *brincadeira**, costuma-se exigir do artista principiante a galharufa para que ele possa estrear. Os artistas costumam dizer que sem esse mimo não se pode pisar no palco, sob o risco de ser acometido por algum azar. Nesse sentido, a galharufa funciona como um amuleto que o artista mais experiente oferece para o novato. Ela precisa ser ganha e não vale *roubar,* nem tampouco ser produzida por aquele que está estreando.

Os sinônimos de galharufa são geringonça; caralhampana; traquitana; quinquilharias. Porém, nenhum desses sinônimos é suficiente para que o principiante compreenda o que é de fato esse amuleto. Ele muda de pessoa para pessoa. Nunca será igual. Isso porque a galharufa faz parte de um *ritual** teatral, no qual o estreante é inserido no mundo do teatro pelo seu padrinho. Este, por sua vez, é encarregado de tornar significativo e único o rito de passagem de quem estreia no teatro. Em razão disso, existem inúmeras galharufas, cada uma delas com suas especificidades e histórias. Só poderá de fato saber o que é uma galharufa quem a receber e passar por esse *ritual**. Como todas as galharufas

trazem consigo algo de inusitado, de trote, os artistas experientes não costumam dizer como elas são.

Quem recebe ou oferece uma galharufa precisa manter esse feito em sigilo. O recebimento dessa geringonça vem sempre acompanhado de certa tensão, pois se o estreante não recebê-la não poderá estrear. Nem sempre quem tem uma galharufa está disposto a doá-la para um precipitante ou pensou nesse rito.

É comum, minutos antes da estreia, alguém se lembrar e perguntar ao novato: você já tem galharufa? É incrível como algo tão imprescindível à estreia de alguém no teatro acaba por ser esquecida pelos demais! Como o teatro é a arte do coletivo, o azar do novato pode repercutir em todo o grupo. A perspectiva disso pode desencadear uma correria nos bastidores. É uma verdadeira caça à galharufa. Muitas vezes, é preciso recorrer a outros artistas que nem estão por perto para que a quinquilharia chegue até as mãos do calouro. Mas como o deus do teatro sempre está atento às artes do palco, até hoje sempre houve um final feliz. Porém, não se sabe o que pode ocorrer se algum dia o estreante não receber uma galharufa. Talvez, um grande desastre cênico inviabilize a estreia do grupo. Assim, quem possui uma galharufa precisa ter muito cuidado e carinho com ela.

Perder uma galharufa é tão funesto como não ganhá-la. E quem estiver em vias de estrear, não se esqueça de dizer a todos que ainda não tem o mimo e que está aguardando por ele. Afinal, mesmo sabendo que o deus do teatro conspira favoravelmente, é preciso realizar nossa parte quando se trata de galharufas! [JGa]

 Iniciação ao Teatro

GESTÃO CULTURAL

Numa perspectiva contemporânea, a gestão cultural deve ir além das já conhecidas competências administrativas e de planejamento. Nesse sentido, terá como princípios: a aguda compreensão dos processos artísticos e culturais (a qual se espera levar a uma postura "sensível" diante desses fenômenos), a busca pelo envolvimento da sociedade civil nos processos de gestão, a aceitação de correr riscos (ao invés de simplesmente buscar/gerir fórmulas prontas) e uma percepção da arte e da cultura como propulsores do desenvolvimento humano.

A gestão cultural, como campo de atuação, tem se desenvolvido mais fortemente a partir do final dos anos de 1980 e está, atualmente, em busca de seus próprios marcos conceituais. Configura-se como um campo epistemológico multidisciplinar que procura atender às demandas de uma sociedade cada vez mais complexa.

Trata-se de uma área da atuação profissional em expansão e que tem pela frente o desafio de definir o perfil de seus agentes, indicando, portanto, parâmetros para sua formação. Tais definições estão intimamente ligadas às esferas de atuação da gestão na consecução de políticas culturais. Embora não sejam as únicas, convém destacar algumas. A primeira: a *mediação** de diferentes âmbitos – equipamentos, linguagens, áreas de atuação e públicos, já que responde por projetos e programas, artistas individuais ou grupos, instituições culturais e equipamentos diversos (AVELAR, 2008: 52). Atua, ainda, na intermediação entre poder público, empresas patrocinadoras, organizações da sociedade civil e público consumidor de cultura. E desses com as outras áreas da sociedade como um todo.

A segunda esfera: ocupar-se não apenas de produtos e atividades pontuais, mas também de *processos*, com o objetivo de preservar as condições que proporcionam a existência do fato cultural. Segundo Lala Deheinzelin (Avelar, 2008: 54), é essa competência que diferencia a gestão da produção cultural em sentido estrito.

A terceira esfera está relacionada à capacidade de contextualizar, a qual se relaciona diretamente ao fato de que a gestão cultural, quase sempre situada em espaços de interseção, é uma atividade meio e não um fim em si mesma. A título de comparação, em matemática poderia ser expressa como conjunto interseção, uma área que pertence a dois territórios. Espera-se, portanto, que a gestão entenda, analise e atue conforme as características dessa zona híbrida, composta pelas especificidades de seu contexto e, também, por elementos externos a ele.

Martinell e Lopez enfatizam que a gestão cultural, "por sua morfologia própria e características multidisciplinares, incorpora, utiliza e adapta conhecimentos e aportes de outros campos do conhecimento, os quais podem adquirir definições e matizes próprios" (2007: 13). Na prática, cabe à gestão não só criar novas ações, mas também relacionar iniciativas culturais que já existam, propondo ações de cooperação e, de forma sistêmica, aproximações entre os programas do poder público, da iniciativa privada e da sociedade civil.

A gestão cultural deve, ainda, se diferenciar da gestão de outra área produtiva pela capacidade de entender os processos criativos e estabelecer relações de cooperação com a diversidade artística e expressiva. Dessa forma, análise e respeito pelos processos sociais com os quais a cultura mantém sinergias importantes serão eixos estruturais – o que é outra forma de dizer que a gestão cultural pode abarcar ações de diferentes lógicas e esferas que buscam, por meio da cultura, modificar o mundo.

Por fim, compete à gestão cultural elaborar um discurso menos reativo e mais propositivo, o qual compreenda o cidadão como construtor da cultura. Teixeira Coelho (2008) enfatiza que o papel do gestor é fazer a viagem da cultura e não a viagem da gestão cultural. Para empreender essa viagem são fundamentais: a sensibilidade diante dos processos criativos, a preservação das condições que possibilitam a existência de um fato cultural, a capacidade de mediar e contextualizar e, por fim, o envolvimento com os processos artísticos. [SA]

 Avelar, 2008; Martinell & López, 2007; Teixeira Coelho, 2008.

 Ação Cultural, Teatro na Comunidade, Produção Teatral

GESTO (LINGUAGEM DO)

O "gesto" pode ser definido como um movimento expressivo feito intencionalmente ou decodificado como tal, constituindo-se em um signo com significante e significado, no sentido de que sua leitura ocorre a partir de condições psicológicas da emissão/recepção e segundo padrões culturais e sociais vigentes. É claro que o gesto é parte integrante de todos os âmbitos da ação humana, estando disseminado na variedade de suas intervenções. No entanto, nessa definição, a partir dos rituais e das celebrações coletivas, o nosso interesse está voltado para o gesto deliberado com intenção *estética*, isto é, com emprego precípuo e marcante cuja representação mais cultivada está na dança, arte que se manifesta essencialmente pelo corpo e pela construção de signos gestuais.

Nesse sentido, se, efetivamente, a *linguagem corporal** tem o seu primeiro campo eletivo no universo da dança, não é menos correto afirmar que o seu papel no trabalho do ator não foi menor, embora tardiamente reconhecido, dada a sua importância vital na incorporação dramática, na medida em que o corpo atuante e os gestos dele emanados tornam--se portadores vitais das ideias, das formas e dos pontos de vista psíquicos e cênicos que a interpretação quer comunicar. Para isso, basta recordar o lugar do gesto para a construção da narrativa cênica da *Commedia dell'Arte* que, indiscutivelmente, é um capítulo à parte no âmbito da interpretação.

É evidente que acompanhar a linguagem do gesto através da história do teatro é focalizá-la em grande parte no trabalho do ator, tanto no Ocidente quanto no Oriente, o que foge ao escopo deste verbete. Todavia, não se pode ignorar que na tradição teatral do Oriente, dada a valorização da linguagem gestual, o gesto adquiriu uma relevância que se equipara até certo ponto à da palavra e sua descendência no Ocidente.

Sob esse prisma, recordemos que, no teatro da palavra, a linguagem do gesto apresenta-se como servidora, na medida em que é elaborada com o intuito de proporcionar maior inteligibilidade às ideias, situações e emoções em jogo nos enredos, como bem observou Diderot, realisticamente: "não concebo de que modo o poeta possa começar uma cena, se não imaginar a ação e o movimento da personagem que introduz; e se sua maneira de andar e seu rosto não estiverem presentes para ele" (DIDEROT, 1986: 95).

Essa passagem expõe, com clareza, a maneira pela qual a linguagem do gesto em certas épocas foi vista como explicitadora do verbo e, por esse motivo, a interpretação deveria se construir em sintonia com ele. É evidente que o gesto se transformou não só ao longo do tempo, mas também em decorrência das circunstâncias em que as representações ocorreram. Nesse âmbito, na impossibilidade de abranger todas as possibilidades, destaquemos passagens que contribuíram para uma sistematização da linguagem do gesto.

No século XIX, o romantismo, pela própria natureza de seu discurso dramatúrgico e cênico, dá ênfase, às vezes até melodramática, à gestualidade representativa. Já no século XX, as contribuições de Antoine e, sobretudo, de Stanislávski foram fundamentais para integrar o gesto à cena em uma perspectiva naturalista. Nela, o gestual deveria servir tanto ao texto que está sendo dito, quanto estar em harmonia com as demais linguagens do *palco**, bem como aproximar-se do espectador por meio de gestos não exacerbados, que estivessem em sintonia com a linguagem do cotidiano. Essa, por vezes, é tida como imperceptível pelos observadores e a sua realização acaba sendo vista como natural.

Tal perspectiva de linguagem gestual, porém, não atendia evidentemente aos ditames dos simbolistas e expressionistas. Os primeiros por entenderem que o gesto mimético não deveria ser o elemento central da cena. Pelo contrário, a sua expressão deveria ser estabelecida em sintonia com a poética das emoções, dos sonhos, das transcendências da alma, isto é, da conotação sugestiva com o conjunto dos elementos que compõem a metamorfose cênica e seu discurso, e não possibilitar a autonomia verbal desse último. Por sua vez, o Expressionismo exacerbou o gestual, por intermédio de gestos isolados, seja na marcação do próprio movimento – bem delineado ou apenas sugerido –, seja no ritmo – intenso ou lento –, com o intuito de demarcar rupturas com o gesto do cotidiano e intensificar a exposição representativa das vivências no papel do ator.

Nesse mesmo horizonte de ruptura, mas com o acento da politização de esquerda, está a Biomecânica, as ações físicas que não pretendem revestir fundamentos psicológicos. Nela, os atores operários são adestrados para serem ginastas, acrobatas, produtores na linha de *montagem** e imprimirem à cena o ritmo da dinâmica industrial na produção em massa. Os gestos devem ser construídos com ênfase na substância tecno-social e, com isso, definir a condição de classe da personagem. Imbuído dessas premissas, o teatro brechtiano, por sua vez, no diálogo com o expressionismo, com as *experiências** russas e com o teatro oriental, buscou por meio do *efeito v* construir o *gestus**, no qual os significados e apropriações deveriam remeter à classe social e às contradições das relações sociais.

Entretanto, no desenvolvimento dos recursos de linguagem gestual, temos acompanhado a retomada de iniciativas oriundas de práticas populares – *Commedia dell'Arte, pantomima**, teatro de bonecos, farsa –, nas quais o gesto adquire autonomia e passa a conduzir a própria representação. Nas últimas décadas, inúmeros encenadores têm, cada vez mais, valorizado o gesto em seus processos criativos. Em meio a essa diversidade, recordemos os "gestos intensos e vigorosos", que foram advogados por A. Artaud, Bob Wilson, e as *experiências** de disciplina criativa dos Teatros Laboratórios – Grotowski e Barba – e do Living Theatre. Cada uma dessas iniciativas desenvolveu, de forma específica, o tratamento do corpo do ator e a criação dos gestos, ao lado das conexões e proposituras, igualmente particulares, para o diálogo entre *palco** e plateia. No teatro contemporâneo, a *linguagem gestual* tem se concentrado na função performática como fonte principal da emissão cênica, nos termos do Teatro Físico e da Antropologização Teatral, na busca da especificidade representativa e comunicativa do signo em cena. [JG/RP]

 Aslan, 1994; Diderot, 1986; Pavis, 2011; Romano, 2005.

 Corporeidade, Pantomima, Linguagem Cênica

GESTUS

Gestus é um conceito desenvolvido pelo diretor e dramaturgo Bertolt Brecht. É uma ação física e/ou imagética que revela aspectos específicos e contraditórios da personagem, da cena ou de toda a *encenação**. Brecht afirma: "por *gestus* não se deve entender a gesticulação, trata-se sim de posturas gerais (*Gesamthaltungen*). Uma língua é gestual quando ela descansa sobre o *gestus*, quando mostra determinadas posturas daquele que fala, que contrapõe o falante a outras pessoas" (BORNHEIM, 1992: 281).

O teatro épico de Piscator-Brecht é filho de experimentos: a República de Weimar (1918) e a Revolução Russa (1917), principalmente entre 1917-1926. Neles se procuravam eliminar as fronteiras entre a arte e a vida. As décadas seguintes trariam Stálin, depois Hitler e depois o macarthismo. Seus conceitos foram ali talhados.

Walter Benjamin afirma, em 1939: "o teatro épico é gestual. O gesto é material" e "quanto mais interrompemos o protagonista", mais gestos obtemos (1987b: 80). Os antecedentes do *gestus* brechtiano são a *pantomima**, o teatro de feira e os *tableaux mouvants* (quadros vivos em movimento) muito comuns na cena europeia do século XIX e no melodrama. Os *tableaux movants* são cenas realizadas como uma composição das personagens nelas envolvidas, que congelam por um instante seus gestos ou fazem-no em cadência diferente do restante do espetáculo, o que sublinha a cena vista. Não é uma fotografia inerte, decorativa. O *tableau* deve anteceder, repetir ou continuar a sequência da história. É uma afirmação da encenação, um comentário, nada tem a ver com cada personagem, mas com a trama geral, afirmando um ponto de vista do elenco, do dramaturgo ou da direção. Este poderia acontecer durante ou ao final de cada ato, seja como forma de segurar o suspense ou de sublinhar algum fato. Uma pintura, suspensa e em movimento. No texto *Coelina*, iniciador oficial do gênero melodrama (1800, Guilbert Pixérécourt), há uma rubrica de encenação: "Todo mundo para, congelados com a atitude extrema; a dança que estava sendo realizada cessa e todos ficam imóveis…" e em seguida o vilão irá se retirar. *Teatralidade** em discurso.

Os primeiros passos na elaboração contemporânea do conceito de *gestus* brechtiano foram construídos a partir de distintas raízes: o uso pelo diretor alemão Erwin Piscator de filmes, cartazes e aparatos técnicos para montar sua cena; também pela observação dos filmes de Chaplin, que Brecht considerava um ator épico por excelência; nos experimentos de Meierhold, Vakhtângov, Tairov; na Ópera de Pequim; no *vaudeville*, no *cabaret* e no expressionismo alemão.

Sergei Tretiakov, dramaturgo russo e escritor construtivista, amigo de Brecht, descrevia assim a cena brechtiana a que assistira em Berlim (Staatstheater, 1931). Aqui se pode entender um pouco mais o *gestus* na peça *Um Homem É um Homem*: "gigantescos soldados, armados até os dentes, blusões manchados de lodo, sangue e excrementos, caminham com ar solene pelo palco, agarrando-se a arames para evitar que caíssem das pernas de pau, escondidas pelas pernas das calças" (WILLET, 1967: 189). Tretiakov, amigo de Brecht, será fuzilado em 1937 por Stálin.

Por outro lado, as raízes teóricas do *gestus* se apoiam no conceito de *estranhamento** (*ostranenie*), elaborado pelo formalista e cenógrafo russo Viktor Schklóvski. Este afirmava, em 1917: "as imagens não têm outra função senão permitir agrupar objetos e ações heterogêneas e explicar o desconhecido pelo conhecido" (1999: 75). O estranhamento seria, para Schklóvski, uma função própria da arte, o efeito criado pela obra de arte para nos distanciar (ou estranhar) o modo cotidiano como entendemos o mundo, o que nos permitiria entrar numa dimensão nova, só visível a partir do olhar estético ou artístico. Esse conhecimento pela arte, esse *estranhamento** na natureza, é parte da função estética. No teatro o *gestus* é o que permite esse estranhamento.

Brecht afirma que a música do cabaré e da opereta foi "durante algum tempo uma espécie de música *gestisch*". Kurt Weill foi o primeiro a colocar por escrito o conceito de *gestus* (25.12.1928) no *Berliner Tageblatt* (THOMSON, 1994: 226). O objetivo era tornar evidente, pela música, o comportamento e as atitudes das personagens.

Apenas em 1940 Brecht descreverá com mais detalhes o *gestus*: "A finalidade do *verfremdungseffekt* (*efeito v*) consiste em distanciar o *gestus* social que subjaz (*unterliegend*) a todos os acontecimentos. Por *gestus* social entende-se a expressão mímica e gestual das relações sociais, nas quais os homens de uma determinada época se relacionam" (BORNHEIM, 1992: 281).

Em *A Alma Boa*, quando a atriz que interpreta Shen-Te se torna seu oposto, Shui-Ta, move-se de distinta maneira. É um gesto incorporado, como linguagem. Já em *Mãe Coragem* cada cena é antecedida por um slide ou cartaz. A associação de imagens, como na teoria de montagem de Eisenstein, ou nas legendas dos filmes mudos, produz uma nova dimensão da narrativa, um *gestus* e um estranhamento. O *gestus* deve revelar um determinado aspecto da personagem, é uma dimensão física e não psicológica ou metafísica. O *gestus* brechtiano se constrói nos marcos da compreensão da arte também como uma das formas de conhecimento humano. [RC]

Bornheim, 1992; Benjamin, 1987b; Chklovski, 1999; Willet, 1967; Thomson & Sacks, 1994.

Peça Didática, Modelo de Ação, *Ensemble* das Artes, Coro

GRUPOS DE TEATRO

A definição de grupo encontrada no *Dicionário Houaiss da Língua Portuguesa* se refere "a conjunto de pessoas ou coisas dispostas proximamente e formando um todo", "conjunto de pessoas ou coisas que têm características, traços, objetivos, interesses comuns" (HOUAISS, 2007: 1487). No final do verbete, há ainda a seguinte indicação: do italiano *gruppo*, entendido como "nó, conjunto, reunião". A organização em grupo pertence à tradição teatral. No entanto, essa nomenclatura foi bastante utilizada a partir da década de 1960, momento da criação de grupos que correspondiam ao pensamento e ao comportamento vigentes na época. Também aparece como uma resposta a uma estrutura mais antiga, mas ainda existente, de teatro comercial que apresenta o nome de um ator ou atriz importante acompanhado por um "grande elenco".

Pode-se dizer que os grupos de teatro são criados por motivos bastante heterogêneos, embora seja possível levantar alguns aspectos recorrentes em muitos deles. Por exemplo, os grupos se organizam de maneira não hierárquica, compartilhando interesses comuns e se responsabilizando igualmente pela obra criada. Muitas vezes os processos criativos são longos e não correspondem aos ideais do mercado. O estatuto do grupo, assim como o modo de produção, é definido coletivamente, sendo que todos os participantes têm conhecimento de todas as etapas da criação. Desse modo, o grupo teria condições de dizer ao mundo a que veio. De acordo com Silvia Fernandes, que realizou estudo sobre os grupos teatrais da década de 1970, após a dissolução do Teatro de Arena (1971) e do Oficina (1973) – duas companhias estáveis da década de 1960 – "os grupos caracterizavam-se como equipes de criação e se organizavam como cooperativas de produção" (FERNANDES, 2000b: 13).

Segundo Ariane Mnouchkine, "uma trupe como o Théâtre du Soleil começa por um sonho e continua pela permanência do sonho" (FÉRAL [org.], 2010: 25). Parece correto afirmar que um grupo teatral seja caracterizado pelos interesses comuns, um conjunto de objetivos ou objetos de trabalho que o norteiam. São esses interesses comuns que levam esses artistas a compartilharem as mesmas pesquisas e os mesmos sonhos, coabitando as mesmas salas de ensaio e permanecendo juntos por vinte, trinta anos. Pode-se dizer, portanto, que uma das principais características desses agrupamentos seja sua relação com o tempo, sua formatação duradoura.

Esse modelo de grupo estável teve um papel muito importante na organização dos artistas como classe de trabalhadores. Participar de um grupo é um meio de inserir-se no mercado das artes, colocando-se em condições de concorrer aos editais de fomento à produção de suas criações artísticas. Por esse motivo, essa estrutura passou a ser almejada por muitas pessoas, como sendo o caminho possível de um artista sobreviver de sua arte, ou, ao menos, ter recursos mínimos para fazê-la existir. Assim sendo, um estudante de arte ou jovem aprendiz costuma buscar seus pares nas escolas e grupos de teatro para, juntos, traçarem um percurso coletivo. Outras vezes, o encontro acontece em função da própria natureza do fazer teatral, trata-se de uma arte da coletividade. Contudo, faz-se necessário que um pacto seja estabelecido, pois nem todo amontoado de gente se transforma em um grupo de teatro. Em certos casos, há o estabelecimento de um estatuto; em outros, o pacto é silencioso, como se de repente as pessoas percebessem que estão sendo e agindo como um grupo. Mas, em todos os casos, há um compromisso com a continuidade de um projeto artístico.

Como uma família, um grupo não é formado de imediato, depende de um desenvolvimento no tempo. A nomenclatura (grupo) e a contagem do tempo estão sempre atreladas. O tempo de permanência junto possibilita maior aprofundamento nas pesquisas de linguagem, mais refinamento nas relações de trabalho e mais possibilidade de aprendizado. Algumas vezes, no entanto, esse "nó" permanece atado apenas na figura do diretor ou de um número restrito de integrantes em torno dos quais gravitam atores passageiros. É importante ressaltar que esse modelo de grupo estável escreveu boa parte da história do teatro brasileiro (em muitos países não há esse tipo de organização de artistas). Além disso, foram esses grupos que lutaram pela organização da classe artística, criando e preservando as leis de incentivo à cultura. Portanto, é provável que tal estrutura se mantenha futuramente, embora ela não abarque a totalidade de artistas existentes na sociedade contemporânea. [vv]

 Féral (org.), 2010; Fernandes, 2000b; Houaiss & Villar, 2007.

 Coletivo, Iniciação ao Teatro

I

IDA AO TEATRO

Em geral, no âmbito educacional, a ida ao teatro está atrelada às atividades didáticas, e objetiva a integração com propostas desenvolvidas em sala de aula, em diversos âmbitos do currículo. Essas propostas vinculam a ida ao teatro às proposições dos *Parâmetros Curriculares Nacionais – PCN**. Ou seja, é papel da escola desenvolver nos alunos habilidades para apreciarem produtos de arte, em suas várias linguagens.

Há os que acreditam que a ida ao teatro seja um instrumento de facilitação à apreensão de determinados conteúdos escolares, tais como livros de literatura que figuram nas listas de vestibulares e são encenados especialmente para o público estudantil. Outros educadores limitam associar a ida ao teatro à ideia de entretenimento. Nesse sentido, o objetivo é retirar os estudantes da sala de aula e focalizar apenas na capacidade de diversão que o teatro oferece. Porém, quanto mais a ida ao teatro estiver relacionada a um projeto de construção de conhecimento, mais se ampliam as capacidades de leitura, da imaginação e da fruição estética dos alunos. Ao estar relacionada ao cotidiano escolar, ela oportuniza situações de ensino/ aprendizagem, centradas na experiência estética teatral. Dentro desse aspecto, a ida ao teatro está ligada à dimensão simbólica do pensamento dos alunos, por intermédio da qual eles codificam e decodificam suas percepções, suas sensações e seus sentimentos.

Destacam-se também nessa atividade as possibilidades de experimentar formas narrativas e poéticas, distintas de narrativas científicas, filosóficas e religiosas. A articulação entre a criação e a apreciação artística pode ser realizada por intermédio da ida ao teatro. Assim sendo, ela deve ser pensada a partir de procedimentos específicos que favoreçam a leitura estética da obra e, por conseguinte, a leitura de mundo dos alunos.

Ir ao teatro é também ensinar aos alunos que, além das áreas verdes, dos locais de lazer, há espaços culturais que devem ser frequentados e podem contribuir para sua formação como espectador e consumidor de arte. Por meio da *mediação** de um professor, a ida ao teatro pode estar apoiada em métodos próprios de acesso e/ou leitura da obra teatral. Entre inúmeros métodos podemos distinguir dois: o método discursivo, cujo trabalho está voltado para a troca verbal de informações e a busca do conhecimento cognitivo e racional sobre a encenação.

O outro método seria o apresentativo, que visa à exploração de técnicas criativas e lúdicas. Esse método envolve imagens, impressões emocionais e jogos associativos que abarcam desde a leitura formal do espetáculo à leitura dos conteúdos da peça/encenação (KOUDELA, s.d.).

Ambos os métodos podem ser empregados antes ou posteriormente à ida ao teatro. O entrelaçamento dos dois métodos permite que o aluno-espectador empregue todas as suas capacidades de interação com o evento teatral. Várias abordagens podem ser utilizadas pelo professor, objetivando preparar a ida ao teatro e transformando a atividade em material de aprendizagem. Autores como Ingrid Koudela, Maria Lúcia S. B. Pupo e Flavio Desgranges têm se dedicado a propor ações artísticas e pedagógicas que contribuam para a leitura e acesso à linguagem teatral. Nesse sentido, esses autores são modelares quando se pensa em procedimentos que possam tornar a ida ao teatro numa *experiência** viva e fecunda dentro da escola. [JGA]

 Desgranges, 2003; Koudela, s.d.; Pupo, 2005a.

 Ação Cultural, Mediação, Teatro-Educação, Teatro na Escola

ILUMINAÇÃO

Imagine a si mesmo em uma caverna completamente escura. Nessa situação você está paralisado, perdido, desorientado. Insira um único facho de luz – uma lanterna, uma vela, um palito de fósforo. Formas serão reveladas, esculpidas, selecionadas. É o que faz a iluminação cênica: conduz o olhar do espectador para esse aventurar-se, cada vez mais, no sentido do espetáculo.

Embora, no uso corrente, sejam utilizadas como sinônimos (são comuns as expressões "fiz a luz da montagem" ou "gostei da iluminação do espetáculo"), convém conceituar *luz*, *iluminação* e *iluminação cênica* separadamente.

A *luz*, como fenômeno físico, é a sensação derivada da capacidade de alguns seres vivos apreenderem e interpretarem determinada faixa de impulsos eletromagnéticos compreendida entre 400 e 700 nm (nanômetro – ou milimícron – unidade de comprimento equivalente à bilionésima parte de um metro).

A *iluminação* configura-se como a relação entre uma fonte de luz que emite uma irradiação e um objeto. O sol, velas e refletores são exemplos de fontes irradiadoras de luz. Em qualquer contexto, a iluminação possui qualidades distintas, quais sejam:

DISTRIBUIÇÃO: é a relação espacial entre o objeto e a fonte de luz, levando-se em conta a quantidade e a posição das fontes de luz em relação ao objeto;

INTENSIDADE: quantidade de luz emanada pela fonte que chega até o objeto iluminado. Não confundir com potência, que é a capacidade da fonte de emanar a luz. Ou seja, dependendo da distância, uma mesma potência pode chegar com diferentes intensidades a um objeto;

COR: qualidade especial que deriva de uma determinada emissão incompleta por parte da fonte de luz. Um filtro, comumente chamado *gelatina*, aplicado em um refletor, por exemplo, permite que apenas determinado espectro seja emitido – o restante, que é interceptado, retorna em forma de calor. Assim, uma gelatina vermelha deixa apenas passar o espectro de luz vermelha. A luz também varia de acordo com a temperatura de cor – escala que exprime a qualidade da cor e o conteúdo de uma fonte de luz, cuja medição é feita em graus Kelvin. Quanto mais alta a temperatura de cor, mais clara é a tonalidade de cor da luz.

A *iluminação cênica,* uso expressivo das qualidades controláveis da iluminação, possui diversas finalidades. Não há concordância quanto aos elementos que compõem essas finalidades e, dependendo do autor consultado, serão apresentados mais ou menos elementos e, em alguns casos, eles estão agrupados de diferentes formas. Portanto, apresenta-se aqui uma forma de agrupamento destas finalidades, as quais podem ser assim divididas:

VISIBILIDADE SELETIVA: criar condições de visibilidade para o que está ocorrendo em cena, iluminando todo o campo de ação ou conduzindo o olhar para o que deve ser visto e, assim, afastar o olhar daquilo que não quer que seja visto. Ou seja, pretende, de diferentes formas, reforçar o olhar para o elemento principal da composição da cena. "Depende da soma de diversos fatores: o tamanho dos objetos iluminados, a luz refletida pelos objetos, o contraste das coisas iluminadas com o fundo e a distância entre o assunto iluminado e o observador" (SARAIVA, 1990: 441).

REVELAÇÃO DA FORMA: considera e reitera o aspecto tridimensional do espaço cênico e tudo o que está no campo de ação, articulando os elementos da iluminação para reforçar a terceira dimensão – a profundidade – dando volume aos objetos.

COMPOSIÇÃO: "é o uso da luz como elemento de desenho. O desenho em luz não é estático como um quadro pintado, a luz varia com o movimento proposto" (SARAIVA, 1990: 444). Esse pode ser representado pela passagem de um estado luminoso para outro, pelo movimento da luz (a chama de uma vela ou um refletor carregado por um ator), pela utilização de refletores motorizados que mudam a direção da luz e, por fim, pela composição de todos esses elementos em diversas combinações.

CRIAÇÃO DE ATMOSFERA: essa finalidade da iluminação cênica se configura como a responsável pela criação de climas que envolvam o espectador, tal qual a atmosfera que envolve a Terra. Em um primeiro nível, pode ser articulada pela apresentação de informações sobre a encenação; a apresentação de um céu estrelado ou a projeção de *cenografias** ou textos são alguns exemplos. Em um segundo nível, articulando todos os elementos da iluminação cênica citados anteriormente, a criação da atmosfera é resultado da opção estética de como os objetos serão revelados, selecionados e esculpidos; é também fruto dos movimentos de composição e a relação com os demais elementos que compõem a encenação, como os atores e seus movimentos, os figurinos e a cenografia. "Está aqui toda a manipulação estética e técnica possível de ser controlada" (FIGUEIREDO, 2007: 65) e que vai culminar no desenho de luz de um espetáculo.

Se no primeiro conceito, luz, temos um fenômeno físico e no segundo, iluminação, uma relação, no terceiro temos a articulação de uma linguagem, configurando-se como campo artístico de pesquisa e manifestação expressiva e, portanto, sujeita a toda a subjetividade inerente a essa articulação, inclusive no que diz respeito à percepção do *público**. Quanto a isso, convém citar Max Keller (apud FIGUEIREDO, 2005: 67): "Felizmente não existe nenhuma reação genericamente válida aos efeitos da iluminação. Iluminar, como a música, é uma esfera particularmente subjetiva. A percepção da luz raramente é um processo consciente. Talvez precisamente porque seu efeito emocional é inconsciente é que afete nossa sensibilidade assim incisivamente [...]. A composição visual de um evento almeja dar suporte ao que acontece no *palco** e influencia-o emocionalmente".

Por fim, cabe destacar que o profissional responsável por esse processo, o iluminador cênico, não deve ser compreendido exclusivamente no âmbito técnico; deve atentar para o papel propositivo que pode empreender em um processo artístico. "Existem muitos profissionais que são preocupados, em excesso, com a técnica e esquecem o lado artístico [...]. Falta de risco, experimentação e liberdade são fatores que acomodam e criam [...] ambiente desfavorável para discussão de nosso trabalho. Se reinventar, lidar com o inacabado, ter uma pesquisa". (BONFANTI, 2009).

Nesse sentido, a iluminação cênica se configura hoje como um potente campo de proposição artística e de produção de sentido nos processos de encenação. E essa ampliação da iluminação cênica nos processos de criação não está ligada, exclusivamente, aos avanços da tecnologia dos equipamentos. Em iluminação cênica, é desejável que se compreenda que a ideia, a concepção devem vir antes da tecnologia. [SA]

 Bonfanti, 2009; Figueiredo, 2007; Saraiva, 1990.

 Educação Estética

IMPROVISAÇÃO TEATRAL

A improvisação teatral aparece em nossos dias como fenômeno profundamente imbricado na concepção mesma do que sejam as artes da cena. Ela se configura hoje como procedimento constitutivo do fazer teatral, independentemente de poder responder a várias finalidades, de se fazer presente em diferentes graus ou de ser passível de múltiplas ópticas.

Ao longo do século XX assistimos aos contínuos impactos e acomodações gerados pela prática da improvisação nos mais diversos contextos, tendo em vista questionar convenções vigentes e aproximar a atividade teatral do momento presente. Um dos legados mais relevantes dessa trajetória é sem dúvida ter contribuído para ampliar de modo significativo o espectro das pessoas suscetíveis de atuar. Muitos daqueles que até então se colocavam exclusivamente como espectadores agora podem se lançar à aventura teatral e, assim, coconstruir a cena. Pessoas pertencentes a segmentos da população até então afastados do fazer teatral são reconhecidas como portadoras de um corpo capaz de articular uma linguagem. Graças em grande parte à proeminência da improvisação, embaralham-se os contornos da diferenciação entre aquele que age e aquele que assiste.

Se os dicionários teatrais caracterizam o ato de improvisar como atuar sem preparação, de modo não premeditado, que emerge no aqui-agora, Sandra Chacra emite uma ressalva a tal generalização, apontando que a própria natureza do encontro teatral implica alto teor de imprevisibilidade. Dado que a representação não pode ocorrer de modo perfeitamente idêntico em cada ocorrência, cabe reconhecer que improvisar é, em alguma medida, inerente ao jogo cênico, não se justificando, portanto, em termos absolutos, contrapor improvisação e formalização.

O ato de improvisar perpassa diferentes períodos da história do teatro no Ocidente, das representações dionisíacas e manifestações do teatro romano – como os mimos ou as atelanas – às formas populares medievais protagonizadas por saltimbancos e bufões. Mas é com a *Commedia dell'Arte* que ela é enaltecida; uma preparação cuidadosa em termos de voz, música, acrobacia fazia do ator um verdadeiro autor teatral que atuava de improviso, sobrepujando assim a primazia do texto. Já no último século verificamos que os encenadores que revolucionaram as concepções cênicas de seu tempo estão intrinsecamente vinculados à prática da improvisação, como Stanislávski, Meierhold, Copeau ou Grotowski, para citar apenas alguns.

Mas é na década de 1960 que as tentativas de transformação das relações com o público e o florescimento das práticas improvisacionais se confundem em um único todo. O advento da criação coletiva desloca a noção de autoria, pois a obra se torna fruto da contribuição de todos; o texto deixa de ser o ponto de partida e a improvisação, soberana, passa a ser o eixo da criação; textos ou roteiros agora são resultantes dela.

Empenhados em contestar social e politicamente o *status quo*, os grupos americanos dos anos de 1960 transformam o modo de fazer teatro ao procurarem romper com as convenções teatrais e ao provocarem o espectador para reagir a repressões de toda ordem mediante improvisações coletivas. Em polêmico texto de 1977, no entanto, o filósofo Michel Bernard critica o ideário que move os artistas adeptos da improvisação teatral, apontando que a ruptura pulsional selvagem com a imposição de códigos que ela proporcionaria se baseia no mito de um "eu" natural e espontâneo, que ele coloca em xeque.

Segundo Odette Aslan, cabe examinar a improvisação teatral sob três ópticas diferentes: ela pode se constituir enquanto instrumento de construção de um espetáculo, como elemento de formação do ator, assim como pode ser, em si mesma, o próprio espetáculo. A experiência, contudo, mostra que tais categorias, longe de serem estanques, muitas vezes se superpõem.

Quando proposta como meio para a criação do espetáculo, a improvisação se torna instrumento de exploração do imaginário para os atores e toda a equipe, promove a integração do grupo, alimenta a pesquisa. Vinculada a uma visão não cristalizada do texto, ela, no entanto, pode contribuir efetivamente para sua descoberta ou levar à criação de um texto paralelo.

Elemento central em diferentes modalidades de formação inicial e continuada do ator, a improvisação é um princípio de treinamento, contribuindo para instaurar a presença cênica de quem atua e consagrando a primazia do corpo na atuação.

A improvisação constitui o próprio espetáculo em uma série de manifestações teatrais concebidas nas últimas décadas. Desde o teatro da espontaneidade de Moreno, na Viena dos anos de 1920, até o *teatro de agitação e propaganda** na Rússia pós-revolucionária ou na Alemanha entre guerras, até os *happenings* em que o jogo só ocorre se o espectador se dispuser a ele, improvisar é fazer existir o fato teatral. A radicalidade que marca o teatro norte-americano nos anos de 1960, presente nos espetáculos de expoentes como o Living Theatre, o Open Theatre ou o Second City (esse último influenciado diretamente por Viola Spolin, mãe de Paul Sills, seu diretor), provém da inserção de passagens nas quais os espectadores improvisam junto com os atuantes, tornando-se assim coautores da cena.

Em nosso país, há décadas as encenações do Teatro Oficina vêm trazendo para o primeiro plano a participação do público, consagrando com ela um princípio estético central na sua longa e fértil trajetória. O *teatro do oprimido** de Augusto Boal, nascido aqui e hoje reconhecido em boa parte do mundo, fundamenta seu trabalho no princípio de que a ação improvisada executada pelo espectador em cena pode ser transferida do plano da ficção para a vida real. Nos diferentes formatos que o configuraram – desde o teatro invisível até o *teatro legislativo** – é o ato de improvisar e de intervir na improvisação de outros que permite ao indivíduo reconhecer seus conflitos e experimentar soluções.

Por outro lado, as Ligas de Improvisação criadas no Canadá em 1976, assim como o *teatro-esporte** fundado pelo inglês Keith Jonhstone na mesma época, continuam se disseminando em vários países e propõem competições entre grupos de improvisação arbitradas pelo público, nas quais, todavia, estereótipos e lugares-comuns tendem a ser reiterados.

No Brasil de nossos dias é com facilidade que reconhecemos na improvisação o fulcro dos indiscutíveis avanços observados nas relações entre o teatro e a educação. Se as práticas nessa área vêm se consolidando em termos da esfera escolar e sobretudo no âmbito da ação artística, é a atuação improvisada que constitui o lastro comum às diferentes linhas de trabalho nos vários contextos observados.

Ancoradas na dimensão lúdica, práticas como o *jogo teatral**, o *jogo dramático**, propostas filiadas à noção de "drama" ou aos princípios do *teatro do oprimido** propõem o ato de improvisar a partir de regras precisas – entre as quais o acordo coletivo – e contam com o papel ativo dos envolvidos tanto no espaço cênico, quanto na plateia. Entre as características da ação improvisada, normalmente ressaltadas como tendo valor educacional, uma das mais importantes é o fato de que a abertura e a disponibilidade para a relação com o outro constituem o seu fulcro. Improvisar implica formular e responder a atos cênicos mediante a construção física de ação, espaço, fala, entre outros elementos, construção essa que resulta das relações que o indivíduo produz aqui e agora com seus parceiros e com o ambiente, marcadas por uma intencionalidade, mas também atravessadas por fatores aleatórios.

Um exame mais detalhado dessas diferentes práticas, que têm como meta a formação de um ser humano aberto para a experiência sensível e capaz de pensar criticamente, revela que o postulado básico da ação improvisada, a saber, representar sem preparação prévia, apresenta nuances. Em muitos casos a ausência de preparação é relativa, pois os jogadores partem de um roteiro estabelecido coletivamente, que a cena deverá trazer à tona. Em outras circunstâncias o jogador entra no espaço sem a sustentação de qualquer fábula, mas apoiado em algum elemento da linguagem teatral a ser focalizado na situação de improvisação, tal como uma ação, um fragmento de texto, um objeto, um gesto. Esse é especialmente o caso do *jogo teatral** formulado por Viola Spolin e do *jogo dramático** na acepção francesa em seu período mais recente.

Quando proposta em vista de um processo de caráter educacional, a dimensão coletiva da prática da improvisação é particularmente salientada e a busca de um discurso próprio dos participantes é valorizada, em detrimento da reprodução de formas teatrais consagradas. Estamos nos referindo a processos nos quais a dimensão artística e educacional estão intimamente tecidas, que possibilitam a confrontação com outros imaginários e nos quais a iniciativa, a responsabilidade e a cooperação ocupam o primeiro plano.

A compreensão de que existem respostas plurais a um mesmo desafio é um princípio a ser descoberto por quem atua. Ver o outro, conquistar o prazer assistir a ele em ação, ousar se colocar, exprimir as dificuldades de seu próprio percurso são algumas das atitudes valorizadas. O desenvolvimento da escuta e, consequentemente, da capacidade de jogo, espera-se, deverão conduzir a uma experiência estética partilhada. Nesse sentido, a depuração estética da comunicação teatral, quando ocorre no âmago de práticas perpassadas por objetivos de caráter educacional, é vista como indissociável do crescimento pessoal do jogador. Pierre Voltz equaciona com propriedade os desafios do coordenador de processos teatrais dessa natureza, mostrando que há uma contradição básica no cerne da potencialidade educativa do teatro: o prazer lúdico da invenção se opõe à experiência estética da restrição das formas e é justamente nesse embate que se situa a tarefa do educador.

Nos dias atuais os pontos de partida para suscitar a improvisação tendem a se revestir de caráter formal: corporalidade, sonoridades, movimento, cor, não raro desembocam em discursos híbridos nos quais não se vislumbra qualquer fábula ou traço de personificação. Mais do que representação, a noção de acontecimento dá conta, de modo mais preciso, de tais manifestações, nas quais a experiência do contato, o tempo real e o ato de se fazer plenamente presente são enfatizados. [MLP]

 Aslan, 1994; Bernard, 1977; Chacra, 2010.

 Jogo Teatral, Jogo Dramático, Teatro do Oprimido, Teatro-Esporte, Drama na Educação

INICIAÇÃO AO TEATRO

A iniciação ao teatro ocorre tanto ao nível social (capital cultural incorporado no âmbito da família e relações sociais), quanto ao nível institucional (escola).

No primeiro caso as variantes incluem as oportunidades de frequentar teatro, performances, dinâmicas de grupo em acampamentos de férias, encontros de recreação infantil, experiências na esfera familiar ou social. No segundo caso, considerando-se a iniciação ao teatro realizada no âmbito escolar, as variantes dependem da oportunidade de a criança frequentar uma escola que inclua o teatro como componente curricular ou extracurricular e a habilitação do professor – poucas escolas contam com professores formados em teatro, e mesmo estes são em grande número requisitados a ministrar aulas das demais áreas artísticas incluídas no currículo.

Em todas estas possibilidades, seja como ator ou espectador, quer no âmbito familiar, social ou escolar, a iniciação vai ser significativa em relação direta com a formação e a habilidade de seu condutor. A generalização de afirmações referentes à iniciação ao teatro seria possível em países com um currículo nacional que fosse observado e avaliado regularmente. No Brasil temos uma situação singular: *Parâmetros Curriculares Nacionais – PCN** são indicadores para a realização de parâmetros estaduais, os quais representam parâmetros para os municipais e estes para o planejamento estratégico de cada escola. Se, por um lado, essa alternativa responde à necessidade de contemplar as especificidades regionais, por outro lado, a democratização do ensino, com condições iguais de acesso ao conhecimento, torna difícil ou impossível identificar e caracterizar as formas de iniciação a um determinado campo de conhecimento.

Uma possibilidade de focalizar a iniciação ao teatro seria através das *metodologias de ensino** mais presentes nos relatos e/ou por meio de artigos apresentados em conferências, congressos e/ou publicações. Nessa perspectiva é possível constatar que os princípios que norteiam e subsidiam professores em contextos e circunstâncias diversos estão associados ao *jogo dramático**, *jogo teatral**, *peças didáticas**, ou drama. Entretanto, as formas tradicionais de montagem de espetáculos, tal como decorar o texto, e a partir daí trabalhar com improvisação e interpretação, e as formas de trabalho comunitário, como o *teatro do oprimido** e suas variantes tais como teatro de imagens, invisível, legislativo, também fazem parte da iniciação de amplas camadas da população. Variantes do jogo dramático e do drama, como o RPG eletrônico na forma *live* (ao vivo), representam a iniciação de muitas crianças e adolescentes ao teatro, uma vez que se tornam cada vez mais populares. Os métodos de ensino envolvidos na iniciação ao teatro distinguem-se de professor a professor segundo sua concepção de ensino e aprendizagem, seu entendimento relativo ao conceito de criança e de aluno, e o contexto curricular, extracurricular, extraescolar (ONGs, teatro comunitário ou em comunidades) onde ocorre a iniciação. As metodologias do ensino do teatro, no que se refere à iniciação, têm em comum formas distintas de jogos (jogos de interação ou jogos tradicionais, jogos dramáticos, jogos teatrais, *role play games*), o *desempenho de papéis** (sociais ou ficcionais), a delimitação de um contexto (espaço físico, jogos de orientação, identificação do contexto ficcional, introdução de material visual que delimite a atividade), um pré-texto (a intenção e a motivação do professor, com o material que norteará suas opções durante o processo).

O conceito de iniciação ao teatro poderia ser problematizado em decorrência não só da diversidade de experiências prévias e/ou capital cultural incorporado pelo grupo ou alunos, como também pelo fato de que, seja nos jogos teatrais, no drama, no jogo dramático, no teatro de imagens, as atividades e as regras do jogo se aplicam a participantes de qualquer idade; o resultado ou o uso das mesmas é que podem se diferenciar, assim como se diferenciam em cada processo vivenciado pelo mesmo grupo. Outro aspecto é que em cada experiência ou montagem a iniciação é renovada em função dos objetivos a serem alcançados – como aquecimento, como foco, como interação do grupo.

Se observadas as orientações de ensino presentes nas propostas curriculares brasileiras, a aquisição de conhecimentos em teatro deveria equilibrar a atenção ao processo e ao produto nas esferas da *produção* (fazer e apresentar) e da *recepção* (apreciar e avaliar). [BA]

 Processo e Produto, Jogo Teatral, Teatro-Educação, Recepção, Montagem

INTERATIVO (TEATRO)

Embora a questão da interatividade no teatro não seja nova e possa ser situada, em certa medida, já na origem mesmo dessa arte, será no século XX que a participação do público passará a ser considerada e tratada de maneira particular, dando origem a teorias e experimentos teatrais que buscaram uma interação mais efetiva com a plateia e serviram de ponto de partida para o que hoje se denomina "teatro interativo".

Rigorosamente, os termos "interativo" e "interatividade", emprestados da comunicação, aparecem, ligados à tecnologia, mais especificamente à tecnologia eletrônica, a partir dos anos de 1960. O encurtamento de distâncias promovido pelas redes computadorizadas, em 1962, permitiu que sistemas de computação conversassem e interações sociais fossem realizadas por meio do computador. A viabilização da ideia de "interatividade" viria, porém, a ser desenvolvida com a criação, em 1963, de um sistema interativo de desenho por computador por intermédio de uma caneta de luz. Esses primeiros passos iniciaram uma nova era na comunicação, alterando a vivência espaçotemporal, uma vez que a rede permite, além da transmissão da informação para milhões de usuários de uma só vez (o rádio e a televisão também o fazem), a colaboração e a interação entre indivíduos por intermédio de seus computadores, que interferem, opinam, constroem e modificam mensagens e obras, agora numa perspectiva global e em tempo real.

Do ponto de vista da arte, embora os termos "interativo" e "interatividade" tenham se disseminado a partir dos anos de 1990, é já no início do século XX que as interações entre o artista e o espectador e entre o espectador e a obra passam a ser considerados importantes tanto na criação como na recepção da arte. Mais do que isso, ao longo do século XX observaremos o aparecimento de poéticas e estéticas que irão propor diferentes graus de interação.

A redescoberta do público pelas vanguardas do início do século XX trouxe o entendimento de que "o ato criativo não é executado pelo artista sozinho; o espectador põe a obra em contato com o mundo externo ao decifrar e interpretar seus atributos internos" (DUCHAMP, 2004: 519).

O espectador deixa de ser considerado um receptor passivo que observa e/ou experiencia uma reprodução ou ilusão para assumir a tarefa ativa de completar a obra ou mesmo interferir em sua construção. "E porque o público coopera assim com a fantasia dos atores, a ação desenvolve-se a um só tempo no palco, nos camarotes e na plateia", escreveria o futurista Filippo Marinetti (1913) acerca do teatro de variedade.

Para o teatro, a quebra da quarta parede, promovida pelos movimentos de renovação, evidenciaria a existência do espectador na plateia que, como

parte indissociável da própria definição dessa arte, durante séculos, havia sido tratado como se não existisse. Erwin Piscator, em seu *Le Théâtre Politique* (1929), disse que "a cena encontrava-se ainda nos princípios do século XX no estado em que a tinha deixado Shakespeare: uma abertura quadrada, uma "caixa óptica" pela qual o espectador podia lançar uma "olhadela proibida" sobre um mundo estranho" (apud BORIE et al., 2004: 446).

As vanguardas da primeira metade do século XX entenderam que, ao redescobrirem a plateia, era preciso oferecer condições para que o público também redescobrisse o teatro. O que se almeja a partir de então é a existência de um espectador desperto do sonho de quase trezentos anos, apto a reconhecer o teatro enquanto espaço (qualquer espaço) onde ideias expressas no trabalho do ator lhe são apresentadas esteticamente, revelando-lhe a *teatralidade**, levando-o a reestruturar a sua própria realidade e demandando dele, público, uma ação.

Tais objetivos materializados em diferentes estéticas contribuíram de forma significativa para a mudança da relação palco-plateia. A participação do espectador será, assim, para o artista, estimulada, desejada, solicitada, tanto no sentido da aproximação e da reflexão como da confrontação ou até da repulsa. O que se espera do público é a consciência cada vez maior de seu papel no *jogo teatral**.

Essas estéticas, entre outras, buscaram ativar as percepções do público (Vsévolod Meierhold); fazê-lo confrontar-se com sua subjetividade (Antonin Artaud); mobilizá-lo e libertá-lo da opressão política (Erwin Piscator); ou ainda fazê-lo discutir criticamente o homem e a sociedade (Bertolt Brecht).

A redescoberta do público no início do século XX e as novas relações entre palco e plateia acarretariam, por consequência, uma transformação do lugar do público no teatro. Romperam-se os limites entre palco e plateia, inverteram-se as posições, fundiram-se atores e público no espaço da representação.

Esse processo de renovação e as novas configurações espaciais da cena teatral implicaram também o reconhecimento de que o público precisava ser renovado. Muitos teatrólogos queriam alcançar públicos apartados do teatro. O edifício teatral perde a exclusividade de templo consagrado dessa arte e o teatro mais uma vez retorna às ruas, às praças, às feiras, e, de acordo com a realidade moderna de então, também foi às fábricas, em busca de novos *públicos**.

A necessidade de discutir o mundo em mudança, em uma velocidade nunca antes experimentada, de tomar partido, de incorporar as inovações e de questionar a realidade marcada por profundas transformações tecnológicas, científicas, sociais, econômicas, políticas e geográficas ocorridas em um espaço de tempo bastante curto, concorrem para tornar a participação do público nos espetáculos ainda mais ativa.

As ideias das vanguardas do início do século XX viriam a ser retomadas, de forma renovada, a partir do fim da Segunda Guerra Mundial. Se o período pós-guerra apontava para a urgência de se reinventar a existência, também solicitava por parte dos artistas uma discussão sobre a função social da arte. A necessidade de reconstrução dos países envolvidos, a divisão do mundo em dois blocos ideológicos, e os conflitos disso decorrentes, ao mesmo tempo que colocaram em foco o absurdo do panorama político, também expressaram o desejo de encontrar sentido.

Tornava-se crucial que o teatro buscasse, além da redefinição do humano e de seus modos de relação, também uma retomada de seu papel como agente de transformação da realidade. Uma das consequências de tais preocupações foi a inclusão do *público** nos experimentos teatrais a partir dos anos de 1960. Já não bastava mais que o público interpretasse e decifrasse a obra segundo a sua visão de mundo e repertório, o corpo do espectador passaria a integrá-la.

A participação física do público nos experimentos teatrais passa a ser uma tônica das poéticas a partir dos anos de 1960. O conceito de obra estruturada e acabada desmaterializa-se e cede lugar ao princípio da criação coletiva, cuja definição expressa no Manifesto de Avignon (1968) pressupunha um tipo de teatro que tratasse as questões artísticas sem distinção dos "acontecimentos políticos, sociais e cotidianos"; um teatro de "libertação política e psicológica", de "ação antes direta que representada", que não mais colocaria o espectador "numa situação alienada e subdesenvolvida" (CARLSON, 1997: 456).

A expressão, a criatividade, os desejos do *público** e seu corpo passam a ser integrados na criação teatral, materializando a ideia corrente de "arte para todos". A participação ativa do público conduziria a efetivação da interatividade no teatro.

A obra teatral passa a ser um experimento vivenciado por atores e público. Os *happenings*, considerados como primeira proposta cênica realmente interativa, utilizando-se da mistura de linguagens, propunham impressões sensoriais impactantes, como uma espécie de *ritual** moderno, sem começo, meio e fim definidos. Todavia, o teatro dessa época não é apenas ritual, ele também é um fórum de discussão política e, em algumas propostas, até mesmo um balão de ensaio para a revolução. Dentre as formas teatrais desse período, o *teatro de rua**, como acontecimento imprevisto e envolvente, irá promover a tomada do espaço público, dentro de uma perspectiva política, reafirmando a rua como ambiente legítimo e natural da vida e de encontro de humanos, sem diferenças culturais, econômicas e raciais. O Living Theatre com sua proposta de teatro livre, sem distinção entre teatro e vida, almeja a criação de uma nova realidade político-social junto com o público. O *teatro do oprimido** de Augusto Boal – e suas diferentes formas de manifestação –, por sua vez, irá propor estratégias de "ação". Para isso, transforma o público em protagonista da cena, levando-o a refletir de forma ativa a sua realidade e a transformá-la externa e/ou internamente.

É também nos multifacetados anos de 1960 e de 1970, que veremos o ressurgir o teatro de improviso enquanto espetáculo, reafirmando a sua força de comunicação com o público. O Compass e, porteriormente, o Second City, com a aplicação da metodologia de Viola Spolin, o Olympic Theatre, de David Shepherd, o *teatro-esporte**, de Keith Johnstone, e o Play Back Theatre, de Jonathan Fox e Jo Salas, representam essa tendência.

No início dos anos de 1990, o termo "interatividade" aportará no teatro trazendo a visão de cocriação da obra pelo público, para referir-se ao tipo de *produção teatral** que abarca múltiplas possibilidades de *experiências** inovadoras de compartilhamento, em que atores e público se envolvem no processo de construção da proposta artística pretendida. O teatro interativo anuncia-se, então, como um "espaço latente de troca" (COSTA, 1995) e interferência no qual o próprio ambiente também contribui como realidade determinante na construção e significação da obra.

Muito mais interessante do que o produto resultante da interação será acompanhar e interferir no processo de criação artística. A obra, aberta em sua estrutura, passa a ser considerada como uma proposta em constante movimento, que se concretiza de maneira diferente a cada encontro entre atores e *público**.

O teatro interativo chegará ao final da primeira década do século XXI propondo o rompimento da dimensão espaçotemporal ao incluir, em consonância até com a própria origem do termo, experiências de telepresença e do universo virtual partilhado, anunciando novas dimensões da relação entre atores, entre atores e público e entre o próprio público. [VA]

 Borie et al., 2004; Carlson, 1997; Costa, 1995; Duchamp, 2004; Ubersfeld, 2005.

 Criatividade, Teatro-Esporte, Experiência, Experimento Cênico, Lugar Teatral

INTERTEXTUALIDADE

Segundo a linguística textual, um dos fatores de textualidade é a referência, explícita ou implícita, a outros textos, sejam orais, escritos, visuais, música etc., e "intertextualidade" é o nome que se dá a esse "diálogo" entre textos. Sua noção nasce nos anos de 1960 e se fundamenta em uma ideia: não se pode encarar um texto sem pensar naqueles que foram escritos antes. Ela não é concebida propriamente como um fenômeno de imitação: trata-se menos de citar textos anteriores que de reencontrar, num texto, traços às vezes disseminados inconscientemente pelo autor. Pode se apresentar sob diferentes modalidades:
- CITAÇÃO: a forma mais visível, particularmente graças a códigos tipográficos (apresentação tipográfica de um texto citado, emprego de letras em itálico ou aspas).
- PLÁGIO: ataque à propriedade literária, constitui um empréstimo a um texto sem que suas referências sejam explicitamente indicadas.
- ALUSÃO: calcada no implícito e supõe que o leitor compreenda que se trata de um jogo de palavras.
- PARÓDIA: no sentido estrito, designa a transformação de um texto cujo tema nobre é aplicado a um tema vulgar, conservando seu estilo. Num sentido mais amplo, designa todo desvio com intenção lúdica ou satírica de uma obra.
- PASTICHE: o termo foi introduzido por referência às imitações dos grandes mestres, comuns na pintura. Não revela mais da transformação, como acontece com a paródia, mas da imitação pura do estilo.

As apostas ou interesses da intertextualidade se dão ao nível da narração e ao nível do pacto de leitura. No primeiro caso, permite caracterizar uma personagem em seu contexto, fazer reviver os mitos e apela à *memória** cultural. No segundo, estabelece uma verdadeira convivência com o leitor, pois lhe cabe localizar os indícios do intertexto. Assim, suas diferentes modalidades fazem do leitor o parceiro de um jogo com os textos. A paródia aposta no prazer de reconhecer o texto original transformado. O pastiche permite ao leitor reconhecer os procedimentos de escritura que fazem a beleza do texto.

Os pioneiros Mikhail Bakhtin, Julia Kristeva, Laurent Jenny, Michael Riffaterre e Gérard Genette são teóricos vindos de horizontes muito diversos. Em Bakhtin, encontra-se o conceito de relações dialógicas manifestas no espaço da enunciação: "Todas as palavras e formas que povoam a linguagem são vozes sociais e históricas, que lhe dão determinadas significações concretas e que se organizam no romance em um sistema estilístico harmonioso [...]". Para ele, a língua se harmoniza em conjuntos, pois não é um sistema abstrato de normas, mas sim "uma opinião plurilíngue concreta sobre o mundo" (BAKHTIN, 1988: 100-106). Em 1969, Kristeva coloca os fundamentos da intertextualidade: "a palavra (o texto) é um cruzamento de palavras (de textos) onde se lê, ao menos, uma outra palavra (outro texto)" (KRISTEVA, 2012: 141). Com o artigo de Laurent Jenny publicado na revista *Poétique* em 1976, e que marcou época (1976: 257-281), nos afastamos um pouco mais do campo da filosofia para entrarmos na prática textual. Jenny propõe um modelo de interpretação poética da intertextualidade e distingue entre a intertextualidade explícita ou forte, que usa de inferências intertextuais claras, como "relações de texto a texto enquanto conjuntos estruturados", e a intertextualidade implícita ou fraca, feita de alusões, de simples reminiscências: "cada vez que há empréstimo de uma unidade textual abstrata de seu contexto e inserida tal qual num novo sintagma textual, a título de elemento paradigmático". Michael Rifaterre explora, desde o fim dos anos de 1970, sua teoria da intertextualidade no quadro de uma teoria da recepção. Gérard Genette em seu livro de 1982, *Palimpsestes*, *la littérature au second degré*, estuda todos os fatos da intertextualidade, que ele rebatizou com o nome mais amplo de transtextualidade. A poética, segundo Genette, não deve se limitar ao texto, mas estudar a transtextualidade que, para ele é "tudo o que coloca [um texto] em relação, manifesta ou secreta, com outros textos". A transtextualidade inclui quatro tipos de relação:

- ARQUITEXTUALIDADE: a relação que um texto mantém com a categoria genérica à qual pertence;
- PARATEXTUALIDADE: a relação de um texto com seu paratexto (prefácios, introduções etc.);
- INTERTEXTUALIDADE: compreende tanto a alusão, o plágio quanto a citação. Também pode tomar diferentes formas e permite considerar o texto como uma produção viva que contém um pedaço de cultura universal.
- METATEXTUALIDADE: a relação de comentário que "une um texto a um outro do qual ele fala, sem necessariamente citá-lo (convocá-lo), às vezes no limite, sem nomeá-lo.[...] É por excelência a relação crítica".

Ingidore Koch e Luiz Carlos Travaglia em *Texto e Coerência* (1989: 88-89) destacam a intertextualidade:

- ligada ao conteúdo (matérias jornalísticas que se reportam a notícias veiculadas anteriormente na imprensa; textos literários ou não literários que se referem a temas ou assuntos contidos em outros textos etc.). Pode ser explícita (citações entre aspas, com ou sem indicação da fonte) ou implícita (paráfrases, paródias etc.);
- associada ao caráter formal, que pode estar ligada ou não à tipologia textual; por exemplo, textos que buscam "imitar" a linguagem jurídica, bíblica etc. ou o estilo de um autor;
- que remete a tipos textuais, ligada a modelos cognitivos globais, às estruturas ou a aspectos formais de caráter linguístico próprios de cada tipo de discurso e/ou a cada tipo de texto: tipologias ligadas a estilos de época.

Os críticos que traçaram o histórico do conceito sempre sublinharam a imprecisão terminológica e a multiplicidade dos termos da metalinguagem em concorrência. O primeiro defeito apontado pela maior parte deles é o de recair, sob o novo nome de "intertextualidade", numa velha crítica das fontes; isso consiste, diz Marc Angenot, "em fazer o novo com o velho e, por exemplo, chamar de análise intertextual uma tradicional crítica filológica das fontes e das influências literárias" (1983: 121-135).

A intertextualidade não pede para provar o contato entre o autor e seus predecessores. Basta, para que haja o intertexto, que o leitor faça necessariamente a reaproximação, pois cabe a ele, pela extensão de sua cultura, determinar a "dose" de intertextualidade do texto. Apenas o receptor em cada ato de leitura é o único juiz, o único a estabelecer a intertextualidade. Em consequência, levanta-se o seu maior problema: porque o receptor estabelece o intertexto, este pode variar de um leitor a outro, segundo a cultura e as leituras anteriores. Na verdade é impossível decidir o momento em que o intertexto é deliberadamente convocado pelo autor, inconscientemente por ele provocado, ou devedor unicamente ao leitor. A passagem de uma a outra dessas categorias é evidentemente gradual. Também não se pode negar que a intertextualidade seja um fenômeno de recepção, pois é preciso aceitar seu sentido muito amplo, ainda que o conceito corra o risco de se desintegrar totalmente.

A intertextualidade é um estado necessário do texto, uma condição básica, assim como o é da condição humana. Como humanos, recebemos um legado e dialogamos com ele. Tecemos novos textos com os fios que recebemos. Os tecidos resultantes são valiosos na medida em que mantêm esse equilíbrio entre "o dado e o criado" para usar uma expressão bakthiniana. Um texto é tão mais valioso quando é capaz de produzir transformações que sirvam para estimular novas aberturas ideológicas. Assim se tece a cultura, como elos de uma cadeia e não como aros soltos. [LPR]

 Bakhtin, 1988, 1992a; Koch & Travaglia, 1989; Kristeva, 2012.

 Texto e Cena, *Ensemble* das Artes, Dramaturgista

INTERVENÇÃO URBANA

Intervenção urbana pode ser compreendida como expressão artística que dialoga com os modos de vida nas grandes cidades da contemporaneidade; mas pode ser compreendia também como ação política na forma *ativista*.

Pode ser compreendida como a expressão de subjetividades que resistem à institucionalização da guerra como modo de vida. Pode ser expressão de quem se nega a combater para não perpetuar a relação guerreira instituída e naturalizada. É uma ação pacifista. Nessa perspectiva, as intervenções urbanas parecem mostrar uma civilização em que os indivíduos vivem uns contra os outros, em que não há sujeito neutro e uns são sempre adversários de outros. Para tais ativistas, esse parece ser o signo que rege a concorrência, a dialética, a luta de classes. Tudo está em luta para manter a guerra. O mercado é a guerra. É essa uma percepção de mundo possível para artistas intervencionistas.

No entanto, diferente da arte política moderna, a arte intervencionista não trabalha para a "grande revolução", mas utiliza os instrumentos de poder como tática de ação. Ao usar a terminologia da guerra, entende-se a *estratégia* como a ação de quem domina o território em que se localiza a luta e a *tática* como a ação de desapossados e de quem está embaixo, fraco, vigiado. Nesse sentido, a força do sujeitado está em sua astúcia mais do que em sua visão de totalidade. A tática é movimento dentro do campo de visão do inimigo e no espaço por ele controlado. Nessa perspectiva, podemos dizer que a intervenção urbana é uma *tática de guerrilha* cultural.

Como guerrilha, a arte intervencionista atua clandestinamente para provocar a desordem do que está instituído, ordenado, naturalizado. Intervir não é somente aparecer em um lugar imprevisível, intervir é causar desordem; pretende-se realizar uma insurgência. Não se pretende tomar o poder e não se trata de conscientizar o transeunte ou o espectador ou a população de algo que eles não saibam. A intervenção urbana aproxima-se, nesse aspecto, do anarquismo, pois se trata de uma ação independente.

Em seus aspectos formais, a arte da intervenção urbana é constituída por tudo e todos que estão nas ruas: tipo de urbanismo, obras de arte públicas, ambulantes, moradores de rua. Temos dificuldade em querer catalogar essa arte dentro das classificações clássicas (artes visuais, teatro, música, dança). É arte que se constitui por elementos vindos de diferentes áreas do conhecimento. Não há, porém, pretensão de se produzir uma obra resultante da conjunção desses elementos. Sua estrutura é móvel, permeável e se movimenta conforme a aproximação e a contracena com o outro. Também os coletivos de artistas intervencionistas são constituídos por atuantes de diferentes áreas do conhecimento: artistas, professores, estudantes, outros.

Por ser uma insurgência, a arte da intervenção urbana não pede autorização para sua presença – e, em sua genuína ação ativista, ela não é institucionalizada – por isso, muitas vezes, é traduzida socialmente como vandalismo. A ação se faz em espaços vazios, espaços em que os olhos vigilantes não enxergam ainda. Nesse sentido, o artista intervencionista é um caçador de fissuras nos esquemas de controle daqueles que dominam o lugar. Por isso, essa arte aparece em lugares não previstos para sua presença.

A intervenção urbana não pretende estetizar o cotidiano das cidades. Ao determinar as funções dos espaços públicos, o Estado tende a criminalizar outros usos. Esse fato é compreendido como um sequestro da autonomia da população para fazer uso de um espaço que se julga pertencer ao coletivo. A intervenção urbana potencializa a guerra entre Estado e população não para tomar o poder, mas para problematizar os regimes de verdades.

No Brasil, esse tipo de arte aparece na década de 1970, e os coletivos pioneiros citados entre os estudiosos são: 3nós3, Viajou Sem Passaporte e Manga Rosa. No entanto, é a partir dos anos de 1990 que os coletivos se multiplicam para exercitar essa expressão artística que reaparece, com força de protesto, nas ruas das grandes cidades. [CMA]

 Carreira, 2005; De Certau, 2004; Teixeira Coelho, 2000.

 Lugar Teatral, Experimento Cênico, Ação Cultural

J

JOGO DRAMÁTICO

A noção de "jogo dramático" comporta diferentes acepções conforme a referência que servir de base para o seu emprego, o que não raro gera imprecisões e ambiguidades. O termo pode resultar tanto da tradução de *dramatic play* , quanto de *jeu dramatique*. Ambas as utilizações derivam do radical grego "drama" que designa ação, vinculando-se portanto à dramatização, ou seja, à imitação através da ação. O significado dessa dramatização, assim como o tratamento pedagógico preconizado para o seu desenvolvimento, no entanto, divergem conforme a perspectiva em que nos colocarmos: anglo-saxã ou francesa.

Quando o termo "jogo dramático" resulta da tradução da noção de *dramatic play*, ele diz respeito à *brincadeira** espontânea infantil caracterizada pelo agir *como se* e pela contínua transformação. Crianças do mundo todo, nas mais variadas circunstâncias e momentos históricos, brincam de *faz de conta**. Colocar-se no lugar do outro – conforme descobrimos com Piaget – é a manifestação de uma fase particular do desenvolvimento da capacidade humana de simbolizar e de representar o mundo.

O britânico Peter Slade, autor de *Child Drama*, publicado em 1954, fruto de observações realizadas durante décadas com crianças de várias idades em situação de *brincadeira**, é a referência central do *dramatic play*. Seu pensamento é conhecido entre nós através da tradução de uma obra posterior, *An Introduction to Child Drama*, intitulada *O Jogo Dramático Infantil*, amplamente divulgada no Brasil. Para Slade a arte teatral se fundamenta na convenção e artificialidade, não sendo, portanto, indicada a contribuir para a educação de crianças e jovens. Não se trata, segundo ele, de "copiar o que os adultos chamam de teatro"; a distinção entre jogadores e espectadores apenas alimentaria o exibicionismo, inviabilizando a espontaneidade assegurada pelo jogo coletivo.

Slade parte da brincadeira infantil, considerada fundamental para o desenvolvimento humano, e propõe uma progressão detalhada para abordar a dramatização. Sua proposta pedagógica conduz à passagem gradual e cuidadosa do faz de conta infantil ao "teatro de proscênio", já na adolescência. Nas fases iniciais todos jogam simultaneamente, condição básica para garantir a autenticidade infantil; pouco a pouco o olhar externo vai sendo introduzido e o jogo dramático vai ganhando complexidade. Ao professor, "aliado amoroso", "guia bondoso e suave", cabe uma intervenção peculiar. Ele suscita a manifestação do jogo dramático, faz perguntas relativas à situação lúdica, conta histórias a serem dramatizadas, atribui papéis, propõe situações fictícias, solicita contribuições dos jogadores e joga junto com o grupo. Espera-se dele que alimente o jogo dramático infantil, eventualmente sugerindo o que fazer, mas deixando que as crianças e jovens descubram como fazer. É ele o fio condutor central da *experiência**; sua tutela se manifesta pela contínua intervenção

JOGO DRAMÁTICO

verbal e também pelo ato de se mesclar à ficção engendrada pelo grupo.

Em outras situações, no entanto, a noção de jogo dramático provém do *jeu dramatique*, prática oriunda da França nos anos de 1930, que possui a assinatura de Léon Chancerel, notório homem de teatro, discípulo de Jacques Copeau, fundador do Théâtre du Vieux Colombier. Admirador ativo da renovação cênica preconizada por aquele encenador – marcada pelo peso atribuído à escola, ao grupo, ao treinamento corporal, às formas do *teatro* popular e à busca da ampliação do público – Chancerel se propõe a prolongar a ação de Copeau mediante um projeto pedagógico junto a escoteiros e participantes de movimentos de juventude, bastante ativos durante os anos de 1920-1930. Renovar a arte teatral junto a crianças e jovens, dentro dos princípios da educação ativa, é a sua meta.

Para Chancerel, a realização do objetivo de escapar à mercantilização e ao cabotinismo, tão presentes no teatro, implica que o educador parta do jogo, essa "disposição natural da infância", e a empregue para propiciar aos jovens "desenvolver seu senso artístico, seu espírito de observação, seu sentido social, seu corpo e seu espírito". O coletivo ganha papel central; evitar o palco, experimentando jogar em todos os lugares que se apresentarem, passa a ser um dos princípios da ação pedagógica. Exercícios de equilíbrio, flexibilidade, ritmo, conduzidos através de instruções que geram ficção, se transformam em jogos dramáticos. Mais tarde, à medida que as crianças crescem, temas e enredos passam a ser propostos: porto de pesca, praça, partida do trem, quermesse, além de contos, lendas, fábulas, passagens históricas, são alguns exemplos.

No Brasil a influência das práticas preconizadas por Chancerel fica evidenciada nos *Cadernos de Teatro* do *Teatro Tablado* de Maria Clara Machado e na publicação, em 1971, do livro *Cem Jogos Dramáticos*, cuja autoria foi partilhada entre aquela autora e Marta Rosman: o coordenador apresenta temas e narrativas aos participantes, que se dispõem a planejar um roteiro de atuação e a jogar a situação proposta. Pioneira das relações entre o teatro e a educação no Rio Grande do Sul, Olga Reverbel também preconiza em suas publicações procedimentos teatrais sem dúvida influenciados pela bibliografia francesa. A caracterização precisa dos conceitos em que ela se baseou é, no entanto, tarefa delicada, visto

que a terminologia empregada pela autora flutua entre os termos "jogo dramático" e *jogo teatral**.

Na França do pós-guerra o jogo dramático se amplia e se diversifica dentro de organizações de educação popular. A partir dos anos de 1970 as práticas se expandem ainda mais – agora em âmbito internacional – com as publicações de Jean Pierre Ryngaert, autor de referência sobre o tema. Inicialmente voltado para as crianças e jovens, o jogo dramático passa pouco a pouco a ser endereçado a todas as idades. Uma separação nítida entre quem joga e quem assiste vigora desde o início; o prazer da invenção se alia às regras, tidas como indispensáveis; restrições são propostas por serem consideradas produtivas, fontes de superação de fórmulas já conhecidas; o retorno oferecido pela plateia ao grupo de jogadores é tido como formador para uns e outros. "Todo nosso esforço de melhorar o jogo vai repousar nessa necessidade de teatralização, que desejamos consciente e plenamente assumida nas improvisações. É por isso que insistimos para que os jogos existam para outros e para que o esforço do grupo seja dispensado em prol da melhoria de seu modo de expressão em uma situação de comunicação" (RYNGAERT, 1978: 45, tradução da autora).

Na acepção francesa do jogo dramático, o coordenador – diferentemente das práticas derivadas do *dramatic play* – não exerce sua tutela de modo contínuo sobre os jogadores. Uma vez lançada a proposta, cabe aos participantes a prerrogativa de decidir sobre a natureza, os meios e a duração do jogo, e todos esses elementos são considerados fatores de aprendizagem.

A partir dos anos de 1980 as práticas do jogo dramático naquele país se diversificam; a formulação de roteiros prévios e a linearidade cedem lugar a propostas que procuram evitar a racionalização prévia. O corpo ganha primazia, e espaços, *fragmentos** textuais, obras de arte tornam-se ponto de partida para o jogo.

O mesmo termo, portanto, "jogo dramático", recobre, conforme verificamos, diferentes visões do fenômeno teatral. Os autores que o entendem como correspondente em língua portuguesa do *dramatic play* privilegiam a noção de dramatização, conexa ao ideário da livre expressão. Uma visão, em última análise, datada de teatro faz com que haja tendência, nesse caso, de que essa arte não seja aceita como referência para a instauração de um processo pedagógico. Quando jogo dramático é empregado como correspondente ao termo cunhado pelos franceses, o quadro se modifica e o fazer teatral passa a ser visto como prática que carrega em seu bojo contribuições singulares para o desenvolvimento do ser humano.

A título de complementação, vale mencionar a concepção peculiar de jogo dramático que aparece no livro de Joana Lopes, *Pega Teatro*. A autora descreve "as fases evolutivas do jogo dramático infantil", que cobrem desde as imitações das crianças de um a três anos, passam pelo faz de conta dos seis aos oito anos, até chegarem às "brincadeiras realistas" da faixa dos oito aos onze anos. Segundo ela, cabe ao coordenador "sistematizar propostas que gerem o enriquecimento da linguagem própria ao jogo dramático, aumentando o repertório do atuante, levando-o a compreender a sintaxe do jogo, que será tão ampla quanto for a sua criatividade". Em outras palavras, jogo dramático aqui designa tanto o ato de fazer de conta espontâneo da criança pequena, quanto uma prática coletiva de caráter lúdico, fruto da intervenção deliberada do adulto, visando ao enriquecimento da capacidade de dramatizar. Uma modalidade lúdica, inerente a todos os seres humanos, assim como outra, vinculada a uma intenção pedagógica, são apresentadas pela autora sob a mesma terminologia, gerando ambiguidades. [MLP]

 Ryngaert, 1978, 1981 e 2009.

 Faz de conta, Metodologia de Ensino, Criatividade

JOGO SIMBÓLICO

A *brincadeira** de *faz de conta** constitui uma atividade essencialmente infantil, de assimilação do real ao eu mediante a função simbólica, ou semiótica, que conduz a criança (sujeito que brinca, ou joga) da ação à representação. Também denominada "jogo simbólico" ou "jogo de ficção", tal conduta espontânea (isto é, não intencional, exercida independentemente de propósitos conscientes ou da intervenção do adulto, mas não alheia a estímulos do meio social) manifesta-se no decorrer das etapas precoces do desenvolvimento ontogenético (relativo às transformações de um indivíduo, desde a sua geração até a completa evolução) do ser humano, e atesta as capacidades de imaginação e de representação dramática (o agir como se) constitutivas do fenômeno teatral.

De acordo com Jean Piaget (1978), as diversificadas formas que os jogos de símbolo assumem, desde a aquisição do chamado "esquema simbólico", concorrem para a superação da atividade egocêntrica, meramente subjetiva e individual (característica dos primórdios do desenvolvimento da criança), e promovem a evolução do pensamento no sentido da objetividade, da reciprocidade e da descentração, o que propicia (mais adiante) o estabelecimento das relações cooperativas (das quais emergem as formas mais elaboradas do jogo simbólico), próprias do denominado "simbolismo coletivo", no qual se observam atividades lúdicas de forte cunho intelectual e artístico que tendem à formalização cênica.

No estudo da epistemologia genética piagetiana, aprende-se que o sujeito do conhecimento nasce com determinada estrutura que lhe possibilita adaptar-se ao meio, agir em relação aos objetos; e que essa condição de adaptação se atrela a um fator de equilibração, que, por sua vez, compreende os mecanismos de acomodação e assimilação, correspondentes (de forma análoga e complementar) às condutas imitativas e lúdicas, respectivamente.

Sob essa óptica, o acompanhamento da passagem da assimilação e da acomodação de ordem sensório-motora (pré-simbólica) para a assimilação e a acomodação de ordem representativa permite identificar inúmeras atividades que revelam a capacidade humana de imaginação, de simbolização. No decorrer do período sensório-motor, o indivíduo desenvolve a tendência à assimilação dos objetos por meio da ação, ao mesmo tempo que acomoda essa ação aos objetos; o equilíbrio estável entre os mecanismos de assimilação e acomodação atesta a chamada adaptação inteligente – processo dinâmico desenvolvido em dois sentidos complementares: o da imitação (fonte da atividade representativa, na medida em que lhe fornece os significantes imaginários) e o do jogo (que funciona como um condutor da ação à representação, fornecendo-lhe as significações).

A distinção entre símbolos e signos é fundamental à compreensão da dinâmica do jogo e da imitação. Para Piaget, os símbolos são considerados "significantes motivados", pois possuem relação de semelhança com o seu significado e surgem da ação preponderantemente individual do sujeito;

JOGO SIMBÓLICO

já a construção dos signos, denominados "significantes arbitrários", implica o aspecto coletivo da ação, pois esta é mediada por convenção social. De modo que um indivíduo que age ludicamente em relação a um objeto real para significar um objeto imaginário (a criança que faz rastejar uma corda, por exemplo, como se fosse uma cobra) realiza uma transposição simbólica de caráter individual e provisório; assim como um indivíduo que emprega uma palavra (o vocábulo "casa", por exemplo, para designar o objeto real que lhe corresponde) tem a sua ação (que, no caso, é própria fala) intermediada pelo signo, ou seja, recorre a uma construção fixada socialmente e passível de assimilação por uma determinada coletividade.

No sentido da imitação identificam-se formas preparatórias (desenvolvidas em conexão com a evolução da inteligência sensório-motora), desde a simples percepção de um modelo por parte do sujeito que reproduz, até as condutas mais elaboradas, que culminam na chamada "imitação diferida", de caráter representativo, que já implica a evocação de um modelo ausente. De maneira concomitante à evolução da atividade imitativa, predominantemente acomodadora, ocorrem os progressos da atividade lúdica, cujas formas atestam o predomínio do caráter assimilador do processo de equilibração.

Assim, no sentido do jogo, as condutas mais precoces manifestam-se nos "jogos de exercício", que não pressupõem o pensamento e tampouco implicam a representação; e da prática dessas atividades pré-simbólicas, guiadas pelo prazer funcional, surge o "esquema simbólico" – manifestação lúdica transitória entre a inteligência sensório-motora e o pensamento simbólico (pré-conceitual, pré-operatório ou intuitivo), que consiste na experimentação ficcional de ações habituais (tais como dormir, comer ou lavar-se) por parte da criança.

A partir do esquema simbólico desdobram-se múltiplas formas de simbolismo, dentre elas: a projeção dos esquemas simbólicos nos objetos novos, caracterizada pela generalização dos esquemas simbólicos; a projeção de esquemas de imitação em novos objetos, conduta de aplicação simbólica dos esquemas, que evidencia a dissociação entre significante e significado, pois os esquemas se desvinculam da ação própria do sujeito e passam a relacionar-se aos modelos imitados; a assimilação simples de um objeto a outro, forma

na qual a criança age utilizando outros objetos, que não os reais, para representar os objetos ausentes; os jogos de imitação, ou a assimilação do corpo do sujeito ao corpo de outrem ou a quaisquer objetos, que evidenciam transposições simbólicas, nas quais a criança age "como se" (ou seja, assume corporalmente características do ser ou objeto imaginado); e as combinações simbólicas, compostas por pequenas cenas que expressam diversas necessidades socioafetivas inerentes ao processo de desenvolvimento da criança. Tais formas ainda preservam o caráter analógico do símbolo e o aspecto preponderantemente individual e subjetivo da atividade, pois o sujeito não se preocupa com a semelhança dos símbolos que utiliza e as suas imitações carecem de objetividade. Já nas etapas subsequentes, o desenvolvimento da capacidade representativa, aliado aos progressos da socialização, ocasiona a perda da intensidade do caráter analógico do símbolo e a gradativa aproximação do real, dando lugar à chamada "simples representação imitativa do real", que revela a intenção de coerência. Evidencia-se então a "combinação simbólica ordenada", forma lúdica na qual a coerência julga pela elaboração dos monólogos e pela preocupação de estabelecimento de uma sequência lógica das ações representadas. A partir daí, a criança passa a orientar o seu jogo no sentido da imitação exata do real, preocupando-se com a verossimilhança das suas transposições lúdicas, o que tende à crescente elaboração formal (tanto no que se refere aos papéis imitados quanto à adequação do material complementar à representação). Tal processo culmina no aparecimento dos "jogos simbólicos coletivos", que constituem atividades eminentemente sociais, pautadas pelo ajustamento de papéis (contíguo ao desenvolvimento da capacidade de representação teatral), e pela ordenação dos propósitos do jogo no sentido da elaboração cênica e da comunicação, que, por tais características, apresenta aspectos estéticos comuns às formas teatrais.

A discussão sobre o significado da *brincadeira** infantil e suas relações com a aprendizagem ocupa lugar destacado na pedagogia desde os estudos de Friedrich Froebel e Maria Montessori, teóricos decisivos ao delineamento de uma educação especificamente voltada à criança, que se reflete na valorização das atividades de livre expressão no contexto escolar. Avanços mais recentes nesse terreno decorrem das contribuições da psicologia social de Lev Semenovich Vigotski e do interacionismo construtivista de Jean Piaget, que ampliam sensivelmente o olhar sobre as manifestações infantis de caráter lúdico, especialmente no tocante às suas relações com a inteligência.

Identificados à teoria vigotskiana, têm-se fecundos exemplos de busca de aproximação entre a atividade lúdica e o desenvolvimento da criança, tais como o trabalho de Alexis N. Leontiev (1988), que estabelece princípios psicológicos da brincadeira infantil, e o estudo minucioso de Daniil B. Elkonin (1998) acerca das condutas lúdicas de caráter social.

Já sob a óptica piagetiana alinham-se, além dos estudos de Bärbel Inhelder (1966) e de outros colaboradores das investigações de Piaget (1978, 1989, 1994) acerca do jogo da criança, a contribuição de Hans G. Furth (1987), especialmente valiosa para as áreas do teatro e da educação (por reconhecer a prática do jogo e da *improvisação teatral** na sala de aula como vinculada ao desenvolvimento do pensamento criativo e da cooperação), e as investigações de Constance Kamii e Rheta Devries (1991) sobre o processo de socialização inerente à prática dos jogos em grupo.

Nessa perspectiva, destacam-se estudos brasileiros relacionados especificamente à epistemologia do teatro, tais como o de Sandra Chacra (1983), acerca dos fundamentos da *improvisação teatral** (que identifica o jogo infantil de caráter dramático como prenúncio do teatro) e o de Ingrid Dormien Koudela (1984), que, sob o aporte dos *jogos teatrais** de Viola Spolin (1979), da teoria de PIAGET, compreende a aprendizagem em teatro como um processo que se realiza no prolongamento da atividade lúdica simbólica e imitativa da criança. A visão privilegiada de Koudela é considerada divisória – em relação às abordagens de Peter Slade (*Child Drama*, de 1954, publicado no Brasil em 1978) e de Joana Lopes (1989), até então referenciais ao trabalho dos professores de teatro brasileiros – e, portanto, precursora dos estudos contemporâneos relacionados ao jogo infantil no campo do teatro na educação, ou da pedagogia do teatro. Às publicações de Koudela (1991, 1999) sobre o tema somam-se as contribuições de Maria Lúcia de Souza Barros Pupo (2005) e Flávio Desgranges (2006), no sentido da distinção, conceituação e fundamentação de diferentes procedimentos de aprendizagem do teatro (dentre eles, o jogo simbólico), e o trabalho de Vera Lúcia Bertoni dos Santos (2002), que, a partir do interacionismo piagetiano, enfoca as relações entre o *faz de conta** e a representação teatral no contexto da educação infantil. [VBS]

 Chacra, 2010; Desgranges, 2006; Elkonin, 1998; Furth, 1987; Kamii & Devries, 1991; Koudela, 1999, 2010 e 2011; Leontiev, 1988; Lopes, 1989; Piaget, 1978, 1989 e 1994; Piaget & Inhelder, 1989; Pupo, 2005b; Santos, 2004; Slade, 1978; Spolin, 1984.

Brincadeira, Jogo Teatral, Faz de Conta, Teatro-Educação, Jogo Dramático

JOGO TEATRAL

O termo "jogo teatral" é de uso corrente em língua portuguesa, referindo-se de forma genérica ao jogo de cena ou à qualidade lúdica do teatro. No entanto, as abordagens de Spolin e Brecht tornam o termo um conceito da pedagogia do teatro, precisando objetivos de aprendizagem com crianças, jovens e atores amadores principalmente. Spolin estabelece originalmente uma diferença entre *dramatic play* (*jogo dramático**) e *game* (jogo de regras). O termo *theater game* é originalmente cunhado por Spolin em língua inglesa (mais tarde a autora viria a registrar sua proposta educacional como *Spolin games*). Do ponto de vista teórico, a diferença mais importante reside na relação com o corpo. O puro fantasiar (*dramatic play*) é substituído, no processo de aprendizagem, por uma representação corporal consciente. De acordo com Spolin, o princípio da *physicalization* (fisicalização) busca evitar uma imitação irrefletida, mera cópia.

Os *Spolin games* foram desenvolvidos como uma metodologia com o fito de ensinar a linguagem artística do teatro a crianças, jovens e atores interessados no teatro improvisacional. Através do processo de jogos e da solução de problemas de atuação, as habilidades, a disciplina e as convenções do teatro podem ser aprendidas. Os *Spolin games* são ao mesmo tempo atividades lúdicas e exercícios teatrais que formam a base para uma abordagem alternativa de ensino e aprendizagem.

Na sistematização dessa prática é possível divisar a construção de um método no qual, longe de estar submetido a teorias, técnicas ou leis, o atuante se torna artesão de sua própria educação, produzida livremente por ele mesmo, embora dentro dos parâmetros de articulação de uma linguagem artística – o teatro e a *improvisação teatral**. A metodologia spoliniana é fundamentada a partir da perspectiva interacionista, sendo que está baseada no modelo epistemológico de Piaget para conceituar a categoria estética do jogo teatral e analisar sua contribuição pedagógica.

Na psicogênese da linguagem e do jogo na criança, a função simbólica aparece por volta dos dois anos e promove uma série de comportamentos que denotam o desenvolvimento da linguagem e da representação. Piaget lista cinco condutas de aparecimento mais ou menos simultâneo, enumeradas na ordem de complexidade crescente: imitação diferida, *jogo simbólico** ou jogo de ficção, desenho ou imagem gráfica, imagem mental e evocação verbal (língua).

A evolução do jogo na criança se dá por fases que constituem estruturas de desenvolvimento da inteligência: jogo sensório-motor, jogo simbólico e jogo de regras. O jogo de regras aparece por volta dos sete/oito anos como estrutura de organização do coletivo e se desenvolve até a idade adulta através dos jogos esportivos, xadrez etc.

A expressividade da criança é uma manifestação sensível da inteligência simbólica egocêntrica. Através da revolução copernicana que se opera no sujeito ao passar de uma concepção de mundo egocêntrica para uma concepção descentrada do eu, as operações concretas iniciam o processo de reversibilidade do pensamento. Esse princípio irá operar uma transformação interna na noção de símbolo na criança. Integrada ao pensamento, a assimilação egocêntrica do jogo simbólico cede lugar à imaginação criadora do artista adulto.

O jogo teatral passa necessariamente pelo estabelecimento do acordo de grupo, por meio de regras livremente consentidas entre os parceiros. O jogo teatral é um "jogo de construção" (Piaget) com a linguagem artística. Na prática com o jogo teatral, o jogo de regras é princípio organizador do grupo de jogadores para a atividade teatral. O trabalho com a linguagem desempenha a função de construção de conteúdos, por intermédio da forma estética.

Na sistematização de minha prática com o jogo teatral pude verificar que, ao introduzir o *modelo de ação** brechtiano é instaurado um processo interativo entre os participantes, o qual revela um novo olhar frente às relações sociais.

O termo utilizado por Brecht em língua alemã é *theaterspiel* (que também traduzimos por jogo teatral). O jogo teatral é, na visão brechtiana, um comportamento próprio do ser humano, sendo que o desenvolvimento artístico do teatro como espetáculo é uma marca dentro de um *continuum* que segue da criança até o artista adulto.

No ensaio "Vale a Pena Falar de Teatro Amador?", Brecht fundamenta o processo educacional através do teatro. Tudo aquilo que contribui para a formação do caráter realiza-se, de acordo com Brecht, na primeira fase da infância, sendo que a imitação aí exerce um papel fundamental. Encontra-se presente também no *teatro amador**, tão apreciado por Brecht, e o que é ainda mais importante, no cotidiano, quando homens imitam outros homens ou representam um evento com caráter de demonstração na vida corrente. A partir dessa premissa, a arte do teatro é a mais humana e a mais singela de todas as artes sendo realizada não apenas no palco, mas também no dia a dia. De acordo com Brecht, a arte do teatro de um povo ou de uma época deve ser julgada como um todo, como um organismo vivo, que não é saudável se não for saudável em todos os seus membros. Esta também é a razão pela qual vale a pena falar de teatro amador.

Um texto modelar que aproxima o teatro do cotidiano é *Cena de Rua*, o qual permite partir de experiências pessoais ainda abertas e não estruturadas. O exemplo principal dado por Brecht é um acidente de trânsito, que deve ser reconstruído e imitado. O princípio pode ser generalizado. Desse modo, torna-se possível estabelecer a relação com outros acontecimentos que fazem parte do cotidiano. A cena de rua enseja assim, através de transposições e novas contextualizações, um procedimento de reconstrução que torna visível e articulada a realidade de um determinado lugar, de um determinado grupo.

Em um texto denominado "Observação da Arte e Arte da Observação", Brecht reflete sobre o processo de fruição estético afirmando que "assim como é verdade que em todo homem existe um artista, que o homem é o mais artista dentre todos os animais, também é certo que essa inclinação pode ser desenvolvida ou perecer, subjaz à arte um saber conquistado através do trabalho".

De acordo com Benjamin, a partir do conceito de *Theaterspiel* talvez seja possível a mais singela aproximação do teatro épico. Essa aproximação lida em primeiro lugar com o conceito de *mimese* e *linguagem gestual*.

Brecht opera com o conceito convencional de *Nachahmung* (imitação), mas, em oposição ao tradicional conceito de mimese, não se refere a uma imitação imediata da natureza ou da realidade social. Ao contrário, complementa o conceito de imitação através da crítica daquilo que venha a ser imitado. O conceito de imitação em Brecht se diferencia do tradicional ao implicar crítica e modificação do imitado. A contradição aparente entre cópia e crítica se dissolve se considerarmos que toda cópia significa uma transformação do modelo. Ao imitar, a crítica já está contida. Cabe ao atuante tornar-se consciente dessa abordagem e desenvolvê-la como método. Brecht definiu, por exemplo, a sua elaboração da tragédia de Marlow, *Eduardo II*, como cópia, embora ela modifique substancialmente o original inglês.

"Sábia no Sábio É a Atitude" intitula-se uma das *Histórias do Sr. Keuner*, que deixa claro que o pensamento é influenciado por atitudes corporais. A íntima relação entre *gesto** e atitude é enfatizada apontando para a sua relação não apenas com os sentimentos, mas também com o próprio pensamento.

O jogo teatral em Brecht incorpora o espaço do filósofo que reflete sobre os processos históricos para exercer uma ação sobre eles. No texto "Teoria da Pedagogia", escrito em 1930, é explicitada a proposta do filósofo (no sentido de Brecht) para educar os jovens através do jogo teatral. O conceito de *gestus** exerce justamente nesse ponto nevrálgico, ou nesse campo de tensão entre os estados estéticos e históricos, a sua importância primordial. Tarefa do trabalho pedagógico, na dicção de Brecht, é ter em mira o concreto e o abstrato, na forma da linguagem gestual, que deverá ser operacionalizada (tornada física). [IDK]

 Koudela, 1999; Piaget, 1982; Spolin, 2008.

 Gestus, Jogo Simbólico, Metodologia de Ensino, Teatro-Educação

L

LEITURA DE IMAGENS NO TEATRO

Ler uma imagem consiste, antes de qualquer coisa, em saber ver. Isso significa que, ao ver uma imagem, uma multiplicidade de percepções particulares e sucessivas é mobilizada pelo espectador, colocando-o num jogo de percepção visual.

A percepção visual é definida como a realidade perceptiva das imagens. A realidade perceptiva é um fenômeno psicológico que nos possibilita perceber, simultaneamente, a superfície plana da imagem e o espaço tridimensional representado. Esse fenômeno determinará a dupla realidade perceptiva sobre a visão que construímos da imagem. Ou seja, as imagens são objetos visuais paradoxais. De um lado, há duas dimensões; de outro, é possível ver nos objetos visuais elementos em três dimensões. O caráter paradoxal está atrelado ao fato de que as imagens representam objetos ausentes.

As representações visuais, organizadas em espaços bidimensionais, são projeções da realidade tridimensional e isso implica a seleção de informações por parte do autor da imagem. Dessa forma, cabe ao espectador a tarefa de lidar com essa ambiguidade, de complementar a imagem com informações armazenadas em sua *memória**, de sintetizá-las ou relacioná-las com outras configurações visuais.

Quanto mais uma imagem trouxer paradoxos, elementos contraditórios, figuras incertas e ambíguas, representações não informativas, mais ela se torna instigante para o leitor e este atua como coautor dos sentidos pensados pelo seu produtor. Isso nos permite afirmar que uma imagem pode ser lida tanto em termos espaciais, como em termos das suas significações. Em vista disso, áreas de estudo que envolvem a psicologia da percepção defendem a ideia de que a realidade perceptiva da imagem se origina na percepção cotidiana da realidade.

Assim, o espectador mobiliza não apenas sua capacidade perceptiva, mas também um conjunto de saberes, afetos e crenças, vinculados a um tempo histórico, às *experiências** sociais e às culturais em que está inserido. Dessa forma, a leitura de imagem se encontra na situação de *mediação** entre a realidade e o espectador, o que determina o seu caráter intencional e seu valor de significação. A leitura de imagem está apoiada na recepção da imagem, o que chamamos de leitura cognitivista. A leitura cognitivista está apoiada na teoria cognitivista, cujas pesquisas se inserem no ramo da psicologia.

Na leitura cognitivista está prevista a ação projetiva do espectador sobre a imagem. Ou seja, já não se trata mais de um processo unilateral, no qual todos os esforços de leitura estavam centrados naquilo que o autor da obra desejava comunicar. Mas consiste em pensar também na maneira como o espectador recebe a obra e de como ela é impregnada de suas projeções. Nesse modo de leitura o foco está em quem lê a imagem, nas suas sensações e nas suas percepções.

LEITURA DE IMAGENS NO TEATRO

Pode-se afirmar que a leitura cognitivista está voltada, acima de tudo, para a capacidade de conhecimento que uma imagem produz. Na contemporaneidade, com os avanços das pesquisas sobre a teoria da percepção, desenvolvidas por diversas áreas da ciência que vão desde estudos estéticos a neurolinguísticos, perceberemos que procedimentos cognitivistas, não distanciados do objeto imagético, partem da ideia de que a obra de arte é o ponto de partida e chegada para o desenvolvimento da sua leitura.

Destaca-se, assim, a necessidade da presença de uma pedagogia específica, a pedagogia da imagem, com objetivos e métodos próprios, sem perder de vista os elementos constitutivos da linguagem artística, dos processos cognitivos envolvidos na fruição estética da obra e os desdobramentos que podem surgir do trabalho de leitura da imagem, seja ela bidimensional ou tridimensional, *fixa* ou em movimento. Procedimentos de leitura da obra de arte buscam ampliar a capacidade de ver e, consequentemente, de leitura crítica do espectador.

Nesses procedimentos, quatro estágios para a leitura da obra de arte podem ser explorados: a descrição, que envolve o ato de prestar atenção na materialidade, na pele da obra, nas suas formas, de descrever o que o olho vê; a análise, que consiste em relacionar entre si as partes formais do objeto observado, buscando compreender o sentido delas dentro da própria produção artística; a interpretação, que segue a trajetória do sentido da obra para quem vê, dos seus significados, relaciona-se com o espaço circundante do espectador; o julgamento, pautado na valoração, no processo de discorrer sobre as qualidades expressivas, formais ou instrumentais da obra. Essas propostas trazem consigo o esforço para construir a concepção de que a leitura dos significados de uma obra deve ser acompanhada da leitura formal dos elementos que compõem a produção artística. A história da arte é marcada por inúmeros procedimentos que buscam estreitar a relação entre a imagem e o espectador. Ora esses procedimentos estiveram fundados no valor ritualístico da obra, ora na capacidade de transformação social e política da arte, ora nas capacidades expressivas e performáticas do artista, ora no valor histórico documental de uma produção. Assim, a pedagogia da imagem consiste num conjunto de doutrinas, princípios e métodos

que possibilitem pensar a imagem com base nas experiências estéticas que ela oferece ao espectador e, ao mesmo tempo, na sua capacidade de ler as propostas do artista, em decodificá-las e formular juízos próprios acerca do que vê.

Deve ser intrínseca à pedagogia da imagem a articulação de didáticas que permitam ao espectador um diálogo crítico com a obra, perpassado pela análise dos elementos estéticos que a constituem, pela interpretação dos seus sentidos e pelo julgamento da sua função na sociedade.

Assim sendo, o objetivo primeiro da pedagogia da imagem é a relação do espectador com a imagem, configurando-se princípios que delineiam a construção de um espectador-leitor. Dentro de circunstâncias históricas, espaciais, perceptivas e cognitivas, o espectador-leitor é instigado a ler determinados elementos presentes na configuração da imagem. Ressalta-se que a busca pela construção de um espectador-leitor não está circunscrita apenas às artes plásticas; ao contrário, é uma preocupação presente em outras linguagens artísticas que lidam com a visualidade.

A visualidade é algo tão importante às artes plásticas como, por exemplo, ao teatro. No caso do teatro, a visualidade é parte significativa tanto dos processos de criação como das propostas cênicas ou dos objetivos pedagógicos didáticos do artista. O encenador alemão Bertolt Brecht é exemplar nesse sentido, pois sua obra tem uma intenção pedagógica. As fábulas e os quadros de cena por ele criados (por intermédio de diversos recursos visuais como cartazes, projeções, cenas congeladas) provocavam no público uma resposta.

No teatro moderno, por intermédio de rupturas estéticas e ressignificação de elementos da linguagem teatral, cada vez mais, os holofotes são direcionados à plateia. Esse olhar mais atento à plateia como parte integrante do processo de construção e interpretação da obra teatral vem sendo pesquisado por teóricos e artistas, e indicam caminhos que contribuem para a compreensão da arte, para os processos envolvidos na sua produção e a construção de um espectador-leitor. Dentre essas metodologias, encontramos processos destinados especialmente à leitura da obra teatral. A leitura da obra teatral está voltada para a materialidade da cena, constituída de textos sonoros e gestuais que vão colaborar na forma e na estruturação do texto visual da cena.

O que temos no teatro, assim como no cinema, é uma sucessão de quadros em movimento, o que implica relações entre as cenas vivenciadas ou observadas, com a vida cotidiana do espectador-leitor. [JGa]

Aumont, 1995; Barbosa, 2010; Gombrich, 1986.

Ler o Teatro, Estética Teatral, Linguagem Cênica

LEITURA DRAMÁTICA

Gênero de leitura vocalizada, relacionado à compreensão, transmissão ou enunciação da escritura dramática, que se processa invariavelmente sob a perspectiva de espacialização, intrínseca à comunicação teatral, mas não necessariamente comprometido com o objetivo de constituir-se numa escritura cênica propriamente dita.

Recorre-se aqui à denominação "escritura dramática", que abarca "o universo teatral tal como é inserido no texto pelo autor e recebido pelo leitor", como correspondente da expressão mais usual "texto dramático"; analogamente, utiliza-se a denominação "escritura cênica", que designa "o modo de usar o aparelho cênico para pôr em cena – 'em imagens e carne' – as personagens, o lugar e a ação que aí se desenrola" (PAVIS, 2011: 131), em correspondência ao termo *encenação**.

Frente à multiplicidade e diversidade de formas de interação que se processam entre leitor, palavra e ouvinte, cabem algumas distinções fundamentais: a. condutas vocais preponderantemente egocêntricas ou individuais, pré-verbais, inaudíveis ou desarticuladas, porquanto precárias ou titubeantes, características do processo de alfabetização e *letramento*, correspondentes a motivações primordialmente internas do sujeito que lê (que, neste caso, se confunde com o sujeito que ouve); b. formas verbais mais ou menos errantes, audíveis ou nítidas, dentre elas o balbucio, o murmúrio, o rumorejo, o sussurro e o cochicho, cuja motivação oscila entre a satisfação interna (prazer pela pronúncia ou assimilação do sentido do texto) e o desejo de comunicação, de transmissão do enunciado a um ouvinte real ou potencial; c. práticas diversificadas de dicção e pronúncia, mais ou menos articuladas ou harmonizadas com a prosódia, mais ou menos retóricas, sofisticadas, estéticas, lúdicas, dentre elas, a oratória (arte de falar em público), a recitação ou declamação, de natureza preponderantemente social e comunicativa, nas quais o ato de ler transforma-se no ato de dizer (BAJARD, 1994) – e o texto dito deixa de pertencer à literatura para integrar-se à arte teatral.

Assim, se no sentido literal a leitura consiste no ato ou efeito de ler, ou seja, envolve as ações de decifrar, decodificar, desvelar ou interpretar a escrita (a palavra), de modo a permitir que se recrie na imaginação o universo ficcional sugerido no texto (literatura), a leitura em voz alta (BAJARD, 1994) compreende condutas orais especificamente relacionadas ao ato de vocalizar o texto, que são praticadas na busca de exprimir o conteúdo desse texto, ou dar a conhecer o seu significado, ao passo que a leitura vocalizada do texto dramático deve envolver, além do trabalho específico de reflexão e análise dos componentes discursivos do texto, inerentes à sua espacialização, a aprendizagem de uma técnica, a preparação sistemática da voz, fator de interação entre o ator/leitor e o espectador/ouvinte, própria à *teatralidade**.

Considerada uma modalidade particular de leitura oral, a leitura dramática é definida como um "gênero intermediário entre a leitura de um texto por um ou vários autores e a espacialização desse texto" (PAVIS, 2011: 228). Nessa perspectiva distinguem-se as formas de vocalização e de espacialização da escritura dramática.

As propostas de vocalização relacionam-se prioritariamente à aprendizagem do texto e à exploração das suas potencialidades expressivas e aplicam-se a processos artísticos ligados ao ensino do teatro (em diversos níveis e âmbitos) ou à criação cênica em geral, com o propósito didático de oportunizar a apropriação do texto escrito por parte do leitor, aluno ou ator. O uso mais corrente dessa abordagem é observado em etapas iniciais do processo de ensaios para uma encenação", a exemplo da atividade de "leitura em *branco* (despreocupada de intenções, inflexões e entonações), que se realiza como uma primeira experiência coletiva de interação entre os atores e o texto, e das práticas da chamada "leitura de mesa", que possibilitam a elaboração gradual dos componentes do texto por meio da experimentação; mas ocorre também em outras fases do processo de elaboração cênica, quando este opta por prescindir inicialmente do contato com o texto escrito em prol da exploração (improvisação) das situações nele apresentadas, ou por extrapolar as possibilidades expressivas do texto por meio do jogo como forma de "aproximação lúdica" e de "construção de gestos com novos meios verbais e gestuais" (KOUDELA, 1999: 59), na intenção de possibilitar a ultrapassagem do sentido imediato do texto dramático e favorecer a ampliação do seu significado.

Já as propostas de espacialização do texto orientam-se no sentido da apresentação de um produto da escrita dramática (inédito ou não), com a finalidade de divulgar o texto ao público leigo ou a possíveis interessados numa eventual *encenação**, daí a ênfase na expressão vocal dos atores, em detrimento da utilização de outros elementos (cenográficos, gestuais e musicais) de composição do evento cênico. A preparação desse tipo de proposta oscila entre o "seguir à risca" o texto – integrado pelo diálogo (texto principal), que traz a fala das personagens, e pelas didascálias (texto secundário), indicações cênicas ou rubricas, que, por sua vez, configuram o contexto da comunicação, determinando as condições concretas de uso da fala – e o "recortar e colar" de suas partes (atos, cenas ou outras células), o que já se constitui noutro arranjo, noutra escritura dramática, que se superpõe à original.

Embora a projeção (a dicção) do texto escrito, o "tornado palavra dita", se faça necessariamente sob intervenção da voz do ator (que constitui já um elemento corpóreo e como tal é fator de inserção do corpo nesse no espaço), a leitura dramática, conforme os objetivos a que se propõe, pode bem prescindir da maior parte dos instrumentos, materiais, técnicas e recursos específicos à explicitação do sentido do texto ao espectador.

Noutras palavras, a realização da leitura dramática não convoca a totalidade dos sistemas que integram a encenação propriamente dita, mas deles também não se isola; antes "põe a dançar" o próprio texto dramático e a vocalidade do ator, que lhe confere o corpo, e convida uns e outros elementos, substâncias que melhor lhe servem, como se lhe vestisse uma roupagem sutil e delicada, quase imperceptível, que menos lhe escondesse as formas e o movimento, e mais os evidenciasse. [VBS]

 Bajard, 1994; Koudela, 1999; Pavis, 2011.

 Ler o Teatro, Texto e Cena, Encenação, Rubrica

LER O TEATRO

A leitura do texto teatral distingue-se da leitura de outros gêneros literários e implica, desde logo e devido à sua especificidade, três instâncias: a do leitor do texto literário; a do profissional da prática dramatúrgica, que estabelece laços entre a prática textual e a prática da representação; e a do espectador, que encontra diferentes modos de leitura na representação.

Com efeito, a leitura de um texto teatral só se completa com a sua representação e com a míriade de leituras realizadas pelos espectadores. Ou seja, a leitura de teatro exige uma participação ativa de todos os intervenientes no processo criativo: aquele que lê o teatro enquanto prática textual; o profissional ou amador de teatro que lê o teatro sobretudo enquanto prática de representação (o encenador, o ator e todos aqueles que se encontram envolvidos na produção); e o espectador, tomado num sentido plural, o *público**, que se envolve de um modo simultaneamente físico e psíquico com o ato teatral e que contribui decisivamente para que o teatro seja também uma prática social.

Assim, a arte teatral implica uma oposição entre o texto literário propriamente dito, que é concreto e que pode ser sistematicamente revisitado, e a representação, fruto de um momento específico e irrepetível. Dos posicionamentos teóricos relativos à dicotomia texto-representação destaca-se a atitude clássica *versus* a atitude contemporânea do teatro. A primeira, a atitude clássica, privilegia o texto e interpreta a representação como uma tradução do texto literário, centrando-se na questão de fidelidade entre representação e texto teatral, e pressupondo uma equivalência semântica entre texto e representação. No entanto, essa equivalência é ilusória pois, por um lado, o teatro enquanto representação pressupõe um conjunto de significantes (em nível visual, musical, entre outros) que vão além do texto e que constituem por si só uma pluralidade de sentidos. Por outro lado, a representação também não pode dar conta de todos os níveis de leitura possíveis contidos num texto literário. Aliás, a leitura do encenador, o trabalho do *dramaturgista** e o do próprio autor consistem em tomar decisões acerca do que se deve ou não explicitar. Desse modo, a atitude clássica perante um texto de teatro corre o risco de privilegiar uma leitura particular do texto, necessariamente determinada pelas condições históricas de representação vividas num determinado momento. A segunda atitude, a da prática contemporânea do teatro, prende-se com uma recusa, por vezes radical, do texto. Assim, o texto é entendido como apenas um dos vários elementos da representação, possuindo uma importância relativa.

Ainda que o texto de teatro preceda e acompanhe a representação, um aspecto importante consiste em perceber a diferença entre os signos textuais, próprios do texto literário, e os signos não verbais, do domínio da representação. Um texto de teatro poderá ser lido como um romance, ou seja, como um texto não teatral, tomando-se as didascálias como descrições e os diálogos como pertencentes a um romance. No entanto, há que ter em consideração que o texto de teatro possui uma especificidade que outros generos literários não possuem. A escrita teatral apresenta marcas textuais de representação e de *teatralidade**.

Com efeito, os diálogos e as didascálias constituem os dois elementos fundamentais do texto teatral. As didascálias determinam o contexto da comunicação, designando o nome das personagens e dando indicações relativas ao espaço onde decorre a ação. A textualidade intrínseca às didascálias desempenha um papel importante no âmbito da representação, na medida em que é o próprio autor que enuncia as personagens intervenientes no discurso, dá as indicações cênicas, as indicações de espaço e de tempo, de *gestos** associados às personagens. Ou seja, através das didascálias o autor fornece indicações sobre aspectos que permitem determinar as condições de enunciação do(s) diálogo(s). As didascálias estão assim relacionadas com dois tipos de enunciação: o da ficção e o da cena, consistindo o trabalho do encenador em estabelecer uma relação inteligível entre o ficional e o representado. Ao contrário das didascálias, os diálogos são expressão de uma coletividade pertencente a várias vozes sobrepostas, assimiladas de diversos modos na representação.

Enquanto o texto de teatro é sempre matéria linguística e requer uma leitura linear, possuindo uma dimensão diacrônica, a representação é constituída por matéria diversificada, simultaneamente verbal e não verbal, possuindo um caráter sincrônico pois resulta de um momento único, não repetível. O trabalho sobre o texto pressupõe a transformação do mesmo em outro texto, o da encenação. Desse modo, o trabalho de encenação sobre o texto literário procura funcionar como mediador entre o texto propriamente dito e a representação, encontrando-se centrado na componente linguística.

Ler o teatro implica refletir sobre o texto de teatro não apenas enquanto texto elaborado por um autor específico, mas também, e sobretudo, enquanto texto produzido pelo encenador, e que pode ser lido como um paratexto ou como um comentário. É igualmente importante pensar na natureza das didascálias do texto do encenador, que surgem no prolongamento das didascálias do texto literário e que, frequentemente, o modificam.

Entender a representação como texto permite a realização de leituras direcionadas para elementos específicos da própria representação, de acordo com o trabalho de focalização desenvolvido pelo encenador, o cenógrafo, o técnico da luz ou mesmo o diretor musical. Igualmente, o modo como um espectador de teatro recebe uma representação é determinado pela sua cultura, as suas referências culturais e o seu posicionamento na sociedade num dado momento histórico.

A leitura do teatro pressupõe assim um processo de comunicação entre um emissor, o escritor do texto, e um receptor, o leitor e o espectador tomado num sentido plural, ou seja, o público. Numa representação, o emissor é simultaneamente o autor, o encenador e cada um dos atores. O teatro revela-se uma atividade coletiva executada por um conjunto de artistas e que contempla uma série de intervenientes, desde os leitores do texto de teatro, passando pelos profissionais da prática dramatúrgica até aos espectadores de teatro. [ARF]

 Ubersfeld, 1996a, 1996b e 2005.

 Texto e Cena, Encenação

LINGUAGEM CÊNICA

A linguagem é uma forma de expressão e de comunicação que faz uso de sistemas de signos convencionados, sistemas esses que possuem um determinado conjunto de regras, as quais estabelecem as formas de combinar significativa e, mais ou menos, criativamente os símbolos. Sendo meio de expressão, a linguagem deve ser transmissível e traduzível podendo-se conter e/ou transformar noutra linguagem.

O caso da linguagem cênica é paradigmático no que se refere à corporificação, assim como à veiculação de uma mensagem por meio da confluência/concorrência de sistemas de signos e significados. A linguagem cênica é aquela que acontece na cena em sentido lato, em determinado espaço-tempo intencionalmente convencionado para esse efeito, resgata propostas de experiências prévias organizadas e estéticas e constitui-se numa ação constantemente atualizada, porque presentificada.

No teatro, a linguagem cênica se constitui por intermédio de processos de comunicação interdisciplinares, como também por uma multiplicidade de signos e significados, uns mais legitimados do que outros, em determinados contextos histórico-culturais. A linguagem ou a escritura cênica é, segundo Patrice Pavis, realizada na cena, por um encenador, destinada ao espectador.

Nesse contexto todos os espaços-tempos na sua complementaridade, existem e acontecem na linguagem cênica como matriz para uma série de outros atuantes. Aliás, o tempo, constituído em espaço, ou o instante habitado, convoca o dispositivo cênico plástico: a cena nas suas várias possibilidades arquitetônicas clássicas e/ou contemporâneas, o cenário, os elementos cênicos decorativos e de instrumentalização em tempo real de atuação, a maquinaria (visível/não visível) que sustenta e potencializa a cena, a pintura e a escultura, a iluminação como construtora de ambientes, de intensidades, de urgências e emergências, a indumentária desde o figurino e da máscara até à nudez.

O outro constituinte do processo da linguagem cênica, o ator, opera-se a si mesmo pela auto e alter consciência, portanto ao nível individual e coletivo, na tentativa de construir e veicular mensagens – mesmo que vigiado, em tempos e naturezas diferentes, por um olhar exterior, o do encenador, o do seu parceiro em cena, e finalmente, o do público. Existindo em cena, presencial ou virtualmente, o ator-personagem (humano ou animal, masculino ou feminino, animado ou inanimado) corporifica a linguagem cênica. Como? Pelo jogo da ação-interferência, com energias, intensidades e fluxos diversos, ele constrói uma escrita cênica, seja pela sonoridade do texto feito dramático (nas suas variadas composições trágicas, cômicas, trágico-comicas, melodramáticas, lineares, fragmentadas etc.), seja pela *oralidade** ou, até mesmo, pelo *gesto** acústico. O alfabeto do corpo, recuperando respirações vitais, mais ou menos (a)volumadas e na sua argumentação com os demais elementos da linguagem cênica, transmite insubstimáveis textos de sonoridades. A sonoridade da presença, da ação e do verbalizar, em voz silenciada ou em brado, é fulcral para uma abrangente definição de linguagem cênica teatral. A sonoplastia e a música podem ser seminais para determinados propósitos (sejam pré-gravadas ou ao vivo).

Por fim, a cena constitui-se, pelos elementos enunciados, no lugar de invenção dos possíveis concentrando "a atenção do público nas virtualidades de voltar a ter nas mãos os seus próprios destinos". A linguagem cênica (no teatro) não pune, nem consola, oferece reparação num lugar e num tempo para "retomar forças". O teatro é zona de jogo entre o que foi, o que é, e o que ainda poderá vir a ser. A sua linguagem (cênica) é por excelência econômica, uma vez que gere múltiplos e distintos elementos-corpos atuantes, rentabilizando o excedente através de perguntas simples, todavia radicais (ZARRILLI, 2009: 2), cujas respostas não prescritivas favoreçam o estímulo psicofísico dos que as elaboram e emitem e dos que as recebem fruindo. Com maior ou menor implicação, a linguagem cênica estrutura o negócio entre as experiências sensoriais, os sistemas de códigos e suas regras de atuação-comunicação, as combinações de imagens, transmitindo e/ou traduzindo mensagens a um público. Ela consolida ou defrauda o investimento do público no acontecimento teatral. [BT]

 Villegas, 2005; Lehmann, 2009; Zarrilli, 2009.

 Corporeidade, Paisagem Sonora

LINGUAGEM CORPORAL

É preciso, antes de tudo, reconhecer o corpo como fala. Segundo estudiosos da comunicação não verbal, a linguagem corporal, baseada em nossos sentidos e percepções do ambiente e dos que nos são próximos, é, em grande parte, responsável pela nossa comunicação com nossos semelhantes e, pelo menos nos primeiros encontros entre humanos, ela pode definir uma relação, antes mesmo que qualquer palavra.

No processo de crescimento e reconhecimento do mundo imita-se o rosto dos que nos estão próximos e essa imitação é também uma forma de observação, compreensão e conhecimento do mundo humano; é desse modo que um bebê examina atentamente o rosto de sua mãe, enquanto se apropria do próprio rosto, reconhecendo nesse rosto outro que não ele mesmo. Isso também pode ser visto como um processo de aprendizado cultural, em que comportamentos corporais, expressões, *gestos** e posturas especiais são ensinados a todos os membros da sociedade.

E, desse modo, como emitimos sinais mais ou menos latentes dando conta de quem somos ou de como nos sentimos com relação aos demais, assim também imitamos expressões conhecidas de amigos ou parentes, a ponto de muitos acreditarem que nosso rosto vai se assemelhando aos daqueles que amamos ou admiramos. Dessa maneira é que se pode compreender a comunicação não verbal como um forte componente da cultura a que cada um de nós pertence: são hábitos compartilhados numa complexa trama de relacionamentos que vão se estabelecendo nesse mundo humano ao qual pertencemos: posturas, gestos, modos de se aproximar ou de se afastar de alguém, mensagens mais ou menos codificadas emitidas todo o tempo.

G. Trager e M. Joos denominaram de paracomunicação esse comportamento comunicativo que se estabelece e que não tem base na língua falada. Mas, da mesma forma como acontece com a linguagem oral, nosso corpo emite signos que, quando estruturados, podem ser lidos como frases; esses signos não verbais são emitidos através de posturas, gestos e movimentação. A isso também se chama paralinguagem.

Essa linguagem física, da qual muitas vezes não nos apercebemos, é a fala de um corpo em contínua comunicação com o mundo e com o outro: um corpo vivo que fala, mesmo que conscientemente não saibamos o que está sendo dito. Mesmo que tentemos ocultar nossos sentimentos e pensamentos, esses surgem como movimentos de sombra à nossa movimentação consciente. A linguagem corporal, da qual se tem mais ou menos consciência, torna visível o que desejamos e o que não desejamos mostrar: é fala corporal, é comunicação humana não verbal, corpo enquanto presença com sua capacidade de alterar o mundo ao redor.

A comunicação não verbal estuda gestos, expressões corporais e faciais como sinais transmitidos e que foram apreendidos por meio do convívio da criança com seus pais e outros adultos, tanto do ponto de vista da expressão de pensamentos quanto do ponto de vista da forma física de um rosto, por exemplo, ou de pequenos gestos das mãos.

A proxemia, por sua vez, é uma ciência que estuda o espaço pessoal, a partir da linguagem corporal e da comunicação não verbal que se estabelece, descrevendo distâncias interpessoais e outras distâncias mensuráveis entre pessoas em determinadas situações de convívio social ou familiar; estuda também como nos movemos e nos situamos uns em relação aos outros, examinando o significado de posturas, intencionais ou não, entre pessoas que se encontram ou permanecem no mesmo espaço, movimentação da cabeça, rosto e olhos, modo como tocamos ou nos deixamos tocar. Há como que diálogos mudos que vão se estabelecendo em locais onde as pessoas se encontram, e esses diálogos, se filmados, dizem muito das pessoas envolvidas nessa comunicação intensa e sem palavras.

Essa ciência parte de uma leitura dos usos que as pessoas fazem do espaço e do tempo em sua inter-relação: mede distâncias entre pessoas que conversam ou que transitam pelas ruas, a distância entre esses corpos, a proximidade maior ou menor que se estabelece entre eles, os toques que podem ocorrer, e as distâncias nas quais esses contatos acontecem em cada cultura; estudando, além disso, o contato visual entre pessoas e o significado social dos diferentes espaços.

Em 1959, E.T. Hall criou o termo "proxêmico". Segundo esse pesquisador pode-se catalogar alguns tipos diferentes de distâncias que se estabelecem: distância íntima, distância pessoal (fora do alcance das mãos), distância social (sem contato físico) e distância pública.

A cinésica ou cinética estuda os gestos e movimentos corporais de valor significativo e convencional num mundo silencioso, onde a linguagem vocal é abolida, acreditando que grande parte da verdadeira comunicação humana acontece num nível abaixo da consciência. Para essa ciência da comunicação, criada por Ray Birdwhistell, em 1952, a menor unidade de significação comunicacional é o kine, enquanto que os kinemas são unidades portadoras de significados que muitas vezes contradizem o que se fala verbalmente. Para esse cientista também as aparências são apreendidas, pois um ser humano é extremamente sensível à presença do outro e reage corporalmente ao que lhe chega também do mesmo modo; na verdade adquirimos nosso rosto no processo de crescimento através da convivência com outras pessoas.

Os etologistas estudam o comportamento humano: o que dizem os olhos, os rostos, uma postura, um cruzar as pernas ou os braços, um afastar-se imperceptivelmente do outro, uma aproximação lenta, um encontro de mãos, um gesto repetitivo. Para esses estudiosos do comportamento humano, o ritmo no qual as interações humanas ocorrem é fundamental para se interpretarem relacionamentos. O Dr. Eliot Chapple, trabalhando com os ritmos de interação entre humanos, conseguiu medi-los e colocou-os num conógrafo de interação; desse modo pôde perceber o quanto ritmos idênticos ou complementares podiam contar ao observador, o quão integradas ou não estavam as pessoas envolvidas em determinada conversa, o quanto concordavam ou discordavam entre si. Assim, pôde notar também o quanto havia de códigos não verbais envolvidos no mundo silencioso das interdições e repressões humanas, que a forma mais eficaz de se afirmar poder e domínio sobre os outros é a forma não verbal. Também percebeu que os movimentos humanos são tão pessoais quanto uma assinatura e que, apesar de pertencerem a um repertório cultural mais ou menos comum, são minimamente transformados no momento de sua apreensão. Assim sendo, a maneira extremamente pessoal de se olhar, mover os lábios num sorriso, ou fazer um gesto de mãos contribui para a afirmação individual e é praticamente inimitável.

Delsarte, por exemplo, estudou e analisou uma série de posturas corporais e gestos de mãos e rostos, criando um método de trabalho interessantíssimo que estabelece estreita relação entre o corpo (suas posturas e gestos) e a expressão de emoções. Esse, que foi um dos primeiros estudos conhecidos e abrangentes sobre a linguagem corporal, tinha por objetivo conscientizar as pessoas da importância da linguagem dos gestos e da necessidade de se ter consciência de como podemos melhorar nossa comunicação com o próximo. Seu trabalho influenciou toda dança e teatro contemporâneos.

O que é certo é que a gestualidade é cultural, e que há uma codificação gestual própria de cada cultura, assim como há códigos e posturas mais ou menos universais em seus significados. Mas parece certo igualmente que os *gestos** são sempre acompanhados de movimentos de sombra, cujo significado não é consciente pelo emissor e muitas vezes são esses movimentos inconscientemente emitidos que nos falam diretamente sobre uma pessoa e suas intenções. Através da leitura corporal, já que o corpo do outro com o qual nos relacionamos sempre emite seus sinais, podemos conhecer uma pessoa antes mesmo de falar com ela. Os sinais humanos que nos chegam podem ou não ser captáveis numa primeira leitura, mas, de qualquer maneira, encontram-se ali para um observador experiente. Por ser a comunicação humana não verbal em suas bases é que se pode "ler" o corpo de alguém e, até certo ponto, decodificá-lo antes mesmo da consciência desse feito.

Assim como se fala com o corpo, também há uma leitura do corpo do outro que nem sempre ocorre no nível da consciência do leitor: dessa maneira, coisas aparentemente inexplicáveis como atrações súbitas, ou ódios sem motivo, podem ser compreendidos. Sendo assim, entre duas ou mais pessoas ocorrem diversos níveis de comunicação em que nem sempre o que é dito pelas palavras é confirmado pelo corpo e vice-versa, fazendo da comunicação interpessoal uma rede de signos que passa, antes de tudo, pelos corpos postos um frente ao outro, corpos que não dominam inteiramente a linguagem que é falada. E nessa interação pode ser visível acordo ou desacordo entre as partes, dissonância ou harmonia, percepções e reações conscientes e inconscientes, o que torna a comunicação humana um universo de pesquisa infindável e maravilhosa. [SMA]

 Davis, 1979; Fast, 1974; Shilder, 1980.

 Corporeidade, Gesto (Linguagem do)

LUGAR TEATRAL

Não há teatro sem o espaço. O teatro ocorre no espaço do aqui-agora, num determinado lugar na/da sociedade. O modo de ocupação e uso do lugar teatral é determinante nos processos de recepção teatral, *encenação**, *cenografia**, *formação de públicos**, isto é, na relação entre artista e público/teatro e cidade. Daí a necessidade de estarmos atentos aos detalhes, aos modos de interferência e às diferenças de cada ocupação.

Segundo Gay McAuley (1999: 18), os escritos de Anne Ubersfeld – *Lire le théâtre* I e II –, publicados em 1977 e 1981 respectivamente, são obrigatoriamente o ponto de partida para qualquer reflexão teórica sobre o funcionamento do espaço no teatro. Para a autora, "se a primeira característica do texto teatral é a utilização de personagens que são representadas por seres humanos, a segunda, indissociavelmente ligada à primeira, é a existência de um espaço em que esses seres vivos estão presentes" (2005: 91).

O conceito de "lugar teatral" é difuso e polissêmico sendo, muitas vezes, considerado como sinônimo do edifício teatral ou mesmo um depósito da cena. Trata-se do *locus* no qual ocorre a cena teatral, podendo coincidir ou não com o edifício teatral. Espaço limitado pelo sensível biológico (visão, audição etc.), fundado na intencionalidade do fazer teatral, na experiência e na memória, constituindo-se no território vivido da cena, diferenciando-se no momento de qualquer outro tipo espaço. Desse mod, o lugar teatral é compreendido como um agente (mediador) de comunicação da atividade teatro na sociedade.

O lugar teatral, com efeito, não deve ser entendido como um depósito ou uma estrutura edificada na qual se colocam cenários e adereços, mas sim como um elemento que condiciona, transforma e é transformado durante o conjunto de ações que são produzidas pelo fazer teatral. Essa perspectiva é a que nos remete ao entendimento do espaço como um processo sociocultural (ALMEIDA JUNIOR, 2010).

É certo que, além do edifício teatral, qualquer espaço poderá vir a ser teatralizado. Eis uma questão fundamental na discussão do espaço no teatro realizado na escola, pois a maioria delas não possui uma sala específica para apresentações teatrais, ou espaço apropriado para as aulas de teatro.

A escolha de um espaço na escola para a atividade teatral subentende uma definição, uma afetação, uma apropriação, uma caracterização, estética e social. Deve ser compreendida como uma atividade dialética entre a sociedade e o meio. Tal apropriação, contudo, não se define somente pelos objetos materiais colocados no espaço, como se esses objetos trouxessem neles mesmos a sua própria explicação. Daí a necessidade de não confundir o lugar teatral com a organização do lugar cênico que se dá pela cenografia. A cenografia faz parte do conjunto de espaços em que estão inseridos os signos espacializados que constituem o evento teatral, colaborando para a determinação do lugar e a sua respectiva informação sem, no entanto, defini-lo.

Por fim, o conceito de lugar teatral não se encontra vinculado somente ao edifício teatral, mas à própria atividade teatro. Os artistas (atores, cenógrafos, iluminadores etc.), ao se relacionarem e vivenciarem o espaço, revelam a transformação simbólica e cultural do mesmo, permeada de intencionalidades e singularidades, no qual a produção e o consumo da cena se dão concomitantemente. Conferindo a esse momento social um viés educativo e, também, pedagógico.

É, portanto, na relação entre o lugar teatral e a cidade que se constitui o processo pedagógico, no qual os espectadores assimilam uma segunda natureza, que significa a representação da presença do humano produzido artística e historicamente no espaço. [JAJ]

 Almeida Junior, 2010; Ubersfeld, 2005.

 Palco (Tipologia), Ler o Teatro, Intervenção Urbana

M

MEDIAÇÃO

Entende-se como mediação o espaço reservado para ampliar e/ou estreitar a relação do espectador com a obra de arte. Ela se ocupa do processo estético do criador e busca interligá-lo ao público, possibilitando o acesso à obra de arte. Seu principal objetivo é formar apreciadores capazes de contextualizar a experiência estética proposta pelo artista. A mediação é o percurso realizado por intermédio de métodos próprios que permitem ao observador perceber a obra dentro das suas múltiplas dimensões formais e interpretativas. Em geral, a tarefa é envolvê-lo num processo de leitura da obra de arte. Trata-se de uma operação empregada na captura da obra. Dessa maneira, o espectador-leitor, em contato com a obra, é convidado a exercitar suas capacidades imaginativas e o pensamento divergente (DESGRANGES, 2003).

A mediação não se restringe à ação de colocar o público diante da arte e preenchê-lo de informações, sobre o contexto histórico da obra e dados da biografia dó artista. A proposta é envolver o apreciador numa jornada entre a história misteriosa da produção de uma obra e o curso de suas interpretações, sem perder a materialidade da própria obra, que se apresenta diante do espectador. Especificamente, no teatro, quando falamos em mediação teatral, estamos nos referindo ao diálogo entre a encenação e o público. Dentro desse âmbito, compreende-se o público como um cocriador do espetáculo, tendo em vista que ele é parte fundamental, no jogo entre palco e plateia.

No teatro, o público é, a todo momento, instigado a jogar e construir o sentido da cena. Em face disso, a mediação deve ser inquietante e aberta às variadas possibilidades de sentidos, de associações com o momento do evento teatral e posteriormente a ele (WENDELL, 2011). É fundamental que a mediação com a obra teatral seja pautada no diálogo com a produção, que possibilite a elaboração de interrogações, de uma atitude dialógica com a peça. A mediação teatral deve ser capaz de tornar o processo de leitura da obra teatral uma atividade que seja investigativa e prazerosa ao público. Uma proposta de mediação teatral pode incluir ações didáticas que envolvam a preparação do público para assistir ao espetáculo ou questões acerca da experiência da *ida ao teatro**. Podem-se propor, também, criações cênicas ou estudos teóricos que deem conta do entendimento ou das sensações dos espectadores, após a assistência da peça. Esses procedimentos envolvem uma pedagogia própria voltada para processos destinados à leitura da obra teatral. Essa leitura não se limita aos textos dramáticos, mas à leitura de textos cênicos.

Constituem parte integrante do texto cênico o cenário, os figurinos, os adereços, a maquiagem, o som (voz, música e sonoplastia), o material gestual, a luz e todos os outros elementos que venham compor a cena. Assim, a proposta de leitura do texto cênico significa leitura da cena teatral. A mediação teatral centraliza sua ação pedagógica no olhar do espectador, sobre a materialidade do espaço cênico, desenvolvendo métodos que possibilitem reconstruir a rede de significantes que estruturam a *encenação**, valendo-se de múltiplas possibilidades de interpretações e de sentidos para quem vê. Dentro dessa pedagogia, enfatiza-se a construção de uma atitude dialógica e reflexiva com a realidade da obra teatral e, consequentemente, com as percepções e concepções que o observador tem sobre o mundo.

Como se ensina a olhar dialeticamente uma obra? Como se constrói uma relação dialógica com o objeto cênico? Como se ampliam as capacidades de leitura do espectador? São questões que vão configurar uma pedagogia específica para a mediação teatral. Essa é por excelência uma ação interdisciplinar, envolvendo relações com diversas áreas do conhecimento, tais como a teoria da recepção, estudos na área da leitura da obra de arte e da pedagogia do espectador. Inúmeros autores têm se dedicado a organizar procedimentos que possam indicar caminhos para a mediação teatral. Entre esses autores, destacam-se Anne Ubersfeld, Jean-Pierre Ryngaert, Patrice Pavis e Flávio Desgranges. [JGa]

 Desgranges, 2003; Wendell, s.d.

 Recepção, Figurinos, Adereços, Intertextualidade, Texto e Cena, Experiência

MEMÓRIA

Os estudos de memória apontam para a amplitude e complexidade do termo. A literatura é extensa, percorrendo caminhos diversos que se cruzam ou se afrontam, não sendo possível abarcá-los em um único quadro de conhecimento.

Se, nos dias atuais, a compreensão da memória como construção, como fenômeno social é compartilhada nas mais diversas perspectivas teóricas, até o início do século XX, o lugar da memória era outro. Tema caro aos filósofos, as investigações sobre a memória tinham por objetivo a possibilidade de compreensão do sentido da vida. No entanto, os debates teóricos que marcaram o último século, tendo como protagonistas Henri Bergson e Maurice Halbwachs entre outros, aproximaram o tema da memória da vida social, inscrita em práticas sociais e colocaram em pauta a compreensão do passado como construção. Nesse sentido, a apropriação do tema da memória foi objeto de investigações e discursos de teóricos que sinalizaram o seu uso em diferentes perspectivas, seja na utilização indiscriminada e excessiva ou como uma possibilidade de resistência e luta de minorias. Apontaram também para o papel fundamental da crítica no modo de produção do conhecimento histórico.

Nas últimas décadas, como sinalizou Andreas Huyssen, a memória passou a ser uma das preocupações culturais e políticas mais importantes das sociedades ocidentais. Operou-se uma mudança de foco "dos futuros presentes para os passados presentes". Para ele, há uma espécie de "recordação total", como o uso político da memória, desde a mobilização de passados míticos em apoio a políticas chauvinistas ou fundamentalistas, até a criação de esferas públicas de memória contra políticas do esquecimento.

De outro lado, a criação de "arquivos de memórias" e o interesse pelos relatos de vida, como material a ser guardado e investigado, surgiram desde os fins dos anos de 1940, nos Estados Unidos, seguidos por vários outros países. Philippe Joutard relata que, nos fins dos anos de 1960, grupos não profissionais, à margem do mundo universitário, como feministas, educadores e sindicalistas, buscaram dar voz aos "povos sem história". A revitalização das fontes orais na História Social, nos anos de 1970 e de 1980, impulsionou a criação de vários centros de arquivos autobiográficos. Há uma mudança de perspectiva nas pesquisas sobre grupos minoritários. Nos estudos de gênero, etnias e parcelas da população excluídas são incorporados métodos da história oral e investigações sobre memórias. Trabalhos como os de Michael Pollak e Alessandro Portelli são exemplos contemporâneos da compreensão da memória como situada no tempo, no espaço, na cultura, nos afetos, na ideologia e na política. De uma maneira geral, no campo da história, os estudos de memória voltaram-se para os temas de identidade, representações e práticas sociais.

Para além dos embates acadêmicos, o argumento da memória foi apropriado pela literatura, pelo cinema e pelas artes. No âmbito do teatro, o uso da memória aparece em diferentes processos, tanto na preparação e construção de personagens, como o uso da memória emotiva presente no sistema de preparação de atores construído por Stanislávski, quanto na criação da dramaturgia. Vários foram os autores que buscaram material para a composição de suas obras em suas lembranças.

Na "dramaturgia do eu", de Strindberg, fundada na autobiografia, o passado recordado mostra-se como um presente estranho, com cenas que denunciam remorsos antigos ou dores há muito guardadas. Vários personagens de suas peças são incorporações do próprio Strindberg, que faz "do palco um uso privado, ocupando-o com fragmentos de sua biografia" (SZONDI, 2001: 53-69 e 123).

Arthur Miller atualiza o passado por meio de flashbacks e procura dar à "narrativa do passado o caráter de um fato dramático" (SZONDI, 2001: 172), utilizando-o como matéria ficcional. *Depois da Queda* (1964) expressa claramente um tom autobiográfico.

Outro interessante uso da memória na construção do texto dramático é *Susn*, de Herbert Achternbusch, que mostra uma única personagem contando sua vida e lembranças em cinco monólogos, com intervalos de dez anos entre eles.

No Brasil, um exemplo clássico é Jorge Andrade, cuja obra é declaradamente baseada em sua vida. Fincou a imaginação em suas memórias pessoais e familiares e traçou um panorama histórico no seu universo ficcional. *Rastro Atrás* (1965) é considerada a sua peça de maior teor autobiográfico.

A dramatização de memórias ou de *fragmentos** de vida de pessoas comuns está presente também em alguns trabalhos de teatro comunitário. O *Playback Theatre*, criado em 1975 por Jonathan Fox, em Nova York, é hoje praticado em diversos lugares do mundo, inclusive no Brasil. Como nos relata Jô Salas, grupos formados por um diretor, atores, músicos e iluminador apresentam-se para uma plateia. Participantes da plateia são convidados a contar uma história real de suas vidas, um sonho ou uma lembrança incômoda que gostariam de ver encenado. Essa história é improvisada pelos atores. Defendem a ideia de que as experiências de vida das pessoas merecem atenção e podem ser um bom tema para a arte. Essa proposta abarca um tipo novo de *improvisação teatral** aliada a alguns pressupostos do *psicodrama**.

O *Age Exchange Theatre Trust* foi fundado em Londres, em 1983, por Pam Schweitzer, que dirigiu o grupo até 2005. A companhia iniciou seus trabalhos com a criação de peças teatrais baseadas nas lembranças de pessoas idosas. Os espetáculos eram dirigidos e representados por atores profissionais; no entanto, a criação dos enredos tinha a participação de idosos. Utilizavam também uma adaptação da técnica de *teatro-fórum**, criada por Augusto Boal, com sugestões da plateia de encaminhamentos diferentes para as histórias apresentadas. Durante os quase trinta anos que se passaram, ampliaram o trabalho para outros grupos intergeracionais e multiculturais e ganharam reconhecimento nacional e internacional.

O livro *Gerontodrama* relata uma experiência no Hospital do Servidor Público Estadual de São Paulo, coordenada por Elisabeth Maria Sene Costa, médica psiquiatra e psicoterapeuta. Amparada no psicodrama, a autora desenvolveu um trabalho com grupos de idosos, criando esse novo conceito. As vivências do passado são resgatadas e dramatizadas com função terapêutica.

A conjunção de arquivos de memórias de pessoas idosas com a construção de uma dramaturgia breve está presente em outra proposta em que a autora cruza os campos do envelhecimento, trabalho social, teatro comunitário e registro de memórias. A matéria bruta surge nos espaços das oficinas, provocada pelos exercícios com imagens, nas improvisações sobre temas específicos ou nas entrevistas de histórias de vida que fazem parte do acervo de um arquivo de memórias de pessoas idosas comuns. As lembranças recolhidas são a fonte para a elaboração dos textos e de espetáculos criados coletivamente pelo grupo de idosos. A concepção e a construção dos espetáculos também carregam a marca da representação social de teatro que estes idosos construíram no decorrer de suas vidas (VENANCIO, 2008).

A memória é, enfim, interdisciplinar e indisciplinada, está presente na feitura e compreensão da história, das artes, das representações sociais, dos monumentos e diferentes espaços, dos gestos e falas. Ela é produzida e representada a partir dos interesses e olhares do presente. [BPV]

 Halbwachs, 1990; Szondi, 2001; Venancio, 2008.

 Linguagem Cênica, Teatro na Terceira Idade, Teatro na Comunidades

METODOLOGIA DE ENSINO

O ensino do teatro precisa ser pensado em tensão com as experiências artísticas de seu tempo, vinculando o processo de aprendizagem às realizações cênicas contemporâneas. Nesse sentido, podemos destacar dois aspectos que tanto são marcantes nas atuais condições de produção da cena teatral, quanto podem ser tomados como procedimentos relevantes nos processos de aprendizagem: improvisação e colaboração.

As encenações teatrais, em parcela significativa das produções, são concebidas atualmente em diálogo produtivo com improvisações de cena, geralmente realizadas pelos atores; de modo que a escrita cênica – os signos visuais, auditivos, gestuais, arquiteturais – vai se definindo no decorrer do próprio processo de ensaios. As resoluções artísticas não são estabelecidas previamente e depois levadas para a cena, tomando o texto como centro da produção, em face do qual se submetem os demais elementos de cena, e em função do que se definem as condições de produção.

O caráter improvisacional dos processos teatrais recentes pode ser associado a outro aspecto que caracteriza esse modo de produção: a participação integrada e em situação de igualdade dos diferentes artistas em seus diferentes domínios linguísticos. A criação se opera de maneira colaborativa, com a participação de todos os artistas envolvidos, que atuam conjuntamente no decorrer da própria pesquisa de linguagem. As resoluções cênicas, nesse caso, surgem não como determinações vindas de fora, mas como soluções surgidas de dentro do próprio processo, efetivando uma investigação artística de caráter coletivo.

O ensino do teatro, por sua vez, vem sendo proposto, nas mais diferentes instituições educacionais e culturais, calcado na prática com jogos de improvisação. Isso porque se compreende que, desse modo, o prazer de jogar se aproxima do prazer de aprender a fazer e a ver teatro, estimulando os participantes a organizarem um discurso cênico apurado, que explore a utilização dos diferentes elementos que constituem a linguagem teatral, bem como a empreender leituras próprias acerca das cenas criadas pelos demais integrantes do grupo.

A investigação da linguagem teatral, assim proposta, possibilita que os atuantes exprimam os seus pontos de vista, fomentando a capacidade de manifestarem sensações e posicionamentos, seja no que se refere ao microcosmo das suas relações pessoais, ou no que diz respeito às questões da sua comunidade, do seu país e do mundo. Além de convidar os participantes a conhecerem e se apropriarem das possibilidades comunicacionais dessa arte e a inventarem um jeito próprio de pensar e fazer teatro, em diálogo franco com as questões de seu tempo. De modo que a prática teatral esteja provida de uma estética que efetive uma análise do mundo lá fora, e não estacione em mera cópia dos padrões estéticos estabelecidos, ou mesmo em uma estética teatral caduca, que não responde mais à função que exigem dessa arte as nossas sociedades contemporâneas.

Nesse modo de aprendizagem está implicado um *processo coletivo** de tomada de decisões, seja para definir os rumos da investigação ou para avaliar as cenas realizadas, o que desenvolve nos participantes o interesse por cooperar e produzir em conjunto. Nas avaliações das cenas, os participantes, seguindo as diretrizes do coordenador do processo, podem conversar tanto sobre questões relativas à vida social – presentes nas improvisações, problematizando as situações do dia a dia –, quanto sobre as resoluções artísticas apresentadas na oficina, com o intuito de aprimorar a capacidade do grupo de conceber um discurso cênico.

Os diversos elementos de linguagem que constituem a arte teatral tornam-se material a ser explorado no processo de investigação desse diálogo que se estabelece entre os que agem em cena e os que observam da sala. Propõe-se aos participantes a percepção de que estão jogando com uma linguagem que não é só verbal, trabalhando com o grupo o apuro em mostrar teatralmente uma situação, levando-o a notar as diferentes maneiras possíveis de se compor uma cena, já que há um vasto cabedal de elementos de significação a que se pode recorrer para se construir uma escrita cênica.

As diversas possibilidades de construção de uma cena, durante o processo de aprendizagem, possibilitam que o grupo vá experimentando e negociando, nas avaliações feitas acerca das criações dos companheiros, as bases de um saber que se constrói coletivamente. Uma boa cena, via de regra, não é tida como tal a partir de um critério prévio, mas de critérios que o grupo vai construindo junto. Não cabe ao coordenador, portanto, uma palavra definitiva sobre o que é bom ou ruim, mas problematizar as cenas para provocar os participantes a refletirem sobre as soluções levadas à cena e a refinarem gradativamente o discurso teatral concebido. [FD]

Cabral, 2006; Desgranges, 2006; Ryngaert, 2009.

Formação de Professor de Teatro, Jogo Teatral, Drama na Educação, Encenação, Teatro-Educação, Grupos de Teatro

MODELO DE AÇÃO

O termo *Muster* é traduzido (*Neues Wörterbuch der Deutschen und Portuguiesischen Sprache*, NY: Michaelis) como modelo, padrão, desenho, debuxo, exemplo, molde, amostra. Em sentido figurado também significa modelo, original, tipo, exemplar, molde. *Nach dem Muster*: conforme o modelo.

O termo *Handlung* é traduzido por *ação*, *operação*. Brecht utiliza o termo no genitivo *Handlungs/Muster*, sendo que, na construção do substantivo em língua alemã, o termo "ação" é preposto ao termo "modelo". Temos assim: "ação sobre o modelo.

O termo "modelo de ação" é utilizado no contexto teórico da *peça didática**, sendo relacionado a processos de aprendizagem:

- modelo como um exercício artístico coletivo que tem por foco a investigação das relações dos homens entre os homens;
- modelo como um texto que é objeto de imitação crítica.

Durante a experimentação com o *Lehrstück* (*peça didática**), Brecht não concebeu suas peças como obras isoladas, mas, desde o seu ponto de partida, como elos de uma cadeia. Cada *Versuch* (tentativa) vale por si mesma, mas a ela se opõe um *Gegenstück* (contrapeça), uma negação, que poderá ser superada através de uma terceira peça. Na cadeia das tentativas com as peças didáticas, escritas antes da emigração, esse procedimento dialético pode ser claramente identificado. Ao mesmo tempo, cada tentativa isolada também é modificada e melhorada em si mesma, de forma que, dentro da grande cadeia, formam-se cadeias menores.

A lógica da fábula está interligada, em todas as peças didáticas, com uma exacerbação dramática: um pobre pede um manto a um rico que tem dois mantos e morre de frio porque o rico não lhe dá o manto (*O Maligno Baal, o Associal*); um menino é morto e jogado em um despenhadeiro (*Diz-Que-Sim*); um cule submisso e fiel é assassinado por seu senhor (*A Exceção e a Regra*); um jovem revolucionário é morto e jogado em uma mina de cal (*A Decisão*). Essas exacerbações dramáticas são artificialmente construídas e podem, portanto, ser evitadas logicamente. A necessidade trágica lhes é tirada. Tal construção visa a desencadear o processo de discussão e investigação no grupo de atuantes. A partir da crise, busca-se, nos modelos associais e papéis típicos, aquele erro que deu origem ao desenvolvimento fatal.

A estrutura da peça didática se constrói a partir da sua própria negação enquanto texto autoral. Ela não objetiva valores literários enquanto obra acabada, mas visa ao processo de conhecimento através do *jogo teatral**, exercitando a capacidade individual de fazer experiência. A própria estrutura do texto prevê, já a partir da sua concepção, o estabelecimento de variantes, ou seja, o grupo que realiza o experimento retoma o processo de criação reescrevendo, negando o texto e elaborando novas versões. Nas apresentações públicas o espectador também deve ser participante, estendendo-se o princípio do jogo à plateia, que assume então uma função ativa.

O método de aprendizagem da peça didática propõe um modelo teórico/prático que inicia necessariamente a partir da confrontação com o texto. Brecht estrutura os modelos das peças didáticas fragmentando ações complexas em pequenas unidades que, por sua vez, apresentam gestos e atitudes e volta a reuni-los em tipos e modelos sociais. Os modelos caracterizam algo fundamental e típico de uma atitude humana e carregam significado histórico-social. Dois ensinamentos são recorrentes: o esforço de esclarecimento das relações dos homens entre os homens e da relação entre indivíduo e sociedade.

O modelo da peça didática propõe, quando confrontado com outras didáticas tradicionais, um novo princípio de conhecimento. Seu objetivo não é a apresentação ou aprendizagem de um sentimento/ensinamento/moral, mas sim o exame coletivo de um recorte simbólico da realidade. Um experimento com a peça didática é, portanto, equivalente a um processo de investigação coletivo.

Se entendermos os textos das peças didáticas como "modelo de ação", ou seja, como dispositivo para experimentos, então eles devem ser suscetíveis de modificações quando novas questões ou pontos de vista são colocados ou gerados pelo próprio texto. As alterações podem referir-se a pontos específicos ou ampliar questões para além do próprio texto. Nesse caso poderão surgir novas versões. É dado a estas, no entanto, introduzir outros tantos fatores novos no experimento e excluir velhos, de forma a serem criadas novas peças didáticas, que tocam apenas em alguns pontos do texto que as precedeu. Assim nasce uma

MODELO DE AÇÃO

nova "cadeia de experimentos", como diz Brecht, em função da peça didática. Não apenas a reação dos jogadores (grupo), como também as reações conhecidas ou esperadas de um *público** mais amplo exercem aí papel fundamental.

A modificação do texto não é restrita ao autor. Brecht afirma com ênfase que o texto (ou, mais precisamente, a parte que ele denomina "comentário" na *Peça Didática sobre o Acordo* ou no *Maligno Baal, o Associal*, por exemplo) pode ser modificado pelos próprios jogadores, depois de experimentado e discutido. Brecht propõe dois instrumentos didáticos para a prática com a dramaturgia do *Lehrstück*: (*estranhamento**) e o modelo de ação (que está prefigurado no texto poético).

Surpreende a frequência com que se encontra nos escritos sobre a teoria da peça didática o termo "associal". As peças didáticas oferecem como modelo de imitação atitudes "associais, mas altamente qualificadas", segundo Brecht. O princípio de aprendizagem dialético rompe com a relação maniqueísta de valores (bom/mau, certo/errado). Ao experimentar no jogo o comportamento negativo, os impulsos associais, o atuante conquista o conhecimento no sentido de comunidade e coletivo. As ações socialmente úteis não são propostas como modelares em si, mas devem ser conquistadas através da representação do associal – o atuante experimenta a contradição proposta pelo modelo de ação (texto), refletindo sobre ela. Provocativo no modelo associal é que ele não pode ser reconhecido com antecedência. Aquilo que de início parecia responsável perante os homens vira o seu contrário e, no decorrer da fábula, o oposto se evidencia como altamente responsável. Um papel importante exercem aí atitudes forjadas a partir de sentimentos e emoções como amor/medo/espontaneidade, que passam a ser vistos a partir de suas implicações sociais.

O *coro** cumpre a função de fazer o comentário das ações. Dessa forma, ação/reflexão são relacionadas de maneira sistemática uma com a outra no exercício com a peça didática, sendo que não se sucedem temporalmente, mas sobrepõem-se constantemente através de jogo/comentário e na própria ação de jogar. Dessa forma, ações/atitudes/gestos são experimentados e trocados no espaço aberto pelo jogo e o conhecimento pode ser constantemente modificado. As peças didáticas não fornecem categorias para uma sistematização. Introduzem uma forma de

pensamento em que teoria/prática formam um todo interdependente.

O modelo de ação proposto através da peça didática se diferencia de textos teatrais tradicionais por seu valor de aprendizagem. Enquanto o *teatro amador** está sempre orientado para apresentações diante de um público, Brecht enfatiza que a aprendizagem na peça didática consiste no exame experimental das experiências sociais dos atuantes/jogadores. Com este objetivo, as peças didáticas são propositalmente abstratas e encerram significações que provocam a contradição.

Por meio do *jogo teatral**, o material gestual torna visíveis as contradições sociais no cotidiano. Sem prescrever um comportamento político concreto, o objetivo é o desenvolvimento de uma atitude política. Apesar de não lidar com problemas políticos imediatos, as peças didáticas são empreendimentos políticos.

Como ponto de partida para os exercícios seriam inconvenientes textos estabelecidos à base de problemas ou situações históricas ou atuais. A partir de seu objetivo, que é favorecer um processo de conhecimento, as peças didáticas não podem examinar uma realidade específica na sua totalidade ou representá-la. Se as entendermos como modelo de ação, como introdução a um processo de aprendizagem dialético, elas necessitam ter certo grau de abstração.

Brecht sublinha que a principal função da peça didática é a educação dos participantes do *Kollektiver Kunstakt* (ato artístico coletivo). A peça didática ensina quando nela se atua e não através da recepção estética passiva, sendo endereçada diretamente ao leitor, que passa a ser o ator/autor do texto. A revisão do texto é parte integrante das peças didáticas, sendo prevista pelo autor a alteração do texto dramático pelos jogadores.

Embora o modelo de ação repouse sobre a forma poética da dramaturgia da peça didática, essa forma é atualizada através da relação dialógica entre *jogo teatral** e texto. Essa dialogicidade (sem dúvida acentuada no confronto com o modelo de ação) poderá ser estabelecida em um momento anterior à introdução do texto, através do processo de jogos teatrais. A combinação entre a parte fixa – texto – e a parte móvel – jogo teatral – propõe que o controle sobre a aprendizagem não ocorre de forma fechada ou previsível.

Embora as questões suscitadas pelo texto constituam a moldura, o modelo de ação é tematizado pela parte móvel. Outro momento da relação dialógica entre jogo teatral e texto pode ser exemplificado através dos jogos de apropriação do texto. No jogo com o texto, hábitos de leitura escolar arraigados são superados, em função da integração dos planos de percepção físicos e intelectuais. A percepção sensório-corporal causa um novo olhar frente ao discurso e à ação de falar. Nos jogos de apropriação do texto, seu significado permanece em aberto. Não procedemos a uma análise do texto buscando uma interpretação. A interação no jogo leva a uma multiplicidade de imagens e associações, que são experimentadas corporalmente, através da linguagem gestual.

Heiner Müller realiza, através de um conteúdo totalmente novo, de forma exemplar, o modelo do *Lehrstück*. Essa tipologia dramatúrgica, inaugurada por Brecht, traz assim uma nova contribuição, não apenas na área da teoria do drama e da práxis teatral contemporânea como representa também uma alternativa séria para a pedagogia.

Numa sociedade na qual o próprio teatro se tornou uma indústria e a literatura sua matéria-prima, a proposta da peça didática permanece como sugestão de um modelo de educação político-estético e experimentação teatral que procura gerar novos meios de produção. Para transformar a sociedade por meio do teatro, é indispensável modificar as estruturas do teatro que são um reflexo das estruturas da sociedade.

Heiner Müller permite examinar o método de aprendizagem brechtiano e discutir o processo à luz de um dos maiores escritores contemporâneos. À releitura de Brecht como autor pós-dramatico foram assim abertas as portas através de seu parceiro congenial, abrindo um leque de questões referentes à implicação dos procedimentos pedagógicos do método brechtiano e à historicização dos conteúdos de seu ensinamento. [IDK]

 Koudela (org.), 2003; KOUDELA, 2010.

 Peça Didática, *Gestus*, Jogo Teatral

MONTAGEM

No uso corrente, dentre os diversos significados possíveis, encontramos "montagem" como sinônimo de *encenação**, ou mesmo de "espetáculo". É comum ouvirmos alguém dizer, referindo-se a um espetáculo teatral: "gostei de tal montagem". Portanto, nesse contexto, montagem é o resultado final de um processo de criação – o momento de contato do público com um produto, um resultado de determinado processo que articula várias instâncias do fenômeno cênico. No próprio meio teatral essa acepção é corrente.

Ampliando a compreensão acerca do vocábulo, temos a "montagem" como peça essencial da prática cinematográfica, também chamada de edição. Podemos encontrar essa ideia na prática de um dos pais do cinema, Sergei Eisenstein. Dedicado inteiramente à arte a partir de 1920, ele primeiro esteve ligado ao teatro, como ator, cenógrafo e diretor, experiência que o levou, em 1923, a desenvolver a ideia da "montagem de atrações", que era a maneira como se construíam os espetáculos populares, entre eles o circo, o teatro de revista e o *vaudeville*. A intenção dessa montagem era oferecer ao espectador um acúmulo de imagens, cenas situações etc., a ponto de fazer com que ele pudesse formar na mente a imagem do conjunto sem que fosse preciso apresentar-lhe todos os elos da corrente.

As dificuldades de se ampliar esse conceito para o palco acabaram por empurrar Eisenstein para o cinema, no qual a necessidade da montagem ficou por demais evidente. Ali, a simples justaposição de dois planos já possibilitava a evidência de que existe uma relação entre ambos, ainda que esta não esteja presente em nenhum dos dois, resultando num conjunto maior que a simples soma de seus elementos.

No âmbito do teatro, é por meio do trabalho de Bertolt Brecht, influenciado pelas experiências do também encenador Erwin Piscator, que a "montagem" adquire um *status* próprio nos palcos. A noção eisensteiniana de sucessão não progressiva dos acontecimentos, citada anteriormente, passará a constituir-se na estrutura básica da encenação épica. Os recursos de distanciamento (projeções, cartazes, música, dirigir-se diretamente à plateia etc.) – que já não eram estranhos a Piscator, mas serão mais bem sistematizados por Brecht – só são eficientes se inseridos num drama que, seja na dramaturgia, seja na *mise en scène*, pretende dialogar diretamente com a consciência do espectador.

Como recurso para atender a essa ideia, era necessária uma forma de se encenar que permitisse a exibição, no palco, de uma relação dialética, em vez de idealista. A solução estava na montagem, recurso que permitia a utilização de um sem número de intervenções que problematizassem a cena, alterando-lhe ritmos, cronologia, estilos ou o que fosse. Brecht afirmou, na célebre comparação entre a forma dramática e a forma épica por ele proposta, que essa última acredita que: o homem se transforma e transforma; a tensão se dá em relação ao andamento do espetáculo (não a seu final); cada cena existe por si mesma (desprezando o encadeamento cronológico que alimentaria a tensão emocional); os acontecimentos decorrem em curvas, não linearmente. Assim, a montagem é organizada em função de um movimento e de uma direção a ser impressa à ação (Pavis, 2002: 250). [SA]

 Anspach, 2009; Bueno & Paula, s.d.; Pavis, 2011.

 Encenação, Linguagem Cênica

O

OFICINA

É o termo usado para designar um curso ou *workshop* de teatro e de outras artes, também usado em situações em que se queiram transmitir outros saberes e debater sobre um determinado assunto. Traz consigo a ideia de preparação, de processo, de um lugar que prioriza a criatividade, a imaginação, a liberdade de expressão e a reflexão. É uma prática pedagógica que visa ao aprendizado de um conteúdo específico do amplo campo do teatro, realizado de modo informal e independente de um programa pedagógico. Esse procedimento é recorrente tanto em escolas no âmbito da educação formal como nas instituições socioculturais, cujo formato educacional não linear tem o mesmo propósito de democratizar e legitimar o conhecimento de determinado tema.

Na escola, a oficina de teatro é geralmente uma atividade extraclasse que tem como principal objetivo complementar ou oferecer uma alternativa profissionalizante ao campo educativo. A oficina, na escola, é uma alternativa da educação formal com o objetivo de criar um ambiente favorável ao exercício da comunicação e da expressão na sociedade, tanto na esfera pessoal como coletiva, além de propiciar experiências e conhecimento da linguagem teatral.

A oficina traz, também, a ideia de um laboratório onde se podem investigar, experimentar e criar obras cênicas. Ao professor de teatro, o sistema educacional e o informal, também oferecem oficinas de atualização ou reciclagem. Nas instituições e espaços dedicados à formação do artista, trabalha-se com o mesmo propósito voltado, de modo mais amplo, para o exercício dos ofícios – do ator, do diretor, do dramaturgo ou ainda dos territórios, gêneros e estilos cênicos, por exemplo, do corpo, de mímica ou de *clown**. Nestes lugares a oficina prioriza a formação prática do artista e o treinamento de técnicas expressivas que, podem ser ministradas com atividades e horários intensivos. A palavra "oficina" evoca, em todos os casos, o sentido artesanal de um ofício.

Assim como um artesão, uma oficina pressupõe a construção de um saber a partir da contribuição dos seus participantes. Nesse ambiente colaborativo pressupõe-se um envolvimento criativo do ministrante com os participantes e, entre eles, privilegia-se a experiência prática, a demonstração e a aplicação de técnicas, a fim de garantir o domínio e a homologação da linguagem.

A ênfase na troca de ideias, nos métodos e habilidades caracteriza a oficina como um lugar de produção de conhecimentos. Esses cursos são elaborados para desencadear um processo de ensino e aprendizagem que visa a atender a constante necessidade de atualização e a formação contínua daqueles que querem aprofundar os conhecimentos teatrais. Junto com a ideia de processo educativo e criativo traz em seus propósitos a tarefa de transmitir, difundir e socializar conhecimentos expressivos sobre um tema. [BL]

 Processo e Produto, Improvisação Teatral

ORALIDADE

Em que pese o comprometimento epistemológico do termo com outras áreas das ciências humanas (em especial a psicologia e suas disciplinas), no contexto dos estudos teatrais a discussão conceitual acerca da "oralidade" ocupa o terreno da sonoridade, pois se forma em oposição ao conceito de "escritura", afeito, por sua vez, à área da linguística. Nessa abordagem, a escritura teatral (que inclui a escritura dramática) abrange aspectos referentes à arte do texto escrito, originalmente da alçada do autor (ou dramaturgo), e a oralidade teatral compreende os aspectos da linguagem falada (oralizada ou vocalizada) não relacionados à palavra oral, ou à língua, mas à própria voz, mais precisamente à vocalidade, da competência do ator (ou intérprete, enunciador do texto, ou da ação cênica, cuja presença constitui o próprio cerne do momento teatral, por possibilitar a confluência entre a autoria, a encenação e a recepção).

Paul Zumthor (2007: 10-13) compreende a voz humana a partir da reflexão sobre a centralidade desse fenômeno na cultura. Nesse sentido, considera limitante uma análise da vocalidade circunscrita a uma ou outra disciplina do conhecimento científico em particular; assim, identifica a emergência de uma disciplina específica, que se proponha ao estudo "global da voz", de modo a abarcar o fenômeno na sua totalidade, para além dos domínios da própria ciência. Tal perspectiva desvia-se, portanto, das questões que envolvem a língua (linguagem), para centrar-se no seu "suporte vocal", ou seja, enfoca a voz "como realizador da linguagem e como fato físico-psíquico próprio, ultrapassando a função linguística". Nessa medida, os estudos de Zumthor afastam-se da chamada literatura oral, em direção ao que se denomina poesia vocal; daí a base da sua distinção entre oralidade e vocalidade.

Num retrospecto histórico de diferentes elaborações relativas à técnica vocal e gestual do ator, Jean-Jacques Roubine evidencia a eclosão da arte da declamação, na Grécia antiga, originariamente vinculada aos domínios das artes do canto e da dança e desenvolvida a partir das formas de atuação ao ar livre dos coristas do teatro grego: do ditirambo (que aliava dança e canto), do drama satírico (calcado na comicidade da voz) e da parábase (fala expositiva, dirigida ao espectador) da comédia. Tais formas pressupunham habilidades vocais expressivas e comunicativas e demandavam a utilização de recursos específicos (como o uso de máscaras, por exemplo) para a ampliação da voz. A exacerbação dessas técnicas de expressão vocal é testemunhada nas formas de interpretação do teatro trágico francês (séculos XVII e XVIII), caracterizadas pelo virtuosismo do ator, pelo forte apelo emocional que a sua presença significava e pela estereotipia dos sentimentos das personagens, o que se reflete no artificialismo da postura do intérprete e na afetação da sua vocalidade. Do questionamento ou da tensão em torno dessas formas de interpretação (consideradas mecanicistas e antinaturais) precipitam-se modelos de representação teatral fundados no paradigma do naturalismo (que preconizavam a ideia de um teatro que imita a vida): alguns deles, ainda tributários dessa tradição vocalizante, mais parecem reforçar-lhe os traços declamatórios, e outros, no sentido oposto, na medida em que privilegiam aspectos físicos gestuais "visíveis", em detrimento dos "audíveis", relegam aspectos fundamentais do trabalho do ator, beirando a idealização de um corpo separado da voz; o que, se não nega terminantemente as origens do teatro, arrisca comprometer as relações constitutivas da *teatralidade**. A noção contemporânea de vocalidade delineia-se a partir das transformações na arte teatral (desde o final do século XIX), influenciadas pelas teorias e práticas de Stanislávski, Craig, e, mais adiante, de Artaud e Brecht, que passam a interrogar-se acerca das formas de interpretação historicamente construídas (mais ou menos vocalizantes; mais ou menos comprometidas com a "categoria do natural") e a compreender o trabalho do ator vinculado à espontaneidade e à ludicidade, o que corresponde a uma postura cênica menos mecânica e menos artificial. O declínio das formas declamatórias de teatro não tardaria, mas também não isentaria o ator do compromisso permanente com a sua preparação vocal; pelo contrário, as formas de teatro engendradas desde então passam a impor novos desafios à vocalidade, no sentido da criação e do domínio de técnicas que respondam, de diversificadas maneiras, à pluralidade de propostas teatrais (a exemplo das pesquisas de Grotowski, inspiradas em técnicas de tradição oriental, e das experiências em espaços cênicos alternativos e suas diferentes acústicas, desenvolvidas pelo Théâtre du Soleil, dentre tantos expoentes a mencionar nesse movimento) que solicitam a presença do ator na sua totalidade. E as exigências multiplicam-se vertiginosamente a pensar na crescente hibridização da arte do teatro com outras formas poéticas (a dança, a música, o circo, o cinema, a performance) e na participação massiva das mídias na cultura contemporânea. Sob tais aspectos, Roubini considera que a vocalidade dos anos de 1980 tende a reinventar-se no sentido de uma revalorização do virtuosismo da atuação, em função das necessidades de interpelação do espectador, o que conduz o ator a um retorno aos princípios da arte da declamação, dentre outros recursos que permitam a exploração das suas possibilidades e promovam a ultrapassagem dos limites das suas capacidades expressivas e relacionais.

Ao pesquisar o tema da oralidade relacionado ao trabalho do ator de teatro, Marlene Fortuna (2000: 71) atenta para a perenidade da escritura teatral (norteada por uma sistemática fixada com base na pontuação léxico-gramatical escrita), em contraposição à efemeridade, ao caráter volátil, da oralidade teatral (que parece resistir às prescrições tônicas da gramática). Sujeita aos impulsos mentais do momento teatral, a fala do ator assume uma prosódia particular na medida em que se entrega à flutuação do ponteio, que decorre "da conjugação dos movimentos psíquicos (emoções, sentimentos e sensações) e dos movimentos físicos (respiração, relaxamento, consciência do corpo)", subvertendo o próprio sentido da palavra escrita (textual, passada), ao transmutá-la em sonoridade (oral, presente). [VBS]

 Fortuna, 2000; Roubine, 2001; Zumthor, 2007.

 Dramaturgo, Coro

P

PAISAGEM SONORA

Uma das contribuições do pensamento musical do século xx foi certamente a potencialização do ambiente sonoro como agente e paradigma da criação artística. O estabelecimento da relação entre som e espaço no conjunto das ações artísticas ao longo do século passado transportou o espectador, o transeunte, o artista para um campo de afeto, em que a temporalidade efêmera do sonoro se converteu em plasticidade na simulação de espaços.

As modificações e "perturbações" acústicas impostas pelos processos de urbanização, metropolização e industrialização dos grandes centros urbanos mundiais, já no final do século xix e contiguamente no século seguinte, direcionaram os ouvidos ao ambiente, deslocaram a escuta cotidiana de reconhecimento das sonoridades cíclicas da natureza, para a ginástica inquietante de desvendar novos sons, novos ciclos sonoros desdobrados da periodicidade regular do motor, que pavimentaram com uma máscara acústica os sons antes ouvidos.

Provavelmente essas alterações, advindas da revolução industrial, do posterior revolução elétrica e eletrônica e da consequente presença das máquinas no cotidiano, influenciaram compositores, artistas e pensadores em sua abordagem ao tema do ruído e ambiente sonoro, desenhando outra relação entre os sons escutados na cidade e a poética musical. É o que vemos, lemos e ouvimos em obras desde a *Arte do Ruído: Manifesto*

Futurista, de 1913, de Luigi Russolo, com sua proposta de uma orquestra de instrumentos que entoassem os ruídos ouvidos na cidade; passando por Eric Satie, na proposta *Música de Mobiliário*, de 1920; também nas sonoridades das composições de Edgar Varèse, tais como *Hiperprisma, Ameriques e Ionização*; na concepção da música concreta por Pierre Schaeffer e quando o mesmo pensa numa tipologia da escuta em seu *Tratado dos Objetos Musicais*, de 1966.

John Cage, talvez a grande máquina de subjetivação da arte do século xx, traz o ambiente para o conceito de música. Sua peça *4'33"* (1952) está para a música assim como a *Fonte*, de Marcel Duchamp, está para as artes visuais, um marco conceitual. O intérprete fica o tempo da peça em silêncio enquanto o público, sem perceber, a compõe com as sonoridades da sua impaciência. Em outra passagem, Cage pede para que se abram as janelas, pois afirma serem música os sons de dentro e de fora da sala de concerto.

O conceito de paisagem sonora é cunhado por Murray Schafer, compositor canadense, a partir da palavra *Landscape*, que significa paisagem; dessa forma a redesenha como *Soundscape* dentro de um projeto maior idealizado e dirigido pelo próprio compositor em 1969, na Simon Fraser University, no Canadá, chamado World Soundscape Project (wsp), cujo objetivo principal era realizar um estudo interdisciplinar a respeito de ambientes acústicos e seus efeitos sobre o homem.

Em 1977, Murray Schafer sintetiza as ideias e resultados do projeto na obra *The Tuning of the World* (A Afinação do Mundo). O livro explora a história a partir das sonoridades ambientais dos períodos retratados. Indica ainda as transformações ocorridas e seus impactos no ambiente sonoro desde a Revolução Industrial e Elétrica. O compositor canadense evidencia sua busca por um ambiente acústico ideal, restituindo uma relação equilibrada entre homem e ambiente, que para ele foi destituída após a Revolução Industrial, e coloca o ser humano no centro da grande composição ambiental atual.

Embora seu projeto tenha claramente um caráter de idealização do passado e tentativa de resgate de um elo perdido entre o homem e sua relação com o ambiente sonoro, quando conceitua o termo "paisagem sonora", Schafer abre uma perspectiva de emprego poético desse termo.

E nessa possibilidade de construção e criação de ambientes abstratos, a partir do emprego de técnicas composicionais de manipulação e difusão do áudio, desenvolvidas pela música concreta e eletroacústica, é que compositores e artistas sonoros têm voltado suas poéticas para construções espaciais através dos sons.

Pela conceituação de Murray Schafer pode-se filiá-lo ao pensamento geográfico da paisagem como uma ação humana no espaço e perceptível pelos sentidos. O compositor formula ainda que esta é constituída por elementos que a configuram, elementos esses em ação no espaço, no tempo e no valor atribuído a eles pelo contexto social envolvido. Esses elementos são os pedais, as marcas e os sinais sonoros.

No teatro a paisagem sonora é uma ação no espaço da cena. Tem sido usada quando se refere a criações sonoras que se misturam ao conceito cenográfico construindo assim a dimensão espacial da cena através dos sons. Desse modo, integra a música à diegese e conteúdo interno da cena. Os antes temas musicais se desvinculam das personagens, de suas ações e falas, convertem-se em cenografia e mobiliários sonoros da cena, simulacros e instalações sonoras, ambiência indistinta entre palco e plateia. [MS]

 Chion, 1998; Obici, 2008; Schafer, 2001.

 Palco (Tipologia), Cenografia, Sonoplastia, lugar Teatral

PALCO (TIPOLOGIA)

Para Patrice Pavis (2011: 133), o termo de uso contemporâneo para palco ou área de atuação é o "espaço cênico", que se organiza em estreita relação com o espaço teatral (o do local, do edifício ou da sala). Palco é então o espaço do espetáculo visto. Etienne Souriau investigou as possibilidades do espaço cênico segundo dois procedimentos antagônicos: o cubo e a esfera, considerando que o embate entre a sala italiana (cubo) e o teatro de arena (esfera) não passou de um episódio de escolha e que ambos apresentam inúmeras ressonâncias estéticas (SOURIAU, 1958: 75).

O palco à italiana corresponde a uma forma quase sempre retangular subdividida entre o palco e a plateia. Os atores ficam confinados numa caixa aberta frontal ao olhar do público. Separando esses dois espaços existe a "boca de cena", com cortina para esconder o palco, no qual telões pintados com efeitos especiais de perspectiva e maquinária própria criam uma caixa cênica de ilusões separada do *público** – que fica acomodado frontal e hierarquicamente na plateia, camarotes e balcões, dispostos, em geral, no formato de "ferradura", podendo ser também retangular, semicircular, em ferradura, trapezoidal ou misto (LIMA & CARDOSO, 2010). A caixa cênica, construção cúbica que não tem vãos de abertura, possui pé-direito, no mínimo, duas vezes e meia a altura da boca de cena, sendo seu limite superior uma grelha metálica com recursos técnicos nela instalados.

Apesar de o teatro contemporâneo ter explodido o espaço cênico, com inúmeras possibilidades de *lugar teatral**, o palco italiano ainda é a mais utilizada das tipologias existentes. Além dessa disposição frontal da plateia, outros elementos caracterizam o teatro italiano: palco delimitado pela boca de cena e sua consequente cortina e a presença da caixa cênica com *urdimento* –, espaço vazio acima do ângulo de visão do espectador cujo limite superior é a grelha, onde são fixados recursos técnicos e operacionais, que permitem o deslocamento das varas de luz e cenário – *coxias* – espaços laterais da caixa cênica e têm a função de abrigar os cenários que entram e saem de cena, espaço para organização da contrarregragem, espaço para preparo e concentração de artistas, e *varandas* – passadiços ou janelas construídas nas paredes laterais da caixa cênica, sobre o espaço das coxias.

Na tipologia do palco elisabetano a plateia envolve o palco em três lados – frente e laterais. Contém uma parede de fundo, permite o avanço dos atores por entre o público, bem como a utilização do urdimento. Não há, na maioria das vezes, a presença da boca de cena e da caixa cênica, ficando toda a estrutura da área de cena à vista do espectador – varas de cenário, iluminação e outros recursos técnicos e operacionais. Existem, contudo, pontos cegos na audiência, em especial nos teatros circulares e poligonais (ex: The Globe).

Na tipologia do palco em arena, o palco se insere no meio da plateia. O círculo – no qual se inspira o teatro grego – que é ao mesmo tempo construído e naturalmente escavado no flanco de uma colina – volta na sequência a todo lugar em que a participação não fica limitada àquela do olhar exterior sobre o acontecimento (PAVIS, 2011: 133). Nessa tipologia a plateia é disposta em todos os lados ou em toda a circunferência do palco, podendo sua forma ser circular, triangular, quadrada, trapezoidal, retangular. A hierarquia entre palco e plateia se apresenta menos definida, e a audiência não se estabelece segundo categorias socioeconômicas. É muitas vezes instalada ao ar livre, sendo, neste caso, necessário observar ventos dominantes e os anteparos naturais como árvores e montanhas ao implantar as arenas, pois esses são elementos que definirão acústica. Assim como no teatro elisabetano, toda a estrutura do palco fica à vista do espectador, como, por exemplo, a grelha para iluminação (Teatro Sesc Copacabana, Teatro Sesc Pompeia).

O palco múltiplo é aquele situado em teatros ou espaços adaptados que permitem a *montagem** do palco em diversas posições, não dispondo propriamente de uma caixa cênica. É comum nessa tipologia de teatro que as varas de cenário e iluminação, as varandas e os carros com contrapesos fiquem à vista da audiência. Essa tipologia possibilita que o encenador escolha a configuração do palco e da plateia a ser instalada. Entretanto, apesar de permitir maior liberdade ao encenador, em suas várias soluções de *encenação** simultânea, deslocamentos da plateia, muitas vezes, possibilitam apenas uma visão parcial da cena. A proximidade ou distanciamento entre público e palco deve ser considerada para que se apliquem os efeitos de iluminação, grandes projeções e inserção de elementos cenográficos, que passam a ter um sentido conceitual mais profundo (Teatro Gregório de Mattos).

Já o palco em passarela ou de rua é instalado longitudinalmente entre duas plateias distintas, sendo muitas vezes improvisado nas ruas, praças, parques etc. Com ou sem caixa cênica, o espetáculo estabelece uma diferente estética de encenação, com saídas e entradas de cena sempre pelas laterais do palco (Teatro Oficina, Sambódromo). [EWL]

 Lima & Cardoso, 2010; Pavis, 2011; Souriau, 1958.

 Lugar Teatral

PANTOMIMA

A palavra "pantomima" vem do grego *pantomimos*, e quer dizer "que tudo imita". Mas na pantomima imitar tem o sentido de mimar: "Mimar, portanto, é muito mais que imitar; não apenas reproduzir um comportamento observado, mas produzir uma aparência ao mesmo tempo superficial, dissimulada e profunda, precisa" (REY, 1987: 11).

Na Grécia antiga faziam parte da tragédia e da comédia o mimo e a pantomima. Esse último era uma "espécie de balé, no qual um *coro** cantava a letra enquanto um ator imitava os papéis um após o outro" (NICOLL, 1964: 104).

Nos textos históricos, a partir do Império Romano, é confusa a distinção entre pantomimo/pantomima e mimo/mímica, sendo comum que textos sobre a pantomima citem os mimos (atores que fazem mímica) sem diferenciá-los. No período romano, a pantomima consistia de cenas curtas, improvisadas, burlescas, de representações de eventos corriqueiros e também temas de amor, adultério, além de zombaria a respeito dos deuses. Mas existia outro estilo pantomímico chamado *Fabula Saltica*, com aspectos comuns à tradição grega, "podendo ser considerado como mais um predecessor do balé moderno e, essencialmente, uma forma de dança, geralmente séria e, algumas vezes cômica, mas que contava histórias" (CAMARGO, 2006: 2). É também nessa época que acontece a divisão entre a dança, a fala e a pantomima, existindo o registro da presença de atrizes nas apresentações de pantomima. No século IV, ao invés de atrizes, são colocadas prostitutas em trajes transparentes e depois nuas, como ninfas.

Na Idade Média a pantomima desenvolveu-se de maneira mais comedida em relação à prática romana da nudez, especialmente "nas formas da *Commedia dell'Arte*, do teatro de feira francês e, finalmente, da pantomima inglesa, eliminando aí completamente o caráter amoral" (CAMARGO, 2006: 13).

No final do século XIX, um importante artista francês, chamado Jean-Gaspard Deburau, deu à personagem Pierrot grande popularidade e um sentido de nobreza. Mas ao mesmo tempo Deburau apresenta uma pantomima popular, simples, para o "público popular do Funambules que compreendia tudo, sem demora [...]" (LECOQ, 1987: 55). Sua vida foi contada no filme *Les Enfants du Paradis*, de 1946 (lançado no Brasil como *Boulevard do Crime*), com direção de Marcel Carné e a presença de Jean-Louis Barrault e Etienne Decroux, dois dos maiores expoentes da mímica no século XX.

Atualmente a pantomima é considerada um estilo dentro da mímica. Ela tem como característica contar uma história, na qual há um relativo respeito pelo tempo e espaço reais, com temática cotidiana, normalmente sem fala. O grande nome desse estilo é Marcel Marceau, falecido em 2007, criador da famosa personagem Bip.

No Brasil a pantomima é o estilo mais frequente entre os artistas, pela grande influência que teve a vinda ao Brasil de Marcel Marceau na década de 1950. Os primeiros grandes mimos brasileiros, Luis de Lima e Ricardo Bandeira, tinham grande influência desse estilo. Hoje existem vários artistas que desenvolvem essa linguagem em seus espetáculos, que ministram cursos abertos e ensinam e pesquisam em universidades.

Para o desenvolvimento técnico da pantomima é importante apurar a consciência do próprio corpo e também a percepção do espaço e do ritmo. Para tanto, usam-se exercícios de observação de si e do outro, detalhamento dos movimentos da ação escolhida, consciência do peso e tamanho dos objetos, entre outros.

A pantomima tem como matéria-prima fundamental a imaginação, seja a do mimo para atuar, seja a do público, que completa com a sua imaginação toda a cena. [EC]

 Camargo, 2006; Lecoq, 1987; Nicoll, 1964; Rey, 1987.

 Gesto (Linguagem do)

PARÂMETROS CURRICULARES NACIONAIS (PCN)

Com a promulgação da Lei de Diretrizes e Bases da Educação Nacional, em 1996, a arte passou a compor o rol de conteúdos obrigatórios da educação básica, com o objetivo de promover o desenvolvimento cultural dos alunos. A legislação que veio a seguir estabeleceu as linhas gerais da orientação pedagógica destinada à educação infantil, fundamental e média, através de diretrizes curriculares homologadas pelo Conselho Nacional de Educação, cujas bases remontam ao Plano Decenal de Educação para Todos e à Constituição de 1998, prevendo a elaboração de parâmetros com vistas ao norteamento das ações educativas no âmbito do ensino formal.

Nesse contexto, os PCN foram concebidos enquanto referência voltada para a implementação de políticas públicas que se desdobram em vários níveis de abrangência, federal, estadual e municipal, consubstanciando na escola a organização do currículo e a orientação didático-pedagógica destinada ao professor. No discurso oficial, configuram-se como um conjunto de princípios cuja validade depende de sua consonância com a realidade social, favorecendo o planejamento coerente de investimentos, a socialização de pesquisas e recomendações, e a avaliação contínua.

O seu processo de elaboração remonta ao ano de 1995, quando foi disponibilizado para consulta de especialistas o primeiro conjunto de documentos, destinado às séries iniciais do ensino fundamental, publicado oficialmente dois anos depois com ampla divulgação pelos meios de comunicação. Ainda naquela década foram elaborados os documentos destinados às demais séries do ensino fundamental e aos três anos do ensino médio, vindo a seguir os PCN em Ação, os PCN+ e as Novas Orientações Curriculares para o Ensino Médio, estas em 2005.

De acordo com os PCN, os conteúdos de arte contemplam a diversidade cultural do aluno e da escola, especialmente em suas expressões regionais, contribuindo para o processo de ensino e aprendizagem através dos eixos de produção, apreciação e contextualização. Com base nesses pressupostos, as secretarias de educação dos estados e municípios passaram a redesenhar as suas propostas curriculares, estabelecendo pela primeira vez no Brasil, o delineamento do ensino da arte pautado nas artes visuais, dança, música e teatro, e assim desencadeando várias medidas práticas, tais como o aumento da carga horária semanal das linguagens artísticas, a inserção desses conteúdos nos vestibulares e no Enem, o combate ao ensino polivalente, a exigência de professores especialistas, dentre outras.

A partir da adoção dos PCN, a área de Arte passou a ser compreendida na dimensão do currículo como conhecimento vinculado à cultura artística, quando, na legislação anterior (lei 5692/71), a Educação Artística era concebida como mera atividade didática, portanto sem *status* junto aos demais conteúdos curriculares. Por sinal, a literatura especializada comprovou que a orientação implantada nos anos de 1970 levou os professores a abandonarem as suas áreas específicas de formação, na tentativa de assimilar uma atitude pedagógica de natureza polivalente e superficial. Em decorrência disso, ocorreu uma diminuição qualitativa dos saberes vinculados às linguagens artísticas, na crença de que as atividades expressivas e espontâneas tornariam os alunos conhecedores das artes plásticas, cênicas e música, o que desqualificou o ensino e impingiu na sociedade uma ideia equivocada sobre importância da arte no âmbito da aprendizagem.

A principal crítica aos PCN, feita pelos especialistas em educação, se reporta ao seu caráter de currículo nacional, uma vez que o documento oficial aborda de maneira minuciosa os conteúdos, as estratégias e os procedimentos de avaliação, configurando-se como algo muito mais restrito que o sentido pretensamente empregado ao termo "parâmetro". No entender desses pesquisadores, essa forma de política pública conduz à uniformização e homogeneização das estratégias de ensino, bem como ao controle do funcionamento das escolas, através da subordinação do fluxo de investimentos ao desempenho de docentes e estudantes. [APS]

 Brasil. Ministério da Educação, 2000; Ribeiro, Santana & Losada, 2004; Penna, 2001.

 Formação do Professor de Teatro, Teatro-Educação

PEÇA DIDÁTICA

Uma educação política, que pratique a *educação estética** e uma educação estética que leve a sério a formação política, terão de esforçar-se para alcançar uma consciência capaz de superar a diferença entre a esfera do estético e a do político no seu conceito de cultura. Ou seja: ambas as esferas não podem ser submetidas a um denominador comum, pois tal redução significaria o fim da arte. Por outro lado, não há como separar tais domínios um do outro, visto que se inter-relacionam continuamente, através de um processo de oscilações. O político deve ser constantemente resguardado de modo a não se tornar unidimensional e cabe-lhe trazer ao estético a consciência de que ele se acha sob o signo do *como se*.

Habermas, ao analisar as *Cartas Sobre a Educação Estética da Humanidade*, entende que a utopia estética de Schiller não visa a uma estetização das relações de vida, mas sim a uma revolução das relações de entendimento. Contrariamente à dissolução da arte em vida, que os dadaístas e seus seguidores irão exigir mais tarde de forma programática, Schiller reivindica, em seus termos, a autonomia da ideia estética em seu "luzir sensível", para empregar a conceituação de Hegel. Embora as *Cartas* criem a revolução da forma de percepção, essa manifestação permanece no campo do puramente estético, segundo Habermas, visto que prescinde de toda derivação da empiria. Ou seja, a arte não é uma extensão da vida, dos dados do mundo empírico, porém uma captação qualitativamente diferente do real. A arte cria realidades, a de seus objetos. Ao ver de Habermas, Schiller define a relação entre arte e revolução de forma semelhante s Marcuse. Dado o fato de a sociedade não se refletir apenas na consciência dos homens, mas também na sua sensorialidade, a emancipação da consciência há de estar enraizada na dos sentidos e na devida valorização da *experiência** vivida. Nem por isso cabe uma ação que se proponha de algum modo a quebrar os recipientes do estético, pois nesse caso os seus conteúdos seriam derramados. Nesse sentido, a sociabilidade do estético tem legitimidade apenas na proporção em que a arte pode reunificar aquilo que na modernidade se fracionou – o Estado burocrático, a abstração moral racional e a ciência dos especialistas. Visão que evidentemente é de Habermas, mas que já se esboça no horizonte schilleriano.

É nessa sequência, ou, pelo menos, nessa moldura de ideias que se devem inscrever o pensamento de Brecht e a sua proposta para a educação em uma ordem social na qual – negada a negação infraestrutural burguesa, isto é, as relações antitéticas que esse modo de vida gera inerentemente e que o condenam a antagonismos e crises insolúveis em seu próprio contexto – estariam instaladas as condições para uma existência desalienada da humanidade. De fato, o poeta retoma o debate de Platão e Rousseau sobre a função da arte e do teatro na pólis, bem como o de Schiller e Marx, realizando, inclusive, uma notável junção e um cruzamento entre as propostas de ambos, que lhe são por certo congeniais, não obstante o peso preponderante do marxismo no espírito de Brecht. Pois a preocupação com a pedagogia estética não só é recorrente nos textos sobre a teoria da peça didática, como o seu conceito aparece aí sempre intimamente ligado ao sistema de organização do Estado.

O *Lehrstück* (*peça didática**), foi concebido por Brecht com o fito de interferir na organização social do trabalho (infraestrutura). No *fragmento** intitulado *Pedagogia*, redigido por volta de 1930, afirma que em um Estado que se dissolve como organização fundamentada na diferença de classes, essa pedagogia deixa de ser utópica. Por outro lado, é justamente o caráter utópico da experimentação com a peça didática – concebida para uma ordem comunista do futuro – o que garante a sua reivindicação realista no plano político. Ernst Bloch cunhou o termo "utopia concreta" para essa experimentação brechtiana. O componente metafísico, ritualizado no teatro de Artaud, é substituído, em Brecht, pelos poderes sociais, que passam a ser pensados e concretizados corporalmente, a fim de serem transmutados pela ação revolucionária.

O *modus faciendi* da utopia brechtiana é explicitado no *fragmento** *A Grande e a Pequena Pedagogia*, em que é traçado um plano operativo para o teatro do futuro. Esse texto, que constitui um escrito-chave para compreender o projeto pedagógico de Brecht, considera que a *Pequena Pedagogia*, a ser desenvolvida com amadores, representa apenas uma democratização do teatro, isto é, o teatro mantém a sua velha função. Subsiste a divisão entre atores (ativos) e espectadores (passivos), entre os que ensinam e os que aprendem. Ela se distingue do teatro burguês pelo fato de já possuir uma intenção pedagógica e de trabalhar com leigos cujos papéis devem ser construídos *de forma que amadores permaneçam como amadores*. Já a *Grande Pedagogia* pressupõe a transmutação radical da sociedade. Somente então o princípio

"*o interesse de cada um equivale ao interesse do Estado*" teria validade.

Dentre os escritos teóricos de Brecht, a teoria da peça didática não é um conjunto claramente definido. Ela se constitui de vários pequenos textos, anotações e referências. Muitas vezes são observações que o dramaturgo faz em contextos diversos, mas que explicitam a gênese e o desenvolvimento de sua proposta pedagógica e didática. Nos últimos enunciados que formulou sobre a questão, em 1956, Brecht afirma que essa designação (peça didática) vale apenas para as peças que ensinam àqueles que representam. Elas não necessitam de público, *embora ele possa ser utilizado* (grifos meus). A peça didática soluciona o problema da ligação entre a prática do teatro e a prática de seu público, ao incorporar o espectador no processo teatral, permitindo-lhe penetrar nas ações que se desenrolam sobre o palco, até o ponto em que ele por fim quase se desvanece como espectador. Ao mesmo tempo, desaparece também desse contexto de produção e aprendizado o ator profissional. A encenação transforma-se em um processo entre autor e público – ela se liberta do quadro institucional do teatro. A peça didática é – quando vista a partir da perspectiva teatral – uma solução extrema.

Heiner Muller, em meados da década de 1970, faz uma confissão: "Brecht estava consciente de que o teatro épico só se tornaria possível no dia em que cessasse a perversão de transformar um luxo em profissão, a constituição do teatro a partir da separação entre palco e plateia" (MÜLLER, 2003). A referência às *Teses de Feuerbach* se evidencia: "Em uma sociedade comunista não haverá pintores, mas homens que, entre outras coisas, também se dedicam a pintar".

Determinantes para essa evolução do teatro são a incoerência do diálogo no teatro do absurdo e a dimensão mítica e ritual da visão teatral de Artaud. O deslocamento dos diálogos nos textos de Heiner Muller, o discurso polifônico de Handke ou ainda o modelo de uma cena de teatro épico na *Cena de Rua* de Brecht, apontam para a superação do teatro dramático Ele se situa no espaço inaugurado pela problemática brechtiana do ator que *mostra que está mostrando* e pela exigência de uma nova arte do espectador.

Autoconhecimento, exercício artístico coletivo, participação ativa são preceitos que podem ser encontrados, já em 1930, na teoria da peça didática. A sua dramaturgia prevê uma parte fixa e possibilidades de variantes; o controle sobre a aprendizagem não ocorre de forma fechada – o texto é estímulo para transformações. Essa concepção de ensino/aprendizagem assemelha-se às propostas de ensino através de projetos, formação e ação. Esse caráter é ainda reforçado pela tentativa de combinar elementos indutivos e dedutivos na aprendizagem. Através da teoria e prática do *Lehrstück*, Brecht cria um exame da realidade social. Trata-se também de uma forma de teatro que abriga o compromisso conceitual de instruir seus participantes na "alegria da libertação", na formulação de Paulo Freire e tornar-lhes apreensível o ato da liberdade. [IDK]

 Habermas, 1985; Müller, 2003; Schiller, 1963.

 Dramaturgo, Educação Estética

PÓS-DRAMÁTICO

O termo "pós-dramático" foi utilizado pela primeira vez por Richard Schechner, que menciona um "teatro de happenings pós-dramático" (SCHECHNER, 1988: 21). Mas coube ao teórico alemão Hans-Thies Lehmann definir uma cartografia expandida da cena contemporânea com base nessa noção, a partir da qual organiza vetores de leitura dos processos multifacetados que caracterizam o teatro que vai dos anos de 1970 aos de 1990 do século XX. Em seu livro *Teatro Pós-Dramático* analisa diferentes manifestações de *teatralidade** cujo traço mais evidente é a frequência com que se situam em territórios híbridos de artes plásticas, música, dança, cinema, vídeo e performance, além de optarem por processos criativos descentrados, avessos à ascendência do drama para a constituição de seu sentido. Rejeitando as categorizações do pós-moderno, por considerá-las meramente periódicas, Lehmann delineia os traços do pós-dramático por constelação de elementos, o que lhe permite abarcar uma diversidade de experiências cênicas cujo único traço comum é o fato de se distanciarem da órbita do dramático. Afastando-se dos conceitos tradicionais de drama burguês ou mesmo do drama absoluto de Peter Szondi, o ensaísta define o teatro dramático como aquele que obedece ao primado do texto e preserva as categorias de imitação e ação. A principal ideia subjacente ao conceito é a da representação de um cosmos fictício instaurado por personagens que imitam ações humanas com a intenção de criar uma ilusão de realidade. Totalidade, ilusão e reprodução do mundo são as constituintes básicas do modelo e a realidade do teatro pós-dramático principia com sua desconstrução, o que acontece em escala considerável apenas nas décadas finais do século XX. Mas o ensaísta destaca criadores e movimentos que prenunciam o pós-dramático, dando atenção especial a George Fuchs e seu conceito de drama enquanto movimento do corpo no espaço, Alfred Jarry e o surrealismo, Antonin Artaud e o teatro da crueldade, Stanislaw Ignacy Witkiewicz e o teatro da forma pura, Gertrude Stein e as peças-paisagem e o teatro simbolista do final do século XIX, com dramaturgias de caráter estático como as de Maurice Maeterlinck.

Lehmann define o panorama do teatro pós-dramático a partir da obra de três encenadores, Tadeusz Kantor, Klauss Michael Grüber e Robert Wilson, que prescindem do drama e ativam a dinâmica teatral por meio da mutação das situações cênicas, espécies de quadros em movimento e instalações provisórias que viabilizam o encadeamento do espetáculo. As encenações de Kantor, por exemplo, oscilam entre o teatro, o happening, a performance, a pintura, a escultura, a arte do objeto e do espaço para constituir uma "cerimônia fúnebre de aniquilação tragicômica do sentido" (LEHMANN, 2007: 108). Quanto a Grüber, desdramatiza os textos a ponto de transformar os diálogos dramáticos em "combate oratório" e autocelebração do *métier* teatral, além de apresentar suas criações em espaços públicos, como a Deutsche Halle de Berlim ou a igreja de Salpetrière. São procedimentos semelhantes aos de José Celso Martinez Corrêa na montagem de *Cacilda!*, em que o teatro da atriz e o do próprio diretor são o principal tema da representação, ou das encenações de Antonio Araújo para o Teatro da Vertigem, que também ocupam espaços públicos para potencializar suas temáticas, como acontece em *O Livro de Jó* ou *Apocalipse 1, 11*.

Para Lehmann, o artista americano Robert Wilson é o maior representante da tendência, por substituir o esquema tradicional da ação pela estrutura da metamorfose, usando jogos de surpresa, sequências diferenciais de luz, aparição e desaparição de objetos e silhuetas para transformar o espaço cênico em paisagem em movimento, com a intenção de estimular no espectador um novo modo de percepção. É um procedimento semelhante ao das encenações de Gerald Thomas, como *Electra com Creta* (1987) ou *Mattogrosso* (1986). Como no teatro de Wilson, nas criações de Thomas a ausência de hierarquização dos meios teatrais caminha paralela à dissolução das personagens enquanto seres individualizados, com perda de contextos cênicos coerentes.

Na abordagem das experiências pós-dramáticas, Lehmann desloca o foco do texto para os procedimentos propriamente teatrais: a qualidade da presença, do gestual e do movimento dos atores, a semiótica dos corpos, as componentes estruturais e formais da língua enquanto campo de sonoridades, o desenvolvimento musical e rítmico do espetáculo, com sua temporalidade própria, e a iconografia dos procedimentos visuais, que, em lugar de ilustrar um texto, compõe "superfícies de linguagem antinômicas".

Mas para o teórico alemão o teatro pós-dramático não é apenas um novo tipo de escritura cênica, mas uma forma de resistência ao que Guy Debord chamou de "sociedade do espetáculo". É para se contrapor à forma-mercadoria que o teatro adota uma estratégia de recusa e afirmação da própria materialidade, e vive da oscilação entre presença e representação, performance e mimese, real sensorial e ficção, processo criativo e produto representado. O teatro pós-dramático é uma prática artística que problematiza o "estado de espectador" enquanto comportamento social inocente e exige um novo tipo de "perceptibilidade concreta e intensificada" (LEHMANN, 2007: 156), que responde criticamente à percepção ordenada da sociedade de consumo. E está presente não apenas nos teatros de Kantor, Grüber e Wilson, mas também nos trabalhos de Eimuntas Nekrosius, Richard Foreman, Richard Schechner, Wooster Group, John Jesurun, Anatoli Vassiliev, Jerzy Grotowski, Eugenio Barba, Tadashi Suzuki, Heiner Müller, Frank Castorf, Mathias Langhoff, Michel Deutsch, Bernard-Marie Koltès, Pina Bausch, Maguy Marin, DV8 Physical Theatre, Jan Fabre, Théâtre du Radeau , Robert Lepage e La fura dels Baus. No teatro brasileiro, podemos mencionar José Celso Martinez Corrêa, Gerald Thomas, Luiz Roberto Galízia, Renato Cohen, Márcio Aurélio, Newton Moreno, Rubens Corrêa, Marilena Ansaldi, Denise Stoklos, Cristiane Paoli Quito, Hugo Rodas, Udigrudi, Fernando Vilar, Eliana Carneiro, XPTO, Companhia dos Atores, Teatro da Vertigem, Armazém e Cena 11, entre outros. [SFE]

 Guinsburg & Fernandes (orgs.), 2010; Lehmann, 2007; Schechner, 1988.

 Experimento Cênico, Texto e Cena

PRAZER NO TEATRO BRECHTIANO

Aristóteles afirma na *Poética* que a tragédia oferece um tipo específico de prazer, aquele que é próprio à sua estrutura, à composição dos fatos: "o poeta deve proporcionar pela imitação o prazer advindo da pena e do temor" (1981: 33). O prazer no teatro é produzido pelas emoções causadas pela representação.

No gênero tragédia duas espécies de emoção são provocadas, a pena e o temor; e o prazer do espectador depende fundamentalmente da relação de identificação com a ação do herói, como construção dramática. A definição do termo "prazer" deve considerar essa afirmação de Aristóteles como ponto de partida para compreender os desdobramentos que a promoção da emoção no teatro sofreu ao longo de sua história. A retomada no século XVII, principalmente no classicismo francês, dos princípios aristotélicos definidos na *Poética*, especialmente as noções de verossimilhança, de identificação e de catarse, deixa marcas importantes nas teorias de teatro subsequentes.

Bertolt Brecht opõe-se, em seus escritos teóricos sobre teatro, à catarse como consequência dos mecanismos dramáticos de identificação e propõe uma revisão da relação identificação-catarse, questionando-a a partir de seus fundamentos. A discussão sobre o prazer no teatro ganha um campo de análise importante com a teorização de Brecht, porque com o teatro épico os princípios aristotélicos podem ser revistos em suas bases.

A proposição brechtiana de uma dramática não aristotélica critica diretamente a catarse como finalidade dos mecanismos de identificação. A construção conceitual que fundamenta os efeitos de *estranhamento** ou distanciamento épico (*Verfremdungseffekt*) toma a identificação como mecanismo de base e opera através da interrupção da ação e do seu encadeamento empático. Essa interrupção promoveria o que Brecht define como assombro, uma emoção diretamente relacionada à descoberta das situações através de sua representação.

Walter Benjamin defende: "é no indivíduo que se assombra que o interesse desperta; só nele se encontra o interesse em sua forma originária. Nada é mais característico do pensamento de Brecht que a tentativa do teatro épico de transformar, de modo imediato, esse interesse originário, num interesse de especialista" (1987b: 81). O prazer reduzido às sensações de pena e temor impõe, para Brecht, a necessidade de organizar essas emoções e outras similares. Essa imposição, somada às técnicas de encadeamento dramático e ilusão, não criaria condições para promover a atitude crítica do espectador. E Brecht, como Benjamin esclarece, está interessado em formar com seu teatro um espectador especialista, em oferecer seu teatro a um espectador especialista. Essa noção, a de espectador especialista, é trabalhada ao longo da teoria do teatro épico e assume diferentes configurações, a partir dos diversos tratamentos dados por Brecht.

A definição de prazer no teatro passa necessariamente pela teorização sobre as emoções que interessa ao teatro épico promover através dos efeitos de *estranhamento**. Brecht entende as emoções como históricas, específicas, variáveis através do tempo. As obras de arte refletem, portanto, as emoções e os interesses de suas épocas. Em *Pequeno Organon Para o Teatro*, de 1948, Brecht defende que o prazer da nossa época é, em parte, distinto do prazer de outras épocas, porque vem de outras fontes, às quais outras épocas não tiveram acesso. Esse prazer, que é específico à nossa época, o é justamente pelo papel da ciência: "ao indagarmos que espécie de diversão de impacto imediato, que prazer amplo e constante nosso teatro nos poderia proporcionar com suas representações da vida humana, não podemos ignorar que somos filhos de uma era científica. Nossa vida como seres humanos em sociedade – isto é, nossa vida – é determinada pela ciência, dentro de novas dimensões" (BRECHT, 1967a: 667-668). Quando Brecht trabalha com o termo "ciência", não o concebe como produção restrita aos centros de pesquisa (como é comumente definido), mas como conhecimento de forma mais abrangente e, portanto, como fonte de prazer. Brecht defende que apenas a agradável descoberta se constituiria como possibilidade de aprender, reunindo prazer

e conhecimento. Ao tomar o conhecimento como fonte de prazer, Brecht faz da ciência chave de compreensão para todas as dimensões do teatro épico. Como mecanismo dramático a identificação inibe, por princípio, o exame das causas e contraria, portanto, a atitude científica defendida por Brecht. Uma das tarefas da dramática não aristotélica é submeter as emoções criadas pela identificação a uma rigorosa crítica e demonstrar que a defesa da produção das emoções unicamente através da identificação reproduz uma falsa ideia de prazer. Brecht critica o uso isolado do mecanismo da identificação porque ele dá aos fenômenos sociais a aparência de perpétuos, naturais, imutáveis. É preciso compreender que a afirmação da razão, a opção pela crítica, pela comparação, pelo conhecimento alavancam um renascimento emocional, porque as emoções podem ser provocadas por outras vias que não as do encadeamento das ações, da catarse: "a arte dramática não precisa separar-se totalmente da identificação, mas deve sim – e pode fazê-lo sem perder seu caráter artístico – possibilitar a atitude crítica do espectador. Essa atitude crítica não é hostil à arte, como se costuma crer. Ela é tão prazerosa quanto emocionante, é em si mesma uma vivência e é, antes de tudo, uma atitude produtiva. Um dos princípios fundamentais do teatro épico é que a atitude crítica pode ser uma atitude artística". (BRECHT, 1967a: 377).

Brecht defende a arte como imitação da realidade, imitação esta que apresenta as paixões e emoções de tal forma que o espectador possa adquirir, também através dessas paixões e emoções, atributos necessários para dominar a realidade imitada. Para Brecht boa parte do prazer que a arte deve proporcionar está representada pelo prazer de tornar o homem consciente de que "o destino humano pode ser dominado pela sociedade" (1967: 935). Brecht introduz a questão do prazer da produção na defesa de um teatro da era científica. A atividade produtiva do espectador se torna prazerosa se ela partir de uma atitude crítica. Brecht trabalha fundamentalmente com a categoria da contradição, o que o auxilia na elaboração do seu método e fornece a referência necessária para definir a importância da produção no seu teatro. Para que essa atitude produtiva seja também crítica e divertida, é preciso que o espectador se transforme em um técnico, um especialista, um habilidoso pesquisador das causas e efeitos da ação que lhe é apresentada e das contradições que essa ação representa. A atitude crítica, derivada de um assombro originário, é a emoção específica que Brecht pretende atingir através da *encenação** dos seus textos. É assim também que pode oferecer ao espectador o prazer de investigar e de descobrir, descobrindo-se também crítico e produtivo. Brecht gostaria que o teatro satisfizesse duas paixões: a curiosidade e o exercício da dúvida. A produção dessas paixões garantiria o prazer no teatro. [FNT]

 Aristóteles, 1981; Benjamin, 1987b; Brecht, 1967a.

 Público no Teatro

PROCESSO E PRODUTO

A ideia de processo está ligada à instauração de procedimentos que favoreçam a experimentação teatral. O produto está vinculado à configuração de formas cênicas, com base em processos de investigações cênicas. No âmbito educacional, muitas vezes o produto teatral ainda é encarado como algo menor, de valor insignificante para o aprendizado artístico dos alunos. No processo de ensino e aprendizagem teatral, em escolas de educação básica, persiste a ideia de que o processo, quando bem realizado, por si só, já determinará um produto: alunos capazes de se expressarem com desenvoltura e com capacidade criativa. É corrente também a crença de que um processo teatral vinculado à expectativa de um produto poderá reduzir o ensino de teatro à simples tarefa de produções de espetáculos, favorecendo os alunos mais habilidosos na arte da representação e estabelecendo a exclusão dos que não se sentem capazes de atuar diante de uma plateia. A dicotomia entre o processo e o produto teatral, dentro do ensino de teatro, pode ser compreendida com base em duas concepções metodológicas distintas. A primeira delas está ligada às proposições teatrais atreladas à animação de festas comemorativas dentro da escola. Para essas festividades escolares o trabalho deve ser desenvolvido sem a instauração de um processo de criação ou a investigação da linguagem teatral. As proposições pedagógicas são reduzidas à memorização de textos e aos ensaios para a marcação dos atuantes no espaço da representação. Enfim, trata-se da primazia do produto teatral, sem a instauração de um processo de aprendizagem cênica. O que está em foco é a forma cênica preestabelecida pela figura de professor-diretor, cabendo ao aluno apenas a reprodução do que lhe for ordenado. Já na segunda concepção metodológica o teatro é compreendido como autoexpressão. Dentro desse âmbito, justifica-se a função educacional do teatro nos currículos com base nas contribuições que o ensino dessa linguagem pode trazer ao equilíbrio psicológico e emocional dos alunos, auxiliando-os na obtenção de um corpo mais expressivo, livre para criar e se relacionar com o mundo. Isso significa que o professor não enfatizará o produto acabado, o espetáculo. Os professores devem dar maior importância ao processo. Nesse caso, o aspecto expressivo passa a ser o elemento inspirador para a formulação de programas que priorizam atividades de caráter espontâneo, deixando de lado a sistematização do ensino de teatro enquanto linguagem artística. Se, por um lado, as propostas de expressões artísticas rompem com as produções comemorativas, festivas, e trazem uma atividade dramática mais viva e participativa para dentro das escolas, mais voltada à elaboração de experiências produzidas pelos próprios alunos, por outro lado, parecem excluir dos planejamentos objetivos que demonstrem uma preocupação com o ensino de teatro enquanto área de conhecimento humano. Essa atitude pode ser desencadeadora do distanciamento entre o processo e o produto dentro da sala de aula. Na década de 1990, com a publicação dos *Parâmetros Curriculares Nacionais – PCN** e a inclusão do teatro nas atividades extracurriculares de muitas instituições de ensino, o professor de teatro passa a assumir o papel de encenador e ter como perspectiva a montagem de espetáculos. Dentro desses paradigmas, o processo de montagem de uma encenação torna-se o campo didático e experimental para a aprendizagem teatral. Isso nos possibilita afirmar que a escola é um espaço de potencialidade para o fazer teatral. Os procedimentos instaurados na construção das encenações podem combinar vários encaminhamentos pedagógicos, que vão desde *jogos teatrais** até improvisações. Pode e deve-se instaurar um espaço de experimentação que possibilite a investigação de novos modos de fazer teatro. Dessa maneira, processo e produto teatral não são mais dicotomizados e sim amalgamados na relação entre expressão, criação e elaborações cênicas. [JGA]

 Gama, 2000; Koudela, 2008a; Spolin, 1984.

Parâmetros Curriculares NacionaisP (PCN), Montagem, Encenação, Experimentos Cênicos, Improvisação Teatral

PRODUÇÃO TEATRAL

A produção, ou ato de produzir qualquer coisa, decorre, na maioria das vezes, de uma ou mais vontades que em determinadas circunstâncias se agregam e se organizam, procurando, para a concretização do seu desejo, um determinado modelo de produção – entendido, aqui, como um conjunto de opções organizacionais e estéticas resultantes das condições econômicas de várias organizações e do tipo de financiamento, privado, público, ou misto. O ato de produzir teatro não foge a esse princípio, e a esse ato chamaremos de produção teatral.

A produção de teatro torna-se eficaz, dentro de qualquer tipo de organização, permanente ou efêmera, se for concebida e concretizada sob a forma de projeto, isto é, se for criada para que a ideia que venha a ser executada tenha um princípio, meio e fim, e que seja desenvolvida e sustentada por uma estrutura organizacional e hierárquica com funções e relações de poder claramente definidas e distribuídas.

No organograma desse projeto teatral e dependendo do modelo de produção escolhido pela estrutura organizacional montada para realizá-lo, deverá constar, muito claramente, a quem deverá pertencer a liderança do projeto, quais os profissionais necessários à sua execução e, ainda, as tarefas que todos eles deverão cumprir (BORGES, 2007: 87-129).

Porém, a concretização do projeto teatral irá depender da análise prévia dos seus custos e benefícios e esta deverá ser feita a partir de um cronograma em que deverão constar, muito bem definidas, as várias etapas de cumprimento do projeto e a sua exequibilidade, isto é, por outras palavras, deverá essa análise demonstrar se o grupo tem as condições econômicas, técnicas e artísticas necessárias e suficientes para o produzir o espetáculo sem qualquer prejuízo.

O estudo dos custos e benefícios poderá abarcar, assim, para o primeiro item, entre outros aspectos: despesas com espaço teatral próprio ou com o aluguel de outro; contratação de profissionais para a constituição das equipes criativas, administrativas e técnicas; custos de materiais e transportes, licenças e outras despesas provenientes de serviços internos e externos ao projeto. Para o segundo *item*, a mesma análise poderá refletir o reconhecimento dos benefícios de cariz qualitativo e quantitativo do projeto. Dessa investigação deverá sair clarificada a necessidade, ou não, de os promotores ou organizadores do projeto teatral solicitarem a financiadores públicos e/ou privados, a sua participação na viabilização do projeto.

Após o esclarecimento dessas questões e de acordo com o que Carlos Cabral defende no seu livro *Manual de Técnicas de Palco* (2004:13-16), entendemos que o projeto teatral deverá decorrer, em termos de organização e prossecução de trabalho, em quatro fases distintas: a pré-produção, a produção, a pós-produção e a finalização.

A pré-produção caracteriza-se por ser a fase mais importante do processo. É nessa fase que, de acordo com os objetivos do projeto teatral, todos os requisitos técnicos, artísticos e financeiros para que o espetáculo se possa realizar, terão de ser conseguidos.

É, portanto, nessa etapa, que a contratação das equipes artísticas, tais como: o encenador, o tradutor, o *dramaturgista**, o cenógrafo, o figurinista, o aderecista, os *designers* de luz e som, o realizador de audiovisuais, o compositor, é decidida.

É, ainda, nessa fase, que as equipes de intérpretes, técnica e administrativa, são compostas, isto é, que os atores, cantores, músicos, bailarinos, contrarregras, camareiras, maquinistas, operadores de luz e som, cabeleireiros, pessoal administrativo se juntam à equipe de produção.

Na pré-produção devem ser também solucionadas, caso haja necessidade, as questões relacionadas com os espaços para os ensaios e para a apresentação do espetáculo, e que o plano de produção deve ser delineado de modo a prever o orçamento do projeto e o trabalho que todas as equipes, artística, criativa, de interpretação, técnica e administrativa devem realizar, no prazo máximo de doze semanas, estreia incluída.

É nessa fase, ainda, que todos os direitos de autor, desde os direitos devidos ao autor do texto e tradutor, aos direitos dos compositores e gravadoras das músicas, passando pelos direitos dos realizadores de todo o restante material audiovisual utilizado no espetáculo, devem ser tratados e que todas as licenças para a realização do mesmo devem ser previstas e solicitadas.

A produção, segunda fase da produção teatral, isto é, do projeto teatral, é a etapa em que os ensaios e a realização do espetáculo se desenrolam e que abarca a escolha definitiva de todos os elementos que irão compor o cenário, os figurinos, os adereços. É muito importante, nessa fase, que a equipe criativa cumpra tudo o que foi previamente discutido e planificado por ela e pelas equipes técnica, administrativa e de produção.

É nessa altura, também, que as equipes de *direção de cena** e de direção técnica devem entrar em ação. É a elas que compete coordenar as intervenções cênica e técnica quer nos ensaios, quer no espetáculo. É essencial, nessa fase, que essas equipes acompanhem, desde o início até à construção e montagem, em cena (palco ou não), dos elementos de cena e de todo o material técnico, o trabalho do encenador, do cenógrafo, do figurinista e dos designers de luz e som (ABREU, 2006: 53-68).

Nessa etapa estão incluídos, ainda, todos os ensaios técnicos do espetáculo, prévios à sua estreia, a fim de serem detectados todos os erros e todas as faltas de elementos de cena e material técnico. A fase de ensaios culmina com o ensaio geral.

Este deverá ser realizado à mesma hora da estreia e, dependendo do modelo de produção escolhido, ter ou não, público a assistir. É nesse ensaio que as várias equipes se inteiram dos ajustes necessários ao afinamento do espetáculo.

É muito importante que o espetáculo estreie, sempre, no dia previsto e antecipadamente divulgado e anunciado. O cumprimento dessa aspiração depende da rigorosa execução das referidas planificações.

Para além dessas tarefas, as equipes técnica e de produção devem certificar-se de que todas as normas de segurança obrigatórias, quer do palco, quer da sala onde os espectadores irão assistir ao espetáculo, sejam rigorosamente cumpridas. Da observância e do cumprimento dessas normas depende a boa realização do espetáculo.

A pós-produção, terceira fase do projeto teatral, contempla a estreia do espetáculo e a realização da temporada previamente planificada e organizada.

As equipes de direção de cena e técnica passarão a ser responsáveis pelo processo logo após a estreia do espetáculo ter lugar, e é a estas que as equipes restantes devem obedecer.

A rotina tomará conta do projeto teatral e todas as equipes, provavelmente já sem o encenador, irão preocupar-se, somente, até ao final da temporada, com a manutenção das qualidades técnica e artística do mesmo.

A finalização, quarta etapa do projeto, caracteriza-se por ser a fase em que a desmontagem do espetáculo é feita e cabe às equipes técnica e de produção a verificação da quantidade de pessoal necessário para o trabalho de desmontagem, de transporte, carga, descarga e, caso haja necessidade disso, de armazenamento de todo o material de cena, figurinos, guarda-roupa e técnico.

É importante nessa fase, e a fim de que a memória do projeto teatral possa ser preservada e passível de posterior estudo e reflexão pelo conjunto de pessoas que o desenvolveram e concretizaram, que a equipe de produção, juntamente com as restantes equipes, recolham todo o material passível de ser arquivado nomeadamente, entre outros, fotografias de ensaios e do espetáculo, filmes elaborados nos ensaios e no espetáculo, materiais gráficos, recortes de imprensa, lista de contatos e convites (MENDES, 2007: 15-20).

Concluímos, aqui, sucintamente, tal como Patrice Pavis o fez no seu *Dicionário de Teatro* (2011) para a designação de produção, que uma produção teatral, ou, tal como nos referimos ao longo deste trabalho, um projeto teatral, não é mais do que o conjunto de procedimentos escolhidos por uma organização ou estrutura cultural para a concretização, implementação e divulgação de um espetáculo, nomeadamente o seu financiamento e a gestão, contratação e administração de todas as equipes que nele participam. [CM]

 Abreu, 2006; Borges, 2007; Cabral, 2004; Mendes, 2007.

PROTOCOLO

O exemplo mais citado, no contexto da pesquisa sobre a *peça didática**, são os protocolos escritos em função da encenação de *Aquele Que Diz Sim*. A primeira versão da peça foi escrita a partir da tradução que Elizabeth Hauptmann fizera da tradução de Arthur Waley do original japonês, Tanikô. No quarto caderno dos *Versuche*, publicado em 1931, foram registrados excertos de discussões, a partir dessa primeira versão de *Aquele*

Que Diz Sim, encenada pelos alunos. Brecht, que não pôde assistir a essa encenação, pediu aos seus amigos, professores e alunos da *Escola Karl Marx*, em Neuköln, para registrarem o efeito da peça sobre um público jovem.

A fábula da peça *Nô* gira em torno de um garoto que decide acompanhar a viagem de peregrinação de seu mestre para orar pela mãe, que está enferma. O garoto não consegue acompanhar a expedição, adoecendo na caminhada e, de acordo com o grande velho costume, é morto, sendo jogado em um despenhadeiro. Brecht escreveu duas versões para *Aquele Que Diz Sim*. Na primeira, o motivo para a expedição é uma pesquisa, ou seja, um estudo com os professores que estão além das montanhas.

Já na primeira versão, o grande *coro** conduz o texto, chamando atenção ao fato de que muitos estão de acordo com aquilo que está errado. Na primeira versão de *Aquele Que Diz Sim* o dramaturgo queria pesquisar atitudes. O resultado foi positivo, conforme demonstram os protocolos dos alunos. Eles não estavam de acordo com aquilo que está errado. Nos *Versuche*, Brecht indica duas possibilidades para avaliar as reações dos alunos: poder-se-ia modificar o começo (*Aquele Que Diz Sim*, segunda versão) ou o final – *Aquele Que Diz Não*. Em nota para as duas soluções, Brecht afirma que o experimento é destinado a escolas e que as duas pequenas peças não devem ser encenadas uma sem a outra.

O *jogo teatral** brechtiano, orientado com base nos textos das *peças didáticas**, propicia a elaboração de experiências e acontecimentos sociais, sendo que as concepções sobre o mundo e a sociedade podem ser então aprofundadas de uma forma que só é possível mediante os elementos do teatro.

Os instrumentos didáticos sugeridos por Brecht: *modelo de ação** e *estranhamento** têm por objetivo a educação estético-política. A peça didática não é uma cópia da realidade, mas sim um quadro (recorte), no sentido de representar uma metáfora da realidade social (em oposição ao drama histórico, as peças didáticas passam-se em lugares distantes – China, Roma etc.). O caráter estético do experimento com a peça didática é um pressuposto para os objetivos da aprendizagem. Resultam daí as consequências para a forma de atuação. Em oposição a um processo de identificação e/ou redução da peça didática ao plano da vivência (o que poderia ser provocado por um processo de simples role-playing), o objetivo da aprendizagem é unir a descrição da vida cotidiana à evocação da história, sem reduzir uma à outra, mas sim com vistas ao reconhecimento de características que são típicas e que podem ser identificadas em uma determinada situação social. O estranhamento, entendido como procedimento didático-pedagógico, visa exatamente possibilitar, pelos meios do jogo teatral, o conhecimento veiculado pela forma estética que está prefigurada no modelo de ação.

A proposta brechtiana para educar os jovens através do jogo teatral aponta para um caminho de autoconhecimento. O jogador atua para si mesmo e não para outrem. Atuar é ser espectador de si próprio. A peça didática ensina quando se é atuante e, ao mesmo tempo, espectador dos próprios atos. Influenciar socialmente é assumir determinadas atitudes, realizar determinadas ações e repetir (citar) determinadas falas. O ato coletivo realiza-se por meio da imitação e crítica de modelos de comportamento, atitudes e discursos. Ensinar/aprender é gerar uma atitude crítica e um comportamento político.

A aquisição do conhecimento se processa mediante o ato do jogo. A alternância entre modelo de ação (texto) e improvisação (trechos de invenção própria) visa ao comportamento ao mesmo tempo livre e refletido. O processo de aprendizagem tem por objetivo exercer uma influência sobre o método de pensamento. A atualização do conteúdo do texto se realiza mediante a imitação de objetos (eventos, gestos, tons de voz, atitudes) oriundos do cotidiano.

A íntima relação entre o processo racional (reflexão, crítica), aliada à *corporeidade** do indivíduo que participa como sujeito ativo da realização do ato artístico, propõe que o estudo das indicações sobre o sentido da peça didática não possa ser apreendido apenas através da pesquisa histórico-literária. As peças didáticas foram projetadas como experimentos que visam levar a realidade a manifestar-se. O processo, tal qual foi considerado por Brecht, precisa ser reinventado.

Como avaliar um processo de aprendizagem que coloca exigências a esse nível?

A sugestão dada por Brecht de *protocolar* o aprendizado não é uma fórmula para procedimentos. De fato, o dramaturgo não tem uma prática de sala de aula em sentido estrito.

A síntese da aprendizagem, materializada pelo protocolo, tem sem dúvida a importante função de aquecer o grupo, promovendo o encontro. O protocolo, possibilita maior delimitação do foco de investigação em cada momento da aprendizagem. As questões que envolvem o protocolo tornam-se mais complexas se considerarmos que ele não aspira a ser tão somente uma epistemologia do processo. Enquanto instrumento de avaliação, o protocolo tem sem dúvida a função de registro, assumindo não raramente o caráter de depoimento. Não reside aí, porém, a sua função mais nobre. Esse percurso poderia ser feito igualmente através de "diários de bordo", cuja preocupação é o registro do processo vivenciado pelo grupo.

O protocolo, na acepção brechtiana, supõe o experimento teatral através da prática de versões discutidas em grupo. Ou seja, o protocolo pode impulsionar a experimentação, devolvendo ao jogo possibilidades de variantes políticas e estéticas. Eficiente instrumento na gestão das questões intragrupais, o protocolo revelou-se um instrumento radicalmente democrático, ao permitir a articulação de um método que busca a prática da teoria e a teoria da prática.

Identifiquei durante a minha prática com o protocolo que, se por um lado, o protocolo pode instruir os momentos do processo de aprendizagem, fazendo a leitura da história pretérita do grupo de atuantes, por outro lado pode propulsionar a investigação coletiva.

Esse caráter propulsor do protocolo pode ser definido pelo conceito de "zona de desenvolvimento proximal" de Vigotski, que se refere à diferença entre os níveis de desenvolvimento potencial e real de sujeitos agentes em processos de aprendizagem. Uma das implicações pedagógicas desse conceito e que incide sobre a avaliação é a necessidade de que esta seja concebida prospectivamente. Não importa mais aonde o aluno chegou, mas o que o aluno poderá vir a ser a partir da intervenção educacional.

A zona de desenvolvimento proximal é provocada por meio do *jogo teatral** com inúmeras versões do texto original, nas quais nasce a leitura alternativa do *fragmento**. A atuação estranhada propõe multiplicidade de perspectivas. A avaliação reflexiva, no jogo com a peça didática, traz a experiência física para o plano da consciência. No jogo com o texto, o gesto é interrompido, repetido, variado e narrado, submetendo a atuação a exame.

O aprendizado estético é momento integrador da experiência. A transposição simbólica da experiência assume, no objeto estético, a qualidade de uma nova *experiência**. As formas simbólicas tornam físicas e manifestas as experiências, desenvolvendo novas percepções a partir da construção da forma artística. No jogo teatral brechtiano, o princípio do *estranhamento** incorpora o sensório e o racional, o corpo e a fala, o físico e o desconhecido. Ao promover a dialética do processo, o protocolo passa a anunciar a descoberta do desconhecido. Ao almejar como função mais nobre dar conta do caráter estético do experimento com o *modelo de ação**, o protocolo promove método de pensamento.

Na prática de jogo com a peça didática, os atuantes escrevem protocolos sobre os jogos realizados que são lidos no encontro subsequente. Essa leitura é feita através do procedimento *non-stop!* (sem interrupção!). Os autores do protocolo selecionam partes de seu texto para a leitura em grupo, operando com a escuta da leitura de seus parceiros. Dessa forma, constrói-se um novo texto, composto através do mosaico dos trechos de protocolo lidos por todo participante. O texto daí resultante é um novo texto, criado através dos trechos (enunciados). Após essa leitura coletiva, pode haver um debate para esclarecimento de conceitos, concepções, observações, remessas bibliográficas, discussão de pontos de vista, exemplificações com a prática do jogo, repertório de imagens e gestos, relações com o cotidiano dos jogadores e outros aspectos levantados pelos protocolos. É a partir da leitura dos protocolos que se instaura novo processo prático e reflexivo com o experimento em tela.

A prática de avaliação através do protocolo vem gerando importante material não apenas no âmbito de cada experimento em sala de aula e na *ação cultural** com *grupos de teatro** como principalmente para a pesquisa acadêmica. Os protocolos são aí índice e registro da aprendizagem com diferentes faixas etárias e em vários locais de aprendizagem. Trazendo a voz dos atuantes e alunos, crianças e jovens, a comprovação de hipóteses de trabalho pode ser submetida a exame. É recorrente a citação de protocolos dos aprendizes em relatos de pesquisa. [IDK]

 Koudela, 1999.

 Peça Didática, Fragmento, Improvisação Teatral, Experiência, Estranhamento

PSICODRAMA

O médico Jacob Levy Moreno foi o iniciador do teatro da espontaneidade. A sua primeira sessão oficial acontece em 21 de abril de 1921 na Komöedianhaus (Casa da Comédia), em Viena, Áustria. Moreno estava sozinho no teatro perante uma plateia de mil pessoas, "o *público** era meu elenco, as pessoas que enchiam o teatro eram, como tantos outros, meus *dramaturgos** inconscientes" (2006: 49). Não há texto ou ensaio, nem espectadores. A criação se dá no momento, para ser vivenciada por todos, o enredo e as falas são improvisados. As histórias inventadas imediatamente pelos atores surgem da vida, dos fatos da comunidade. A partir desses primeiros experimentos surgiram o psicodrama, o teatro jornal (onde se vivenciam as notícias do dia) e, mais tarde, o *sociodrama**, dirigido às relações interpessoais, à dinâmica de grupo. Moreno desenvolve *experiências** de teatro espontâneo também com pacientes psiquiátricos. No Komödienhaus convida vários *grupos de teatro** para subirem ao *palco**.

O psicodrama é uma evolução do teatro da espontaneidade. Esse teatro se opunha ao teatro convencional. Estava interessado no improviso, no aqui agora, onde o ator, sem texto e ensaios prévios, iria criar uma história para transformá-la. O teatro consistiria num "retiro seguro para uma revolução silenciosa", oferecendo possibilidades ilimitadas para a pesquisa da espontaneidade. A espontaneidade poderia ser testada e mensurada numa atmosfera isenta dos abusos da mediocridade. teatro da espontaneidade, jornal vivo, teatro da catarse ou psicodrama, teatro terapêutico, *sociodrama**, teoria dos papéis foram os desenvolvimentos feitos pelo próprio Moreno a partir dessa prática.

Moreno crê na espontaneidade como fundamento para a criação: "o estado de espontaneidade é uma entidade psicológica precisa. O termo emoção não o expressa [...] o estado não surge automaticamente; não preexiste". Os elementos principais desse teatro da espontaneidade são: eliminação do dramaturgo, participação do auditório (teatro sem espectadores, todos são atores); os atores e o *público** são os únicos criadores, tudo é improvisado; o cenário é o espaço da vida, a vida mesma.

No prefácio de seu *Teatro da Espontaneidade* Moreno afirma: o psicodrama é "uma autêntica organização da forma, a autorrealização criadora no atuar, na estruturação do espaço, a prática da inter-relação humana na ação cênica". Interatuar significa atuar com o outro e com o público, não apenas com os atores para observação.

A descoberta do psicodrama se dá ainda em Viena, através do caso Bárbara/George. Bárbara era atriz do elenco de teatro espontâneo de Moreno, ela se apresentava costumeiramente como uma mulher doce e angelical. George era espectador atuante e constante, tornou-se depois marido de Bárbara. Após algum tempo, George conversa com Moreno, descrevendo que em sua vida doméstica Bárbara era rude e grosseira, sempre de mau humor. Moreno decide então trocar os papéis que Bárbara representava, compondo agora atitudes agressivas e vulgares. A mudança é quase imediata. Estava assim estabelecida a possibilidade de um método psicoterapêutico pela ação dramática.

Em 1925 Moreno muda-se para Nova York, por motivos comerciais e também por desilusão com atores do seu teatro da espontaneidade, que começavam a se dirigir ao teatro convencional e ao cinema, um deles Peter Lorre, ator central no expressionismo alemão e no futuro teatro de Brecht. Nos Estados Unidos Moreno abre um teatro na Broadway, o Teatro Terapêutico, com funções diárias, na rua 78 com Broadway (Moreno Institute), com funções num pequeno teatro de arena que funciona até 1970.

Moreno criticará outras experiências teatrais norte-americanas por não serem totalmente espontâneas. Sobre o *happening*, a performance improvisada da década de 1960, afirmava que os seus atores eram autossuficientes, ensaiados,ególatras (exibicionistas), que os espectadores ficavam abandonados a si mesmos. Essas experiências "radicais", na verdade, seguiam amarradas ao teatro tradicional ("drama em conserva"), queriam criar apenas uma peça para representar, não permitindo a plena vivência do momento presente totalmente pela plateia.

As técnicas de psicodrama atuais perderam esse amplo objetivo inicial e sua ligação com o teatro improvisacional. São técnicas desenvolvidas apenas sob a supervisão de psicodramatistas: um grupo de pacientes-atores dramatiza os problemas de algum dos presentes, de acordo com certas regras estabelecidas, acompanhados sempre por terapeutas. O objetivo comum é a vivência intensificada dos problemas emocionais da vida cotidiana das pessoas envolvidas. Um ator/personagem se torna protagonista por vez, mas todos vivenciam a técnica, os outros desempenham os papéis necessários ao estabelecimento do conflito. O objetivo da experiência é a vivência emocional de uma situação problema por todos, o que proporciona um alívio, controle da ansiedade e a reflexão, abrindo caminhos para a superação. É uma forma que supera as técnicas de livre associação freudianas. Essa atuação-catarse acontece nesta ordem: a seleção do protagonista; a pesquisa do problema a ser vivenciado; a vivência por todos do lidar com resistências; a inversão de papéis; a experimentação de outros comportamentos; o compartir a vivência pelo diálogo (*sharing*) entre os partícipes e os comentários finais. [RC]

 Moreno, 1983, 1984 e 2006.

 Experiência

PÚBLICO NO TEATRO

Desde os seus primórdios na Grécia Antiga, o teatro tem sido uma experiência cultural que estabelece uma relação com a sociedade na qual se insere e também se dirige, além de incluir, em todos os níveis, a participação ativa da audiência. Nos festivais atenienses, o palco, a orquestra e o auditório formavam uma unidade, assim como os atores, o *coro** e os espectadores partilhavam um ato de devoção (WALCOT 1976: 4-5). Os teóricos do teatro grego deram especial atenção ao papel central da audiência. Na *Arte Poética*, Aristóteles afirma que a audiência é de particular interesse na medida em que prova a força dos bons textos e das boas performances de caráter trágico. Afinal de contas para se atingir a catarse são necessários a identificação e o envolvimento da audiência. Horácio, na sua *Arte Poética*, afirma que os poetas tentam dar prazer e instrução à sua audiência.

Entretanto, a história das audiências no teatro demonstra claramente uma mudança nesse cenário. Bennett (1997: 3) sugere que as audiências medievais e do século XVI não tinham a mesma força das audiências gregas, mas ainda assim tinham um papel bastante ativo. As relações entre o mundo do palco e da audiência permitiam, de diferentes modos, a participação das audiências como atores dramáticos.

A implementação dos teatros privados no século XVII instituiu uma separação entre o mundo ficcional do palco e a audiência. Os teatros passam a ser frequentados por audiências mais elitistas e passivas, do mesmo modo que se estabelecem códigos e convenções de comportamento. Muitos foram os teóricos que se debruçaram sobre esse tema ao longo dos séculos, destacando-se como os exemplos mais notáveis Castelventro, Lope de Vega, Diderot e Lessing.

No século XIX o diretor de cena ganha protagonismo e o naturalismo passa a ser o gênero teatral por excelência. Por outro lado, as reações ao naturalismo apresentam a audiência como um aspecto criativo do processo dramático e o espectador é geralmente confrontado, e até mesmo cooptado, a fim de ter um papel mais direto no evento teatral. O artista futurista Filippo Marinetti, no manifesto *O Teatro de Variedades*, procura substituir a passividade do espectador na posição da quarta parede, característica do naturalismo, com um teatro que se assemelhava a um clube noturno repleto de fumaça a fim de criar um só ambiente entre atores e espectadores (KIRBY, 1971: 22).

No mesmo sentido, o trabalho do teórico e dramaturgo russo Vsévolod Meierhold critica as convenções do naturalismo e ressalta a criatividade da audiência, que deve participar ativamente da encenação da peça a fim de que esta possa ter fim. Juntamente com Erwin Piscator e Bertolt Brecht, Meierhold desenvolveu os princípios do teatro épico, que procura gerar o distanciamento do espectador a fim de quebrar a identificação com os atores e a ação promovida pela catarse. Brecht estava ciente de que era necessário derrubar a quarta parede para a plateia assistir à peça de modo mais crítico.

Bennet (1997) ressalta que, apesar das muitas críticas ao naturalismo ao longo do século XX, de modo geral, a teoria do teatro tem negligenciado o papel do espectador e o processo de interpretação da(s) audiência(s), vista(s) muitas vezes como um bloco monolítico sem que sejam levadas em consideração as suas particularidades culturais, sociais, econômicas e políticas.

Com o desenvolvimento dos estudos da teoria da performance nos anos de 1980, a audiência emerge novamente como criadora ativa do evento teatral. A performance existe em ato, desaparecendo a distinção entre aquele que faz e aquele que vê. Do mesmo modo, muitos grupos que trabalham com o teatro intercultural, ou com o teatro aplicado para resolver questões específicas de uma comunidade, encaram tal processo de participação da audiência como essencial. No denominado teatro do empoderamento, como é o caso do *teatro do oprimido** desenvolvido por Augusto Boal, a audiência se envolve em todo o processo de criação artística, ganhando assim um novo estatuto, tanto na performance como na própria teoria do teatro. [GB]

 Ben Chaim, 1984; Bennett, 1997; Kirby, 1971; Walcott, 1976.

 Experiência

R

RITUAL

A relação entre "ritual" e "teatro" é vista atualmente como um aspecto inquestionável a ter em conta na história e no pensamento sobre o fenômeno teatral, quer no que diz respeito às suas origens, quer na identificação das suas dimensões estruturais. A perspectiva mais convencional é a de que, na origem do teatro grego, se encontrariam processos rituais e de culto assentes em elementos pré-teatrais importantes que dariam origem à noção de personagem e de enredo dramatúrgico, mas que ali teriam um caráter simbólico e ritualístico mediador da permanente busca humana do controle sobre as forças da natureza, do destino e do sentido da vida. Essa discussão desenvolveu-se enormemente ao longo de todo o século XX, tendo culminado numa abordagem mais plural e relativista que coloca no mesmo plano os processos rituais em geral como formas performativas e esteticamente relevantes para a autorreflexividade das sociedades humanas. Segundo Érika Fischer-Lichte assistimos, desde o final da Primeira Guerra Mundial, a uma reconceptualização das relações entre ritual e teatro cuja compreensão é fundamental para o entendimento das dramaturgias contemporâneas e dos processos que conduziram a uma mudança de enfoque do texto para a performance, do individual para o comunitário e da mente para o corpo, invertendo os discursos eurocêntricos até aí vigentes. As ciências sociais e a antropologia cultural, em particular, tiveram aqui um papel fundamental consolidando conceitos e perspectivas que são hoje um legado importante para perceber de que forma os rituais são fenômenos socioculturais que exprimem, através da performatividade, a complexidade da experiência das comunidades humanas. A obra em vários volumes de James Frazer *The Golden Bough* (1890) contribuiu, ainda que através de uma metodologia comparativista de influência evolucionista, para alargar o espectro das referências culturais nessa discussão, com a defesa da universalidade das práticas rituais afirmando a sua importância para a compreensão da própria origem do teatro. Émile Durkheim, o pensador a quem se atribui a paternidade da sociologia, publica o tratado *Formes Elementaires de la vie religieuse* (1912) inaugurando uma abordagem eminentemente sociológica do fenômeno religioso que considera o ritual na sua dimensão funcional de criação de coesão social. Arnold Van Gennep na clássica e influente obra *The Rites of Passage* (1909) apresenta o conceito de "rito de passagem" defendendo que todos os momentos de viragem da vida humana, e potencialmente críticos na sua vulnerabilidade inerente (nascimento, puberdade, casamento, morte, por exemplo), são acompanhados por práticas rituais que auxiliam a separação de um indivíduo ou grupo de uma situação antiga e a sua incorporação numa nova fase ou estatuto.

Esses desenvolvimentos teóricos são pertinentes, sobretudo na medida em que fazem parte de um contexto social e cultural de ruptura com velhos paradigmas que se estendeu às artes e aos discursos dos artistas, sobre a importância de um regresso a formas arcaicas ou tradicionais de expressividade performativa. Essas ideias marcaram os movimentos vanguardistas do início do século XX, tendo sido definitivamente consagradas nos anos 60. Um dos episódios icônicos dessa viragem primitivista do modernismo do início do século – e da viragem performativa da arte em geral que implicou a sua aproximação ao ritual – é o encontro de Picasso com as máscaras africanas no Museu de Etnografia do Trocadéro, em Paris, cuja força "mágica", que as transforma em "armas para controlar os espíritos", se tornou crucial para o desenvolvimento de uma ideia da libertação da arte dos seus velhos cânones através do contato com formas de expressividade da tradição não ocidental. A visita de Antonin Artaud em 1934 à Exposição Colonial de Paris é igualmente considerada como um marco fundamental para as suas ideias sobre a oposição entre o teatro oriental e o teatro ocidental e a defesa de que: "A fixação do teatro numa só linguagem – palavra escrita, música, luz, ruídos – pressagia a sua morte iminente, a escolha de qualquer linguagem única revela um gosto pelos efeitos especiais dessa linguagem. A dissecação da linguagem é simultânea de uma limitação do teatro." (1989: 14). Nesse contexto, a importância do ritual para Artaud é clara quando afirma que: "É à luz dessa utilização mágica e da feitiçaria [do teatro oriental] que se deve encarar a encenação, não como reflexo dum texto escrito, mera projeção de duplos físicos extraída do texto, mas como a projeção ardente de todas as consequências objetivas dum gesto, uma palavra, um som, uma música e das suas combinações" (1989: 71). A conversão dessa exaltação das formas expressivas do ritual em abordagens e técnicas de encenação e interpretação estabelecidas, que permitissem reformular o teatro, tem a sua expressão máxima nos anos de 1960 com pensadores revolucionários como Jerzy Grotowski, para quem o Performer, com letra maiúscula, é: "um homem de ação. Ele não é alguém que representa o outro. Ele é alguém que age, um sacerdote, um guerreiro: ele está além dos gêneros estéticos. Ritual é performance, uma ação que acontece, um ato. Ritual degenerado é apenas um show. Eu não quero descobrir algo novo mas algo que está esquecido. Algo para o qual as distinções entre os gêneros estéticos está em

desuso." (SCECHNER & WOLFORD, 2001: 376). Ou com Peter Brook, para quem a salvação do teatro de um "aborrecimento mortal" passaria por um regresso inspirado à capacidade de tornar visível o invisível e de dar ao espectador uma experiência que transcendesse a própria vida. Segundo Brook (2008 [1968]), essas qualidades poderiam ser encontradas num Teatro do Sagrado que, tomando como referência a forma como os rituais colocam homens e mulheres vulgares em contato direto com os deuses, deveria desmascarar a tendência no teatro convencional para empurrar o ator para um sítio remoto e distante, profusamente decorado de forma a convencer o espectador ignorante de que ele e a sua arte são sagrados.

É a partir desse legado teórico e artístico que consideramos a pertinência de uma atenção renovada em torno dos fenômenos rituais, enquanto manifestações performativas do pensamento e ação simbólicos e instrumentos de ordenação ou criação de sentido sobre o mundo, presentes em todas as formas de sociedades humanas. Os rituais são instrumentos eficazes que operam sobretudo ao nível da resolução de dramas sociais. As cerimônias rituais representam, em forma de arquétipo, os momentos estruturais da vida das comunidades como a iniciação, a cura, a morte e a fertilidade, criando e regulando simultaneamente as relações econômicas, políticas e religiosas. Uma sociedade está mais preparada para a sua sobrevivência e manutenção, mesmo que tal passe por momentos de crise, depois de lidar consigo própria de forma sintética e autorreflexiva através da representação pública de um arquétipo. Tal como defende Victor Turner, todas as sociedades produzem um espelho de si próprias de caráter estético-cultural que introduz uma capacidade de pensar nos seus próprios termos históricos as questões com que os grupos têm de lidar com vista à sua sobrevivência, não só física, mas também ética e política. Os rituais são ainda processos que têm como objetivo restaurar momentos de crise surgidos a partir de uma ruptura exterior ou da quebra de uma regra levada a cabo de forma deliberada por alguém no espaço público.

A resolução do conflito é feita de forma ritualizada e pode ter um caráter terapêutico (divinatório, curativo, de iniciação), ou profilático associado a momentos de passagem (puberdade, casamento, morte, rituais de crise de vida). As performances rituais estão condicionadas a espaços e calendários criados para o efeito e que têm como principal caraterística estabelecerem uma interrupção clara da ordem cotidiana, permitindo e fomentando inversões (de gênero ou natureza ontológica, por exemplo), ambiguidades e excessos que possibilitam restabelecer a ordem no próprio cotidiano através da força simbólica de uma aparente desordem ritualizada. Assim, e ainda segundo Victor Turner, o teatro é um dos muitos herdeiros de um sistema multifacetado de ritualização da realidade em contexto pós-industrial, que mistura ordem e caos, personagens cômicas e deuses solenes através de processos de fruição sensorial que são, na sua gênese, protoestéticos. [TF]

 Artaud, 1989; Brook, 2008; Turner, 1990; Fischer-Lichte, 2008; Schechner & Wolford, 2001.

 Encenação

RUBRICA

De maneira geral, também conhecida como "didascálias" [que em grego significa "ensinamento"] e/ou "indicações cênicas", a rubrica remete à presença do dramaturgo no texto teatral, no sentido de explicitar suas intenções em relação à marcação do palco, à *iluminação**, à *cenografia**, à sonoplastia, à descrição do ambiente e/ou às personagens [figurinos, gesto, expressão]. Ela pode ser de duas naturezas: Implícita e/ou Explícita.

Reconhecemos que a rubrica se apresenta *implicitamente* quando as orientações relativas à encenação surgem na fala de alguma personagem. Por exemplo, no Coro dos Anciãos de Tebas no *Édipo*, de Sófocles: "A ação passa-se em Tebas (Cadmeia), diante do palácio do rei Édipo. Junto a cada porta há um altar, a que se sobe por três degraus. O povo está ajoelhado em torno dos altares, trazendo ramos de louros ou de oliveira. Entre os anciãos está um sacerdote de Júpiter [Zeus]. Abre-se a porta central" (SÓFOCLES, s/d: 21].

Observamos que são oferecidas ao leitor informações acerca do espaço cênico no qual a ação se desenrolará, assim como essa fala mostra a disposição do povo, ajoelhado frente aos altares erguidos junto ao palácio real. Ao lado disso, o coro informa sobre os acessórios (ramos de louros e/ou de oliveira) que fazem parte do ritual para saudar os deuses e pedir a eles que intercedam naqueles dias de agruras. Nesse procedimento, constatamos a existência da rubrica sem que a mesma surja enquanto tal.

Apesar de conhecermos a força dramática do texto no teatro grego, em termos de escrita teatral, é evidente que precisar, com exatidão, o surgimento da rubrica é algo muito difícil. No período renascentista, deparamo-nos com a peça *A Mandrágora* (1524), que possui um Prólogo que pode ser interpretado como uma "rubrica implícita" [da herança tragediográfica helênica], que fornece informações para o bom andamento do espetáculo: "Atentai no cenário, tal como se apresenta: esta é a nossa Florença (de outra feita será ou Roma ou Pisa); e a coisa é de se morrer de riso. Esta porta que fica à minha destra é a casa de um doutor" (MAQUIAVEL, 1976: 11).

Entretanto, em meados dos séculos XVI e XVII, a figura do escritor confundiu-se com a do diretor e, por esse motivo, não era necessário existir um texto prévio para que a encenação ocorresse. Ao lado disso, consta também que a maioria dos atores desse período era analfabeta. À luz dessas circunstâncias, estudiosos, como Roger Chartier, relacionam o teatro como componente da cultura oral dos períodos mencionados.

Nessas circunstâncias, foi com o advento da imprensa e com a circulação dos livros que as palavras ditas nas salas de teatro tornaram-se textos impressos. Provavelmente, para fornecer e/ou registrar indícios dos espetáculos, as rubricas começaram a ter lugar destacado no texto. Sob esse aspecto, a dramaturgia de Molière, que foi abordada por Chartier, no livro *Do Palco à Página*, possui rubricas muito curtas. Elas indicam apenas a disposição cênica da personagem, como em *Escola de Mulheres*: "NOTÁRIO (*avançando para Alain e Georgette*)". (MOLIÈRE, 1983: 229).

A partir dos *fragmentos** de rubricas e dos dados apresentados, pode-se dizer que no realismo, no romantismo e, mais tarde, marcadamente, no naturalismo a rubrica adquiriu um lugar explícito no texto. Ela surge grafada em itálico e em um espaço distinto dos diálogos/monólogos. A sua visibilidade, em peças, cujos autores valorizam o seu uso, é a mais ampla possível. Para tanto, verifiquemos como a rubrica é introduzida na peça *Casa de Bonecas*, de Ibsen: "Salão agradável, decorado com bom gosto, mas sem luxo. Uma porta no fundo, à direita, conduz ao vestíbulo; uma outra porta no fundo, à esquerda, conduz ao escritório de Helmer; entre as duas portas, um piano. No centro da parede à esquerda, uma porta, e uma janela mais afastada. Perto da janela uma mesa redonda, cadeiras de braço e um sofá. [...] Uma mesinha entre a estufa e a porta lateral. Gravuras nas paredes; uma *étagère* com objetos de porcelana e outros objetos de arte, uma pequena estante com livros bem encadernados. O chão é atapetado e a estufa está acesa. Dia de inverno. Ouve-se a campainha do vestíbulo e, pouco depois, ouve-se a portar abrir. Entra Nora, cantarolando alegremente. Ela está de casaco e carrega vários pacotes" (IBSEN, 2003: 8-9).

A rubrica transcrita são as palavras iniciais da peça e dela depreende-se o caráter minucioso para estabelecer a composição do cenário, tanto no que se refere à disposição espacial da residência quanto aos móveis e à composição do ambiente. Detalha a forração do assoalho e a lareira acesa para bem precisar a época de Natal. Há também detalhes, acerca da decoração, que revelam o padrão burguês da residência. No entanto, a atmosfera e o ambiente construídos por Ibsen adquirem maior inteligibilidade com a entrada da protagonista, Nora, que chega alegremente da rua, carregada de pacotes.

Essa riqueza de detalhes é um dos exemplos mais bem acabados da função da rubrica naturalista. Através dela, emerge extrema articulação entre cenários, personagens, figurinos, diálogos, conflitos, curva dramática, iluminação, trilha sonora e interpretação.

Por meio de rubricas bem dimensionadas, o diretor de um espetáculo poderá traduzir o ponto de vista cênico contido no texto, assim como poderá tomá-lo como trampolim, para expressar a sua interpretação e as suas tendências acerca da atualização cênica da peça.

É oportuno dizer que, ao longo da história, a utilização da rubrica pelos dramaturgos não é padronizada, isto é, a sua elaboração está articulada aos referenciais artísticos mais amplos daquele que a concebe. Nesse aspecto, o realismo e o naturalismo foram as correntes estilísticas que atribuíram maior peso à rubrica. Com o intuito de exemplificar, ainda mais, o que estamos dizendo, apresentaremos outras possibilidades de utilização desse recurso na confecção de uma peça de teatro.

Oswald de Andrade iniciou *O Rei da Vela* com esta rubrica: "Em São Paulo. Escritório de usura de Abelardo & Abelardo. Um retrato da Gioconda. Caixas amontoadas. Um divã futurista. Uma secretária Luís xv. Um castiçal de latão. Um telefone. Sinal de alarma. Um mostruário de velas de todos os tamanhos e de todas as cores. Porta enorme de ferro à direita correndo sobre todas horizontalmente e deixando ver no interior as grades de uma jaula. O prontuário, peça de gavetas" (ANDRADE, 1976: 11).

Novamente, estamos diante de uma rubrica bem descritiva, na qual estão listados os elementos essenciais para o desenrolar das situações dramáticas. Entretanto, diferentemente da rubrica de Ibsen, Andrade compôs seu ambiente cênico com objetos de épocas distintas, que se apresentam associados a móveis de escritório e a uma jaula.

Dotada de um realismo farsesco, a rubrica revela o próprio protagonista que, embora proprietário de uma fábrica de velas, aumenta efetivamente o seu capital com a agiotagem. O escritório de Abelardo I é resultado do acúmulo desordenado de objetos, o que traduz cenicamente a sua atuação empresarial. Essa, por sua vez, é sintetizada na jaula, local destinado àqueles que não cumprem os compromissos assumidos com o agiota.

Assim, constatamos como os significados advindos das rubricas podem ser diferenciados, pois eles estão em sintonia com a perspectiva artística daqueles que as criaram. Dessa feita, por entender que o palco naturalista não possuía capacidade para se debruçar sobre dimensões mais espirituais e transcendentes do homem e de sua existência, os dramaturgos, que se colocaram sob a égide do simbolismo, incursionaram poeticamente as suas vivências da alma. Com esse fim, a rubrica passou a conter elementos que iam além da mera aparência, como em *Os Cegos*: "No centro, em direção ao pano de fundo escuro, está sentado um sacerdote idoso [...] De uma palidez assustadora, o semblante de cera, imóvel, apresenta lábios violeta entreabertos" (MAETERLINCK apud SZONDI, 2001: 71).

Por sua vez, a dramaturgia expressionista, com vistas a traduzir a crise emocional, política e intelectual do início do século xx, recorreu à rubrica como sugestão para possibilidades cênicas e dramáticas, tanto que ela assim se apresenta na peça *As Massas e o Homem*: "O cenário é apenas esboçado: os fundos de um bar proletário. Ao centro, uma mesa rústica em torno da qual estão reunidas uma mulher e alguns operários" (Toller in MERKELL (org.), 1983: 35).

Já B. Brecht tem uma utilização mínima das rubricas. Vale-se delas apenas para especificar componentes da ambientação física da cena, como se vê em *Santa Joana dos Matadouros*: "A casa dos Boinas Pretas. Os Boinas Pretas estão sentados em volta de uma mesa comprida contando as esmolas recebidas" (BRECHT, 1990: 93).

Ainda sobre rubricas, é importante salientar que a dramaturgia contemporânea tem recorrido, com menos intensidade, a esse recurso criativo, talvez, com o objetivo de tornar as leituras cênicas das peças mais livres cenicamente. Em *Esperando Godot*, de Samuel Beckett, um dos textos seminais do teatro do absurdo, utiliza-se a *rubrica*, mesmo que seja para designar lugar algum, como se vê, aliás, na seguinte descrição: "Estrada no campo. Árvore. Entardecer. Sentado sobre uma pedra, Estragon tenta tirar a bota. Faz força com as duas mãos, gemendo. Para, exausto" (BECKETT, 2005: 19).

Não há dúvida, não existem regras definidas para o uso da rubrica. Ela é construída em sintonia com expectativas estéticas determinadas. Todavia, seja como for, e incluindo nesse rol a sua própria ausência, a rubrica carrega consigo uma possibilidade cênica que, à disposição do diretor, pode suscitar, a cada montagem, novos caminhos criativos. [JG/RP]

Andrade, 1976; Beckett, 2005; Brecht, 1990; Guinsburg et al. (orgs.), 1988; Ibsen, 2003; Maquiavel, 1976; Molière, 1983; Merkel (org.), 1983; Pavis, 2010; Ramos, 1999; Sófocles, s.d; Szondi, 2001.

Dramaturgia, Texto e Cena

S

SITE-SPECIFIC

Uma parte importante da *produção teatral** contemporânea é feita em espaços não convencionais, desde grandes edifícios, fábricas ou casas abandonadas, passando por garagens, museus ou monumentos públicos, até jardins, praças e ruas, utilizando os espaços arquitetônicos existentes em vez de uma cenografia desenhada e construída. A esse tipo de produção, resultado ora da dificuldade de acesso a teatros e palcos ora de uma decisão programática, aplica-se a designação inglesa *site-specific*, isto é, "específica do lugar". Os espetáculos têm normalmente temas relacionados com os lugares onde são criados e apresentados, e esses temas, por sua vez, normalmente têm a ver com a própria natureza da relação dos indivíduos com o espaço em causa, seja ela histórica, patrimonial, lúdica, festiva, comemorativa etc. Os espetáculos podem ser desde produções com dezenas de atores, em espaços públicos amplos, destinadas a milhares de espectadores, até lugares menores, com número mínimo de *performers*, e destinados a pequenos grupos de pessoas. A produção desses espetáculos decorre de uma percepção aguda da politização do espaço urbano, das cidades e do cotidiano, podendo ser mais crítica ou menos crítica em relação às desigualdades reveladas por uma atenção extraordinária aos lugares. Os criadores tentam tomar a cidade e o espaço subvertendo as regras sociais. A prática do *site-specific* serve assim tanto a projetos de crítica social como de promoção comercial e/ou propaganda política.

No Brasil, ficou célebre a trilogia do Teatro da Vertigem, de São Paulo, apresentada num hospital, num presídio e numa igreja. Em Portugal, o grupo O Bando tem desenvolvido espetáculos na sua quinta, em Palmela. Durante o programa Porto 2001 Capital Europeia da Cultura foram desenvolvidos projetos em fábricas abandonadas ou presídios com as populações locais. [JL]

 Carlson, 1989; McAuley, 1999.

 Lugar Teatral

SOCIODRAMA

Método que visa à transformação pessoal e social, através da procura da verdade nas relações intersubjetivas. A proposta de Jacob Lévy Moreno resulta do cruzamento de áreas como a sociologia, a psicologia social e o teatro terapêutico e integra dois outros ramos: a sociodinâmica, que estuda o funcionamento das relações interpessoais e os fatores que as podem melhorar (por intermédio do *role-playing*); e a sociometria, que analisa os padrões e a organização das redes sociais psicológicas (através do teste sociométrico).

J.L. Moreno, judeu de origem romena, viveu desde a infância na Áustria, onde se formou em medicina e se especializou em psiquiatria, tendo emigrado para os Estados Unidos em 1925. Durante a juventude, na capital austríaca, participou de *experiências** de forte pendor comunitário, filosófico-religioso, psicológico e estético, que viriam a ser determinantes para o desenvolvimento das suas teorias. Entre outras experiências: fundou, com Chaim Kellmer, a Religião do Encontro, grupo criador do "movimento existencialista vienense" ou "seinismo" (segundo o qual ser e saber são condições interdependentes e de influência recíproca), de base fenomenológica-existencial, influenciado pela leitura, crítica, de autores como Kierkegaard, Nietzsche ou Bergson, e fundou, com aquele e outros amigos, a Casa do Encontro, que procurou novas formas de ajuda social, ao aproximar-se de pobres, imigrantes e refugiados, por vezes reproduzindo o seu modo de vida e com eles discutindo temas teológicos e filosóficos; interveio na Revolução dos Jardins de Viena, movimento centrado na criança e no estímulo das suas potencialidades criativas, por intermédio de atividades artísticas e expressivas, como a prática do conto de fadas, a improvisação ou a representação teatral; e participou num projeto de readaptação social de prostitutas de Viena – motivado pelo ideário marxista e pelas ações do socialista Ferdinand Lassalle junto do operariado alemão no século XIX – dirigido para a tomada de consciência da sua condição sociocultural e para a respectiva organização enquanto "classe", experiência que lhe demonstrou o alcance terapêutico do trabalho de grupo.

Profundamente interessado pelo teatro, enquanto terreno privilegiado para a experimentação e investigação do "ser espontâneo", embora crítico de métodos como o de Stanislávski (por considerar que este vinculava a reativação da espontaneidade e a improvisação a experiências passadas e não ao momento), criou o teatro vienense da espontaneidade (1921), onde desenvolveu um modelo teatral fundado na representação espontânea e interativa com a plateia, focada nas relações sociais, sem dramaturgia acabada nem texto memorizado, que proporcionava a "prova metaprática", segundo a qual, no plano da ilusão, se poderia ensaiar outras soluções – individuais ou grupais – para a realidade. Criou o jornal vivo, proposta de representação de notícias dos jornais diários com pontos de contato – pelo efeito que produz ao nível da análise crítica da realidade e do comprometimento com os outros e com o

mundo – com vanguardas artísticas contemporâneas, como a *teatralidade** pirandeliana ou o teatro político de Piscator. O jornal vivo, pelas suas características e enquadramento, é uma das mais fundas raízes do sociodrama, enquanto modalidade centrada no grupo "social", e que nele encontra o seu sujeito, conforme a definição moreniana: "[O sociodrama] baseia-se no pressuposto tácito de que o grupo formado pelo público já está organizado pelos papéis sociais e culturais de que, em certo grau, todos os portadores da cultura partilham […] É o grupo, como um todo, que tem de ser colocado no palco para resolver os seus problemas, mas como o grupo é apenas uma metáfora e não existe *per se*, o seu conteúdo real, são as pessoas inter-relacionadas que o compõem, não como indivíduos privados, mas como representantes da mesma cultura. O sociodrama, portanto, para tornar-se eficaz, deve ensaiar a difícil tarefa de desenvolver métodos de ação profunda, em que os instrumentos operacionais sejam tipos representativos de uma dada cultura e não indivíduos privados" (MORENO, 2006).

Assim, os protagonistas – um dos elementos do sociodrama – não retratam, de forma individual ou isolada, os seus problemas pessoais, nem tampouco *dramatis personae* criadas por dramaturgos, antes representam todo o grupo, ao qual pertencem, com um problema em comum (eles não interpretam "um" judeu ou "um" policial, mas sim "o" judeu e "o" polícia). Para além dos protagonistas, o sociodrama integra quatro outros elementos essenciais (retomados, aliás, do *psicodrama**): o cenário, espaço físico onde, uma vez criado o ambiente adequado, decorre a sessão (uma sala de aula, uma sala de reuniões, uma sala-estúdio) e no qual podem estar disponíveis recursos, mais comumente peças de vestuário ou objetos, que facilitem a identificação com o papel e o exercício de imaginação; os egos-auxiliares, membros do grupo ou da equipe terapêutica/pedagógica, que interpretam vários papéis ao longo da sessão, necessários para assegurar a contracena ambivalente aos protagonistas e intensificar a atmosfera conflitual e emocional; o diretor, com função equivalente à do encenador, frequentemente um psicólogo, um sociólogo ou um professor, também sociodramatista, principal responsável pela dramatização, que nela intervém com vista à clarificação dos papéis; e o auditório, composto pelos restantes membros que não representam protagonistas, mas que simbolizam as dimensões comportamental e relacional da sociedade em que o grupo se insere.

Uma sessão de sociodrama acontece em três fases, comuns aos restantes ramos socionômicos: 1. o "aquecimento", momento inicial fulcral que visa desencadear a ação e que é, sequencialmente, dirigido a todo o auditório para o motivar para a dramatização, concentrado na captação dos Protagonistas e, por fim, focado na preparação dos papéis pelos Protagonistas; 2. a "dramatização", que constitui o núcleo do método e consiste na representação da ação; e 3. a "análise", parte final centrada no auditório, que comenta a dramatização, emite opiniões sobre o desempenho dos protagonistas e as reações suscitadas, deste modo sendo conduzido à formação de um ponto de vista grupal sobre o assunto representado.

A eficácia de uma sessão de sociodrama depende da observância de uma série de procedimentos, que atravessam ou compõem aquelas três fases: a. identificação de um assunto problemático pelo grupo, comum aos seus membros, que seja suscetível de esclarecimento ou resolução; b. definição concreta do problema, na sequência das informações e contribuições prestadas pelos participantes, conduzidos pelo diretor; c. formulação objetiva da situação conflitual, pelo diretor, sem quaisquer sugestões de resolução; d. distribuição de papéis, de preferência pelos membros do grupo que mais se identificam com o problema, sempre respeitando o caráter voluntário da participação; e. aquecimento do grupo, simultaneamente dentro e fora da sala, sendo tarefa do diretor animar o auditório e interpelá-lo sobre possibilidades de desenlace para o problema, enquanto os atores combinam os tópicos essenciais da ação e preparam a cena; f. representação da ação (com recurso a técnicas específicas do teatro, como o aparte ou a representação de um mesmo papel com enfoques diferentes, por vários protagonistas), que pode ser interrompida pelo diretor em caso de bloqueio ou quando as características de um papel ou de uma situação corram o risco de serem desvirtuadas; g. discussão e análise das alternativas de resolução da situação apresentadas pelos atores e pelo auditório, sendo útil a definição de critérios que guiem essa avaliação coletiva e a construção de uma opinião grupal; e h. elaboração de um plano de ação, visando implementação das decisões tomadas.

Essa metodologia, mais especificamente sistematizada desde a década de 40 do século XX (MORENO, 1943, 1951, 1965), foi desde cedo disseminada, utilizada e repensada por seguidores de J. L. Moreno, como Jean Ughetto na vertente clínica (França), ou Ellis Paul Torrance no campo educacional (EUA). Jaime Guilhermo Rojas Bermudez (Argentina) ou Iris Soares de Azevedo (Brasil) foram, de igual modo, dos mais ativos divulgadores das teorias morenianas e impulsionadores de ações de divulgação e de associações pioneiras direcionadas para essa temática, a partir da mesma década em que, em Paris, teve lugar o I Congresso Internacional de Psicodrama e Sociodrama (1964), evento de grande amplitude que contou com sucessivas reedições noutros países. O sociodrama é utilizado no âmbito da educação, da sociedade e das organizações, com objetivos diferenciados e resultados estudados, entre os quais, na resolução criativa de problemas do foro educacional, no restabelecimento do autoconceito e treino de competências relacionais, na promoção da liberdade interpessoal face a constrangimentos decorrentes de expectativas e funções sociais, na organização psíquica de jovens violentos e delinquentes ou na gestão de recursos humanos em contextos empresariais e institucionais. [MF]

 Moreno, 1943, 1951, 1965 e 2006.

 Ação Social

SONOPLASTIA

"Sonoplastia" (do latim *sono*, som + grego *plastós*, modelado) é um termo exclusivo da língua portuguesa, que surgiu na década de 1960 com o teatro radiofônico, para definir a reconstituição artificial dos efeitos sonoros que ilustram, narram ou descrevem a ação do texto falado por meio da recriação de sons da natureza, de objetos e animais, ou por meio da invenção de sons novos, inexistentes em nossa experiência cotidiana. Os sons – por exemplo, a casca do coco para representar cavalos galopando, portas rangendo etc. – podiam ser realizados "ao vivo" ou manipulados por discos de efeitos, mixados nos diálogos dos locutores com o objetivo de criar uma ação dramática. Quem realizava esse trabalho era o *sonorizador*, auxiliado pelo contrarregra e pelo operador de som.

No Brasil, a prática da sonoplastia transcendeu a esfera radiofônica e ocupou lugar também no teatro, na televisão, no cinema e mais recentemente nas mídias digitais. Tendo sido associado ao meio de produção (discos e objetos manipulados ao vivo), o termo sofre grande resistência para ser incorporado fora do meio radiofônico, ainda que o raciocínio essencial que o define seja o mesmo para qualquer área ou meio de produção.

No teatro, a sonoplastia é um dos elementos da equipe de criação, como a cenografia, os figurinos, a iluminação e a atuação. O sonoplasta colabora com o diretor ou encenador estudando e criando as possibilidades sonoras de um espetáculo. Explora elementos de expressão da esfera sonora não verbal e musical que traduzem aspectos do mundo ficcional, podendo por vezes substituir cenários, objetos, ideias ou mesmo personagens. Tendo em vista a necessidade de manipulação de músicas e sons em tempo real, e ao vivo, o sonoplasta é em algumas ocasiões um *performer* que integra a cena. Todo esse trabalho requer desse profissional, além de sensibilidade e conhecimento artístico, domínio da tecnologia.

O profissional. A profissão de sonoplasta foi regulamentada pela lei número 6.533 de 24 de maio de 1978, que diz que o sonoplasta "é aquele que elabora a trilha sonora ou os efeitos especiais, ao vivo ou gravados, selecionando músicas, efeitos adequados ao texto e de comum acordo com a equipe de criação; pesquisa as músicas ou efeitos para montar a trilha sonora; opera a mesa de controle de som, produzindo os efeitos planejados e transmite ao operador de som". Apesar da regulamentação, contudo, nunca houve uma formação especializada na área e, consequentemente, há pouquíssima bibliografia escrita sobre o tema. Portanto, lamentavelmente a maioria dos sonoplastas aprende o ofício na prática, de maneira intuitiva e pouco sistematizada.

A entrada no país de equipamentos sonoros modernos, aliada à facilidade de sua aquisição, fez com surgissem cursos de especialização de técnicos de som, além de uma série de revistas especializadas, editadas em português. Desse modo, a esfera técnica da profissão encontra hoje uma fonte bastante completa de informação. Por outro lado, o entusiasmo com a tecnologia produziu uma falsa compreensão de que o ofício do sonoplasta se resume aos expedientes técnicos. Como resultado, temos muitos profissionais capacitados tecnicamente, mas com pouca intimidade com as exigências artísticas da profissão, com a leitura crítica de textos teatrais e literários, indispensável para encaminhá-lo em decisões estéticas conscientes.

Etapas Para a Realização de uma Sonoplastia:

Dramaturgia Sonora

O principal objetivo da dramaturgia sonora é abastecer o sonoplasta de ferramentas críticas que permitam uma leitura sofisticada do texto literário e teatral, contribuindo no seu processo criativo e nas escolhas estéticas no que diz respeito à trilha sonora. Estuda os fenômenos sonoros e musicais como elementos de sintaxe do discurso narrativo, investigando as potencialidades da música em produzir conteúdo na cena, tendo em vista sua natureza abstrata e não semântica. Nesse sentido, vale-se do vocabulário e dos conceitos da dramaturgia para compreender como se dá a construção de um universo ficcional, de personagens ou mesmo de vozes narrativas que acabam por se descolar da fábula para destacar aspectos do conteúdo que ela sugere. Aplica tais conceitos às possíveis relações e articulações da música com o conjunto de elementos de linguagem que podem ser encontrados em uma cena.

A dramaturgia sonora procura compreender com que elementos da cena uma música ou som podem se articular: ora descrevem, narram, argumentam, adotam pontos de vista, produzem diferentes estados, ou evocam sensações no espectador. Enquanto elemento narrativo, podem sublinhar a dimensão privada da história de uma personagem, ou projetar sua trajetória na esfera pública procurando mostrá-la não como personagem individual, mas como personagem histórica. Sons e música podem atuar como elementos indiciais, que expõem a presença de um objeto na cena ou na imaginação de uma personagem, ainda que esse objeto não seja visualizado. Mas podem também revelar, através de um procedimento simbólico, conteúdos externos ao fenômeno puramente sonoro ou musical.

Repertório

A pesquisa sonora é estimulada pelo conhecimento artístico do sonoplasta e vem desde sua formação básica, quem sabe com a lembrança da primeira música que ouviu na vida. A criação do repertório de um sonoplasta está intimamente ligada ao que ele lê, aos filmes a que assistiu, às exposições visitadas, às descobertas de outras culturas e à abertura de sua escuta, que deve ser diferenciada. A partir do repertório, a trilha pode começar a ser pesquisada tomando como base as referências na sala de ensaio. A criação da música original ou aquela pesquisada em discos, rádios, CD's e hoje principalmente na internet são estímulos e material de experimentação que servirão como base de um processo de parceria e comunhão com os outros profissionais da área. Nunca devemos nos contentar com a primeira escolha de música, com a primeira composição; até horas antes da estreia podemos mudar uma música, ter uma nova ideia, ser provocados por outros estímulos. O teatro é uma arte dinâmica e efêmera que permite a transformação e interação com a presença do principal elemento dentro do teatro: o público. Ele é o termômetro que modifica o tempo e o espaço e consequentemente mede a temperatura dos climas propostos pela música. Faz parte do nosso trabalho, portanto, ouvir muitas e variadas músicas, de todos os gêneros, bem como gravar os próprios ruídos e efeitos.

Uma vez escolhida a música – seja ela composta ou pesquisada –, é apresentada ao diretor no ensaio e testada em cena. Na sala de ensaio, esse material tem como suporte um computador, CD ou MD (minidisc, aparelho de gravação e reprodução com qualidade digital, rápido e eficiente) para apreciação e sua percepção na composição de sua trilha. Esse é o momento de experimentar todas as ideias musicais, gravar todos os sons que se possam imaginar nas cenas e experimentá-los. É preciso ter domínio e sabedoria para apresentar sua criação e colocar a sua imaginação, os conhecimentos musicais e a criatividade para fora. É importante que o diretor, assim como os demais colegas participem desse processo, emitindo opiniões. Saber filtrar os comentários sobre o trabalho e ser humilde são qualidades fundamentais para os sonoplastas.

O teatro é a união de vários profissionais em sintonia, em harmonia, que trocam ideias para se chegar a uma unidade artística. Não podemos nos acomodar e achar que determinada música é insubstituível ou a melhor solução para uma cena. A certeza termina com o esgotamento de sua pesquisa e é bom sempre deixar uma dúvida, um canal aberto.

Tecnologia Sonora

É o conhecimento técnico de todas as ferramentas de trabalho que o sonoplasta precisará para a gravação, mixagem, reprodução e operação da trilha sonora. Todo sonoplasta necessita conhecer profundamente os conceitos básicos de física e propriedades do som, assim como todos os equipamentos que são utilizados na sua composição. Além disso, deverá saber realizar a produção de seu som, que é a elaboração do orçamento com as escolhas de estúdios, equipamentos de gravação e sonorização.

Finalização da Trilha Sonora

A trilha já está quase pronta. As músicas estão anotadas no roteiro com as "deixas" (entradas e saídas das músicas). É hora de ir para um estúdio finalizar a trilha, ou seja, fazer a mixagem dos sons, melhorar a qualidade das músicas ou criar efeitos que não ficaram bons ou surgiram na criação durante os ensaios. Tudo isso pode ser feito em um estúdio digital, e atualmente existem softwares excelentes, que são ferramentas completas para se realizar o que a imaginação desejar.

É importante que isso seja feito com qualidade e com bons técnicos, porque essa será a trilha utilizada durante toda uma temporada. Uma vez a trilha mixada no estúdio, nunca se deve esquecer de fazer pelo menos duas cópias para utilização nos espetáculos e manter duas matrizes em DAT (Digital Áudio Tape) ou HD externo em casa. A possibilidade de perder ou danificar é imensa.

Sonorização

A sonorização também pode ficar a cargo do designer sonoro, que é o profissional que especifica e determina o sistema de sonorização: P.A. (Public Address; em português "endereço público"), monitores e caixas de efeitos para uma sala de teatro ou espaço cênico, dimensionando de acordo com a capacidade de público, a acústica e a verba de produção do espetáculo. Esse profissional estuda o posicionamento das caixas acústicas, coordenando a montagem e cuidando minuciosamente da qualidade sonora realizada pela equalização e escolha de emissão desse som na sala de espetáculo. Para isso, o conhecimento técnico é fundamental, desde conhecimentos de elétrica aos plenos domínios de mesas de som (analógicas e digitais), equalizadores, microfones, equipamentos de reprodução sonora (CD player, computadores com seus principais softwares), caixas acústicas e os principais periféricos (efeitos, compressores, gates). Sem a prática e o estudo constante desses equipamentos, a expressão sonora criada para determinadas cenas não será atingida e a dramaticidade desejada se perde com a falta de potência, com o posicionamento errado de caixas acústicas ou com uma má equalização do som.

Todo o som utilizado na construção sonora de um espetáculo tem o objetivo de ilustrar, destacar, posicionar nossa atenção a movimentos ou ações que ocorrem na sequência de uma cena, diálogo, locução etc. A importância da qualidade sonora criada pelo sonoplasta pode conter elementos que reforcem a naturalidade do que está ocorrendo, ou fazer com que o espectador tenha uma percepção diferente do que seria o som natural daquela ação.

Operação de Som

Todo o trabalho realizado desde a dramaturgia sonora até a sonorização pode se perder com a operação de som. Portanto, na cadeia de criação todos os profissionais envolvidos devem ter conhecimento e muito comprometimento com o trabalho proposto. Sem um roteiro musical com o nome da fonte sonora, nome das cenas, marcação das "deixas" e de volume é impossível qualquer pessoa realizar uma operação de som. Aliado a isso, o operador de som deve ter conhecimento técnico para a ligação dos equipamentos, muita sensibilidade e, principalmente, muito prazer em fazer isso. Um operador de som pode destruir um espetáculo ensaiado durante meses. Portanto, é preciso dar espaço, tempo e atenção ao sonoplasta para que ele possa realizar plenamente seu trabalho. Geralmente o som é pensado apenas quando a estreia está próxima e os sonoplastas têm que realizar todo esse delicado trabalho em poucos dias. É muito importante ter sempre no grupo um sonoplasta, uma pessoa que pense na solução sonora, na gravação, na sonorização e na operação de som.

Fazer Sonoplastia

Fazer sonoplastia para teatro significa deixar a música entrar no espetáculo, harmoniosamente, de modo que penetre na cabeça e no coração do público sem que ele mesmo se dê conta disso. A boa sonoplastia deve ser ouvida pelo coração. O sonoplasta desaparece e o espetáculo cresce. O público agradece. [RT]

 Brito, 2001; Camargo, 1986; Eikmeier, 2004.

 Cenografia, Paisagem Sonora, Texto e Cena, Dramaturgia, Rubrica

T

TEATRALIDADE

O conceito de teatralidade é um instrumento operatório importante para os estudos teatrais contemporâneos, na medida em que as diversas manifestações da cena atual procuram ultrapassar os limites da encenação tradicional e acabam por transitar em zonas fronteiriças entre o teatro e outras linguagens artísticas. Isso provocou, no campo da teoria, a necessidade de definição e de reflexão sobre aquilo que seria específico do fenômeno teatral, ou seja, da teatralidade.

A origem do termo remonta aos escritos do diretor teatral russo Nikolai Evrêinov, que forjou o termo "teatralnost" já no início do século passado. Para ele, a teatralidade seria um instinto natural do ser humano, assim como o sexual e o maternal; portanto, é anterior ao desenvolvimento de um projeto artístico. A manifestação do instinto da teatralidade estaria comprovada no desejo de mudança constante pelo homem. Ou seja, para afirmar a condição autônoma da linguagem teatral, que não precisa ser justificada por razões espirituais, sociais, políticas ou pedagógicas, Evrêinov insere-a na totalidade da vida cotidiana e defende que a existência do teatro seria o espaço da manifestação livre do instinto da teatralidade.

Na atualidade, a pesquisa realizada por Josette Féral acerca desse conceito é fundamental. Assim, em seu clássico texto "A Teatralidade – Pesquisa Sobre a Especificidade da Linguagem Teatral", a autora analisa a maneira como o senso comum se apropriou do termo "teatralidade", transformando-o em um adjetivo que atribui pejorativamente a algo qualidades de artificialidade ou de exagero. Porém, a noção de teatralidade que ela constrói retoma e discute os escritos de Evrêinov e cita Roland Barthes, que em um texto publicado em 1954, "O Teatro de Baudelaire", afirma que a teatralidade resultaria da supressão do texto em relação à cena, ou seja, a teatralidade seria o teatro menos o texto. Mas suas conclusões vão além dessas referências.

Para Féral, a teatralidade resulta da relação entre duas realidades dinâmicas: a dos elementos que constituem a linguagem teatral frente à realidade daquele que observa e atribui sentido cênico àquilo que vê. Dessa forma, ela considera que a teatralidade pode se originar tanto do espectador, que enquadra as características teatrais daquilo que observa, quanto da intenção dos criadores desse fenômeno em gerar a teatralidade.

Nesse contexto a teatralidade surge ante a existência de uma alteridade, de uma separação, e é uma qualidade que pode surgir tanto de algo que tenha intenção de criá-la, como pode também ser atribuída a partir da identificação de qualidades teatrais em fenômenos que não buscam, conscientemente, produzir teatralidade.

A teatralidade também pode ser vislumbrada à luz do conceito de literalidade (AUSTIN, 1990), que associa o sentido de um texto ao contexto de seu uso, ou seja, unindo *gesto** e contexto na construção do significado da palavra.

Vale destacar que o termo "teatralidade" também é apropriado pelos estudos antropológicos e sociológicos, que o utiliza para estudar comportamentos humanos e analisar rituais e suas funções simbólicas, atrelando propriedades identificadas na arte teatral a fenômenos com nenhuma intenção artística.

Mais recentemente, Féral associa o conceito de "performatividade" ao de teatralidade, defendendo que ambos operam simultaneamente na constituição do fenômeno teatral. Performatividade é um conceito ligado a *performance art*, vertente das artes visuais cujas características são opostas ao teatro, por se tratar de evento não sujeito a repetição e erigido sobre a ação dinâmica do artista em contato direto com sua audiência, sem a *mediação** de ficção representacional. A utilização de ambos os conceitos ampliaria a apreensão teórica do fenômeno teatral, contribuindo para uma análise mais apropriada da cena contemporânea.

Assim, o conceito de teatralidade amplia o espectro analítico de experiências cênicas produzidas no âmbito do ensino do teatro, e que dialogam com outras áreas artísticas. Além disso, o estudo da teatralidade fornece instrumentos que potencializam a ação apreciadora da obra teatral, em projetos que se debruçam sobre a formação de espectadores. [VC]

 Austin, 1990; Féral, 2004; Fernandes, 2010a; Guinsburg, 2001.

 Linguagem Cênica

TEATRO AMADOR

A designação "teatro amador" guarda embutido o termo "amor", ou seja, é aquele teatro praticado por grupos de pessoas que se dedicam ao teatro e o apreciam sem dele tirar proveito econômico. Outra designação mais utilizada contemporaneamente é a de grupos "não profissionais". Ainda outra definição utilizada entre nós é *teatro vocacional**, como pode ser extraído de informativo da Secretaria Municipal de Cultura de São Paulo.

A oposição entre teatro profissional e não profissional é empobrecedora, na medida em que as fronteiras entre eles, além de muitas vezes tênues, são em grande parte dissipadas atualmente. Vários grupos amadores trabalham hoje como *grupos de teatro** livres que almejam também a sua subsistência. O teatro amador não tem incompatibilidade com grupos profissionais. Dramaturgos e gente de teatro sempre buscaram a colaboração com grupos amadores. Desde o final da década de 1950 até meados dos anos de 1960, os grupos amadores eram tidos como a vanguarda na descoberta de novos caminhos para o teatro. Muitos profissionais descobriram o potencial dos grupos amadores como nicho através do qual se buscava o horizonte humanitário socialista.

Ao falar em teatro amador, a questão que se coloca é de que teatro e de que talento estamos falando. O debate envolve o conceito do ator-intérprete de modelos dramatúrgicos realizados para um palco que exige habilidades e técnicas altamente especializadas na comunicação teatral com o público. O teatro profissional tradicional era, em sua grande maioria, modelo para o teatro que se fazia com o amador. O amador tem outros e novos interesses no teatro que não podem ser submetidos aos cânones do teatro profissional! A ressignificação e o exame do termo "amador" talvez possam ampliar horizontes.

As exigências artístico-estéticas do teatro amador estão em grande parte ligadas a contextos locais, subtraindo-se a sua função social a uma valoração qualitativa a partir de critérios críticos e estéticos tradicionais. A dedicação no contato com sua plateia (de fazedores e de público) leva a uma forma especial no desenvolvimento do trabalho artístico e da vida em comunidade. Na busca de formas de expressão e conteúdos específicos, ele se orienta por um lado a partir das necessidades e condições de tempo livre e lazer e por outro reage fortemente a questões postas pelo seu contexto e por provocações de ordem social.

Entre nós, na década de 1960, a esperança de mudanças sociais envolveu o movimento do teatro amador. Os grupos, em grande parte estudantis, interessavam-se pela dramaturgia nacional e estrangeira que provocasse transformações nos artistas e no público: Henrik Ibsen, Bertolt Brecht, Jean-Paul Sartre, Ariano Suassuna, Gianfrancesco Guarnieri, Dias Gomes, entre outros. Elencos universitários como o Tuca (Teatro na Universidade Católica), Tese (Teatro Sedes Sapientiae), Tusp (Teatro da Universidade de São Paulo) e outros como o Teatro do Onze, organizado pelo Centro Acadêmico da Faculdade de Direito da USP, merecem ser citados. O golpe militar de 1964, que levou ao agravamento da censura, fez com que os amadores independentes ou ligados a instituições de ensino buscassem o direito à expressão. As criações coletivas eram formas de libertação da coerção. Arquitetadas pela vanguarda internacional, logo foram exercitadas pelos amadores. Entre seus melhores exemplos podemos citar as encenações *Comala* e *O Terceiro Demônio* (1970), do Tuca.

Forjando uma trama que liga todas as regiões do país encontramos os Festivais Nacionais de Teatro de Estudantes organizados por Paschoal Carlos Magno, no final dos anos de 1950. A Confenata (Confederação Brasileira de Teatro Amador) levou a uma abertura de canais de comunicação com os agentes culturais em todos os níveis, possibilitando um processo de troca e tomada compartilhada de decisões.

Ao lado da orientação tradicional de *teatro popular** e teatro regionalista, o teatro amador desenvolveu nos últimos anos novos conteúdos e grupos-alvo. A designação *ação cultural** vem sendo disseminada, objetivando novos meios de acesso ao teatro como bem simbólico. Nesse sentido, a cidadania artística busca incorporar o direito do leigo à prática da arte e do teatro. Além de escolas, os projetos efetivados pelos teatros se estendem a associações, prisões, hospitais e outros locais de aprendizagem. [IDK]

 Guinsburg et al. (coords.), 2009.

 Dramaturgia, Teatro Vocacional

TEATRO DE AGITAÇÃO E PROPAGANDA

É no bojo do movimento revolucionário do final do século XIX e início do XX que emerge a matriz do que viria a ser o teatro de agitação e propaganda. Agitava para a realização da revolução propagando as ideias do comunismo. Assim, como primeira definição para o teatro de *agit-prop* pode-se dizer tratar-se de um teatro que não propõe apenas a experiência estética, mas que funcione também como *ação cultural**.

Outra definição para o teatro de agitação e propaganda, o teatro de *agit-prop*: é uma modalidade de teatro de partido, um teatro do partido comunista, um teatro elaborado por artistas envolvidos no movimento revolucionário pelo comunismo.

Agitar para aflorar o descontentamento. Acredita-se que esse é o primeiro passo para se promover o progresso dos indivíduos e da nação. Aí está sua pedagogia: sair às ruas agitando a população para que essa tome posição na luta contra a exploração do trabalhador.

Mais do que uma proposição estética – apesar de a ter –, o *agit-prop* funciona também como um teatro didático. Sua meta educativa é *instruir* o povo nos princípios revolucionários do partido comunista. Essa ideia está apoiada na visão que se tem da população como uma *massa* inculta aos princípios revolucionários; e como uma massa, não tem rosto, está desunida, não tem identidade e por isso necessita ser formada para a ação.

Educar por meio não só da socialização dos conhecimentos, mas mobilizar o espectador para a ação. Nesse sentido, os grupos de *agit-prop* tornam-se multiplicadores de *grupos de teatro** amador. O fazer teatral funciona como pedagogia (uma intervenção nos modos convencionais de aprender), como *didática** (uma proposição educativa calcada na práxis) e como exercício político (preparo para atuar na nova sociedade).

Na Rússia em processo revolucionário, o teatro de *agit-prop* se encarrega de garantir a vitória da Revolução. Com o processo revolucionário já consolidado, o teatro passa a ser uma instituição estatal servindo como instrumento de educação para a construção do socialismo soviético. Nesse viés, os artistas buscam elaborar um teatro de novas formas, bem como formar um novo público. Fala-se de um teatro não burguês, fala-se na produção de um teatro socialista. Daí se rejeitarem as formas convencionais do palco italiano, promover a saída do teatro do edifício teatral para ganhar a rua e socializar a produção cultural, o desenvolvimento da criação coletiva em oposição ao teatro de autores, fazer um teatro de improvisação por excelência, o contato com o *teatro popular** e, por síntese dialética, produzir um teatro que expresse o suposto novo homem do socialismo.

Na Alemanha o teatro de *agit-prop* nasce para a propaganda da revolução dentro do partido comunista mas transcende essa função quando da ascensão de Hitler ao poder. O *agit-prop* alemão torna-se uma arma de resistência dos militantes do partido comunista repudiando o regime fascista, e será totalmente silenciado pelo terror.

No Brasil, o teatro de *agit-prop* aparece na década de 1960, junto com a causa socialista, alocado nos Centros de Cultura Popular – CPC. Em união entre artistas, intelectuais e estudantes, os CPCs assumem o teatro como *ação cultural** saindo às ruas para instruir e educar a massa dos trabalhadores. Busca-se realizar um teatro popular e, para isso, apropria-se de formas de teatro popular tais como a farsa e o melodrama. Mas também, como na Rússia, na Alemanha e nos EUA, o teatro de *agit-prop* brasileiro desenvolve formas contaminadas pela vanguarda artística inaugurando o "espect-ator" que é o espectador agindo como cidadão participante dentro do evento artístico. Augusto Boal foi quem anotou algumas das modalidades ali criadas e executadas para agitar e propagar o socialismo. Em seu livro *O Teatro do Oprimido e Outras Poéticas*, temos as reflexões de um militante de *agit-prop* nas condições políticas específicas do Brasil da década de 1960. Tal como na situação alemã, o teatro de *agit-prop* brasileiro funcionou como espaço de resistência ao regime militar e, como no fascismo alemão, foi totalmente silenciado. [CMA]

Arantes, Favaretto, Costa & Addeo (orgs.), 1981; Boal, 1982; Garcia, 2004.

Lugar teatral, Teatro do Oprimido, Ação Cultural

TEATRO DE FIGURAS ALEGÓRICAS

É uma forma teatral que se insere nas práticas artísticas contemporâneas das artes cênicas. Não se encaixa mais nos grandes gêneros que outrora definiam os tipos de peça: tragédia, comédia e drama. Na contemporaneidade, a mistura de gêneros e o desinteresse por uma única tipologia teatral, acompanhados pela dificuldade de uma separação nítida dos gêneros dramáticos, fizeram emergir outras denominações para a cena. O teatro de figuras alegóricas surge a partir de discussões e reflexões no campo da pedagogia do teatro envolvendo o aspecto não dramático de um espetáculo, suas características híbridas que envolvem o rompimento com as inúmeras consignas do teatro tradicional e suas propostas pedagógicas. Suas premissas foram propostas por Koudela no Manifesto – escrito para o programa da encenação de *Chamas na Penugem* (2008) –, no qual afirma: "não conta histórias construídas com base na relação de causa/efeito, mas alinha quadros que se relacionam através de associações; não apresenta caracteres psicologicamente diferenciados, mas sim figuras alegóricas; não há uma imitação ilusionista da realidade, mas sim realidades autônomas com regularidades espaciais e temporais próprias; não transmite mensagens racionalmente atingíveis na forma discursiva, mas cria universos imagéticos que valem por si; não almeja, em primeira linha, a ativação e influência sobre a consciência, mas sim motivar o jogo de troca entre as camadas estruturadas imageticamente no subconsciente e o pensar conceitual; busca romper o limite na relação entre palco e plateia" (KOUDELA, 2008). Trata-se, portanto, de um teatro que prioriza o material gestual, a *pantomima** e os movimentos coreografados. A ideia de personagens é substituída por figuras alegóricas desdramatizadas e prepondera a valorização da visualidade das cenas. As relações com a performatividade tornam-se presentes ao transformar personagens em criaturas e ao trazer para o primeiro plano o território alegórico da figura. Nessa perspectiva, fora do alcance do naturalismo, do conceito de personagens psicológicos, o teatro de figuras alegóricas busca romper com as possibilidades de identificação por parte do espectador. Por intermédio da figura consagra-se a perda de identidade presente na personagem dramática. A figura se despe das indumentárias de personagens individualizadas, para vestir a túnica do universal. Nesse sentido, a figura se apresenta como um novo estatuto da personagem teatral. Trata-se de uma personagem incompleta e discordante que apela ao espectador para tomar forma. Como figura, está liberta do passado e de um suposto futuro. Porém, ela torna-se dependente do público para que possa existir, tendo em vista que a figura abdica da ideia de unidade orgânica, de uma biografia, de uma determinada psicologia. Conjuminando o individual e o coletivo, os atores constroem um corpo imagético e único que se desdobra em várias vozes. No teatro de figuras alegóricas a escrita cênica se organiza valendo-se de procedimentos que envolvem a valorização semântica das figuras no palco, a qualidade estética dos *gestos** e dos movimentos corporais dos atores, os efeitos de sonoridades musicais de fala e de ruídos, a descontinuidade do tempo e do espaço da ação, em favor da visualidade da cena.

Esses procedimentos, em lugar de ilustrar textos, compõem a pictografia da cena. Eles resultam de um modo de utilização dos significantes no teatro, que exige mais presença que representação. Nesse sentido, prevalece a ideia de *experiência** partilhada, mais processo que resultado, mais manifestação que significação, mais impulso de energia que informação (FERNANDES, 2010). No teatro de figuras alegóricas os elementos cênicos não se ligam uns aos outros de forma causal, além de não ilustrarem nem funcionarem por mecanismos de reforço e redundâncias de um texto. Em face disso, no teatro de figuras alegóricas todos os elementos de cena são elevados à mesma capacidade de significação. Em determinados momentos, a luz chama mais atenção e, em outro instante, o figurino e, quase sempre, o ritmo de um gesto. A visualidade, a presença cênica das figuras e a dramaturgia como enunciadora do discurso cênico são disponibilizadas de forma simultânea e autônoma ao espectador, cabendo a este a tarefa de organizar, juntar ou separar os elementos de cada cena. A proposta estética do teatro de figuras alegóricas é levar o espectador a experimentar múltiplas experiências perceptivas e fazê-lo partilhar com os atores sensações e significações. Em razão disso, sobressai a *teatralidade** da cena, cuja multiplicação dos dados de enunciação cênica apresenta ao espectador *fragmentos** que necessitam ser preenchidos, exigindo uma postura produtiva. Essa tipologia teatral dialoga com artistas significativos para as propostas estéticas do teatro contemporâneo, tais como Tadeusz Kantor, Peter Brook e Robert Wilson, criando intersecções com proposições cênicas que envolvem quadros em movimentos, teatro-instalação e o rompimento com o encadeamento dramático. O teatro de figuras alegóricas, dentro das suas características de hibridismo, transita entre a performance, a pintura, a escultura e a arte do objeto no espaço, enfatizando a imaginação onírica do espectador. Dentro dessa perspectiva, diferentes sequências de movimentos, de deslocamentos de cena, de ritmos que podem ir do lento ao frenético, do desaparecimento e do aparecimento dos objetos, das projeções de silhuetas, transformam o espaço cênico em uma paisagem em movimento, numa dramaturgia visual. Nesse jogo cênico, o olhar do espectador é convidado a transitar pelos diversos planos que se desenham no palco. Planos que ora se entrecruzam, ora se paralelizam, dando liberdade para o público realizar a sua própria trajetória de leitura da cena. No teatro de figuras alegóricas a luz, o cenário, o figurino, as máscaras e objetos de cena não são dispostos sob a hegemonia dos atores. Ao contrário, todos esses elementos, inclusive os atores, estão numa hierarquia horizontal. A presença cênica dos atores possui a mesma importância que os elementos de cena e é organizada como peças de um caleidoscópio, que, a cada deslocamento e a cada nova mirada, formaliza uma nova imagem e traz novas significações para o espectador. O gesto estético, artístico, pedagógico e político do teatro de figuras alegóricas está centrado no estado de espectação em que o público é colocado, solicitando dele uma tomada de decisão frente ao que vê. [JGa]

 Fernandes, 2010b; Gama, 2010; Koudela, 2008b.

 Leitura de Imagens no Teatro, Jogo Teatral, Gesto (Linguagem do), Linguagem Cênica

TEATRO DE FORMAS ANIMADAS

O teatro de formas animadas é uma manifestação cênica contemporânea que utiliza, quase sempre simultaneamente, bonecos, imagens, objetos e formas que são animadas pelo ator-animador à vista do público ou ocultos por empanada ou tapadeiras.

A expressão "teatro de formas animadas" foi cunhada, no Brasil, por Ana Maria Amaral com base em estudos realizados em sua tese de doutorado defendida no ano 1989 na Universidade de São Paulo – USP. O termo amplia a concepção, predominante até os primeiros anos da década de 1980, sobre as práticas artísticas relacionadas ao que comumente se denominava como teatro de fantoches, teatro de títeres, teatro de marionetes e teatro de bonecos. Nesses gêneros prepondera a presença de personagens bonecos do tipo antropomorfos ou zoomórficos, diferentemente do que ocorre no teatro de formas animadas.

A preocupação em definir a expressão mais adequada para identificar essa arte não é nova no Brasil. O 5º Congresso da Associação Brasileira de Teatro de Bonecos e Centro Unima Brasil – ABTB/CUB, realizado na cidade de Ouro Preto, Minas Gerais, no período de 20 a 28 de janeiro de 1979, concluiu que o termo a ser empregado no país seria "teatro de bonecos". Porém, a diversidade de tendências e gêneros que essa linguagem reúne, além das constantes mutações resultantes dos experimentos e investigações que caracterizam as linguagens artísticas contemporâneas, torna a denominação teatro de formas animadas, a mais adequada.

Isso ocorre do mesmo modo com a expressão que designa o artista praticante dessa arte. Antes, as denominações titeriteiro, fantocheiro, bonequeiro, marionetista, manipulador eram recorrentes, no entanto, hoje, muitos artistas entendem que "ator animador" é o termo que melhor define a profissão. O uso de cada uma dessas expressões revela diferentes modos de conceber essa arte e principalmente a complexidade de que ela se reveste. No entanto, subjacente a cada uma dessas nomenclaturas sempre haverá o que mais caracteriza essa linguagem teatral: a presença da forma animada. Aí reside o maior desafio desse artista: animar a forma inanimada; transpor suas emoções ao objeto; dar ao público a impressão de que essa forma inerte tem a aparência de vida; fazer a transfiguração do objeto em personagem e torná-lo crível diante do público. O complexo trabalho do ator-animador consiste em estabelecer a comunicação com o público mostrando a personagem que já não se apresenta somente em seu corpo, mas na forma, no objeto. A relação com a plateia é mediada pelo objeto animado.

A formação profissional do artista que trabalha com o teatro de formas animadas é um dos temas recorrentes nos debates realizados em encontros e festivais sobre essa arte. Certamente isso ocorre porque as exigências para o exercício da profissão, hoje, são mais complexas do que acontecia nas décadas de 1950 e de 1960, época em que começavam a surgir as primeiras preocupações em torno da profissionalização de titeriteiros. A partir das últimas décadas do século xx, o teatro de formas animadas no Brasil vem superando ideias que o senso comum alimenta: a crença de que ator animador é profissão para a qual são suficientes o "dom" e "aprender fazendo". Hoje, a necessidade de profissionalização se torna evidente, enfatizando a urgência do domínio de saberes técnicos, práticos e teóricos relacionados ao ofício, superando a situação de diletantismo que já marcou o perfil de alguns *grupos de teatro**.

No entanto, no Brasil, não existem escolas que ofereçam formação específica – superior ou técnica – ao ator animador. As modalidades nas quais hoje acontece a formação profissional são variadas, cada uma desempenhando, a seu modo, funções importantes para a sua profissionalização. A realização de oficinas, cursos, ateliês abertos, a montagem de espetáculos no interior dos grupos de teatro, a realização de *festivais de teatro** e o intercâmbio entre grupos configuram diferentes espaços e iniciativas que contribuem para a profissionalização nessa arte.

A inclusão do ensino de teatro de formas animadas em universidades brasileiras é bastante recente: iniciou-se na década de 1980, mas se expandiu para diversas universidades públicas e privadas que oferecem de uma a três disciplinas, na grade curricular dos cursos de licenciatura e bacharelado em teatro. Destaca-se ainda a realização de pesquisas vinculadas a seus programas de pós-graduação em teatro. Mesmo distante do que se configuraria como situação ideal, pela inexistência de habilitação em teatro de formas animadas, é possível perceber, nessas instituições, a existência de alguns princípios de trabalho que norteiam as atividades formativas do ator animador:

1. TEATRO DE FORMAS ANIMADAS É TEATRO. O teatro de formas animadas é antes de tudo teatro e, ao mesmo tempo, é uma arte com especificidades que devem ser apreendidas para o exercício da profissão. Os conhecimentos sobre o trabalho do ator são imprescindíveis, no entanto não são suficientes para a atuação do ator animador. Ele é um intérprete que se expressa com seu corpo e com materiais, formas e objetos que se metamorfoseiam em personagens.

2. POLIFONIA E SÍNTESE. O teatro de formas animadas tem estreita relação com as outras artes, por isso a formação do ator animador contempla o estudo e a relação com profissionais que trabalham com outras linguagens artísticas. A inexistência de fronteiras entre as artes, característica das artes contemporâneas, estimula a interface com expressões artísticas de diversos campos e influencia os procedimentos pedagógicos na formação do ator animador. Acredita-se que esse procedimento reforça a ideia de teatro de formas animadas como arte polifônica e ao mesmo tempo sintética.

3. INDISSOCIAÇÃO: TEORIA E PRÁTICA. O conhecimento da teoria não é dissociado da prática. Estudar a história do teatro e conhecer as ideias de seus realizadores pode estimular o jovem ator animador

a experimentar, a enriquecer sua curiosidade. O desafio é criar uma dinâmica em que o conhecimento das tradições favoreça as práticas experimentais. Trabalha-se com a perspectiva de que a escola de teatro é o lugar de conhecer o que os outros fizeram, como fizeram, porque fizeram ou fazem, não para repeti-los, mas como base do conhecimento para a prática do teatro contemporâneo.

4. A EXPERIMENTAÇÃO. As disciplinas ministradas sobre teatro de formas animadas estimulam o estudante a exercitar sua criatividade em diferentes linguagens, e assim adquirir bases mais sólidas para fazer opções sobre o tipo de teatro que quer realizar. O fazer, a experimentação enriquece e amplia o conhecimento do ator animador. A escola é o lugar de conhecer o que já se produziu, mas também é o lugar de ousar. Fazer, experimentar, é se expor, desafiar-se, encontrar-se como artista.

5. O PROFESSOR ARTISTA. Nem todos os artistas gostam da atividade docente. No entanto, quando o artista gosta de sistematizar seu trabalho e dividir seu aprendizado e suas dúvidas com estudantes, esse pode ser um rico momento de ensino. Nesse caso, as dúvidas não são formuladas apenas com base nos trabalhos produzidos por outros artistas: ele mesmo se questiona sobre sua criação e produção. A presença do professor artista colabora no estabelecimento de relações instigadoras para a produção intelectual e artística dos estudantes e estimula-os ao trabalho criativo.

6. A RELAÇÃO PESSOAL. O ensino da arte do teatro exige relação direta, por vezes individualizada, entre professor e aluno. Ainda que as bases teóricas para o domínio da profissão possam ser fundadas em princípios comuns, cada estudante possui uma *experiência** peculiar de mundo, fazendo com que seu tempo e modo de aprender sejam diferenciados. O processo de ensino de teatro se inviabiliza quando há número excessivo de estudantes, quando não se estabelecem relações diretas entre ele e o professor, quando as expectativas e as dificuldades de cada um não são consideradas.

7. A PRODUÇÃO DE SABERES. O estudante vai à escola para dominar conhecimentos sistematizados. Como estudante de arte, no entanto, é, ao mesmo tempo, capaz de produzir saberes e competências a partir da sua experiência de mundo e desafios que se impõe ou é estimulado a enfrentar. O confronto permanente entre os saberes sistematizados, suas vivências e os desafios do trabalho a ser realizado constituem experiências geradoras de novos saberes, fundamentais para sua formação. Essa prática, causadora de conflitos entre o que já sabe, o que quer realizar e o que desconhece, é permeada pelo movimento de desordenar e reordenar seus referenciais em relação aos conceitos e saberes que envolvem sua prática artística.

8. A RELAÇÃO COM O PÚBLICO. Outro importante princípio trabalhado se refere ao contato com o público. O teatro é a arte da teoria e da prática. Por isso, o contato com o público, mesmo no período em que o estudante está na escola, é fundamental. Essa proposta se concretiza com a apresentação de cenas e de montagens teatrais feitas por eles, no final de cada disciplina ou período letivo.

Outros princípios de trabalho certamente podem ser arrolados. O que fica evidente nas iniciativas de muitos professores que ministram disciplinas sobre teatro de formas animadas em Universidades Brasileiras é o compromisso de se criar condições para que o estudante de teatro, interessado nessa linguagem, possa desenvolver suas próprias aptidões criativas, sua identidade, sensibilidade, disponibilidade para pensar o teatro, o espetáculo nas suas múltiplas possibilidades e diferenças. Importante é estimular o jovem ator animador a ser autônomo, ser ele mesmo, ser verdadeiro nas suas escolhas. [VB]

 Amaral, 1991; Beltrame, 2001; Costa, 2001.

 Linguagem Cênica, Experiência

TEATRO DE RUA

No livro IX da *República* (*Politeia*), dentre tantas outras teses, Platão expulsaria os poetas da, por ele denominada, "república ideal". Caso o Estado grego do período considerasse tal solicitação, teriam muito mais dificuldade de existir os atores a serviço do próprio teatro mantido Estado. De modo oposto, os artistas populares, desabrigados de qualquer tutela, não seriam afetados por tal determinação, na medida em que dependiam exclusivamente de si mesmos e de seu trabalho. Deambuladores por excelência, os *mimos* (nome atribuído ao coletivo e a uma farsa satírica) apresentavam seu trabalho em quaisquer espaços abertos e públicos, em troca de seu sustento. Durante a Antiguidade clássica grega (o que não mudou muito) havia um enorme preconceito contra qualquer trabalhador. Desse modo, os artistas populares não se inseriam na categoria dos cidadãos, por origem e pela necessidade de trabalhar, portanto não lhes sobrava tempo para a contemplação, para a teoria especulativa e tampouco para a práxis política. Nas teses defendidas por Platão, o ideal humano, constituído por meio de condição absolutamente elitista, realizar-se-ia no cidadão filósofo (considerado modelo do *zoón politkôn* – homem político), liberto das tarefas da sobrevivência.

A documentação histórica da Antiguidade clássica não faz qualquer alusão aos atores expulsos literalmente dos espaços de representação oficial. Subsumidos da história oficial (prática essa que permanecerá ao longo dos séculos), os artistas populares, fazedores de teatro de rua, foram obrigados à permanente peregrinação para apresentarem seus trabalhos. Periferizados, em boa parte do tempo, em um ou outro momento histórico, os populares, com o objetivo de sobreviver, apresentaram-se dentro dos aposentos dos palácios. Nesses momentos, evidentemente o artista teve de mudar seus expedientes para contentar o gosto de seus pagantes da vez. A *Commedia dell'Arte,* que corresponde a uma síntese das tradições cômico-populares, desde a Antiguidade clássica grega, expressa tal contingência. A periferização do teatro de rua, em outros contextos da história, também ocupou espaços centrais, ditos populares. Na Paris do século XVII, os artistas de rua brilharam, por meio de sua verve e capacidade de provocar o riso, em algumas feiras-livres: Saint-Germain e Saint-Laurent. Improvisadores, cantadores, malabaristas exímios, os artistas populares do chamado *teatro de feira* acabaram por ser proibidos de cantar e de falar em suas obras pelo Estado francês, pressionado por gestões enciumadas, respectivamente da *Opéra de Paris* e pela *Comédie Française.* Os expedientes e invenções decorrentes de tais proibições caracterizam-se em práticas utilizadas até os dias de hoje, e não apenas no teatro de rua. O teatro épico de Bertolt Brecht utilizou-se fartamente de narrativas em que o ator toma um partido acerca do assunto, da refuncionalização de canções com funções épico-críticas, da utilização dos cartazes, da apresentação da personagem popular em chave de *bufão** e dos representantes da classe dominante sempre de modo farsesco.

O teatro de rua guarda muitas similaridades com o trabalho e os procedimentos característicos dos feirantes. De certa forma, ambos foram expulsos dos grandes centros, pelos mais diversos motivos, mas resistem e incomodam sobretudo os donos dos supermercados e os moradores das áreas ditas nobres da cidade. Feirantes saem de casa de madrugada e montam suas barracas nas artérias da cidade, normalmente em espaços abertos. Como seus produtos não se vendem sozinhos, criam bordões característicos para atrair os passantes e criar laços de cordialidade e cumplicidade. Os atores de rua saem sempre muito cedo de suas casas, carregando suas tralhas nas costas; chegam bem antes ao lugar de representação e definem um espaço propício às trocas com a plateia. Os artistas de teatro de rua não vendem frutas, flores, bugigangas. Os artistas de teatro de rua não vendem sonhos, ideais, moral. Os artistas de teatro de rua, por uma ampla gama de sentidos, tanto ancestrais como presenciais, necessitam estar nos espaços abertos para trocar de tudo um muito e pouco. O teatro de rua monta histórias e conta com a cumplicidade do espectador, feito o feirante. Este vende a dúzia, o quilo, a parte. Aquele sempre por meio de apartes e da triangulação: provoca, encanta, canta e ri em sintonias aproximadas. Terminada a função, a passagem do chapéu garante – e não apenas pela tradição – a féria do dia.

No teatro de rua, em espaço aberto público ou privado, a primeira tarefa consiste em transformar o logradouro, normalmente um lugar de passagem, em espaço propício à troca diferenciada, mediada pelo simbólico. Desse modo, a primeira tarefa consiste na preparação do lugar indeterminado e múltiplo, em um espaço propício à relação de natureza lúdica. Dependendo do que forem e de como são feitos, alguns espetáculos reinstalam a ágora no cotidiano de qualquer cidade. Na ressignificação espacial, as trocas ocasionais e imprecisas do cotidiano podem se transformar em efetivos processos de cumplicidade. Mediado pelo simbólico, o cotidiano impreciso e promovedor de correria intermitente e caótica congrega, por um brevíssimo tempo, pessoas provocadas a falar, a tomar um partido, a participar de um julgamento público, a rir dos reis que não são reis.

Ulpiano Toledo Bezerra de Meneses em *Os Paradoxos da Memória* afirma que sobretudo o morador das grandes cidades passa pelos espaços sem praticá-los: ele sai de um ponto e se encaminha para o outro "anulando o que existe no intervalo". Passa por essa observação a ideia de que um espetáculo de ou apresentado na rua funcionaria como um monumento: uma narrativa visual, que levaria o indivíduo ou mesmo a comunidade a prestar mais atenção àquele espaço e à potência de possibilidades de troca nele inseridas. Tal situação, ampla e específica (do lugar – o logradouro, a cidade; e do espaço – a cena e sua relação com o lugar), na medida em que o espetáculo pressupõe um tempo de pouso e uma percepção espacial, pode redimensionar ou trazer à tona os problemas da própria comunidade de que o sujeito faça parte. Assim, tudo aquilo quase ou pouco percebido pelos fluxos de passagem pode despertar a consciência cidadã e organizativa da comunidade para reivindicar, encaminhar seus direitos, transformar o indistinto em ágora concentratória.

Em rápido parêntese, para compreender melhor a questão simbólica, é pertinente invocar algumas reflexões de Mikhail Bakhtin. Segundo o filólogo russo, qualquer coisa que nomeamos, pensamos, usamos, com que nos relacionamos é, de modo genérico, *coisa*. Portanto, aquilo a que chamamos caneta, por exemplo – cujo nome é arbitrário –, antes de ser caneta é, indistintamente, uma coisa. Qualquer coisa, pressupondo o universo das linguagens, por intermédio das quais os sujeitos sociais se relacionam, por seus traços reconhecíveis ou não, é um *signo* (sinal). Qualquer signo – que pode refletir ou refratar o real – em arte é chamado de "símbolo". A palavra "símbolo", que mantém uma relação arbitrária com aquilo que representa, é grega e pressupõe a junção de *syn* = correspondendo a união, junção, e *bolís* = objeto que se atira, que se lança. A palavra na Antiguidade clássica significava tanto uma senha de reconhecimento conferida àqueles que participavam das assembleias como representantes do povo (com direito a soldo), como a senha – espécie de ingresso (*symbolon*) – de entrada aos espetáculos patrocinados pelo Estado. Para concluir, quando os símbolos têm uma leitura mais fácil e tranquila em artes, são chamados de alegoria (raiz *lego*, em grego, significa seleção, leitura).

O teatro de rua, portanto, além de deslocar-se pelos espaços públicos, aproximando-se das populações apartadas do acesso aos bens simbólicos – ao ressignificar o *locus* indistinto da rua e o próprio tempo –, interfere na paisagem histórico-social. No espetáculo, artistas e público desenvolvem uma relação horizontal, cúmplice mediada pelo simbólico, tendente à mudança do perfil-paisagem do espaço urbano e de suas relações com a cidade e dos que nela vivem. O teatro de rua fundamenta-se na troca de experiência entre os sujeitos criadores da obra. Para que ocorra tal troca, é fundamental que: o espetáculo se apresente principalmente nos locais em que a população não tem acesso à linguagem; que tanto os assuntos, por meio dos quais a obra se estrutura, como os pontos de vista dos protagonistas digam respeito à totalidade da população para a qual a obra se apresente; que os adereços e objetos visuais, alegorizados em sua função estético-social, ajudem a entender a história apresentada; que a interpretação adote um ponto de vista popular (ou característico) revelando mazelas e colocando na berlinda – como alvo das risadas – os algozes de qualquer tempo da história.

Inúmeros são os grupos de teatro de rua espalhados pelo Brasil. A maioria deles não figura de qualquer panorâmica de teatro, nem é conhecida mesmo entre os fazedores de teatro. Múcio da Paixão, no interessante e esgotado *Theatro no Brasil* (1934), apresenta muitos dos fazedores de teatro de rua, formados por negros – que não figuram da história do teatro brasileiro e que não constituíram grupos propriamente ditos, na medida em que não há qualquer evidência nesse sentido – que ao longo dos séculos XVII e XVIII, em ocasiões específicas, apresentaram cortejos e obras teatrais. Sabe-se da existência dessa prática principalmente pelos relatos de viajantes estrangeiros pelo Brasil, no período descrito. De certo tempo para cá, talvez a partir da década de 1980, tendo em vista o retorno da população às ruas exigindo eleições diretas, retorno do país ao estado de direito, as grandes concentrações populares passaram a exigir expedientes que destacassem certas manifestações. Muitos dos expedientes utilizados naquela ocasião, característicos dos fazedores de teatro de rua, como: bonecões, cortejos, instrumentos de rua, cores primárias e berrantes nas roupas, cantos coletivos eivados por ambiguidades e bordões populares – contra a ditadura, a na ocasião chamada Rede Bobo, os políticos do partido do governo –, aproximaram, trouxeram para o espaço público processos de troca, característicos do popular. A democratização do país e os processos de reconhecimento trouxeram, para o âmbito da prática teatral, a consciência da importância do teatro que busca uma interlocução cabal. Graças a esse processo de "desentocamento", é tranquilo afirmar o ressurgimento do chamado "teatro de grupo" no Brasil. A potência da rua e seus expedientes teatrais passaram a ser descobertos e praticados por sujeitos agregados em grupo e fora do mercado capitalista de produção.

Grupos importantes, de teatro de rua ou não, foram formados e/ou transferiram-se para as ruas, incorporando esteticamente às suas produções expedientes característicos do épico e do popular também para o teatro de caixa. Explode um trabalho imaginativo e fantasioso sem limites. O maravilhoso, não ilusionista, cúmplice em ato, unindo ator e espectador, caracteriza-se hoje em realidade inquestionável no teatro brasileiro. [AM]

 Bakhtin, 1992b; Meneses, 2007.

 Lugar Teatral, Dança Dramática, Teatro Popular

TEATRO DE SOMBRAS

O teatro de sombras é uma *linguagem cênica** que integra o campo do *teatro de formas animadas**, na qual também se inserem o teatro de bonecos, o teatro de máscaras e mais recentemente o que se denomina teatro de animação.

Existem três elementos técnicos e materiais indispensáveis para a sua realização: 1. a superfície ou tela para a projeção das imagens. 2. O foco luminoso, que pode ser lanterna, vela, tocha, e lâmpadas de distintas intensidades e formatos. 3. A silhueta ou objeto cuja forma será projetada na tela. A silhueta pode ser recortada em cartão, papel, tecido, objetos planos ou tridimensionais, materiais vegetais e o corpo humano.

O teatro de sombras é uma das mais antigas manifestações teatrais do Oriente, notadamente em países como China, Índia, Tailândia, Sri Lanka, Taiwan e Ilha de Java na Indonésia. Certamente por isso, durante muito tempo, tanto na Europa quanto no Brasil, o teatro de sombras era conhecido como sombras chinesas. Lá, a formação do marionetista se dá por tradição, os conhecimentos sobre essa arte se perpetuam pela relação direta entre mestre e aprendiz. Na Índia e no sudeste asiático o teatro de sombras tradicional é manifestação religiosa e por isso deve ser compreendido como ritual ou cerimônia que integra o calendário litúrgico de cada região.

No Ocidente, desde a década de 1970 o teatro de sombras, tem vivido grande revitalização. O diretor francês Jean Pierre Lescot, um dos responsáveis pela renovação dessa arte, compreende o teatro de sombras como linguagem distanciada das estéticas naturalista, realista, e considera que "o teatro de sombras é o complemento de um grande livro de imagens, animado por um narrador. O tema desse teatro é a epopeia. O teatro nasce da chama, da vibração, isto é, o impalpável, a imagem irreal. O ritmo do espetáculo é comparável a uma vela que se consome, é um cerimonial" (LESCOT, 2005: 14).

Dentre as principais mudanças efetuadas na prática do teatro de sombras destacam-se: 1. Às silhuetas, tradicionalmente confeccionadas em papel-cartão preto espesso ou madeira fina como bonecos planos ou bonecos de vara, hoje é mesclada uma multiplicidade de recursos e materiais opacos, transparentes, coloridos, além da projeção de imagens deformadas de objetos, tecidos e a sombra corpórea. 2. O foco luminoso já não permanece fixo, como ocorre nas formas tradicionais. Atualmente é comum o uso simultâneo de diversos focos que o ator animador movimenta, ampliando ainda mais os recursos expressivos da iluminação. 3. A ruptura do espaço de representação. A tela, antes fixa, hoje é movida em cena, e um espetáculo pode utilizar diversas telas de diferentes dimensões. Tal mudança, mais do que revelar os procedimentos dos atores e os recursos técnicos utilizados na encenação, convida o espectador a deslocar seu olhar para um novo espaço, dilatado, no qual a sombra invade e dialoga com novos planos. O olhar do espectador já não se reduz ao que é mostrado na tela, mas ele escolhe as imagens das sombras, o ato que as produz e as ações do ator animador, construindo, desse modo, sentidos próprios e peculiares sobre a encenação.

O responsável por essa inovação foi o Teatro Gioco Vita (Itália), e tal mudança influenciou diversos grupos de teatro, inclusive no Brasil. Fabrizio Montecchi, seu diretor, afirma que: "nessa nova situação espacial, a sombra não domina mais a cena, reencontra novamente sua própria natureza de figura fronteiriça, de passagem. Representa um estado em perene transformação, um não estado. O espectador e o animador encontram-se através da sombra: seus olhares se encontram no lugar do não tempo e do não espaço" (MONTECCHI, 2007: 74). Nessa perspectiva, o ator animador já não é mais um técnico que controla a mecânica do espetáculo, ou um mostrador de imagens, mas atuante, a alma desse teatro; a encenação já não constitui a exibição espetacular de imagens, mas uma experiência visual autêntica, é teatro.

A formação do ator animador para o teatro de sombras no Brasil ocorre no interior dos grupos de teatro com trajetórias que sistematizam um trabalho processual agregador de aptidões várias, que se somam e se tornam visíveis no resultado artístico. A produção de saberes ali construída é compartilhada e assimilada por seus integrantes e jovens aprendizes.

Dentre os pioneiros dessa linguagem teatral no Brasil destacam-se Olga Obry e o Grupo Quintal, da cidade de Niterói, liderado pela família Bedran com diversos trabalhos realizados nas décadas de 1970 e de 1980. Atualmente, alguns grupos se sobressaem pela prática dessa arte: a Cia. Lumbra, dirigida por Alexandre Fávero, em Porto Alegre; o Grupo Karagozwk, dirigido por Marcelo Andrade, em Curitiba; Cia. Quase Cinema, dirigida por Ronald ROBLES em São Paulo. [VB]

 Lescot, 2005; Montecchi, 2007.

 Teatro de Formas Animadas

TEATRO DO OPRIMIDO

O teatro do oprimido é um sistema reflexivo e instrumental para o trabalho de criação e de apresentação de espetáculos teatrais. Esse método foi desenvolvido pelo diretor e pensador brasileiro Augusto Boal. O sistema do teatro do oprimido foi sendo construído no decorrer de cerca de trinta anos de trabalho do autor com grupos, coletivos e artistas do mundo inteiro.

O objetivo central do teatro do oprimido é que o praticante assuma sua função como protagonista, no teatro e na sociedade. Para alcançar esse objetivo, o sistema propõe três premissas: primeira, é preciso estimular a cultura e a arte próprias de cada grupo social; segunda, todas as formas de criação artística enriquecem a sensibilidade e a inteligência, e se congregam no teatro; e terceira, é necessário um plano de conversão do espectador em ator, isto é, do consumidor passivo em produtor de arte.

A primeira premissa trata do desenvolvimento do pensamento sensível, que consiste em ser capaz de perceber o mundo, associar-se a ele e transformá-lo, em consonância com as próprias iniciativas criadoras; experimentar propostas e não somente respostas a este mundo, vivenciando relações estéticas com os contextos nos quais se está inserido. A sensibilidade, para o teatro do oprimido, está na possibilidade de o ser humano, e em especial o oprimido, receber, produzir e transmitir suas sensações físicas, emotivas e intelectuais, e também ideias, concretas ou abstratas. O percurso para realizar essa premissa contém o desenvolvimento da estética do oprimido, isto é, de ações com intuito de "criar condições para que os oprimidos possam desenvolver sua capacidade de simbolizar, fazer parábolas e alegorias que lhes permitam ver, com distanciamento crítico, a realidade que devem modificar" (BOAL, 2009). Essas condições emanam do produto artístico, já que na sua realização este "deve ser capaz de despertar ideias, emoções e pensamentos, semelhantes aos que levaram o artista à sua criação. O processo estético desenvolve nossas capacidades perceptivas e criativas atrofiadas, aumenta nosso poder de metaforizar a realidade" (BOAL, 2009).

A segunda premissa se baseia numa visão de arte teatral na qual o espetáculo "é transformação, movimento, e não simples apresentação do que existe" (BOAL, 1991). Para o teatro do oprimido, a prática do teatro da ação, isto é, o ensaio de ações para a vida fora do palco, é garantia de aprendizado estético, e promoverá o desenvolvimento do pensamento sensível no participante, mas também a ampliação do seu pensamento simbólico.

A terceira premissa foi alvo de uma proposta de roteiro de trabalho por Boal. O plano de conversão do espectador em ator se realiza a partir de: Primeira Etapa – Conhecimento do Corpo – Exercícios em que se reconhece o próprio corpo, suas limitações e suas possibilidades, suas deformações sociais e suas possibilidades de movimento; objetivos: *autoconhecimento corporal (corpo e voz), compreensão da estrutura corporal adquirida no manejo social.* Segunda Etapa – Tornar o Corpo Expressivo – Sequência de jogos (*Jogos para atores e não atores*) em que se expressam unicamente por meio do corpo, substituindo outras formas de expressão mais usuais e cotidianas; objetivos:

desenvolver recursos corporais como forma de expressão, aprendizado de jogo, desenvolver atitude inventiva e combater a atitude receptiva passiva. Terceira Etapa – O Teatro Como Linguagem – a prática do teatro como linguagem viva e ativa, e não como produto acabado que mostra imagens cristalizadas; objetivos: *estimular o participante a agir cenicamente, aprendizado de estilos da linguagem teatral, aprendizado de composição de personagens, aprendizado da noção de discussão como ação criativa sobre uma situação.* Quarta Etapa – Teatro Como Discurso – Exercício de formas em que se pode apresentar o espetáculo, definidas segundo as necessidades de discutir e de ensaiar as ações em questão; objetivos: *aprendizado de encenação, aprendizado sobre os elementos plásticos do teatro (figurinos, cenografia, maquiagem), compreensão da proposta de passagem à ação verdadeira além da cena.*

O teatro do oprimido é uma rede que se forma com ações educativas para a autonomia e para a busca de prazer com a arte. Esse sistema de trabalho pode se desenvolver em escolas, empresas, comunidades e coletivos em geral. [RG]

 Boal, 1991, 2000b e 2009.

 Educação Estética, Teatro-Fórum, Teatro Legislativo, Linguagem Cênica

TEATRO-EDUCAÇÃO

Teatro e educação são áreas de conhecimentos distintos, cada qual com as suas singularidades e peculiaridades. No imbricamento entre esses campos do saber encontramos diversas possibilidades de interação e desenvolvimento de atividades comuns, por exemplo, no ambiente institucional do ensino fundamental, médio e superior, no âmbito da *ação cultural** e na formação artística.

O binômio teatro/educação encontra-se também emaranhado com outras denominações fronteiriças: *teatro na escola**, "teatro na educação", "teatro aplicado à educação", " ensino de teatro" etc. Cada qual com as suas especificidades, revelam as múltiplas facetas e complexidades da *práxis* do ensino de teatro no campo educacional.

Historicamente a relação entre teatro e educação no Brasil se deu com a chegada da Companhia de Jesus. Portanto, em conjunto com a criação da educação brasileira tal como a conhecemos. Do mesmo modo na reforma pombalina, através do Alvará Régio de 28 de junho de 1759, no qual as escolas jesuítas foram suprimidas de Portugal e das colônias, também a prática teatral foi *retirada* do currículo das escolas. Persistiu, todavia, de modo extracurricular, presente nos espaços das festas e comemorações escolares. E assim permaneceu durante muitas décadas, associada a uma prática ilustrativa, de diversão e também cultural.

Fora do ambiente escolar, a interação entre educação e ensino de teatro se desenvolveu noutros campos da educação não formal, denominados (atualmente) "cursos livres". Principalmente sob a responsabilidade das companhias de teatro, por exemplo, a companhia de João Caetano (século XIX); realizando cursos de esgrima, declamação etc.

As mudanças políticas e o crescimento da organização da atividade teatral no país, no final do século XIX e início do XX, resultaram num conjunto de ações como, por exemplo, a criação de conservatórios de teatro pelo país, com o objetivo de formar a mão de obra necessária à área teatral em desenvolvimento. No Rio de Janeiro temos o Conservatório Dramático do Rio de Janeiro (fundado como associação particular em 1843 e oficializado a partir do Decreto 425 de 19 de julho de 1845) e a Escola Dramática Municipal (1911 – atual Escola de Teatro Martins Pena); em 1939 a criação do Serviço Nacional de Teatro com cursos de ator, dança e canto. Em São Paulo, o Conservatório Dramático Musical de São Paulo (1906) e a Escola de Arte Dramática (EAD), atualmente vinculada à USP. Na Bahia, em 1955, a criação da Escola de Teatro; no Rio Grande do Sul, em 1957, o Curso de Arte Dramática; entre outras iniciativas. Ainda no ano de 1965 a Lei Federal n. 4641 cria a categoria profissional de professor de Arte Dramática, para profissionais com formação em nível superior; entre tantas outras ações espalhadas pelo país.

Enquanto o ensino de teatro se desenvolveu e fortaleceu a sua inserção na sociedade, no âmbito da formação técnica, artística e mesmo no ensino superior (cursos universitários, pós-graduação, criação da Associação Brasileira de Pós-Graduação e Pesquisa em Artes Cênicas), no currículo da Educação Básica, o percurso e as dificuldades foram outras.

A reinserção do teatro como conteúdo programático curricular foi recente na escola brasileira, resultado de um conjunto de lutas, retrocessos e avanços ao longo dos anos. O marco regulatório e inicial desse processo (no sentido da inserção obrigatória das artes nos currículos escolares) se deu com a inserção, no período da ditadura militar, da disciplina Educação Artística, nos currículos nacionais dos ensinos fundamental e médio, em 1971 (lei 5692/71). Faz-se necessário destacar que a primeira LDB (Lei de Diretrizes e Bases), de 1961 (lei 4.024/61), previa o ensino de *atividades complementares de iniciação artística*, contudo, não de maneira obrigatória. Nos desdobramentos e alterações do sistema educacional, com o fim do período dos militares no poder, ocorre nova e significativa alteração da LDB (lei 9394/96) promovendo mudanças significativas ao retirar a disciplina Educação Artística do currículo, e propor o *ensino da arte* como conteúdo curricular obrigatório na educação básica.

É importante destacar que não se tratou somente de uma alteração na nomenclatura da disciplina, mas, sim, mudança de paradigmas acerca dos procedimentos pedagógicos da inserção da arte no currículo da Educação Básica. Portanto, as disciplinas Educação Artística e Arte, na escola brasileira, não são sinônimos.

Cabe salientar, nesse percurso, que os desafios do teatro/educação são o de fugir das armadilhas advindas do escolanovismo e de uma postura espontaneísta em relação ao *teatro na escola**, evitando desenvolver práticas pedagógicas que se limitem "apenas à aplicação de técnicas desvinculadas de uma justificativa teórica" (KOUDELA & SANTANA), e, ao mesmo tempo, fortalecer os procedimentos de identificação e desenvolvimento de metodologias e práticas próprias da área de conhecimento do teatro.

Assim, temos no país hoje consolidadas práticas pedagógicas no ensino de teatro, tais como *Spolin games*, *teatro do oprimido**, a *peça didática**, entre outras. Pois, como afirmam Koudela e Santana, se "algum tempo atrás os fundamentos do teatro na educação eram pensados a partir de questões dirigidas ou formuladas pela psicologia e educação, indicando o caminho a orientar. Hoje a história e a estética fornecem conteúdos e metodologias norteadoras para teoria e prática educacional" (2006: 64).

Nesse contexto plural e permeado de hibridismos, a constituição do binômio teatro/educação configura-se como um neologismo que, por um lado, releva a função e a inserção educacional do teatro na sociedade e, por outro lado, circunscreve e identifica a ação do ensino de teatro num determinado espaço, em contexto formativo. [JAJ]

 Koudela & Santana, 2006; Sousa, 1960.

 Teatro na Escola, Formação do Professor de Teatro

TEATRO-ESPORTE

Definido como uma partida de teatro entre duas equipes de atores improvisadores, o teatro-esporte é a aplicação artística mais conhecida do método de *improvisação teatral** criado pelo inglês Keith Johnstone (1933).

Concebido originalmente como *Theatre Machine*, no Royal Court Theatre, Londres, no início dos anos 60 do século XX, como uma *aula aberta de teatro*, tinha por objetivo estabelecer uma ponte de comunicação direta entre palco e plateia e testar, diante do público, a pesquisa em curso que o autor desenvolvia com seus alunos acerca da criação de narrativas e cenas no campo da improvisação.

Na época, como professor do Royal Court Studio, Keith Johnstone buscava formas de evitar que os alunos experimentassem o fracasso em suas criações, o que, via de regra, os conduzia ao bloqueio de ideias, à rigidez física e à repetição de situações conhecidas e, portanto, ilusoriamente seguras.

Para quebrar a dinâmica de reprodução de conquistas anteriores bem-sucedidas que podiam não funcionar no momento atual ou a adoção de expedientes, como gags ou exposição de habilidades que escondiam o desejo de sucesso e aplauso imediatos, ou, ainda, a imobilidade diante do desconhecido, a partir das ideias de Stanislávski e Jacques Copeau (no campo do teatro), de Freud, Jung e Wolpe (na psicologia), e fortemente influenciado pelos ensinamentos do *Tao Te Ching*, Keith Johnstone deu início a experimentos que tinham por objetivo valorizar a espontaneidade, de modo a tornar os atores vivos, presentes, envolvidos uns com os outros e fluentes em suas criações. Uma estratégia já proposta por ele no grupo de autores do Royal Court Theatre, e que consistia em substituir as discussões sobre os textos pela experimentação destes, viria a somar o conjunto de atitudes adotadas nessa empreitada.

Anos antes, ao coordenar o grupo de autores, juntamente com William Gaskill, havia proposto que toda a produção dramatúrgica do grupo deveria ser testada pela via do improviso durante o processo de escrita, ao invés de analisada segundo os cânones teóricos. O sucesso desse expediente tinha dado aos dramaturgos fluência na construção das narrativas e proporcionado maior entendimento da ação dramática. Esses resultados fizeram com que Keith Johnstone pensasse na ampliação do uso da estratégia também para o ator.

A pesquisa veio a se constituir em uma metodologia de trabalho para o ator, cujos alicerces para o desenvolvimento da ação dramática e, consequentemente, para a criação de narrativas são: a aceitação da primeira ideia; o jogo das relações de poder (chamado *status*); a quebra de rotina e o trabalho com os sentimentos e emoções.

Apaixonado por esportes, em especial pela luta greco-romana (*pro-wrestlings*), Keith Johnstone encantava-se com a manifestação tão ativa do público e sonhava em criar um espetáculo que oferecesse abertura para o mesmo tipo de participação. Todavia, unir artisticamente o teatro e o esporte era algo impossível na Inglaterra dos anos de 1960, pois todos os espetáculos passavam antecipadamente pela censura. A estratégia encontrada foi caracterizá-lo como *aula aberta* e os censores viram-se em dificuldade, pois não podiam impedir um professor de ministrar suas aulas.

O *Theatre Machine* (1963), assim, acabou por constituir-se no primeiro espetáculo inglês de puro improviso e não tardou para que o Ministério da Cultura o enviasse em turnê por diversos países da Europa. A sucessão de cenas, como o próprio nome do espetáculo sugeria, era criada sem preparo anterior pelos atores e diante dos olhos do público que, por sua vez, também, participava com sugestões.

Em 1967, o espetáculo cruzaria o Atlântico a convite do governo canadense e se apresentaria na Expo, de Montreal. O interesse gerado por essa forma de teatro e as ideias que o sustentava fizeram com que Keith Johnstone acabasse se afastando da Inglaterra e, em 1971, fixasse residência no Canadá. Lá, com seus alunos da Universidade de Calgary e também com os da Universidade de Vancouver e os da Danish State School, escola dinamarquesa na qual trabalhou nos verões durante quinze anos, envolveu-se na tarefa de dar corpo ao seu sonho de unir o teatro ao esporte.

Dos primeiros experimentos no Royal Court Theatre ao surgimento do teatro-esporte como o conhecemos hoje, mais de dez anos transcorreriam, nos quais a metodologia de improviso criada por Keith Johnstone tomou corpo e, nesse percurso, diversos formatos de espetáculos de improviso unindo o teatro ao esporte foram testados.

Finalmente, em 1977, o teatro-esporte estreou oficialmente na cidade de Calgary e, no mesmo ano, Keith Johnstone e seus atores fundaram o Loose Moose Theatre. O trabalho rapidamente chamou a atenção de muitas companhias espalhadas pelo mundo, e o espetáculo hoje está presente nos cinco continentes, inclusive com campeonatos nacionais e internacionais periódicos. Em 1998, por força do grande crescimento, foi criado o International Theatresports Institute, que tem por objetivo reunir, licenciar e orientar as companhias que possuem o espetáculo em seu repertório.

A partida de teatro entre duas equipes de atores improvisadores possui cinco versões oficiais, das quais a original, chamada partida regular, e a versão dinamarquesa são as mais praticadas:

- A partida regular é composta de cenas livres e desafios dos times. As cenas são julgadas por pelo menos um juiz que as analisa sob três aspectos: a dramaturgia, o conteúdo e o conjunto da cena. Cada gol equivale a cinco pontos e o(s) juiz(juízes) pode(m) oferecer bônus para um bom aproveitamento de ideias ou tirar pontos por infrações às regras dos jogos (atualmente quase trezentas) ou não observação à metodologia.
- A partida dinamarquesa segue a estrutura da partida regular com a diferença de que as cenas são julgadas pelo público no primeiro tempo. No segundo tempo, via de regra, a partida é composta somente por jogos e as cenas são julgadas pelo(s) juiz(juízes).

Keith Johnstone não aprecia muito a versão dinamarquesa porque julga que o público tem uma tendência a ser indulgente para com os times.

Em qualquer esporte há penalidades para as infrações cometidas. No caso do teatro-esporte, dizem respeito ao não cumprimento das regras específicas de cada jogo, ao bloqueio de ideias, ao uso de *gags* e obscenidades, essas últimas, em geral, utilizadas como forma de arrancar riso fácil da plateia ou ainda a exposição gratuita de habilidades particulares do ator como forma de obter simpatia do *público**. O(s) juiz(juízes) pode(m) alertar o time ou o ator por meio de cartão amarelo ou buzina ou sirene e, em casos extremos de falência da cena ou desconsideração do primeiro alerta, com cartão vermelho ou buzina ou sirene. No caso de um time receber cartão vermelho, o time adversário receberá imediatamente a pontuação da rodada, mas mesmo assim terá sua cena analisada segundo os critérios já apresentados. No caso de ser o ator, este não poderá participar da próxima cena do seu time e deverá ficar dois minutos sentado na plateia ou no *palco**, em geral com um saco de papel na cabeça.

O teatro-esporte embora tenha um formato de competição esportiva, com participação ativa do *público**, é antes de tudo um espetáculo de teatro, com atores envolvidos com a criação teatral. Ele é um espaço para o ator dar corpo à sua imaginação e exercitar diante do *público** a construção de narrativas e cenas em estilos e gêneros variados.

Poderíamos dizer que o mote do teatro-esporte é: improviso sim, qualquer coisa não. [VA]

 Johnstone, 1983, 1999 e 2006

 Experiência, Improvisação Teatral

TEATRO-FÓRUM

O teatro-fórum é uma forma de realização cênica que é parte crucial do teatro do oprimido (BOAL, 1962.), desenvolvido por Augusto Boal. Nesse teatro-debate, o espectador assume o papel de protagonista na cena e transforma a ação dramática proposta, experimentando diretamente as ações que considera pertinentes à situação mostrada. A função do teatro-fórum é que o espectador ensaie discursos e intervenções, preparando-se para uma ação real. Esse ensaio se baseia na experiência estética, ou seja, no aprendizado e na reflexão sobre o pensamento sensível, sua expressão e sua influência no real. O contexto visionário desse formato teatral pode ser compreendido em dois de seus elementos; de um lado, no projeto de participação direta do espectador na criação da obra cênica como coautor, pois realiza a perspectiva de uma arte *relacional*, isto é, uma arte que toma como horizonte a esfera das interações humanas com seu contexto sociocultural, e não somente a afirmação de um espaço simbólico pessoal. E, por outro lado, no projeto sociopolítico-cultural que o alimenta, de que o teatro deve transferir ao participante os meios de sua produção, para que ele próprio os utilize à sua maneira e para seus fins.

É importante ressaltar, e isso Boal procurou sempre esclarecer em todo o seu trabalho (condensado em *A Estética do Oprimido*), que o pensamento, seja sensível ou simbólico, está carregado das vivências socioculturais adquiridas no mundo, que interferem na compreensão das situações e nas ações, e esse pensamento deve ser avaliado a fundo para que não seja manipulado por ele. O teatro-fórum lança mão dos jogos e exercícios do arsenal do *teatro do oprimido** (*Jogos Para Atores e Não Atores*), para auxiliar na autoconscientização desse pensamento.

O teatro-fórum é um *jogo teatral** e tem regras claras. Essas regras, segundo Boal, foram descobertas e não inventadas, e são necessárias para que se alcance o objetivo desejado: o entendimento dos mecanismos pelos quais uma opressão se produz, a descoberta de estratégias para vencê-la, o aprendizado de como evitar que ela se reproduza, o ensaio prático dessas ações e a compreensão do caráter estético de qualquer intervenção na realidade. A partir dos elementos da estrutura do *jogo teatral**, é possível perceber as regras que o teatro-fórum utiliza para desenvolver os eventos, onde se reúnem os atores-participantes e os participantes-atores, estes últimos são aqueles que não participam dos ensaios iniciais de cena (chamados "espect-atores" por Boal, no início da construção dessa linguagem). No sistema de trabalho do teatro do oprimido todos são artistas, que colaboram com a criação e a realização do espetáculo.

Dramaturgia

As palavras e os gestos devem caracterizar a ideologia de cada personagem e identificá-la com precisão, para que os participantes-atores a reconheçam, sem dificuldade. O teatro-fórum é um estudo prático que deve ser capaz de atingir sem rodeios, ou mistificações, o participante-ator na sua inteligência sensível. As propostas do ator-participante protagonista na peça, que servirá de motivação ao fórum, devem conter uma dúvida política e/ou social, que deverá ser analisada durante a sessão. A peça (chamada *modelo* e também *antimodelo* no decorrer dos anos de elaboração do sistema) deve estimular a encontrar novas

TEATRO-FÓRUM

propostas de inter-relações e a inventar modos eficientes de confrontar a opressão. A peça pode ser realista, simbolista, expressionista, de qualquer gênero ou estilo, exceto surrealista, considerando que o objetivo é discutir situações concretas, percebidas pelo grupo que participa do fórum.

Encenação

É essencial que todos os movimentos e *gestos** sejam significantes para a situação apresentada, como no bom teatro. A ação dramática não é pura atividade física, e isso se mantém na peça do teatro-fórum. Cada cena deve ser a expressão mais exata possível do tema que esteja abordando. Cada personagem deve ser representada corporalmente, de maneira a ser reconhecida independentemente do seu discurso falado, e o figurino deve conter elementos essenciais ao personagem, para que os participantes-atores possam utilizá-los quando substituírem os atores-participantes; para tanto, deve ser uma composição simples e de fácil dinâmica.

Espetáculo – Jogo

No espetáculo, ou no jogo artístico entre participantes que consentiram atuar juntos, é necessária a mediação do *curinga*: o mestre de cerimônias, que explica aos participantes-atores as regras do jogo, faz com o grupo exercícios de aquecimento e desenvolve a organização prática do evento teatral que vai se realizar. Inicialmente, a peça é apresentada como num espetáculo convencional, onde se mostra uma imagem cênica do tema a ser discutido. Em seguida, o curinga estimula os participantes-atores a refletirem sobre as soluções propostas pelo protagonista da cena, que está no papel de oprimido. O jogo está no esforço dos participantes-atores para apresentarem novas alternativas, possíveis e viáveis. O curinga precisa criar certa tensão nos participantes-atores, de modo que seu raciocínio e suas emoções sejam estimulados. Os atores-participantes precisam estar em condições de refazer a peça quantas vezes sejam necessárias, para auxiliar nisso.

A regra fundamental é que os participantes-atores tomem o lugar do protagonista, quando se sentirem em condições de oferecer outra solução para a situação que a peça apresenta. O participante-ator deve se aproximar da cena e dizer:

"Para!". Os atores-participantes deverão imediatamente congelar a cena. O participante-ator deve dizer de onde quer que a ação seja retomada. A peça recomeça no ponto indicado, tendo agora o participante-ator como protagonista. É muito importante que o curinga o ajude a compreender que as características da personagem não podem ser abandonadas, pois, se assim acontecer, a situação-peça mudará, e a discussão será sobre outro tema. O ator-participante substituído não ficará totalmente fora do jogo, devendo permanecer como um tipo de auxiliar, a fim de encorajar o participante-ator sem, contudo, interferir na sua proposta. A partir do momento em que o participante-ator toma o lugar do protagonista e propõe uma nova solução, todos os outros atores-participantes a intensificam, a fim de mostrar a todos os participantes a transformação proposta. A estrutura da peça deve ser preservada, e os aliados do protagonista devem se manter como tal. É muito importante que fique claro desde o início que o objetivo do fórum não é uma vitória, mas o aprendizado e o exercício de reflexão de todos os participantes, com vistas a uma ação na *vida real*.

Se o participante-ator desiste ou esgota as ações que tinha imaginado, deve ser conduzido para fora do jogo pelo curinga; o ator-participante protagonista pode retomar seu papel, e o espetáculo caminhará para o final conhecido. A cada participante-ator que se aproximar e disser "Para!", nova cena deve ser desenvolvida a partir de sua proposta. Após cada intervenção, o curinga deverá indagar da plateia se a proposta foi bem compreendida e se alguém discorda. Se necessário, fazer um claro resumo do significado de cada alternativa, e repetidamente esclarecer que não se trata de vencer a discussão, mas de ampliar o pensamento e compreender as opiniões expostas e argumentadas. É possível que alguma das propostas improvisadas rompa com a opressão mostrada pela peça. Então, os atores-participantes deverão abrir a cena para que outros participantes-atores tomem os seus lugares como coadjuvantes e auxiliares do conflito, a fim de que sejam mostradas novas formas de opressão que talvez não tenham aparecido ou mesmo sejam desconhecidas até o momento, e cabe ao curinga desenvolver essa reordenação da peça.

O curinga deve permanecer mediando o evento teatral até seu encerramento. O trabalho do curinga consiste em fazer com que os participantes exponham seu conhecimento, e se disponham a mostrar aquilo de que são capazes.

Encerramento

O fórum pode não terminar, propriamente; o seu objetivo é provocar um ciclo de reflexão o mais expandido possível, e que a transformação almejada se instale nos sentidos dos participantes. É possível que os participantes-atores queiram manter a discussão indefinidamente, nesse caso é importante que o curinga se utilize de sua sensibilidade teatral, ouça a plateia e encaminhe a discussão da maneira mais produtiva que a circunstância oferecer. Caso se trate de uma ação a ser praticada em seguida, pode-se propor um *modelo de ação** para o futuro, a ser desenvolvido pelos participantes-atores como um treino, um ensaio, uma forma de se fortalecer para ela. Ou uma distribuição de tarefas para ensejar a ação a seguir. O teatro-fórum é um jogo onde a sensibilidade de todos os participantes é o princípio ativo, e a conquista é enriquecê-la com elementos políticos, históricos, sociais e artísticos, além de estimulá-la à ação criadora. [RG]

 Boal, 1991, 2000b e 2009.

 Dramaturgia, Encenação, Teatro do Oprimido, Teatro Legislativo, Improvisação Teatral, Jogo Teatral

TEATRO INFANTIL

É nas primeiras décadas do século XX que surge em países europeus o fenômeno singular de um teatro realizado por adultos e endereçado às crianças. Até então as diferentes etapas do desenvolvimento humano não constituíam preocupação específica dos artistas da cena e as crianças eram expostas a determinadas manifestações teatrais dirigidas a todos, como atesta farta iconografia sobre espetáculos e festas populares, por exemplo.

Sabemos hoje, graças sobretudo aos trabalhos de Ariès, que a infância é em parte uma relação socialmente produzida. Essa constatação contribui para que possamos examinar a emergência do teatro infantil – na esteira do surgimento de toda uma produção cultural especialmente voltada à infância – como vinculada às necessidades de ampliação de mercado inerentes ao sistema capitalista, que conhecem, no século passado, intensa sofisticação. Enquanto prática cultural, o teatro infantil consagra portanto a infância como relação social produzida em determinado espaço e momento histórico. Uma heterogeneidade básica marca esse teatro: o emissor é o adulto artista, detentor de um poder assegurado por sua condição de idade, enquanto o receptor é a criança, desprovida desse poder.

No Brasil a encenação de *O Casaco Encantado* de Lucia Benedetti, em 1948, no Rio de Janeiro, é tida como marco inicial do nosso teatro infantil, embora antes disso possamos localizar textos e práticas que já manifestam tratamento específico dessa faixa etária. Entre as inúmeras referências de diretores, companhias e autores responsáveis pela trajetória histórica do nosso teatro infantil a serem lembradas, destacamos duas. Seu elo comum é o fato de serem companhias que começaram a atuar em torno de 1950 e de terem legado um lastro de publicações relevantes para os interessados na área. Uma dessas referências é o Teatro Escola São Paulo de Julio Gouveia e Tatiana Belink, cujas encenações voltadas às crianças e jovens acabaram se desdobrando na televisão; Tatiana Belinky foi responsável pela revista *Teatro da Juventude*, ativa durante várias décadas, fonte de textos diversificados, em grande parte adaptados por ela. Outra menção importante é o Teatro Tablado de Maria Clara Machado, que, no Rio de Janeiro assegurou a formação de gerações de homens e mulheres de teatro, assim como a publicação dos *Cadernos do Tablado*, sem dúvida referência central para artistas e professores.

Há, no entanto, uma contradição relevante que envolve a cena endereçada à infância: invenção recente dentro da história do teatro, ela forjou uma especificidade a partir da segunda metade do último século que, contudo, não assegurou a qualidade da criação teatral endereçada a seu público-alvo. Apesar de serem raras as publicações brasileiras que analisem criticamente o teor dos nossos espetáculos infantis e discutam as implicações dessa particularização etária, o exame, tanto das peças quanto das encenações, revela, salvo honrosas exceções, uma visão esquemática e pobre tanto da criança em cena, quanto, em última análise, da criança espectadora. Estereótipos, maniqueísmo, estrutura dramática pobre, composição simplória das personagens e uma visão de mundo conformista, consagrando a ordem social vigente como a única possível, caracterizam boa parte das manifestações desse teatro entre nós. Poucos são os artistas que imprimem à representação um tratamento poético capaz de incorporar ambiguidades e que efetivamente conseguem dotar a cena de um caráter sensível.

Os anos de 1970, nos quais um *boom* de espetáculos dirigidos à criança ocorre nas capitais brasileiras, assistem também à emergência de associações, encontros entre artistas e educadores e discussão de critérios de premiação, tendo em vista examinar criticamente a especificidade dessas criações, debatê-la e lutar por padrões mais complexos que pudessem nortear a realização dos espetáculos. Nasce naquele momento a preocupação de superar a indigência e de propor um tratamento estético mais rico dos temas apresentados; enfatiza-se o caráter lúdico da encenação, na medida em que o jogo é a manifestação por excelência da atividade infantil.

Nos dias de hoje, embora aquele debate tenha arrefecido e muitas das características apontadas ainda possam ser observadas em nossos teatros, duas tendências podem ser destacadas. Há certamente em cartaz nas grandes cidades um número mais significativo de espetáculos norteados por uma preocupação mais nítida, de caráter estético, em que texto, espaço cênico, interpretação – entre outros elementos – vêm sendo melhor cuidados. Por outro lado, embora a tendência não seja recente, a especificidade do teatro infantil vem sendo contestada, na medida em que, quando examinada historicamente, se constata que ela tem sido acompanhada de efeitos perversos. Em outras palavras, a existência mesma do teatro infantil resulta com frequência em um indesejável empobrecimento da cena com a qual a criança é levada a se defrontar.

Diferentes argumentos são apontados para defender a substituição de um teatro para crianças por um teatro capaz de interessar a todas as idades, inclusive a infância. As implicações de uma criação teatral focalizada nas expectativas de um público-alvo têm aparecido como interrogação por parte de certos artistas. O que significa adotar, *a priori*, como eixo da criação artística aquilo que se acredita ser o interesse e o desejo do espectador infantil? Uma eventual distância entre as expectativas da criança e a cena à qual ela tem acesso não poderia ser fator de desenvolvimento estético e de provocação à reflexão? Na mesma linha de raciocínio, profissionais da arte apontam não ser pertinente qualquer reserva de temas quando se pensa a relação entre a criança e o teatro; todo e qualquer tema, desde que tratado com cuidado em relação à linguagem formulada no espaço cênico, pode vir a ser significativo.

Muitos desses argumentos desembocam numa importante questão de fundo: por que aspirar à constituição de plateias marcadas por uma pretensa homogeneidade na leitura da cena, supostamente suscitada pela faixa etária comum dos espectadores? Tal interrogação ganha mais força se pensarmos que, de qualquer modo, a diferença de leituras em torno de um mesmo acontecimento cênico constitui um pressuposto intrínseco à recepção teatral.

O interesse ou não da especificidade de um teatro para as jovens gerações – e, cabe lembrar, a questão de um teatro para adolescentes abriria outra vertente de debate – parece hoje gradativamente se deslocar para inquietações mais vinculadas ao tema da formação estética do espectador. [MLP]

 Ariès, 1978; Pupo, 1991.

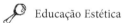 Educação Estética

TEATRO LEGISLATIVO

"Transformar o desejo em lei." Com essa máxima, Augusto Boal definiu os propósitos da modalidade de *teatro do oprimido** chamada teatro legislativo, elaborada por ele e pelos grupos participantes de seu mandato como vereador do município do Rio de Janeiro de 1993 a 1996. Essa experiência se desenvolveu com o intuito de transformar os indivíduos em cidadãos, de espectadores passivos e isolados da política institucionalizada, em membros de uma coletividade e participantes ativos das decisões tomadas nos diversos níveis do poder do estado.

A ideia de utilizar técnicas e modalidades já existentes do teatro do oprimido, especialmente o teatro-fórum, para incentivar a participação dos cidadãos na legislatura municipal surgiu quando do convite feito a Boal por setores do Partido dos Trabalhadores carioca para que se candidatasse ao cargo de vereador. Ele construiu sua campanha com a proposta de utilizar o teatro-fórum para promover a discussão de problemas de grupos excluídos do foco de decisões do poder instituído e mobilizar seus integrantes para, por meio do teatro, chegar à proposição coletiva de projetos de lei que respondessem aos anseios verbalizados pelas plateias em relação ao tema encenado. Tendo vencido as eleições, transformou o grupo de curingas – multiplicadores do teatro do oprimido – que participou mais ativamente da campanha em assessores responsáveis por desenvolver e difundir o teatro legislativo no município do Rio de Janeiro. Uma vez a par do funcionamento da legislatura municipal e dos poderes e prerrogativas de um vereador, Boal aprimorou o método para tornar essa participação cidadã mais eficaz.

No âmbito da vereança de Boal, o teatro legislativo consistiu principalmente na mobilização e formação de grupos através de oficinas de teatro do oprimido e sessões de teatro-fórum seguidas de sugestões de projetos de lei a serem encaminhados pelo mandato. Tais sugestões eram processadas e analisadas pelos assessores parlamentares do gabinete, dentre os quais advogados que comentavam a viabilidade, existência ou não de legislação sobre o tema, competência adequada para possíveis projetos – se municipal, estadual ou federal, ou mesmo se as propostas da plateia concerniam a questões de legislação ou a outro campo de ação. Em um procedimento batizado de Sessão Solene Simbólica de Teatro Legislativo, após todas essas etapas – oficina, sessão de teatro-fórum, levantamento de propostas da plateia e esclarecimento sobre sua viabilidade –, o curinga, como mediador do processo, deveria escrever uma súmula com o maior número possível de falas, sugestões e manifestações ocorridas durante a sessão. Essa súmula era encaminhada para uma "célula metabolizadora", composta pela coordenação geral do mandato, pelos assessores parlamentares e por interessados pelo tema, que elaboravam, a partir daí, propostas para serem transformadas em projeto de lei.

Boal considera que o teatro legislativo vai além das modalidades anteriormente criadas de teatro do oprimido, pois, se nessas procura-se despertar nos espectadores o desejo de transformação e fazer ensaios de ações futuras, o teatro legislativo propõe-se a transformar esses desejos e vontades de mudança social em lei ou em outro tipo de ação concreta, se for o caso. Durante seu mandato como vereador, o teatro legislativo, que se desenvolvia à medida em que era realizado – *work in progress*, segundo Boal – pôde se exercer em três vertentes principais: pela já mencionada elaboração de projetos de lei ou decretos legislativos, pela elaboração de uma medida judiciária, por exemplo, abertura de processo ou apresentação de notícia-crime contra membro do poder executivo, e pela ação direta, por exemplo, através de espetáculos-intervenção e outras manifestações e providências para pressionar a reparação de atos opressivos.

Considera-se que as condições existentes durante o mandato de Boal – a aliança entre um diretor teatral ativista de esquerda com mandato parlamentar, um grupo de assessores multiplicadores de teatro do oprimido por ele formados e a adesão duradoura de diversos grupos participantes e organizados para tal – dificilmente serão repetidas. Ainda que alguns praticantes de teatro do oprimido questionem se as mudanças sociais mais importantes podem se dar de fato no plano das ações referentes à legislação, a *experiência** carioca de canalizar os debates surgidos nas sessões de teatro-fórum para propostas concretas de ação coletiva nos aparelhos de poder – seja o parlamento, ou outras instituições do estado – tem inspirado a prática do teatro legislativo fora do âmbito da legislatura municipal e em outros países além do Brasil, adaptando-se este às especificidades de cada situação. [SBN]

 Baumann, 2001; Boal, 1996 e 2000.

 Teatro-Fórum, Teatro do Oprimido

TEATRO NA COMUNIDADE

Trata-se de uma modalidade teatral presente em todos os continentes, mas que não se define por um estilo único ou por uma ideologia. É mais fácil defini-la pelo que ela não é: não é teatro comercial, cultura de massa ou teatro da elite (ERVEN, 2001: 2). Acontece frequentemente, como diz Helen Nicholson, "em locais nada glamorosos" como as periferias das cidades, os asilos de idosos, abrigos de sem-tetos, escolas e prisões (NICHOLSON, 2005: 2).

Para se definir teatro na comunidade é importante partir de um conceito de comunidade. Baz Kershaw identifica dois tipos de comunidade: a "comunidade de local" é criada por uma rede de relacionamentos formados por interações face a face, numa área delimitada geograficamente; a "comunidade de interesse", é formada por uma rede de associações que são predominantemente caracterizadas por seu comprometimento em relação a um interesse comum. (KERSHAW, 1992: 31). Partindo desse sentido mais amplo de comunidade, que vai além da localidade, a condição básica para o desenvolvimento do teatro na comunidade é a existência de um contexto comum.

No Brasil, o teatro na comunidade acontece vinculado a diferentes contextos e instituições como organizações não governamentais, a partir de políticas públicas, propostas vindas do teatro de grupos, a partir de movimentos sociais, grupos religiosos ou mesmo de forma independente, por iniciativas individuais ou grupais. Seguindo a proposta de Jan Cohen Cruz, nesses espaços, ouvir a comunidade é fundamental: "os artistas baseados na comunidade valorizam o engajamento profundo com os participantes da comunidade." (CRUZ, 2008: 108) "Entram na comunidade convidando as pessoas a contarem histórias ainda não ouvidas." (CRUZ, 2008: 114).

Outros autores, como Eugene van Erven, também identificam as histórias como elemento fundamental dos processos de criação na comunidade. Identifica: "sua ênfase em histórias pessoais e locais (em vez de peças prontas) que são trabalhadas inicialmente através de improvisações e ganham forma teatral coletivamente" (ERVEN: 2001, 2). Seus materiais e formas sempre emergem diretamente (se não exclusivamente) da comunidade, cujos interesses se tenta expressar. A perspectiva de Baz Kershaw segue a mesma linha: "sempre que o ponto de partida [de uma prática teatral] for a natureza de seu público e sua comunidade. Que a estética de suas performances for talhada pela cultura da comunidade de sua audiência. Nesse sentido, essas práticas podem ser categorizadas enquanto teatro na comunidade" (KERSHAW, 1992: 5). Jan Cohen Cruz cita um provérbio africano para justificar essa tônica de processos baseados em histórias pessoais do teatro na comunidade: quando os leões contam as histórias, elas são muito diferentes da versão do caçador (CRUZ, 2008: 115).

No percurso assumido pela prática de teatro na comunidade, identificamos três modelos básicos:
TEATRO *PARA* COMUNIDADES: Esse modelo inclui o teatro feito por artistas para comunidades periféricas, desconhecendo de antemão sua realidade.
TEATRO *COM* COMUNIDADES: Aqui, o trabalho teatral envolve uma investigação de uma determinada comunidade para a criação de um espetáculo, mas este é feito pelos artistas pesquisadores, longe da comunidade.
TEATRO *POR* COMUNIDADES: Aqui as pessoas das comunidades tomam parte de todo o processo criativo, inclusive a representação. Em todos esses formatos a integração da comunidade no trabalho teatral pode se dar de diferentes formas: "Dependendo do projeto, as pessoas podem ser pesquisadoras, fontes primárias, atores, ou participantes centrais em debates pós-espetáculo ou ter outras atividades" (CRUZ, 2008: 107)

Jan Cohen Cruz identifica quatro princípios que caracterizam o processo do teatro baseado na comunidade. O primeiro é o contexto comum: "o ofício e a visão de um artista estão a serviço de um desejo específico do grupo" (CRUZ, 2008: 112). A reciprocidade: "descreve a relação desejada entre artistas baseados na comunidade e os participantes como algo mutuamente nutritivo (mesmo que às vezes desafiador)" (CRUZ, 2008: 114). Hifenação: a relação com outros conteúdos além da estética (religião, terapia, educação) "não é uma característica exclusiva da arte comunitária, mas a performance baseada na comunidade é mais intrinsecamente hifenada" (CRUZ, 2008: 118). O que varia do ponto de vista estético é que o objetivo geral do trabalho não é fazer uma arte superior a qualquer custo, mas dar aos participantes uma "experiência positiva fundamental" (CRUZ, 2008: 119). Por fim, o conceito de "cultura ativa": reflete o reconhecimento de que as pessoas comuns podem se fortalecer, e, ao fazerem teatro, normalmente têm mais retorno por fazer arte do que por ver os frutos do trabalho de outros (CRUZ, 2008: 120). [MPN]

 Cruz, 2008; Erven, 2001; Kershaw, 1992; Nicholson, 2005.

 Processo e Produto, Ação Cultural

TEATRO NA ESCOLA

Na chamada educação infantil e nas primeiras séries ou ciclos do ensino fundamental, os elementos do teatro aparecem misturados aos de *contação de histórias**, *brincadeiras** de *faz de conta**, imitações, leves exercícios corporais. Nas práticas educativas que em geral incluem a ludicidade, busca-se desenvolver a coordenação motora, as percepções sensoriais, o autoconhecimento, a expressão corporal, que por sua vez inclui a verbal, além da interação social. Prosseguindo na escala das séries, fases, ciclos ou etapas escolares, o teatro vai se configurando como jogo, com regras mais ou menos estabelecidas, até que se constitui como encenação ou produto artístico a ser apreciado em público. Todas as etapas do fazer teatral na escola são importantes para o desenvolvimento integral do ser. Aprender a fazer teatro implica o exercício de todas as capacidades humanas, desde a utilização dos mecanismos de percepção, até a mais elaborada racionalização, sem deixar de considerar as emoções, os sentimentos e acima de tudo a intuição, matéria-prima das improvisações. Os exercícios corporais de aquecimento, alongamento, relaxamento, movimentação, posicionamento espacial e dança constituem, em geral, a base para a incorporação gradativa dos demais elementos do teatro no repertório dos sujeitos envolvidos. A improvisação vai sendo aos poucos introduzida, com regras e temáticas cada vez mais complexas, requerendo do jogador em cena uma prontidão e uma perspicácia que se devem revelar finalmente na cena, em público, garantindo o ritmo necessário à comunicação estética eficaz, que resultará do toque promovido pela obra de arte no espectador ou interlocutor. Se esse é o objetivo maior para quem tem o produto artístico como foco, no caso do teatro na escola, é a vivência do processo de composição cênica que se constitui no eixo da ação. A apresentação do produto artístico para um público é uma etapa importante que culmina o processo de aprendizagem de teatro. Ao viver as emoções do estar em cena, o sujeito revê e redimensiona os elementos que compuseram seu percurso: os exercícios corporais, as improvisações, a elaboração textual, a articulação dos vários elementos teatrais, as marcações de cena, as emoções experimentadas. Os programas de ensino devem integrar também a apreciação de obras de arte, sejam elas teatrais, musicais, performáticas ou circenses, bem como as práticas mais racionais, que levem a uma contextualização do que está sendo produzido. É importante conhecer a história do teatro, identificar os movimentos e as correntes artísticas que foram se constituindo ao longo do tempo em sociedades com características próprias. As teorias referentes à dramaturgia, às técnicas do espetáculo e ao próprio ato de interpretar ou compor uma personagem, devem permear os processos de composição cênica e de sua aprendizagem. As aulas de teatro, em geral, retiram o estudante da carteira e o liberam de uma forma rígida fazendo o corpo circular mais livremente no espaço de aprendizagem, para ser desenvolvido, na medida do possível, de maneira integral. Isso implica o desenvolvimento dos domínios psicomotor, afetivo e estético, além do cognitivo, racional. Para isso é fundamental uma articulação orgânica, dialética, entre teoria e prática. É na efetivação dessa prática articulada que o professor encontra as maiores dificuldades na escola. Não somente o teatro, mas a arte em geral, aparece no currículo de maneira tímida, programados com carga horária semanal bem reduzida, em comparação com as matérias *nobres, mais sérias*, que atendem de maneira explícita aos objetivos que aparecem no projeto político pedagógico, expressos, na sua maioria, em termos de conhecimentos e habilidades intelectuais racionais. A escola vai gradativamente retirando dos programas o aspecto lúdico que deveria estar sempre presente no processo educativo, e, com isso, as atividades que envolvem a expressão artística, a atividade corporal e até mesmo a experiência estética vão tomando os últimos lugares na escala de prioridades dentro dos currículos. As atividades de artes, em forma de disciplina ou de oficinas opcionais, são referidas sempre como "aquelas outras", que não integram o rol das "matérias úteis, não caem no vestibular" e não são "pra nota". Na raiz dessa separação está a dicotomia dos processos de elaboração do saber, que colocam o raciocínio e a intelecção em oposição à sensibilidade. Ainda que de forma restrita e limitada, a arte já integra a educação formal, isso ocorrendo já no século XX, seja na forma de aulas de desenho, de canto orfeônico ou de trabalhos manuais. Na década de 1940, entra em pauta a concepção de Educação Através da Arte, que tem por base o desenvolvimento da sensibilidade e a educação dos sentimentos. A Escola, retirando praticamente dos seus programas as atividades lúdicas, entre elas as artísticas, privilegia a razão e limita o ato de construção do conhecimento a uma racionalização intelectualista. Entretanto, o mecanismo de construção do conhecimento é um jogo dialético entre o que é sentido e o que é simbolizado. Garantir um lugar para o teatro no processo educativo, assegurando condições espaciais e materiais, partindo do que o sujeito já conhece e do que para ele é relevante, é um modo de ampliar as possibilidades de formação de um ser capaz de organizar percepções, classificando e relacionando eventos, e capaz de construir, com todas as suas capacidades, um *todo significativo*. [SF]

 Farias, 2008; Reverbel, 1989; Vidor, 2010.

 Improvisação Teatral, Didática, Experiência, Teatro-Educação, Formação do Professor de Teatro

TEATRO NA PRISÃO

O modelo punitivo das sociedades contemporâneas, analisado brilhantemente por Foucault (2004) em sua obra *Vigiar e Punir*, reside basicamente na ideia da privação de liberdade. Assim, a prisão emerge como modelo principal de gestão do tempo e da vida dos condenados, complementando a tríade junto à força policial e ao poder judiciário, responsáveis pela manutenção da segurança da população. Foucault também investiga como a ideia de privação de liberdade surgiu historicamente em contraposição às punições físicas: justifica-se o tempo de condenação à prisão na perspectiva de transformar o criminoso em cidadão apto a conviver em sociedade, de tal forma que a ação do presídio seja vista não como uma masmorra, mas como uma instituição capaz de "melhorar" os indivíduos presos. Assim, a arte teatral encontra espaço para adentrar nas prisões, entendida obviamente como instrumento passível de auxiliar a reabilitação dos criminosos.

No âmbito brasileiro, a incursão de práticas teatrais em presídios tem início, como atividade aprovada pelas unidades penais, em meados dos anos de 1970, período em que organizações difusoras de políticas de direitos humanos e denunciadoras das torturas e abusos do governo militar geraram um leve abrandamento da rigidez das propostas de encarceramento. Isso introduziu, ainda que de forma irregular e pouco integrada, algumas propostas diferenciadas no trato com a população carcerária. Surgem então iniciativas que atribuem à arte teatral relevância social e artística, defendendo sua presença em prisões como instrumento capaz de proporcionar aos presos uma experiência capaz de gerar mudanças a partir da convivência grupal e do desafio de criação de um espetáculo.

Em São Paulo, experiências narradas por Frei Betto (1986), Maria Rita Freire Costa (1983), com quem trabalhou o ator e diretor Elias Andreatto, e Ruth Escobar (1982; FERNANDES, 1985), com quem trabalhou o diretor Roberto Lage, são exemplos da variedade e da vitalidade das práticas cênicas construídas no interior de prisões, em um momento extremamente delicado da política nacional, em que coexistiam a censura e a "abertura" política. Essas práticas teatrais, dotadas das particularidades de cada contexto, possuíam em comum o anseio de mostrar para a sociedade temas importantes do universo carcerário. De forma trágica, e a despeito da repercussão que esses projetos atingiram, acabaram expulsos das unidades penais: Ruth Escobar precisou responder processo criminal, acusada de incitar os presos, através do teatro, a uma rebelião que irrompeu no dia de Natal de 1980, na Penitenciária do Estado, causada por uma briga durante o jogo de futebol; o Projeto "A Arte como Processo de Recriação em Presídios", coordenado por Maria Rita Freire Costa, responsável pela criação de cinco espetáculos teatrais com detentas da Penitenciária Feminina da Capital, foi interrompido em 1983, acusado de propiciar a fuga de duas integrantes.

Em 1995, ainda em São Paulo, a Funap (Fundação de Amparo ao Preso) institui o Projeto Drama, que realiza, ao longo de seis anos, formação aos monitores educacionais em técnicas do *teatro do oprimido** a fim de promover práticas de *teatro-fórum** que debatessem temas ligados à saúde e aos direitos humanos. Dentro desse panorama, o então monitor de unidade escolar e diretor teatral Jorge Spínola dá início, no presídio do Carandiru, em 1998, a um processo de ensaios que tem como objetivo a encenação de *O Auto da Compadecida*, de Ariano Suassuna. Do mesmo autor, ele realiza ainda a montagem de *A Pena e a Lei* em 2000 e estreia *O Rei da Vela*, de Oswald de Andrade, em 2001. Nos anos seguintes, construirá *Mulheres de Papel* (2002-2003), a partir de texto de Plínio Marcos, na Penitenciária Feminina do Tatuapé e em 2004, baseado em conto de Sartre, estreia *Muros*, levando às ruínas do Carandiru a encenação feita por presos em regime semiaberto, ex-presidiários e atores formadores. Em São Paulo, o panorama atual é desanimador: a ação teatral se restringe a intervenções solitárias, feitas sem o apoio institucional que caracterizou o período citado acima. No Rio de Janeiro, merece destaque a ação da professora da UniRio Maria de Lourdes Naylor Rocha, que entre 1997 e 2009 promoveu relações entre instituições penais e a universidade. Vale ressaltar que, certamente, existem diversas ações teatrais acontecendo em presídios por todo o Brasil, mas que sua invisibilidade é também consequência do descaso dedicado ao problema dos presídios no país. [vc]

 Costa, 1983; Concilio, 2008; Escobar, 1982; Foucalt, 2004; Freire & Frei Betto, 1986; Fernandes, 1985.

Teatro do Oprimido, Ação Cultural

TEATRO NA RUA

A escolha por um determinado espaço de representação pode caracterizar uma opção estética, mas historicamente o *teatro de rua** corresponde a uma contingência, derivada de um processo de expulsão dos artistas dos espaços de representação construídos pelo homem.

A totalidade das festas populares, mesmo aquelas que começam em um ambiente fechado, ganha as ruas para partilhar o ato rememorativo com um número maior de pessoas, sejam fiéis, torcedores, admiradores... A rua tende a redimensionar e a espetacularizar o ato teatral, na medida em que a cenografia pressupõe a junção do espaço público e da silhueta da cidade. O substantivo "monumento" tem como raiz o verbo latino *moneo*, cujo significado se liga ao chamar a atenção visualmente. O teatro (de ou) na rua por seu caráter de narrativa visual conclama à recepção, sobretudo, e talvez em maior número, de "espectadores desavisados", que, em seus fluxos de passagem pelas artérias públicas, acabam por ser apanhados pela representação.

Nas publicações acerca da história das artes cênicas, o teatro de rua dificilmente é mencionado, mas alguns grupos – tendo em vista a importância e excelência de suas obras – conseguem furar certa política de exclusão, e garantem registro e destaque documental de suas experiências. Dentre eles, podem ser citados: o Tá na Rua (RJ), a Tribo de Atuadores Ói Nóis Aqui Traveiz (PA/RS, mesclando apresentações na rua e em espaços fechados), o Imbuaça (Sergipe), o grupo Vem Cá Vem Vê (PE); todos com mais de trinta anos de existência e de atividades ininterruptas.

O *teatro popular**, que em tese não exclui ninguém, ao longo da história, tem como espaço essencial a rua; festas populares – religiosas ou não –, também buscam a rua. Na medida em que os logradouros públicos podem ser caracterizados como uma grande e "descombinada sinfonia dispersante", torna-se mais difícil aos artistas manterem o foco do espectador na obra teatral. Como decorrência de tanta dispersão, e também pelo caráter, normalmente universal do espetáculo – que precisa atender de crianças a idosos, de conhecedores a leigos, de espectadores a transeuntes que passam pelo local de apresentação – o resultado final, na totalidade absoluta das vezes, conclama e amplia a participação do espectador na obra.

Além de tantos grupos tradicionais, como Carroça de Mamulengos (CE/RJ), Grupo Galpão (BH/MG), Nu Escuro (GO), Companhia Brasileira de Mystérios e Novidades (RJ), na cidade de São Paulo, por exemplo, verifica-se uma forte tendência de grupos experimentais (ou não) buscarem os logradouros públicos para o desenvolvimento de algumas de suas obras, que parecem não mais caber na caixa. Dentre tantos grupos, podem ser citados: A Brava Companhia, a Companhia São Jorge de Variedades, o Teatro da Vertigem, o Grupo Pombas Urbanas, o Grupo Dolores Boca Aberta Mecatrônica de Artes, o Teatro Popular União e Olho Vivo (Tuov), fundado em 1966. As ruas, para os grupos citados, têm ampliado a troca de interlocução, a descoberta de novos expedientes estéticos e facilitado o caráter de intervenção, por meio da linguagem teatral, na vida da cidade. Acerca de espetáculos de intervenção, sobretudo de alguns grupos populares, Silvana Garcia (1990) apresenta uma análise bastante significativa de experiências levadas a cabo, durante a década de 1970 em São Paulo. Ainda sobre intervenção, inúmeras obras apresentam reflexões a respeito do Centro Popular de Cultura da UNE (CPC-UNE, sediado no Rio de Janeiro), como o livro organizado por Fernando Peixoto: *O Melhor Teatro do CPC da UNE* [1989]).

Apesar de pouco ou raramente documentado, no Brasil sempre houve práticas teatrais apresentadas na rua. Algumas histórias acerca de tais práticas podem ser encontradas em relatos de viajantes estrangeiros, durante o período do

Brasil-colônia; Mucio da Paixão apresenta alguns desses relatos em *O Theatro no Brasil* (s/d).

Desde sempre a rua tem se caracterizado, também, em um grande palco para a realização de trocas simbólicas, sendo que a linguagem teatral presta-se excelentemente a tais trocas e práticas. O filósofo francês Michel de Certeau, em diversas fontes bibliográficas, afirma que a rua, como lugar indistinto, transforma-se em espaço ressignificado pelas práticas nela desenvolvidas. Atualmente, e não apenas no Brasil, assiste-se a espetáculos em espaços abertos de longe e de perto; apenas com os olhos ou por meio de outros instrumentos como binóculos; em amplas praças ou em espaços mais restritos como cemitérios; no mesmo plano ou em espaços superiores, como viadutos, por exemplo; com diálogos ou sem; com bonecos, bonecões ou objetos; com conteúdos sociais ou intersubjetivos; com pernas de pau ou pés descalços; admitindo e estimulando intervenções do público ou não. [AM]

Garcia, 2004; Paixão, s/d; Peixoto (org.), 1989.

Teatro de Rua, Lugar Teatral, Teatro Popular

TEATRO NA TERCEIRA IDADE

A expressão "terceira idade" surgiu na França, na década de 1970, quando foram criadas as Universidades da Terceira Idade (Univérsités du Troisième Âge). Esse novo recorte etário, de certo modo, relaciona-se ao período de universalização do direito à aposentadoria, que garantiu para pessoas com mais de sessenta anos uma inatividade remunerada (DEBERT, 1999). Aliado aos recursos econômicos, outros elementos contribuíram para que essa faixa etária envelhecesse com mais qualidade, tais como o desenvolvimento da medicina, a melhoria das condições sanitárias e o avanço tecnológico. Se, de um lado, a "invenção" da terceira idade trouxe para os aposentados novas possibilidades de viver o envelhecimento, por outro, impôs um estilo de vida e uma tentativa de homogeneização da velhice, encobrindo, em parte, os problemas e dificuldades dos idosos empobrecidos e dos idosos mais velhos. De qualquer modo, com a proliferação das Universidades para a Terceira Idade pelo mundo, surgiram inúmeros projetos e novas alternativas para a realização de sonhos antigos, de acesso a linguagens ainda não experimentadas, além de movimentos de organização que lutam por direitos sociais e políticas públicas.

Nesse cenário, em diversos países da Europa, nos Estados Unidos e no Brasil, as artes têm um papel fundamental. *Oficinas** e *grupos de teatro** foram criados nos ambientes universitários, nos projetos sociais, em organizações públicas e privadas. *Festivais de teatro** da terceira idade são organizados e diversos grupos ganharam destaque.

De uma maneira geral, os coordenadores ou diretores dos grupos trabalham com os recursos utilizados em grupos de não atores, aproveitando a experiência de vida, o potencial e a *memória** biográfica dos participantes. Apesar de inúmeras experiências acontecerem pelo Brasil e pelo mundo, a produção bibliográfica ainda é pequena, restringindo-se, na maior parte dos casos, a relatos de experiência. Portanto, ao utilizar a literatura sobre teatro comunitário ou teatro na educação, alguns cuidados devem ser tomados. Os jogos, improvisações, exercícios de voz, técnicas de relaxamento e respiração carecem de modificações, muitas vezes por impossibilidade física dos participantes ou por não despertarem o desejo de jogar. É preciso ter cautela com exercícios prejudiciais aos hipertensos, aos que sofrem de labirintite e problemas posturais. Assim, muitos exercícios de corpo e respiração precisam ser reinventados e readaptados a esse grupo etário. Nada que implique respirações aceleradas, giros rápidos de cabeça ou abaixar e levantar num só tempo. O trabalho de oficina deve privilegiar o ritmo do corpo, os movimentos cotidianos e a criatividade contida neles. O encontro com a linguagem teatral deve ser preenchido de leveza e experiência de vida. No entanto, a criação de um ambiente tranquilo nas oficinas não significa a despreocupação com os resultados da performance. Garantir um bom desempenho no palco é a melhor maneira de valorizar o conhecimento dos idosos. Para tanto, é necessário tratar o idoso com respeito, sem infantilizá-lo, sem expor o grupo a qualquer tipo de constrangimento nas suas apresentações públicas.

Para os idosos integrantes dos grupos de teatro, a experiência traz conhecimento de si e dos outros, elevação de autoestima e reflexão sobre a interlocução entre arte e vida. O público que tem a oportunidade de assistir aos espetáculos vivencia um encontro intergeracional e, possivelmente, desconstrói estereótipos antigos sobre velho, velhice e envelhecimento. [BPV]

 Debert, 1999; Venancio, 2008.

 Improvisação Teatral, Jogo Teatral, Experiência

TEATRO POPULAR

As tentativas de definição de teatro popular sempre foram perpassada, por, no mínimo, dois questionamentos de ordem estrutural e de concepção. O primeiro: seria um teatro produzido para o povo?; o segundo: seria o teatro concebido e criado pelo povo? Mas quem é o povo? Ou, o que é o povo?

Percebe-se que, no decorrer da história e do desenvolvimento da arte teatral, a ideia de teatro popular sempre esteve em franca contraposição àquelas associadas ao teatro literário, ao teatro destinado às classes dominantes, ao teatro burguês e, mesmo, à arquitetura do espaço teatral.

Assim, a prática da *Commédia dell' Arte*, na sua época, correspondeu ao conceito de teatro popular; seja pelos espaços onde o espetáculo se realizava, seja pelo público-alvo e, também, pelas temáticas abordadas.

Várias outras tentativas foram empreendidas na Europa, principalmente em fins do século XIX. Destacam-se os esforços de oficialização desse teatro pelo Freie Volksbühne de Berlim, que tinha como lema "a arte para o povo" e como objetivo apresentar peças com temática social aos trabalhadores, com preços acessíveis; pelo Volkstheater, o Teatro do Povo, que visava a atingir um grande número da população de Viena, com apresentações de clássicos e da moderna literatura; e pelo teatro do povo de Maurice Pottecher, em Bussang, na França, que empregou como atores os operários de uma indústria.

Já no século XX, na França, teatro popular significava arte com desconto, até que, em 1951, Jean Vilar funda o Teatro Nacional Popular. Num primeiro momento ele modernizava os clássicos para essa nova plateia e depois, num segundo, havia a preocupação de se criar um novo repertório endereçado para esse público popular. Nomes como Roger Planchon, Rétoré e Gignoux, nos centros dramáticos franceses, fizeram parte da prática e pensamento de teatro como um espaço agregador numa comunidade. Concomitantemente na Alemanha, Bélgica, Inglaterra e Itália surgem teatros com essa ideologia. Para a geração de 1968 o teatro não deveria ter nenhuma ligação com a institucionalização e sim se adaptar e ser representado onde o povo estivesse, como na rua, nas fábricas, escritórios; o teatro seria um lugar de aprendizagem e *formação de público**. Nesse sentido, esse teatro popular responderia ao que Brecht preconizava: um teatro proletário.

No Brasil, nos anos de 1950, dramaturgos como Ariano Suassuna, Augusto Boal, Dias Gomes, Gianfrancesco Guarnieri, Oduvaldo Vianna Filho, Paulo Pontes, entre outros, levaram à cena personagens e temas que procuravam questionar os problemas sociais e culturais vigentes da sociedade; seja por meio de dramas ou comédias. O termo "teatro popular" significava, então, uma opção de viés político e nacionalista. Era uma clara oposição ao teatro chamado elitista, cujos expoentes foram os grupos do Teatro de Arena e do Teatro Oficina.

Nos anos de 1960, o CPC – Centro Popular de Cultura da UNE procurava conscientizar politicamente o povo, seu público. Já em fins dos anos de 1970 e início de 1980, há um expressivo movimento teatral – estudantil, coletivo e amador –, direcionado e apresentado nas periferias das grandes cidades; temas como a inflação, consumismo e direitos humanos são apresentados em sindicatos e igrejas das comunidades.

Nos anos de 1990, campanhas de popularização do teatro e projetos de criação e formação de público foram instituídas e incrementadas, por órgãos públicos e instituições privadas ligadas ao universo do teatro, para angariar novos espectadores.

Atualmente, no século XXI, o termo "teatro popular" encontra-se ressignificado por outras lógicas e visões: como globalização, neoliberalismo, periferia etc. Novos termos e procedimentos, como descentralização, democratização da cultura, formação de público e, principalmente, inclusão social, têm contribuído para que o teatro popular seja visto e exercitado muito mais como uma *ação cultural** do que como uma ação artística. [SS]

 Magaldi, 1998; Pavis, 2011; Roubine, 1982.

 Público (no Teatro)

TEATRO VOCACIONAL

O teatro vocacional é um projeto da Secretaria Municipal de Cultura da Cidade de São Paulo (smc-sp) implantado no ano de 2001. O projeto, resultado entre conceitos presentes nos campos da cultura e da educação, tornou-se um espaço profícuo de desenvolvimento de práticas artísticas absolutamente comprometidas com qualidade estética e pertinência cidadã. Criou-se assim uma genuína tecnologia social para as artes cênicas, que poderia ser reproduzida em outros lugares. Um olhar apurado à construção do sujeito a partir da arte, com foco principal em estimular pesquisas e práticas para a potencialização do fazer teatral contemporâneo, de artistas e para artistas, e suas consequências na formação dos mesmos, foi norteado por três vetores principais de ação: os conceitos atuais de experiência, alteridade e continuidade sustentável.

O trabalho desenvolvido consistiu na implementação e expansão do teatro vocacional e na implantação dos projetos de dança e música vocacional, institucionalizando a criação do Núcleo Vocacional dentro da smc-sp. Pela diversidade cultural de todas as regiões da cidade de São Paulo, tornou-se uma constante o exercício de "dissecar" o que se estabelecia como bases do teatro vocacional, a partir da sua constituição em 2001 e sua ação até 2005, e os alicerces que o cercavam em 2006, quando da retirada dos elementos inerentes à linguagem do teatro para um estudo em biologia cultural que permitisse a experimentação para a criação dessa tecnologia para a dança e, posteriormente, para a música, e que assim os caracterizassem. A criação desse núcleo perpassou também pela necessidade de ampliação para a cidade, assim como a descentralização e um novo olhar para grupos oriundos da ação do projeto, frutos de suas premissas, sem generalizar perante cada linguagem, ano a ano.

Foi fundamental o viés de estimular a fruição de fundamentos necessários à reflexão analítica e crítica inerentes à criação da cena, quando naturalmente se revelava a dicotomia entre forma e conteúdo, paulatinamente despertando a consciência para a emancipação dos grupos atendidos pelos projetos, um de seus objetivos.

Além de orientar e dinamizar a produção dos grupos já existentes, a proposta dos projetos foi a de formar novos grupos e proporcionar expressão e consequente reflexão e cidadania em rede através das artes cênicas e da música. Para isso, o Núcleo Vocacional montou uma equipe formada por "artistas-orientadores", como são chamados os professores no projeto – que são integrantes de importantes coletivos teatrais da cidade para atuarem como agentes culturais fomentadores das atividades artísticas nas comunidades.

Os projetos do núcleo atuavam com o preceito de atender a qualquer pessoa, com catorze anos ou mais, que quisesse desenvolver arte. Por isso, utiliza-se o termo "vocação", no sentido de responder a um chamado interno de transformação contínua, e não talento. Na edição anual, inscrições gratuitas permanentes aconteciam nos diversos equipamentos públicos culturais que também eram espaço para as aulas. Em diálogo com o espaço público, o caráter da *ação cultural** realizada prezava a ser de longo prazo, pois não se tratava de oficina e nem um curso básico com duração reduzida, mas sim de um trabalho contínuo de preparação para o "fazer artístico". Isso significa que buscava atender a todos os cidadãos com aulas, orientação de montagens e estímulo à ação, construindo uma *ação cultural** em rede, integrando artistas das várias regiões da cidade.

Como norte para a organização, troca e criação, e com o objetivo de caracterizar as bases do projeto de forma colaborativa e democrática, as reuniões artístico-pedagógicas, semanais, propunham discussões em torno de uma questão em comum, que suscitavam pontos de vista diferenciados. Para isso um eixo norteador era escolhido para investigação a cada ano, o que significava que todas as ações daquele ano eram planejadas levando-o em consideração, inclusive com elaboração de textos autorais.

Até 2010, o número crescente de inscritos nos projetos era um reflexo do acolhimento da iniciativa por parte da sociedade. O número de integrantes dos grupos orientados praticamente dobrou de 2006 para 2007, de 370 pessoas para 610 artistas vocacionados, como eram chamados os alunos, chegando a mais de 1200 em 2009. E mais de 4 mil atendidos em turmas de iniciação. Projetos complementares que fizeram diferença na consolidação do Núcleo Vocacional e que foram criados no período citado foram o Vocacional Apresenta – Toda Terça Tem Teatro, o Núcleo de Direção Teatral e o Núcleo Aldeias, além do Vocacional em Rede. Também três edições do Festival

Teatro Vocacional e da participação do Núcleo em palco próprio na programação oficial da Virada Cultural, evento singular da SMC-SP com 24 horas corridas de espetáculos e experiências artísticas em toda a cidade. Parcerias com a iniciativa privada e o terceiro setor também foram imprescindíveis para a consolidação do núcleo.

As perspectivas da ação do Vocacional são muitas e não se fecham por aqui, e outras tantas poderiam ser consideradas, que confirmam o interesse público e o valor de sua permanência, tais como: a criação e ocupação de um "lugar" da produção artística contemporânea na cidade; a formação de espectadores; a democratização das ferramentas de trabalho a partir de equipes de trabalho. [EA]

 Araújo, 2008; Tendlau, 2010; Fabiano, 2010.

 Lugar Teatral, Ação Cultural

TEXTO E CENA

Se o texto e a cena devem ser igualmente considerados na sua construção, o resultado comprova que cada um é o fruto artesanal de um *savoir-faire* particular. Daí, as ferramentas críticas específicas que derivam de cada um deles. Querer utilizar as mesmas ferramentas seria negar seus próprios interesses. Os do texto literário de um lado e os da representação cênica de outro, um e outra na sua relação com o leitor ou o espectador. Assim, apreender uma representação através da leitura do texto ou ler um texto numa projeção cênica, significa correr o risco de passar à margem da própria essência da obra. Mas se interessar pela relação dialética que os une parece um processo mais justo e respeitoso. E, nesse ponto, ambos estão ligados. Cada um, enquanto obra, é portador de uma representação do mundo e de um universo singular. A particularidade do teatro reside na inclusão dos dois. Esse laço é particularmente perceptível no caso de uma criação cênica total, isto é, sem texto previamente escrito por um autor. Neste caso, o texto é uma parte de um todo e não um suporte isolado. Nos casos de *encenação** de um texto preexistente, o vínculo está no fato de o diretor encontrar no texto que encena, em seu autor, um eco às suas interrogações ou visões pessoais. Apreender a representação nestes termos permite: compreender o laço dialético que une texto e cena; tentar apanhar como cada um alimenta reciprocamente o sentido da obra; buscar a construção do sentido numa leitura, nos vários retornos ao texto da representação.

O teatro é uma arte com estas duas caras: texto e cena. Ele nasce de unir os dois, por mais variadas que sejam as formas e fórmulas em que essa "união" se leve a cabo. A maioria dos estudos teatrais atuais não parte desse princípio. Com frequência, na hora de definir hoje o teatro, ao contrário do que se fazia em séculos anteriores, elimina-se o texto por considerar que é possível um teatro sem ele. O teatro é, de acordo com esse olhar, apenas a representação ou atuação. Qualquer referência ao texto vem subordinada ao único componente que se considera essencial: a cena, entendida quase sempre como espetáculo.

Paradoxalmente, quando se elimina o texto da definição do teatro acaba-se, ao mesmo tempo, reduzindo o texto dramático ao texto literário, identificando texto teatral e texto literário. Certamente, está na origem dessa repulsa ao texto em geral a intenção de fugir da consideração tradicional do teatro como gênero literário. O erro consiste em identificar, primeiro, texto teatral e literatura e, segundo, confundir texto teatral com texto falado, o texto dito ou enunciado pelos personagens em suas falas. Ao comprovar que, por um lado, pode existir um teatro não falado (sem texto dialogado) e, por outro, que o teatro não é literatura nem escritura, mas atuação, alguns autores e teóricos optaram pela solução mais fácil, a de eliminar o texto do teatro, parecendo assim resolver todos os problemas originados pelo texto: a vinculação e dependência tradicional do teatro em relação à literatura e o reconhecimento da cena como o único lugar onde o teatro existe como tal.

Essa solução não é convincente. Em primeiro lugar, porque descobrimos contradições nos estudos que adotam essa hipótese. Por exemplo, o fato de que, uma vez eliminado o texto como componente essencial do teatro, esses trabalhos dedicaram, no entanto, grande parte de suas reflexões e investigações, precisamente, ao estudo... do texto teatral! Nem a semiótica escapou dessa contradição.

Em segundo lugar, muitos desses estudos analisam a representação quase sempre, e, paradoxalmente, só a partir do texto teatral. É muito difícil escapar da referência textual como base de suas investigações. É como se a representação fosse esquiva e etérea, e só o texto respondesse as nossas perguntas. Enquanto o objeto de estudo enunciado se dilui ou desvanece, a repulsa (ao texto) retorna pela porta dos fundos.

Para sair dessa confusão teórica não encontramos melhor caminho que o atender ao sentido comum e comprovar que não conhecemos nenhuma peça de teatro sem texto, partindo da hipótese de que o teatro é "texto mais representação".

Por mais complicado ou complexo que nos pareça, para compreender o teatro necessitamos da conjunção dessas duas realidades díspares, perfeitamente diferenciadas, mas não por isso incompatíveis ou excludentes. A ideia de que o teatro pode prescindir do texto se baseia numa análise superficial de alguns feitos teatrais que aparentemente podem existir sem o texto (mimo, *pantomima**, *Commedia dell'Arte*, improvisações, *happenings*, performances, "teatro dança", "teatro gestual" etc.). Acontece que todas essas formas teatrais têm um texto – inclusive escrito e prévio –, que toma parte essencial na representação.

As relações entre texto e cena podem ser muito variadas, mas, essencialmente, temos de considerá-las realidades interdependentes. Podemos imaginar um holograma contemplado a partir de dois ângulos ou perspectivas: cada lado, sendo materialmente distinto, contém o outro. A parte contém o todo, e o todo a parte. Se o todo (na leitura) é o texto, a representação contida nele deve ser imaginada, e depende de cada leitor ou receptor: não haverá duas leituras nem representações imaginárias iguais. Se o todo é a representação, o texto deixará de ser escritura; não se poderá ler, apenas se ver, ouvir e sentir na representação. Para analisar a peça teatral, podemos distingui-los, separá-los e estabelecer as relações e dependências mútuas. A análise a partir do texto e a análise a partir da cena se complementam. Texto e cena se necessitam e se incluem, mas também mantêm uma autonomia relativa. Se o olharmos a partir da representação, o texto fica "absorvido" nela. Se a olharmos a partir do texto, a representação está "contida" nele.

Como afirma Anne Ubersfeld: "O teatro é uma arte paradoxal. Pode-se ir mais longe e considerá-lo a própria arte do paradoxo, a um só tempo produção literária e representação concreta; (indefinidamente reprodutível e renovável) e instantânea (nunca reprodutível como idêntica a si mesma): a arte da representação que é de um dia e nunca a mesma no dia seguinte, quando muito, arte feita para uma única representação, resultado único, como queria Artaud em *O Teatro e seu Duplo*. Arte de hoje, representação de amanhã, que se pretende a mesma de ontem, interpretada por homens que mudaram diante de novos espectadores. [...] Mas o texto, esse é, pelo menos teoricamente, intangível, fixado para sempre" (2005: 1).

A peça teatral pode se ler e/ou apenas se representar; em ambos os casos, necessitamos unir o texto e a cena. A obra dramática ou teatral é o todo. A análise pode ser feita a partir de uma perspectiva – o texto –, ou a partir da outra – a cena – ou a partir de ambas, relacionando-as. Uma teoria global do teatro deverá incluir os dois enfoques. [LCM]

 De Marinis, 1997; Ryngaert, 1996; Ubersfeld, 2005.

 Dramaturgia, Ler o Teatro

V

VIEWPOINTS

Os *viewpoints* (pontos de vista) são conceitos (Mary Overlie) ou procedimentos de improvisação (Anne Bogart) utilizados para a prática de criação em artes cênicas. Os conceitos dos *viewpoints* (*vps*) têm sua origem no movimento da dança pós-moderna norte-americana, que nos anos de 1970 apresentou princípios de improvisação e composição em dança, como a Judson Church, que alteraram o modo de investigação do processo de criação.

A coreógrafa Mary Overlie desenvolve os *Six Viewpoints*, cujo objetivo era a criação em dança, por meio da improvisação. Estes são: espaço, forma, tempo, emoção, movimento e história. A diretora Anne Bogart, que fora aluna de Mary Overlie, com a colaboração de Tina Landau ampliam os *vps,* subdivivindo-os em físicos e vocais, direcionando-os para a criação em teatro. Anne Bogart é uma das fundadoras da SITI (Saratoga International Theatre Institute) Company, cuja sede se encontra em Nova York e na qual desenvolve a pesquisa sobre os *vps* no processo de criação.

Os *viewpoints* são a articulação de um conjunto de aspectos existentes em várias práticas e pedagogias de formação do artista cênico, de forma a oferecer ao *performer* ou ao criador um maior grau de consciência. Os *vps* físicos, também chamados *viewpoints* de movimento, são subdivididos em tempo e espaço.

O primeiro grupo se apresenta como: *tempo*, diretamente relacionado com as velocidades, a rapidez ou lentidão em que alguma coisa acontece no palco; o ritmo, o andamento, normalmente nomeados: muito rápido, rápido, normal, lento e muito lento.

DURAÇÃO é o tempo cronológico com que o movimento acontece ou volta a acontecer, nesse caso ligando-se com a frequência, além da sustentação. A duração trabalha especificamente o quanto uma pessoa ou um grupo permanecem em um tipo de movimento antes que ele mude.

RESPOSTA CINESTÉSICA é uma reação espontânea a alguma coisa que acontece fora de você, movimentos e sons; a escuta atenta e total, a resposta não pensada. Exemplos: alguém bate palmas e você pisca, alguém bate uma porta e você levanta instantaneamente de uma cadeira.

REPETIÇÃO é o ato de repetir alguma coisa já feita no palco; usar padrões de movimento já utilizados, transformando sempre. Pode ser interna (repetir um movimento do seu próprio corpo) ou externa (repetir a forma, o tempo, o gesto etc. de alguma pessoa externa a você), tendo como referencial o corpo de quem fez o movimento e levando em consideração que uma repetição nunca é exata e pode ser partimentalizada.

O segundo grupo são os de espaço: *forma*, o desenho ou contorno que seu corpo cria no espaço, com outros corpos e com a arquitetura. Linhas retas e curvas, formas estáticas e móveis, contração e expansão.

GESTO é movimento que envolve uma parte ou partes combinadas do seu corpo. Pode ser comportamental ou cotidiano: concreto, revela condições diárias, traz uma intenção ou informação facilmente reconhecível; pode definir tempo e lugar ou estado físico ou expressivo: abstrato e simbólico, expressa um estado interior (sentimentos e sensações); é universal e atemporal, em ambos os casos o gesto se apresenta como uma forma que tem começo, meio e fim.

TOPOGRAFIA é a imagem que formamos através do movimento no espaço, a trajetória que você descreve com o seu deslocamento e a relação com o padrão coletivo; linhas retas, curvas, diagonais, paralelas etc.

ARQUITETURA é o lugar físico em que você está trabalhando e como a atenção a ele afeta o seu movimento. Deixar que o movimento aconteça a partir do espaço; ele dá suporte e inspiração. Utilizar o espaço como um todo: as massas sólidas (paredes, piso, teto, móveis, aberturas etc.), texturas (madeira, cimento, vidro etc.), luz (as fontes de luz, as sombras), cor e som.

RELAÇÃO ESPACIAL é a distância entre os corpos e entre os corpos e o espaço cênico; os vazios podem acentuar essas distâncias (curtas e longas) e a formação de blocos, linhas e círculos. As múltiplas possibilidades expressivas da relação espacial: distâncias dinâmicas de extrema proximidade ou extrema separação entre os corpos e as diferentes densidades; muito perto da plateia, muito longe.

Os *vps* de voz são: *altura* é a frequência do som, caracterizando-os em médio, grave e agudo. DINÂMICA é o volume da fala, pode ser forte ou fraco, alto ou baixo. *Timbre* são os sons formados em diferentes fontes; por exemplo: som produzido pelos diversos ressonadores. A *aceleração/desaceleração* se relaciona ao andamento, é a velocidade da fala, e o *silêncio* é quando estabelecemos uma pausa na emissão da voz.

O trabalho com os *vps* busca, no exercício da improvisação, desenvolver no *performer* a capacidade para a escuta extraordinária, como diz Bogart, a habilidade em ouvir com o corpo todo, a espontaneidade, a radicalidade e os limites. Utilizando-se de elementos como a surpresa, a contradição, o imprevisível e o mistério, os *vps* desenvolvem a percepção aberta, a possibilidade de usar tudo em sua volta sem excluir previamente, sem julgar o que é certo ou errado no processo de jogo e criação.

No Brasil, os *viewpoints* são utilizados em processos de criação contemporâneos como nos espetáculos da Cia dos Atores e do Coletivo Improviso (RJ), no Coletivo Teatro da Margem (MG) e nas encenações de Christiane Jatahy. No âmbito dos espaços de formação universitária destacam-se as pesquisas de Sandra Meyer (Udesc), Narciso Telles (UFU), Tania Alice (UniRio), Gilson Motta (UFRJ), Beth Lopes (ECA-USP), entre outros. [NT]

 Bogart, 2005; Meyer, 2008; Telles, 2008.

 Encenação, Metodologia de Ensinoo, Improvisação Teatral

BIBLIOGRAFIA

ABBS, Peter (ed.).
1989.   *The Symbolic Order: A Contemporary Reader on the Arts Debate.* London: The Falmer Press.

ABREU, Miguel (dir.).
2006.   GAVE – *Guia das Artes Visuais e do Espetáculo.* Lisboa: Instituto das Artes/Ministério da Cultura.

AEBLI, Hans.
1973.   *Didática Psicológica: Aplicação à Didática da Psicologia de Jean Piaget.* São Paulo: Companhia Editora Nacional.

ALMEIDA JUNIOR, José Simões de.
2010.   *O Lugar Teatral Entre o Visível e o Não Visível.* Algarve: Gradiva.

ALMEIDA, Renato.
1975.   *Inteligência do Folclore.* Rio de Janeiro: Livros de Portugal.

AMARAL, Ana Maria.
1991.   *Teatro de Formas Animadas.* São Paulo: Edusp.

ANDERSON, Barbara & Cletus.
1999.   *Costume Design.* Orlando: Harcourt.

ANDRADE, Mário de.
1982.   Introdução. *Danças Dramáticas do Brasil.* Belo Horizonte: Itatiaia. T. I.
1998.   Do Teatro Cantado. In: COLI, J. *Música Final.* Campinas: Editora da Unicamp.

ANDRADE, Oswald de.
1976.   *O Rei da Vela.* São Paulo: Abril Cultural (Coleção Teatro Vivo).

ANGENOT, Marc.
1983.   L'Intertextualité: Enquête sur l'émergence et la diffusion d'un champ notionnel. *Revue des Sciences Humaines,* tome LX, n. 189, janvier-mars.

ANSPACH, Silvia.
2009.   Brecht e a Narrativa no Teatro (Ou Onde Está a Arte?). *Revista da APROPUC-SP,* 26 mar. Disponível em: http://www.apropucsp.org.br/revistas/revista-cultura-critica. Acesso em: 10 jul. 2010.

ARANTES, O.; FAVARETTO, C.; COSTA, I. & ADDEO, W. (orgs.).
1981.   Teatro. *Arte em Revista,* n.6, ano 3, outubro.

ARAÚJO, Expedito (org.).
2008.   *Núcleo Vocacional: Criação e Trajetória.* São Paulo: SMC.

ARIÈS, Philippe.
1978.   *História Social da Criança e da Família,* Rio de Janeiro: Zahar.

ARISTÓTELES.
1981.   Poética. In: ARISTÓTELES, HORÁCIO & LONGINO. *A Poética Clássica.* São Paulo: Cultrix/Edusp.

ARTAUD, Antonin.
1989.   *O Teatro e Seu Duplo.* Lisboa: Fenda.

ARTE em Revista (O Popular).
1980.   São Paulo, Kairós/Centro de Estudos de Arte Contemporânea, ano 2, n. 3, mar.

ASLAN, Odette.
1994.   *O Ator no Século XX.* São Paulo: Perspectiva.

AUMONT, Jacques.
1995.   *A Imagem.* Campinas: Papirus.

AUSTIN, John Langshaw.
1990.   *Quando Dizer É Fazer.* Porto Alegre: Artes Médicas.

AVELAR, Romulo.
2008.   *O Avesso da Cena: Notas Sobre Produção e Gestão Cultural.* Belo Horizonte: Duo Editorial.

AZEVEDO, Sônia Machado de.

2002. *O Papel do Corpo no Corpo do Ator*. São Paulo: Perspectiva.

BAJARD, Elie.

1994. *Ler e Dizer: Compreensão e Comunicação do Texto Escrito*. São Paulo: Cortez.

BAKHTIN, Mikhail.

1988. *Questões de Literatura e Estética: A Teoria do Romance*. São Paulo: Hucitec.

1992a. *Estética da Criação Verbal*. São Paulo: Martins Fontes.

1992b. *Marxismo e Filosofia da Linguagem*. São Paulo: Hucitec.

BARBA, Eugenio.

1995. *A Arte Secreta do Ator*. São Paulo: Hucitec.

BARBOSA, Ana Mae.

2010. *A Imagem no Ensino da Arte*. 8. ed. São Paulo: Perspectiva.

BARROSO, Oswald.

2005. Incorporação e Memória na Performance do Ator Brincante. In: BORBA FILHO, H. *Diálogo do Encenador, Teatro do Povo, Mise en scène e a Donzela Joana*. Recife: Fundaj/Massangana/Bagaço.

BARTHES, Roland.

1977. *Fragmentos de um Discurso Amoroso*. Lisboa: Edições 70.

2003. Prefácio. *Crítica e Verdade*. Trad Leyla Perrone-Moisés. São Paulo: Perspectiva.

BAUMANN, T.

2001. *Von der Politisierung des Theaters zur Theatralisierung der Politik. Theater der Unterdrückten im Rio de Janeiro der 90er Jahre*. Stuttgart: Ibidem.

BECKER, Howard.

1982. *Art Worlds*. Berkeley/Los Angeles: University of California Press.

BECKETT, Samuel.

2005. *Esperando Godot*. Trad. e prefácio Fábio de Souza Andrade. São Paulo: Cosac Naify (Coleção Prosa do Mundo).

BELTRAME, Valmor.

2001. *Animar o Inanimado: A Formação Profissional no Teatro de Bonecos*. São Paulo: ECA-USP. Tese de doutorado.

BEN CHAIM, Daphna.

1984. *Distance in the Theatre: The Aesthetics of Audience Response*. Ann Arbor: University of Michigan Press.

BENJAMIN, Walter.

1987a. O Narrador: Considerações Sobre a Obra de Nikolai Leskov. *Obras Escolhidas I – Magia e Técnica, Arte e Política: Ensaios Sobre Literatura e História da Cultura*. 3. ed. São Paulo: Brasiliense.

1987b. Que É Teatro Épico: Um Estudo Sobre Brecht. *Obras Escolhidas I – Magia e Técnica, Arte e Política: Ensaios Sobre Literatura e História da Cultura*. 3. ed. São Paulo: Brasiliense.

2002. *Reflexões Sobre a Criança, o Brinquedo e a Educação*. São Paulo: Editora 34.

BENNETT, Susan.

1997. *Theatre Audiences. A Theory of Production and Reception*. 2. ed. London/New York: Routledge.

BERNARD, Michel.

1977. Le Mythe de l'improvisation théâtrale ou les travestissements d'une théâtralité normalisée. *L'Envers du Théâtre. Revue d'Esthétique*, n. 1-2.

BERTHOLD, Margot.

2011. *História Mundial do Teatro*. 5. ed. São Paulo: Perspectiva.

BLOCH, Ernst.

1968. Entfremdung/Verfremdung. *Verfremdungen I*. Frankfurt: Suhrkamp.

BOAL, Augusto.

1991. *Teatro do Oprimido e Outras Poéticas Políticas*. 6. ed. Rio de Janeiro: Civilização Brasileira.

1996. *Teatro Legislativo: Versão Beta*. Rio de Janeiro: Civilização Brasileira.

2000a. *Hamlet e o Filho do Padeiro: Memórias Imaginadas*. Rio de Janeiro: Record.

2000b. *Jogos Para Atores e Não-Atores*. Rio de Janeiro: Civilização Brasileira. 3a edição.

2009. *A Estética do Oprimido*. Rio de Janeiro: Garamond.

BOGART, Anne; LANDAU, Tina.

2005. *The Viewpoints Book*. New York: Theatre Communications Group.

BOLTON, Gavin.

1984. *Drama as Education: An Argument for Placing Drama at the Centre of the Curriculum*. London: Longman.

1998. *Acting in Classroom Drama: A Critical Analysis*. London: Trentham Books.

BONDÍA, Jorge Larrosa.

2002. Notas Sobre a Experiência e o Saber de Experiência. *Revista Brasileira de Educação*, n. 19, São Paulo.

BONFANTI, G.

2009. Aos Que Virão Depois de Nós. *Curadorias, Caderno do Festival Cena de Teatro 2009*. São Caetano do Sul.

BONFITTO, Matteo.

2013. *O Ator-Compositor*. 3. ed. São Paulo: Perspectiva.

BORBA FILHO, Hermilo.

2005. *Diálogo do Encenador, Teatro do Povo, Mise en scène e a Donzela Joana*. Recife: Fundaj/Massangana/Bagaço.

BORGES, Vera.

2007. *O Mundo do Teatro em Portugal. Profissão de ator, Organizações e Mercado de Trabalho*. Lisboa: Imprensa de Ciências Sociais.

BORIE, Monique; ROUGEMONT, Martine de & SCHERER, Jacques.

2004. *Estética Teatral: Textos de Platão a Brecht.* 2. ed. Lisboa: Fundação Calouste Gulbenkian.

BORNHEIM, Gerd.

1992. *Brecht: A Estética do Teatro.* Rio de Janeiro: Graal.

BOUCRIS, Luc.

1993. *L'Espace en scéne.* Paris: Librairie theatrale.

BRASIL. MINISTÉRIO DA EDUCAÇÃO.

2000. *Parâmetros Curriculares Nacionais Para o Ensino Fundamental e Médio.* Brasília: SEB.

BRECHT, Bertolt.

1964. Aus den Notizbüchern 1920-26. *Zur Literatur und Kunst,* BBGW 18-10.

1967a. *Schriften zum Theater.* Band 15. bis 17. Gesammelte Werke. Frankfurt: Suhrkamp.

1967b. Trennung der Elemente. Die Schauspieler als Stücke des Bühnenbaus. *Schriften zum Theater.* Band 15. Frankfurt: Suhrkamp.

1990. *Teatro Completo em 12 volumes.* Trad. Roberto Schwarz et al. Rio de Janeiro: Paz e Terra. (*Teatro Completo/Bertolt Brecht, 4*) (Coleção Teatro; v. 12)

BRITO, Teca de Alencar.

2001. *Koellreutter Educador: O Humano Como Objetivo da Educação Musical.* São Paulo: Peirópolis.

BROOK, Peter.

2008. *O Espaço Vazio.* Lisboa: Orfeu Negro.

BUENO, B. G. & PAULA, E. R.

S.d. Eisenstein: Política e Arte. Artigo disponível em: <http://www.cinematografo.com.br>. Acesso em: 10 jul. 2010.

BURKE, Peter.

2010. *Cultura Popular na Idade Moderna: Europa, 1500-1800.* Trad. Denise Bottmann. São Paulo: Companhia das Letras.

CABRAL, Beatriz.

2006. *Drama como Método de Ensino.* São Paulo, Hucitec.

2012. *Teatro em Trânsito: A Pedagogia das Interações no Espaço da Cidade.* São Paulo: Hucitec.

CABRAL, Carlos.

2004. *Manual de Técnicas de Palco.* Lisboa: INATEL. Coleção Teatro.

CAMARGO, Roberto Gill.

1986. *A Sonoplastia no Teatro.* Rio de Janeiro: Instituto de Artes Cênicas.

CAMARGO, Robson Corrêa.

2006. A Pantomima e o Teatro de Feira na Formação do Espetáculo Teatral: O Texto Espetacular e o Palimpsesto. *Revista de História e Estudos Culturais,* out.-dez, vol. 3, ano III, n. 4.

CAMBI, Franco.

1999. *História da Pedagogia.* São Paulo: Editora Unesp.

CARLSON, Marvin.

1989. *Places of Performance: The Semiotics of Theatre Architecture.* Ithaca/New York/London: Cornell University Press.

1997. *Teorias do Teatro.* São Paulo: UNESP.

CARREIRA, André.

2005. Dramaturgia do Espaço Urbano e o Teatro "De Invasão". *Reflexões Sobre a Arte.* Maceió/ Salvador: Edufal/Edufba.

CARTA DO FOLCLORE BRASILEIRO.

1995. Comissão Nacional do Folclore. Salvador, Bahia. Disponível em <http://www.fundaj.gov.br/geral/folclore/carta.pdf>

CASCUDO, Luís da Câmara.

1988. *Dicionário do Folclore Brasileiro.* Belo Horizonte: Itatiaia.

CASTRO, Amélia Domingues de.

1991. *A Trajetória Histórica da Didática.* Série ideias n. 11, São Paulo: FDE. Disponível em: <http://www.crmariocovas.sp.gov.br/amb_a.php?t=020>. Acesso em: 06. nov. 2011.

CHACRA, Sandra.

2010. *Natureza e Sentido da Improvisação Teatral.* 2. ed. São Paulo: Perspectiva [1983].

CHION, Michel.

1998. *El sonido, música, cine, literatura...* Barcelona: Piados.

CHKLÓVSKI, Viktor.

1969. *Die Kunst als Verfahren, Texte der russischen Formalisten I.* Munique: Wilhelm Fink Verlag,

1999. A Arte Como Processo. In: TODOROV, Tzvetan. *Teoria da Literatura I: Textos dos Formalistas Russos.* Lisboa: Edições 70.

COELHO, Sérgio Salvia.

2010. O Crítico Pós-Dramático: Um Alfandegário Sem Fronteiras. In: GUINSBURG, J. e FERNANDES, S. (orgs.). *O Pós-Dramático: Um Conceito Operativo?* São Paulo: Perspectiva.

CONCILIO, Vicente.

2008. *Teatro e Prisão: Dilemas da Liberdade Artística.* São Paulo: Hucitec.

COSTA, Felisberto Sabino.

2001. *A Poética do Ser e Não Ser.* São Paulo: ECA-USP. Tese de doutorado.

COSTA, Mario.

1995. *O Sublime Tecnológico.* São Paulo: Experimento.

COSTA, Maria Rita Freire

1983. *A Arte Como Processo de Recriação em Presídios.* Catálogo do Projeto. São Paulo.

COURTNEY, Richard.

2010. *Jogo, Teatro e Pensamento: As Bases Intelectuais do Teatro na Educação.* 4. ed. São Paulo: Perspectiva.

CRUZ, Jan Cohen.
2008. Entre o Ritual e a Arte. *Urdimento*, v. 1, n. 10.

DAMÁSIO, António.
2004. *O Sentimento de Si – O Corpo, a Emoção e a Neurobiologia da Consciência*. Mem Martins: Europa América.

DAVIS, Flora.
1979. *A Comunicação Não-Verbal*. São Paulo: Summus.

DE CERTAU, Michel.
2004. *A Invenção do Cotidiano. 1. Artes de Fazer*. Trad. Ephraim F. Alves. 10. ed. Petrópolis: Vozes.

DE MARINIS, Marco.
1997. *Comprender el teatro – Lineamientos de una nueva teatrología*. Buenos Aires: Editorial Calerna.

DEBERT, Guita Grin.
1999. *A Reinvenção da Velhice: Socialização e Processos de Reprivatização do Envelhecimento*. São Paulo: Edusp/Fapesp.

DEMONSTRAÇÃO DE TRABALHO
2010. *De Onde Viemos Para Onde Estamos Indo*. Direção Narciso Telles. Uberlândia: UFU. 1.DVD, son., cor.

DESGRANGES, Flávio.
2003. *A Pedagogia do Espectador*. São Paulo: Hucitec.
2006. *Pedagogia do Teatro: Provocação e Dialogismo*. São Paulo: Hucitec/Mandacaru.

DEWEY, John.
2010. *Arte Como Experiência*. Trad. Vera Ribeiro. São Paulo: Martins Fontes.

DIDEROT, Denis.
1986. *Discurso Sobre a Poesia Dramática*. Trad., apresentação e notas L.F. Franklin de Matos. São Paulo: Brasiliense. (Coleção Elogio da Filosofia)

DORT, Bernard.
2010. *O Teatro e Sua Realidade*. 2. ed. Trad. Fernando Peixoto. São Paulo: Perspectiva.

DORT, Bernard; BATAILLON, Michel; RAOUL-DAVIS, Michèle & TENSCHERTI, Joachim.
1993. *Questões de Dramaturgia I*. Escola Superior de Teatro e Cinema, Centro de Documentação e Investigação Teatral, Lisboa.

DUCHAMP, Marcel.
2004. O Ato Criativo. In: CLAVIN, Tomkins. *Duchamp: Uma Biografia*. São Paulo: Cosac Naify.

ELKONIN, Daniil B.
1998. *Psicologia do Jogo*. São Paulo: Martins Fontes [1978].

EIKMEIER, Martin.
2004. *Trilha Sonora: A Música Como Elemento de Sintaxe do Discurso Narrativo no Cinema*. Universidade Estadual de Campinas. Dissertação de mestrado.

ERVEN, Eugène van.
2001. *Community Theatre: Global Perspectives*. London: Routledge.

ESCOBAR, Ruth.
1982. *Dossiê de uma Rebelião*. São Paulo: Global.

FABIANO, Claudia Alves.
2010. *Uso do Território, Descentralização e Criação de Redes no Teatro Vocacional: Aspectos da Práxis Teatral do Artista-Orientador*. São Paulo: ECA-USP. Dissertação de mestrado.

FARIAS, Sérgio.
2008. Condições de Trabalho com Teatro na Rede Pública de Ensino: Sair de Baixo ou Entrar no Jogo. *Urdimento*, v. 1, n.10, dez. Florianópolis: Udesc/Ceart.

FAST, Julius.
1974. *Linguagem Corporal*. Rio de Janeiro: José Olympio.

FAYA, Orleyd Rogéria Neves.
2005. *Teatro Paulista de Amadores: 1964-1985. – A Trajetória do Movimento Federativo nos 21 Anos de Ditadura Militar no Brasil – Preâmbulo Histórico-Cultural*. São Paulo: ECA-USP. Dissertação de mestrado.

FÉRAL, Josette.
2004. La Teatralidad: En Busca de la Especificidad del Lenguaje Teatral. *Teatro, Teoría y Práctica: Más Allá de las Fronteras*. Buenos Aires: Galerna.

FÉRAL, Josette (org.).
2003. *L'Ecole du jeu*. Montpellier: L'Entretemps.
2010. *Encontros Com Ariane Mnouchkine*. São Paulo: Senac-SP/Edições Sesc-SP.

FERNANDES, Ciane.
2000a. *Pina Bausch e o Wuppertal Dança-Teatro: Repetição e Transformação*. São Paulo: Hucitec.

FERNANDES, Rofran.
1985. *Teatro Ruth Escobar: 20 Anos de Resistência*. São Paulo: Global.

FERNANDES, Sílvia.
2000b. *Grupos Teatrais, Anos 70*. Campinas: Editora da Unicamp.
2010a. *Teatralidades Contemporâneas*. São Paulo: Perspectiva.
2010b. Teatros Pós-Dramáticos. In: GUINSBURG, J. e FERNANDES, S. (orgs). *O Pós-Dramático: Um Conceito Operativo?* São Paulo: Perspectiva.

FIGUEIREDO, Laura Maria de.
2007. Luz: A Matéria Pulsante. *Apontamentos Didáticos e Estudos de Caso*. São Paulo: ECA-USP. Dissertação de mestrado.

FISCHER-LICHTE, Erika.
2008. *Theatre, Sacrifice, Ritual: Exploring Forms Of Political Theatre*. London: Routledge.

FORTUNA, Marlene.
2000. *A Performance da Oralidade Teatral*. São Paulo: Annablume.

FOUCAULT, Michel.
2004. *Vigiar e Punir: Nascimento da Prisão*. Petrópolis: Vozes.

FREIRE, Paulo.

1988. *A Importância do Ato de Ler em Três Artigos que Se Completam*. São Paulo: Autores Associados/Cortez.

2010. *Pedagogia da Autonomia*. Rio de Janeiro: Paz e Terra.

FREIRE, Paulo & FREI BETTO.

1986. *Essa Escola Chamada Vida: Depoimentos ao Repórter Ricardo Kotscho*. São Paulo: Ática.

FURTH, Hans G.

1987. *Piaget na Sala de Aula*. Rio de Janeiro: Forense Universitária [1970].

GAMA, Joaquim Cesar Moreira.

2000. *Produto Teatral: A Velha Nova História – Experimento Realizado com Alunos do Ensino Médio*. ECA-USP. São Paulo: ECA-USP. Dissertação de mestrado.

2010. *A Abordagem Estética e Pedagógica Do Teatro de Figuras Alegóricas: Chamas na Penugem*. São Paulo: ECA-USP. Tese de doutorado.

GARCIA, Silvana.

2004. *Teatro da Militância: A Intenção do Popular no Engajamento Político*. 2. ed. São Paulo: Perspectiva.

GAZEAU, A.

1995. *Historias de Bufones*. Madrid: Miraguano.

GOFFMAN, Erving.

1974. *Frame Analysis*. New York: Doubleday.

GOMBRICH, Ernst Hans.

1986. *Arte e Ilusão: Um Estudo da Psicologia da Representação Pictórica*. Trad. Raul Barbosa. São Paulo: Martins Fontes.

GUINSBURG, J.; FARIA, João Roberto. & LIMA, Mariangela Alves (coords.).

2009. *Dicionário do Teatro Brasileiro. Temas, Formas e Conceitos*. 2. ed. São Paulo: Perspectiva.

GUINSBURG, J. e FERNANDES, Sílvia (orgs.).

2010. *O Pós-Dramático: Um Conceito Operativo?* São Paulo: Perspectiva.

GUINSBURG, J., TEIXEIRA COELHO, J. & CARDOSO, Reni Chaves (orgs.).

1988. *Semiologia do Teatro*. 2. ed. São Paulo: Perspectiva.

GUINSBURG, J.

2001. *Stanislávski, Meierhold & Cia*. São Paulo: Perspectiva.

2002. *Romantismo*. São Paulo: Perspectiva. (org.)

HABERMAS, Jürgen.

1985. *Der Philosophische Diskurs der Moderne*. Frankfurt: Suhrkamp.

HALBWACHS, Maurice.

1990. *Memória Coletiva*. São Paulo: Vértice.

H'DOUBLER, Margaret.

1925. *The Dance and its Place in Education*. New York: Harcourt, Brace and Co.

1977. *Dance: A Creative Experience*. Wisconsin: University of Wisconsin Press.

HEATHCOTE, Dorothy.

1980. Signs and Portents. *Scypt Journal*, 9, jan.

HELD, Jacqueline.

1980. *O Imaginário no Poder*. São Paulo: Summus.

HIRSZMAN, Leon.

1980. CPC: Arte Para o Povo e Com o Povo. *Revista Ensaio*, n. 3. Rio de Janeiro.

HORNBROOK, David.

1991. *Education in Drama*. London: The Falmer Press.

HOWARD, Pamela.

2002. *What is Scenography?* London: Routledge.

IBSEN, Henrik.

2003. *Casa de Bonecas*. Trad. Cecil Thiré. São Paulo: Nova Cultural.

JENNY, Laurent.

1976. La Stratégie de la forme. *Poétique*, n. 27,.

JOHNSTONE, Keith.

1983. *Impro for Storytellers: Improvisation and the Theatre*. 3.ed. London: Methuen.

1999.i. New York: Routledge.

2006. *Theaterspiele: Spontaneität, Improvisation und Theatersport*. Berlin: Alexander.

KAMII, Constance. & DEVRIES, Rheta.

1991. *Jogos em Grupo na Educação Infantil: Implicações da Teoria de Piaget*. São Paulo: Trajetória Cultural [1980].

KATZ, Helena.

1994. *O Brasil Descobre a Dança, a Dança Descobre o Brasil*. São Paulo: Dórea Books and Art.

KERSHAW, Baz.

1992. *The Politics of Performance: Radical Theatre as Social Intervention*. London: Routledge.

KIRBY, Michael.

1971. *Futurist Performance*. New York: E. P. Dutton.

KISHIMOTO, Tizuko Morchida (org.).

2011. *Jogo, Brinquedo, Brincadeira e a Educação*. 14. ed. São Paulo: Cortez.

KOCH, Ingedore Grunfeld Villaça & TRAVAGLIA, Luiz Carlos.

1989. *Texto e Coerência*. São Paulo: Cortez.

KOCH, Gerd & STREINSAND, Marianne (orgs.).

2003. *Wörterbuch der Theaterpädagogik*. Berlin: Scribni.

KOUDELA, Ingrid Dormien.

S.d. *A Ida ao Teatro. Sistema Cultura É Currículo*. São Paulo. Disponível em: <http://culturaecurriculo.fde.sp.gov.br/Escola%20em%20Cena/>. Acesso em: 28 nov. 2011.

1999. *Texto e Jogo: Uma Didática Brechtiana*. São Paulo: Perspectiva.

2008a *A Encenação Contemporânea Como Prática Pedagógica*. *Urdimento – Revista de Estudos em*

Artes Cênicas, v. 1, n. 10. Florianópolis: Desc/Ceart.

2008b. Teatro de Figuras Alegóricas. *Anais do v Congresso Brasileiro de Pesquisa e Pós-Graduação em Artes Cênicas*. Belo Horizonte: UFMG/Escola de Belas Artes.

2009. Apresentação. In: LEHMANN, Hans-Thies. *Escritura Política no Texto Teatral*. São Paulo: Perspectiva.

2010. *Brecht: Um Jogo de Aprendizagem*. 2. ed. São Paulo: Perspectiva.

2011. *Jogos Teatrais*. 7. ed. São Paulo: Perspectiva.

KOUDELA, Ingrid Dormien (org.).

2003. *Heiner Müller: Na Pena e na Cena*. São Paulo: Perspectiva.

KOUDELA, Ingrid Dormien & SANTANA, Arão Paranaguá de.

2006. Abordagens Metodológicas do Teatro na Educação. In: CARREIRA, André; CABRAL, Biange; RAMOS, Luiz Fernando; FARIAS, Sérgio Coelho (orgs.). *Metodologias de Pesquisa em Artes Cênicas*. Rio de Janeiro: 7Letras. (Memória ABRACE; 9).

KRISTEVA, Julia.

2012. *Introdução à Semanálise*. 3. ed. São Paulo: Perspectiva.

LABAN, Rudolf von.

1978. *Domínio do Movimento*. São Paulo: Summus.

1985. *Modern Educational Dance*. Plymouth: Northcote House.

LECOQ, Jacques.

1987. De la pantomime au mime moderne. In: LECOQ, Jacques (dir.). *Le Théâtre du geste. Mime et acteurs*. Paris: Bordas.

1997. *Le Corps poétique. Un enseignement de la création théâtrale*. Paris: Actes Sud.

LEHMANN, Hans-Thies.

2007. *Teatro Pós-Dramático*. Trad. Pedro Süssekind. São Paulo: Cosac Naify.

2009. *Escritura Política no Texto Teatral*. São Paulo: Perspectiva.

LEONTIEV, A. N.

1988. Princípios Psicológicos da Brincadeira Pré--Escolar. In: VIGOTSKI, Lev Semenovich; LURIA, Alexis Romanovich & LEONTIEV, Alexei Nicolaevich. *Linguagem, Desenvolvimento e Aprendizagem*. São Paulo: Ícone/Edusp.

LESCOT, Jean Pierre.

2005. Da Projeção da Luz Misturada À Matéria, Nasce o Teatro de Sombras. In: BELTRAME, Valmor. *Teatro de Sombras: Técnica e Linguagem*. Florianópolis: Udesc.

LESSING, Gotthold Ephraim.

2005. *Dramaturgia de Hamburgo*. Trad., introd. e notas Manuela Nunes. Lisboa: Fundação Calouste Gulbenkian.

LIMA, Evelyn F. Werneck & CARDOSO, Ricardo Brügger.

2010. *Arquitetura e Teatro: O Edifício Teatral de Andrea Palladio a Christian de Portzamparc*. Rio de Janeiro: Contracapa/Faperj.

LOPES, Joana.

1989. *Pega Teatro*. Campinas: Papirus [1980].

MACHADO, Regina Stella Barcellos.

2004a. *Acordais: Fundamentos Teórico-Poéticos da Arte de Contar Histórias*. São Paulo: DCL.

2004b. No Tempo em Que Não Havia Tempo. In: GIRARDELLO, G. (org.). *Baús e Chaves da Narração de Histórias*. Florianópolis: Sesc-SC.

MAGALDI, Sábato.

1998. *Iniciação ao Teatro*. São Paulo: Ática.

MAQUIAVEL, Nicolau.

1976. *A Mandrágora*. Trad. e notas Mário da Silva. São Paulo: Abril Cultural (Coleção Teatro Vivo).

MARCO, Ademir de.

2004. *Pensando a Educação Motora*. São Paulo: Papirus.

MARQUES, Isabel A.

1999. *Ensino de Dança Hoje: Textos e Contextos*. São Paulo: Cortez.

2003. *Dançando na Escola*. São Paulo: Cortez.

2010. *Linguagem da Dança: Arte e Ensino*. São Paulo: Digitexto.

MARTINELL, Alfons & LÓPEZ, Taína.

2007. *Políticas Culturales y Gestión Cultural: Organum Sobre los Conceptos Clave de la Prática Profesional*. Girona: Documenta Universitaria.

MCAULEY, Gay.

1999. *Space in Performance- Making Meaning in The Theatre*. Ann Arbor: University of Michigan Press.

MCDONALD, Rónán.

2007. *The Death of the Critic*. London/New York: Continuum.

MCGREGOR, L.; TATE, M. & ROBINSON, K.

1977. *Learning Through Drama*. London: Heinemann.

MENDES, C.

2007. *Manual de Produção Cultural. Algumas Reflexões Sobre o Tema*. Lisboa: Inatel. (Coleção Teatro)

MENESES, Ulpiano Toledo Bezerra de.

2007. Os Paradoxos da Memória. In: MIRANDA, Danilo Santos de (org.). *Memória e Cultura: A Importância da Memória na Formação Cultural*. São Paulo: Edições Sesc-SP.

MERKEL, Ulrich (org.).

1983. *Teatro e Política: Poesias e Peças do Expressionismo Alemão/ Georg Heym, Ernst Toller, Georg Kaiser*. Trad. Cora Rónai e Lya Luft, introdução e notas de Ulrich Merkel. Rio de Janeiro: Paz e Terra/Instituto Cultural Brasil-Alemanha.

MEYER, Sandra.

2008. Viewpoints e Suzuki: Pontos de Vista Sobre Percepção e Ação no Treinamento do Ator. In: ANDRADE, Milton de; BELTRAME, Valmor Nini (orgs.). *Poéticas Teatrais: Territórios de Passagem.* Florianópolis: Design Editora/Fapesc.

MEYERHOLD, Vsevolod.

1986. *Teoria Teatral.* Madrid: Fundamentos.

MOLIÈRE.

1983. *Tartufo/Escola de Mulheres/O Burguês Fidalgo.* Trad. Jacy Monteiro, Millôr Fernandes e Octavio Mendes Cajado. São Paulo: Abril Cultural.

MONTECCHI, Fabrizio.

2007. Além da Tela – Reflexões em Forma de Notas Para um Teatro de Sombras Contemporâneo. *Móin-Móin: Revista de Estudos Sobre Teatro de Formas Animadas n.4.* Jaraguá do Sul: Scar/Udesc.

MORENO, Jacob Levy.

1943. The Concept of Sociodrama: A New Approach to the Problem of Intercultural Relations. *Sociometry,* 6, 434-439.

1951. *Sociometry, Experimental Method and the Science of Society: An Approach to a New Political Orientation.* New York: Beacon.

1965. *Psicomúsica y Sociodrama.* Buenos Aires: Hormé.

1983. *Fundamentos do Psicodrama.* São Paulo: Editorial Summus.

1984. *Teatro da Espontaneidade.* São Paulo: Summus.

2006. *Psicodrama.* São Paulo: Cultrix.

MOURA PINHEIRO, Paula & BRILHANTE, Maria João.

2010. *Tété: Estória da Pré-História do Chapitô (1946-1987).* Colectividade Cultural e Recreativa de Santa Catarina – Chapitô.

MÜLLER, Heiner.

2003. *O Espanto no Teatro.* São Paulo: Perspectiva.

MUNIZ, Rosane.

2004. *Vestindo os Nus: O Figurino em Cena.* Rio de Janeiro: Senac.

NEELANDS, Jonothan.

1990. *Structuring Drama Work: A Handbook of Available Forms in Theatre and Drama.* Cambridge: Cambridge University Press.

NICHOLSON, Helen.

2005. *Applied Theatre: The Gift of Theatre.* Basingstoke: Palgrave.

NICOLL, Allardyce.

1964. *Historia del teatro mundial.* Madrid: Aguilar.

NOVALIS.

1988. *Pólen.* Trad. Ruben Rodrigues Torres Filho. São Paulo: Iluminuras.

NUNES, Benedito.

1989. *Uma Introdução à Filosofia da Arte.* São Paulo: Ática.

O'NEILL, Cecily.

1995. *Drama Worlds: A Framework for Process Drama.* London: Heinemann.

OBICI, Giuliano.

2008. *Condição da Escuta, Mídias e Territórios Sonoros.* Rio de Janeiro: 7Letras.

OLIVEIRA, R.

1997. S.O.S. Teatro. *Jornal do Brasil.* Rio de Janeiro, 27. fev. Caderno B.

O'TOOLE, John.

1992. *The Process of Drama: Negotiating Art and Meaning.* London: Routledge.

PAIXÃO, Mucio da.

S.d. *O Theatro no Brasil.* Rio de Janeiro: impresso às expensas de Procópio Ferreira.

PAVIS, Patrice.

2003. *A Análise dos Espetáculos: Teatro, Mímica, Dança, Dança-Teatro, Cinema.* São Paulo: Perspectiva.

2010. *A Encenação Contemporânea: Origens, Tendências, Perspectivas.* Trad. Nanci Fernandes. São Paulo: Perspectiva.

2011. *Dicionário de Teatro.* 3. ed. São Paulo: Perspectiva.

PEIXOTO, Fernando.

1985. *Ópera e Encenação.* Rio de Janeiro: Paz e Terra.

PEIXOTO, Fernando (org.).

1989. *O Melhor Teatro do CPC da UNE.* São Paulo: Global.

PENNA, Maura.

2001. *É Este o Ensino de Arte que Queremos? Uma Análise das Propostas dos Parâmetros Curriculares Nacionais.* João Pessoa: Editora da UFPb.

PIAGET, Jean.

1957. A Atualidade de Jean Amos Comenius. In: PARRAT, S. e TRYPHON, A. (orgs.). *Sobre a Pedagogia: Textos Inéditos.* São Paulo: Casa do Psicólogo, 1998.

1978. *A Formação do Símbolo na Criança.* Rio de Janeiro: Zahar [1946].

1982. *Psicologia da Criança.* São Paulo: Difel.

1989. A Educação Artística e a Psicologia da Criança. *Sobre a Pedagogia.* São Paulo: Casa do Psicólogo [1954].

1994. *O Juízo Moral na Criança.* São Paulo: Summus [1932].

PIAGET, Jean & INHLEDER, Bärbel.

1989. *A Psicologia da Criança.* Rio de Janeiro: Bertrand [1966].

PICON-VALLIN, Beatrice.

2006. *A Arte do Teatro: Entre Tradição e Vanguarda. Meyerhold e a Cena Contemporânea.* Org. Fatima Saadi. Rio de Janeiro: Teatro do Pequeno Gesto/ Letra e Imagem.

PRESTON-DUNLOP, Valerie.

2002. *Dance and the Performative: A Choreological Perspective – Laban and Beyond.* London: Verve Publishing.

PUPO, Maria Lúcia de Souza B.

1991. *No Reino da Desigualdade. Teatro Infantil em São Paulo nos Anos 70.* São Paulo: Perspectiva.

2005a. *Entre o Mediterrâneo e o Atlântico: Uma Aventura Teatral.* São Paulo: Perspectiva.

2005b. Para Desembaraçar os Fios. *Revista Educação e Realidade.* Dossiê Arte e Educação. Arte, Criação e Aprendizagem, v. 30, n. 2, jul/dez.

RAMOS, Luiz Fernando.

1999. *O Parto de Godot e Outras Encenações Imaginárias: A Rubrica Como Poética da Cena.* São Paulo: Hucitec.

RANCIÉRE, Jacques.

2010. *O Espectador Emancipado.* Lisboa: Orfeu Negro.

REVERBEL, Olga.

1989. *Um Caminho do Teatro na Escola.* São Paulo; Scipione.

REY, Alain.

1987. Au Coeur du mime, la mimésis. In: LECOQ, Jacques (dir.). *Le Théâtre du geste. Mime et acteurs.* Paris: Bordas.

RIBEIRO, J. M.; SANTANA, A. P. & LOSADA, T.

2004. Atualizando o Debate em Torno da Disciplina Arte. In: BRASIL, MINISTÉRIO DA EDUCAÇÃO. *Orientações Curriculares Para o Ensino Médio.* Brasília: SEB.

RODARI, Gianni.

1992. *Gramática da Fantasia.* São Paulo: Summus.

ROMANO, Lúcia.

2005. *O Teatro do Corpo Manifesto: Teatro Físico.* São Paulo: Perspectiva.

ROSENFELD, Anatol.

1985. *O Teatro Épico.* São Paulo: Perspectiva.

1991. *Autores Pré-Românticos Alemães.* EPU.

1993. *Negro, Macumba e Futebol.* São Paulo: Perspectiva.

ROUBINE, Jean-Jacques.

1982. *A Linguagem da Encenação Teatral 1880-1980.* Rio de Janeiro: Zahar.

2001. *A Arte do Ator.* Rio de Janeiro: Zahar [1985].

RYNGAERT, Jean-Pierre.

1978. *O Jogo Dramático Infantil.* São Paulo: Summus.

1981. *O Jogo Dramático no Meio Escolar.* Coimbra: Centelha.

1996. *Introdução à Análise do Teatro.* Trad. Paulo Neves. São Paulo: Martins Fontes.

2009. *Jogar, Representar.* São Paulo: Cosac Naify.

SANTANA, Arão Nogueira Paranaguá de.

2009. *Teatro e Formação de Professores.* São Luís: Editora da UFMA.

SANTOS, Vera Lúcia Bertoni dos.

2004. *Brincadeira e Conhecimento : Do Faz-de-Conta à Representação Teatral.* Porto Alegre, Mediação.

SARAIVA, Hamilton Figueiredo.

1990. *Iluminação Teatral: História, Estética e Técnica. Volumes 1 e 2.* São Paulo: ECA-USP. Dissertação de mestrado.

SARRAZAC, Jean-Pierre.

2002. *O Futuro do Drama.* Porto: Campo das Letras.

SAWYER, R. Keith.

2006. *Explaining Creativity – The Science of Human Innovation.* Oxford: Oxford University Press.

SCHECHNER, Richard.

1988. *Performance Theory.* New York: Routledge.

SCHECHNER, Richard & WOLFORD, Lisa.

2001. "Performer" in *The Grotowski Sourcebook.* London: Routledge.

SCHILLER, Friedrich.

1963. *Cartas Sobre a Educação Estética da Modernidade.* Trad. Roberto Schwarz, introdução e notas Anatol Rosenfeld. São Paulo: Herder.

SCHLEGEL, Friedrich von.

1997. *O Dialeto dos Fragmentos.* Trad. Rubens Rodrigues Torres Filho. São Paulo: Iluminuras.

SÉRGIO, Manuel.

1996. *Epistemologia da Motricidade Humana.* Lisboa: Edições FMH.

SERVOS, Norbert.

2001. *Pina Bausch ou l' Art de dresser un poisson rouge.* Paris: L'Arche.

SCHAFER, Murray.

2001. *A Afinação do Mundo.* São Paulo: Editora Unesp.

SCHILDER, Paul.

1980. *A Imagem do Corpo.* São Paulo: Martins Fontes.

SINGER, Helena.

2010. *República de Crianças: Sobre Experiências Escolares de Resistência.* Campinas: Mercado de Letras.

SLADE, Peter.

1978. *O Jogo Dramático Infantil.* São Paulo: Summus [1958].

SÓFOCLES.

S.d. *Ésquilo. Rei Édipo/ Antígone/Prometeu Acorrentado.* Trad., prefácio e notas J.B. Mello e Souza. 16. ed. Rio de Janeiro: Ediouro.

SOURIAU, E.

1958. Le Cube et la sphère. *Aujourd'hui Art et Architecture.*

SOUSA, José Galante de.

1960. *O Teatro no Brasil.* Rio de Janeiro: MEC.

SPOLIN, Viola.

1984. *Improvisação Para o Teatro.* São Paulo: Perspectiva.

2008. *Jogos Teatrais na Sala de Aula: O Livro do Professor.* São Paulo: Perspectiva.

2010. *Jogo Teatral no Livro do Diretor.* 2. ed. São Paulo: Perspectiva.

BIBLIOGRAFIA

STANISLÁVSKI, Constantin.
1989. *Minha Vida na Arte*. Rio de Janeiro: Civilização Brasileira.

SZONDI, Peter.
2001. *Teoria do Drama Moderno (1880-1950)*. São Paulo: Cosac Naify.

TEIXEIRA COELHO.
1997. *Dicionário Crítico de Política Cultural*. São Paulo: Iluminuras.
2000. Arte Pública, Espaços Públicos e Valores Urbanos. *Guerras Culturais: Arte e Política no Novecentos Tardio*. São Paulo: Iluminuras.
2006. *O Que É Ação Cultural*. 3. ed. São Paulo: Brasiliense.
2008. *A Cultura e Seu Contrário*. São Paulo: Iluminuras/Itaú Cultural.

TELLES, Narciso.
2008. *Pedagogia do Teatro e Teatro de Rua*. Porto Alegre: Mediação.

TENDLAU, Maria.
2010. *Teatro Vocacional e a Apropriação da Atitude Épica/Dialética*. São Paulo: Hucitec.

THOMSON, Peter & SACKS, Glendyr.
1994. *The Cambridge Companion to Brecht*. New York/Cambridge: Cambridge University Press.

TURNER, Victor W.
1982. *From Ritual to Theatre*. New York: Performing Arts Journal Publications.
1990. Are There Universals of Performance in Myth, Ritual, and Drama? In: SCHECHNER, R. & WILLA, A. (eds.). *By Means of Performance: Intercultural Studies of Theatre and Ritual*. Cambridge: Cambridge University Press.

UBERSFELD, Anne.
1996a *Lire le théâtre II: L'École du spectateur*. Paris: Belin.
1996b *Lire le théâtre III: Le Dialogue de théâtre*. Paris: Belin.
2005. *Para Ler o Teatro*. Trad. José Simões (coord.). São Paulo: Perspectiva.

VASSEN, F. & KOCH, G.
2012. *Zeitschrift für Theaterpädagogik – Korrespondenzen*. Berlin: Scrigniverlag.

VEIGA, Ilma Passos Alencastro.
1991. Nos Laboratórios e Oficinas Escolares: A Demonstração Didática. In: VEIGA, Ilma Passos Alencastro (org.). *Técnicas de Ensino: Porque Não?* Campinas: Papirus.

VENANCIO, Beatriz Pinto.
2008. *Pequenos Espetáculos da Memória. Registro Cênico-Dramatúrgico de uma Trupe de Mulheres Idosas*. São Paulo: Hucitec.

VIDOR, Heloise Baurich.
2010. *Drama e Teatralidade: O Ensino de Teatro na Escola*. Porto Alegre: Mediação.

VIGOTSKI, Lev Semenovich.
2009. *Imaginação e Criação na Infância: Ensaio Psicológico*. Trad. Zoia Prestes. Apresentação e comentários Ana Luiza Smolka. São Paulo: Ática.

VILLEGAS, Juan.
2005. *Historia Multicultural del Teatro y las Teatralidades en América Latina*. Buenos Aires: Galerna.

VIVEIROS DE CASTRO, Alice.
2005. *O Elogio da Bobagem: Palhaços no Brasil e no Mundo*. Rio de Janeiro: Família Bastos.

WALCOT, Peter.
1976. *Greek Drama in its Theatrical and Social Context*. Cardiff: University of Wales Press.

WARD, Alfred Charles.
1945. *Specimens of English Dramatic Criticism (XVII-XX Centuries)*. London/New York/Toronto: Humphrey Milford/Oxford University Press.

WENDELL, Ney.
S.d. A Mediação Teatral Como Experiência Estético-Educativa. *Revista Fenix*. Disponível em: <http://www.revistafenix.pro.br/PDF24/Dossie_04_Ney_Wendell.pdf>. Acesso em: mar. 2011.

WILLET, John.
1967. *O Teatro de Bertolt Brecht*. Rio de Janeiro: Zahar.

ZARRILLI, Phillip B.
2009. *Psychophysical Acting: An Intercultural Approach after Stanislavski*. London/New York: Routledge.

ZUMTHOR, Paul.
2007. *Performance, Recepção e Leitura*. São Paulo: Cosac Naify.

TEATRO-EDUCAÇÃO E FORMAÇÃO DO ATOR NA PERSPECTIVA

Semiologia do Teatro
J. Guinsburg, J. T. Coelho Netto e Reni C. Cardoso (orgs.) (D138)

Natureza e Sentido da Improvisação Teatral
Sandra Chacra (D183)

Jogos Teatrais
Ingrid D. Koudela (D189)

Performance como Linguagem
Renato Cohen (D219)

A Arte do Ator
Richard Boleslavski (D246)

Um Vôo Brechtiano
Ingrid D. Koudela (D248)

Prismas do Teatro
Anatol Rosenfeld (D256)

Teatro de Anchieta a Alencar
Décio de Almeida Prado (D261)

A Cena em Sombras
Leda Maria Martins (D267)

Texto e Jogo
Ingrid D. Koudela (D271)

O Drama Romântico Brasileiro
Décio de Almeida Prado (D273)

Para Trás e Para Frente
David Ball (D278)
Brecht na Pós-Modernidade
Ingrid D. Koudela (D281)

O Teatro do Corpo Manifesto: Teatro Físico
Lúcia Romano (D301)

Teatro com Meninos e Meninas de Rua
Marcia Pompeo Nogueira (D312)

40 Questões Para um Papel
Jurij Alschitz (D328)

Dramaturgia: A Construção da Personagem
Renata Pallottini (D330)

Caminhante, Não Há Caminhos. Só Rastros
Ana Cristina Colla (D331)

Ensaios de Atuação
Renato Ferracinio (D332)

A Vertical do Papel
Jurij Alschitz (D333)

Improvisação para o Teatro
Viola Spolin (E062)

Jogo, Teatro & Pensamento
Richard Courtney (E076)

Sobre o Trabalho do Ator
M. Meiches e S. Fernandes (E103)

Brecht: Um Jogo de Aprendizagem
Ingrid D. Koudela (E117)

O Ator no Século XX
Odette Aslan (E119)

O Ator Compositor
Matteo Bonfitto (E177)

Papel do Corpo no Corpo do Ator
Sônia Machado Azevedo (E184)

A Análise dos Espetáculos
Patrice Pavis (E196)

As Máscaras Mutáveis do Buda Dourado
Mark Olsen (E207)

Para Ler o Teatro
Anne Ubersfeld (E217)

O Ator como Xamã
Gilberto Icle (E233)

A Arte do Ator entre os Séculos XVI e XVIII
Ana Portich (E254)

Conversas sobre a Formação do Ator
Jacques Lassalle e Jean-Loup Rivière (E278)

Persona Performática:
Alteridade e Experiência na Obra de Renato Cohen
Ana Goldenstein Carvalhaes (E301)

Como Parar de Atuar
Harold Guskin (E303)

Função Estética da Luz
Roberto Gill Camargo (E307)

Entre o Ator e o Performer
Matteo Bonfitto (E316)

Ritmo e Dinâmica no Espetáculo Teatral)
Jacyan Castilho (E320)

A Voz Articulada Pelo Coração
Meran Vargens (E321)

Nissim Castiel: Do Teatro da Vida
Para o Teatro da Escola
Debora Hummel e Luciano Castiel (orgs.) (MP01)

O Grande Diário do Pequeno Ator
Debora Hummel e Silvia de Paula (orgs.) (MP02)

Um Olhar Através de... Máscaras
Renata Kamla (MP03)

Dicionário de Teatro
Patrice Pavis (LSC)

Dicionário do Teatro Brasileiro:
Temas, Formas e Conceitos
J. Guinsburg, João Roberto Faria e Mariangela
Alves de Lima (LSC)

História do Teatro Brasileiro, v. 1:
Das Origens ao Teatro Profissional da Primeira
Metade do Século XX
João Roberto Faria (Dir.) (LSC)

História do Teatro Brasileiro, v. 2:
Do Modernismo às Tendências Contemporâneas
João Roberto Faria (Dir.) (LSC)

História Mundial do Teatro
Margot Berthold (LSC)

O Jogo Teatral no Livro do Diretor
Viola Spolin (LSC)

Jogos Teatrais: O Fichário de Viola Spolin
Viola Spolin (LSC)

Jogos Teatrais na Sala de Aula
Viola Spolin (LSC)

Rastros: Treinamento e História de Uma Atriz do
Odin Teatret
Roberta Carreri (LSC)

Este livro foi impresso em Cotia,
nas oficinas da Meta Brasil,
para a Editora Perspectiva.